Verhaltenstherapie bei Kindern und Jugendlichen

Springer Nature More Media App

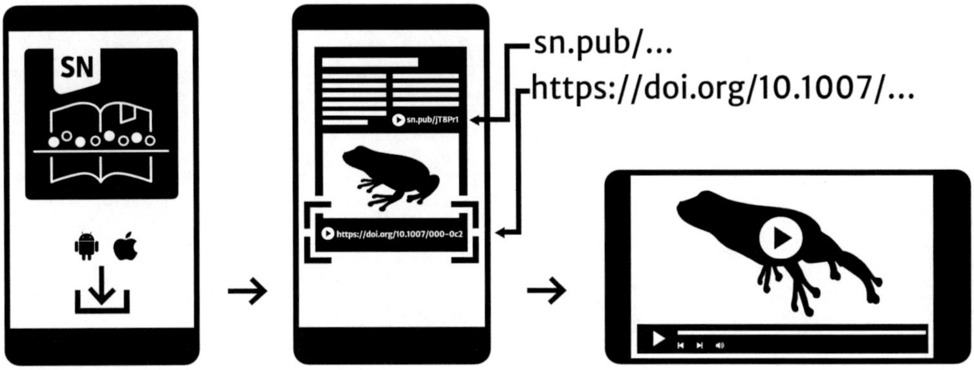

1.
Download

2.
Scan Link

3.
Enjoy Video

Support: customerservice@springernature.com

Leonie von Düring-Ulmenstein • Dr. phil. Gerhard Zarbock

Verhaltenstherapie bei Kindern und Jugendlichen

Praktische Anleitungen für angehende Psychotherapeut*innen

Springer

Leonie von Düring-Ulmenstein
bis 2021 Institut für Verhaltenstherapie-Ausbildung Hamburg (IVAH), ab 2021 Privatpraxis für Kinder- und Jugendlichenpsychotherapie Horneburg
Hamburg, Deutschland

Katharina Armour
Hamburg, Deutschland

Caecilie Aichele
Hamburg, Deutschland

Jennifer Feldmann
Hamburg, Deutschland

Sina Käsberger
Hamburg, Deutschland

Nicolai Semmler
Hamburg, Deutschland

Sonja von Usslar
Hamburg, Deutschland

Dr. phil. Gerhard Zarbock
Ausbildungsleiter Institut für Verhaltenstherapie-Ausbildung Hamburg (IVAH)
Hamburg, Deutschland

Shririn Tanja Sobhani
Hamburg, Deutschland

Anja Eichert
Hamburg, Deutschland

Jenny Hampel
Hamburg, Deutschland

Esther Wagner
Hamburg, Deutschland

Paula Stürzel
Hamburg, Deutschland

Die Online-Version des Buches enthält digitales Zusatzmaterial, das durch ein Play-Symbol gekennzeichnet ist. Die Dateien können von Lesern des gedruckten Buches mittels der kostenlosen Springer Nature „More Media" App angesehen werden. Die App ist in den relevanten App-Stores erhältlich und ermöglicht es, das entsprechend gekennzeichnete Zusatzmaterial mit einem mobilen Endgerät zu öffnen.

ISBN 978-3-662-63934-4 ISBN 978-3-662-63935-1 (eBook)
https://doi.org/10.1007/978-3-662-63935-1

Die Deutsche Nationalbibliothek verzeichnet diese Publikation in der Deutschen Nationalbibliografie; detaillierte bibliografische Daten sind im Internet über http://dnb.d-nb.de abrufbar.

Coverentwurf: deblik, Berlin, Einbandabbildung: © yanadjan / stock.adobe.com (Symbolbild mit Fotomodell)

Planung/Lektorat: Heiko Sawczuk

Springer ist ein Imprint der eingetragenen Gesellschaft Springer-Verlag GmbH, DE und ist ein Teil von Springer Nature.
Die Anschrift der Gesellschaft ist: Heidelberger Platz 3, 14197 Berlin, Germany

Geleitwort

Leonie von Düring und Gerhard Zarbock haben ein Buch über Kinder- und Jugendlichenpsychotherapie vorgelegt, welches direkt aus dem Ausbildungskontext unseres Institutes, dem IVAH, entstanden ist.

Als Ambulanzleiterin der Kinder- und Jugendlichen-Abteilung des IVAH freue ich mich sehr, dass unsere bald 20-jährige Erfahrung in der Ausbildung von Kinder- und Jugendlichentherapeut*innen in dieses Handbuch einfließt.

Ich verstehe dieses Buch als Begleiter in der Aus- und Weiterbildung zur Kinder- und Jugendlichentherapeut*in, dass die Berufsanfänger*innen bei der Entwicklung ihrer Professionalität unterstützt. Aber auch als erfahrene Therapeutin bin ich dankbar für dieses „Nachschlagewerk", das ich sicher auch in meiner Arbeit als Supervisorin häufig einsetzen werde.

Eine kleinschrittige Anleitung im Sinne eines „How to do"-Ansatzes und viele konkrete Hilfen, u. a. zum Erstgespräch und zum Antragswesen, machen das Buch so wertvoll in der alltäglichen Arbeit als Kinder- und Jugendlichentherapeutin. Anhand von leicht zugänglichem Hintergrundwissen, einfachen Praxistipps und hilfreichen Arbeitsblättern können Therapeut*innen schnell Wissen generieren und eine zielgerichtete und wissenschaftlich fundierte Therapie planen und umsetzen.

Zusätzlich werden die für den Berufsanfänger oft so beunruhigenden Themen wie mögliche Kindeswohlgefährdung, Kindesmisshandlung und Kindesmissbrauch dargestellt. Konkrete Handlungsanleitungen und Entscheidungshilfen sind bei der Bewältigung von Krisensituationen dienlich. Die Nennung konkreter möglicher Ansprechpartner mit Adressen bietet zusätzliche Unterstützung.

Insbesondere durch die multiperspektivischen Falldarstellungen werden den angehenden Therapeut*innen Störungswissen vermittelt und ein Blick in das Innere des Geschehens ermöglicht. Dabei wird auch das Spannungsfeld berücksichtigt, in dem sich die Berufsanfänger*innen bewegen: auf der einen Seite die hohen Erwartungen der Umwelt, also Klinik, Patienten und Eltern, auf der anderen Seite die Bedürfnisse und Unsicherheiten der Therapeut*innen.

In meiner langjährigen Arbeit als Ambulanzleiterin habe ich festgestellt, dass die Therapeut*innen beim Start in den Beruf immer jünger werden. Wir haben das Problem, dass gerademal 25-jährige Berufsanfänger anleitende und fürsorgende Rollen den Kindern und Jugendlichen gegenüber einnehmen müssen und dabei gleichzeitig auch noch die Eltern fachkundig beraten und von ihnen respektiert und als kompetent erlebt werden sollten.

Das oft sehr junge Lebensalter unserer lernenden Therapeutinnen kann man natürlich nicht verändern. Dieses Buch gibt aber Hilfen für professionelles Verhalten und schnellen Kompetenzerwerb, indem es auch mögliche Rollenkonflikte und Schwierigkeiten in der Therapie mit Kindern, Jugendlichen und ihren Bezugspersonen offen thematisiert und Lösungsmöglichkeiten anbietet.

Besonders freut mich, dass mit Frau von Düring als Lehrerin eine Angehörige einer pädagogischen Berufsgruppe Erstautorin dieses Buches ist. Mit großem Bedauern haben viele Kollegen festgestellt, dass durch die Reform des Psychotherapeutengesetzes nun die pädagogischen Berufsgruppen mit ihrem lebensweltlichen Bezugswissen und ihren Kompetenzen von der Psychotherapie-Aus- und

Weiterbildung quasi ausgeschlossen werden. Gerade für die psychotherapeutische Arbeit mit Vor- und Grundschulkindern ist jedoch eine ganz spezifische Motivation und auch Kompetenz erforderlich, z. B. die Fähigkeit, sich spontan auf Spiel- und Interaktionsangebote einlassen zu können und dieses auch über einen langen Zeitraum durchzuhalten. Ob das neu konzipierte Psychotherapiestudium auch solche Menschen wirklich anziehen kann, bleibt abzuwarten.

Ich freue mich, dass dieses von mir langersehnte Werk zur Unterstützung unserer Arbeit in der Aus- und Weiterbildung von Kinder- und Jugendlichentherapeut*innen endlich geschrieben wurde und wünsche dem Buch sehr viel Erfolg!

Katharina Armour,
Im Sommer 2022

Vorwort

Die Ausbildungszeit mit der praktischen Tätigkeit in einer Kinder- und Jugendlichenpsychiatrischen Praxis und Klinik stellten rückblickend für mich (von Düring) eine sehr lehrreiche, aber auch enorm herausfordernde Zeit dar. Die Seminare am Ausbildungsinstitut bereiteten uns Ausbildungskandidat*innen[1] *theoretisch* auf die Berufspraxis vor, dennoch erlebte ich diese Phase der ersten Berufsjahre oft als ein Sprung in das kalte Wasser. Nicht selten dachte ich mir, wie schön es doch wäre, nun irgendwo nachschlagen zu können, was zu tun sei.

Lehrwerke gab es viele, doch so ein Buch, was speziell auf die anfängliche Ambulanz- und Kliniktätigkeit zugeschnitten war, das suchte ich vergeblich. Meinen Kolleginnen ging es ähnlich, wir hatten spezielle WhatsApp-Gruppen eingerichtet für diagnostische Fragen, in denen wir uns gegenseitig Support boten. Letztlich bin ich so dankbar für diese herausfordernde Zeit, denn nur so und gerade so konnte dieses Buch entstehen! Im Rahmen meiner Tätigkeit am IVAH und Gesprächen mit Gerhard Zarbock verfestigte sich das Bestreben, bereits im IVAH bestehende Schriftstücke und Fragmente einer Vorversion des Buches zu einem aktuellen Buch zusammenzutragen, welches genau diese Lücke schließen sollte. Ein Nachschlagewerk, in dem man gezielt zu bestimmten Situationen (Erstgespräch, suizidale Krise, Antrag schreiben etc.) oder Störungsbildern kurz und knapp, mitunter stichwortartig genau die Infos findet, die man in dieser ausgewählten Situation benötigt. Dieses sollte dazu beitragen, sich interne mentale oder auch schriftliche Checklisten anzulegen, um so ein individuelles Expertensystem zu gestalten. Insbesondere der schnelle direkte Zugriff auf die beispielhaften Videos soll unser Werk bedeutsam anders und praxisnah machen. Doch auch zur Vorbereitung auf die Abschlussprüfung kann es sich eignen, als eine Form von Repetitorium. Die hier im Buch genannten Arbeitsblätter bieten wir Ihnen zum Herunterladen an, so dass Sie diese direkt in Ihrer therapeutischen Tätigkeit einsetzen können. Sie finden diese auf der Springer-Webseite www.lehrbuch-psychologie.springer.com auf der entsprechenden Unterseite für unser Buch. Mit seiner Expertise als Kinder- und Jugendlichensupervisor und Buchautor war Gerhard Zarbock mir beim Erstellen des Skriptes eine immer Rat wissende Stütze, die mich stets und zuverlässig mit wertvollem Wissen versorgte. Er konzipierte die Struktur des Buches, supervidierte und ergänzte zunächst einzelne Ausarbeitungen bis hin zum kompletten Buch und verfasste im Wesentlichen das Kapitel über das Grundbedürfnisorientierte Spiel. Das Buch ist nun mit Praxisbeispielen aus Therapeutinnen- und Patientensicht genau so praxisnah geworden ist, wie wir uns das gewünscht hatten.

Danken möchten wir allen Kolleginnen, die zum Buch durch kritische Durchsicht und Hinweise beigesteuert haben, oder von denen wir Vorarbeiten übernehmen konnten. Caecilie Aichele, Katharina Armour, Anja Eichert; Jennifer Feldmann, Jenny Hampel, Sina Käsberger, Esther Wagner, Nicolai Semmler, Shirin Sobhani, Paula Stürzel und Sonja von Usslar seien daher besonders bedankt.

1 Im Folgenden verwenden wir die folgende Form: Psychotherapeutin, da die Mehrzahl der Therapeutinnen weiblich ist. Patient*innen werden gegendert – dies ist hoffentlich ein guter Kompromiss.

Wir erhoffen uns, dass dieses Werk möglichst vielen Berufsanfängern eine Stütze sein wird!

Leonie von Düring-Ulmenstein, Gerhard Zarbock

Im Sommer 2022

Inhaltsverzeichnis

Über die Autoren

Leonie von Düring-Ulmenstein
ist Jahrgang 1981, verheiratet und Mutter zweier Töchter. Therapeutische Tätigkeit seit 2011, Mitarbeit am Institut für Verhaltenstherapie Ausbildung Hamburg (IVAH) seit 2016. Neben der Etablierung eines psychotherapeutischen Angebotes an zwei Hamburger Schulen plante und erstellte sie Lehrvideos für Ausbildungskandidat*innen der Kinder- und Jugendlichenpsychotherapie am IVAH. Nach ihrer Approbation als Kinder- und Jugendlichenpsychotherapeutin 2018 begann sie 2019 selbstständig in eigener therapeutischer Praxis zu arbeiten. Dieses Buch entstand im Rahmen ihrer Tätigkeit am IVAH.

Gerhard Zarbock Dr. phil. Dipl.-Psych.
ist Psychologischer Psychotherapeut und Kinder- und Jugendlichenpsychotherapeut mit Schwerpunkt Verhaltenstherapie sowie Leiter des Instituts für Verhaltenstherapie-Ausbildung in Hamburg (IVAH).

Wie werde ich Kinder- und Jugendlichenver haltenstherapeutin

Inhaltsverzeichnis

L. von Düring-Ulmenstein, G. Zarbock, *Verhaltenstherapie bei Kindern und Jugendlichen*, https://doi.org/10.1007/978-3-662-63935-1_1

1.1 Einleitung

Du möchtest verhaltenstherapeutische Psychotherapeutin für Kinder und Jugendliche werden, hast aber noch wenig konkrete Ideen, wie die Ausbildung praktisch aussieht?

Du willst keine 600 Seiten dicken Bücher lesen, in denen theoretisch und kleinschrittig in gehobener Sprache erklärt wird, welche Vorzüge und Schwierigkeiten die Ausbildung zur Psychotherapeutin und der Berufszweig Kinder- und Jugendlichenpsychotherapie mit sich bringen? **Dann lege dieses Buch nicht weg – denn hier bist du genau richtig!**

1.2 Wie finde ich einen Ausbildungsplatz und wie ist die Ausbildung aufgebaut?

Für all jene, die im Laufe ihres Studiums oder während ihrer beruflichen Tätigkeit mit dem Gedanken spielen, eine psychotherapeutische Laufbahn einzuschlagen, ergeben sich eine Menge Fragen. Je nach Bundesland und Institut unterscheiden sich die Zugangsvoraussetzungen für die Weiterbildung zur Kinder- und Jugendlichenpsychotherapeutin. So sind beispielsweise in vielen Bundesländern Lehrerinnen nicht zugelassen, dafür aber Musikpädagoginnen oder Erziehungswissenschaftlerinnen.

Du solltest im Vorfeld genau prüfen, wo und an welchem Institut dein Abschluss anerkannt ist, um dich dann um einen Ausbildungsplatz zu bewerben!

Die folgende ◻ Abb. 1.1 versucht, die wichtigsten Schritte von den ersten Überlegungen bis zum Beginn der Ausbildung darzustellen.

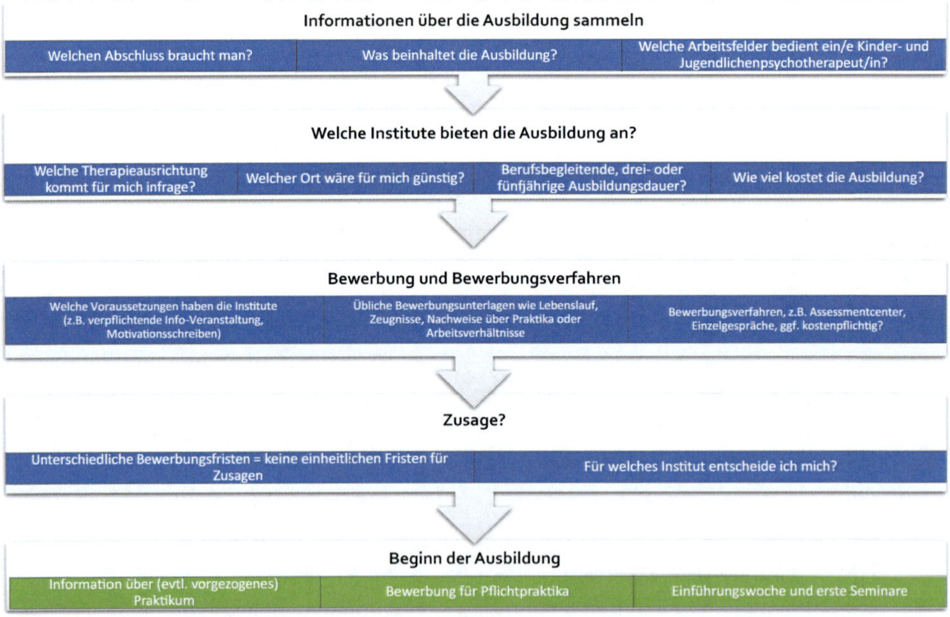

◻ **Abb. 1.1** Die einzelnen Schritte vom Entschluss bis zum Ausbildungsbeginn

1.3 Rollenfindung und professioneller Auftritt: Wer bin ich – und wenn ja, wie viele? Über den Umgang mit Rollenkonflikten

Die angehende Kinder- und Jugendlichenpsychotherapeutin ist besonders zu Beginn ihrer Ausbildung mit Rollen- und Identitätskonflikten konfrontiert. Einerseits hat sie bereits eine abgeschlossene akademische Ausbildung in Form eines Diploms bzw. Mastergrades in Sozialarbeit, Sozialpädagogik, allgemeiner Pädagogik, Psychologie oder auch das Erste Staatsexamen in einem Lehramtsstudium abgelegt. Auf der anderen Seite steht sie nun vor der Herausforderung, noch einmal „neu und von vorn" zu beginnen. Mit dem Entschluss, eine zusätzliche berufliche Qualifikation anzustreben und einen weiteren akademischen Abschluss zu absolvieren, ergeben sich neue Herausforderungen in der Identitäts- und Rollenfindung. **Die Rolle einer angehenden Kinder- und Jugendlichenpsychotherapeutin ist nun wieder die einer Lernenden, einer Praktikantin, die *„nix kann, nix ist, nix weiß und (fast) nix verdient"*.** Die Ausbildung beginnt mit dem kinder- und jugendpsychiatrischen oder psychotherapeutischen Praktikum, welches neuerdings (Stand: März 2022) zumindest in der Klinik mit 1000 Euro pro Monat (brutto!) vergütet wird – aber während der Tätigkeit in einer Praxis gibt es meist „nix" oder „fast nix". Es gilt also ganz im Sinne der Generation Praktikum, diese Phase zu überstehen. Ganz sicher stellen diese Ausbildungsbedingungen eine Zumutung dar.

Klassische Rollenfragen in der praktischen Arbeit sind in der nachfolgenden Tabelle dargestellt (Tab. 1.1)

Mit den Fragen nach *„Was bin ich? – Was bin ich nicht?"* gehen Überlegungen zu Erwartungen an die eigene Person und Arbeitsweise einher. Nach Abschluss eines akademischen Studiums und der Aneignung eines breiten Wissensspektrums wird die Ausbildungskandidatin mit Beginn der praktischen Tätigkeit auf den Status einer Anfängerin zurückversetzt. Dabei stellt sich die Frage: *„Was wird von mir erwartet?"*

Tab. 1.1 Verortung der eigenen Rolle im Kontext der Ausbildung

„Was bin ich?"	„Was bin ich nicht?"
„Ich bin Psychotherapeutin in AUSBILDUNG." *„Ich habe ein abgeschlossenes Studium."* *„Ich bin Schützling."* *„Ich bin motiviert, engagiert und flexibel."* *„Ich bin bereit, viel in Kauf zu nehmen, Abstriche in finanzieller Hinsicht und Freizeit zu machen."* *„Ich bin bereit, mich neuen Strukturen anzupassen und mich unterzuordnen."* *„Ich bin nicht fehlerfrei."*	*„Ich bin keine Babysitterin, keine Kindergärtnerin und keine Betreuerin!"* *„Ich bin nicht die Tante!"* *„Ich bin nicht die Konkurrenz zu den Eltern!"* *„Ich bin nicht unwissend!"* *„Ich bin nicht der Mutterersatz!"* *„Ich bin noch keine erfahrene Therapeutin!"* *„Ich bin keine alleinige Entscheidungsträgerin!"* *„Ich bin nicht uneingeschränkt verfügbar!"*

Die Psychotherapeutin in Ausbildung[1] steht nun vor dem Problem, dass sie noch keine approbierte Kollegin, sondern praktizierende Lernende ist: (▪ Abb. 1.2).

Den Patient*innen gegenüber wird die PiA je nach Institution recht unterschiedlich verkauft, manchmal bereits als vollgültige Kollegin, manchmal aber auch als Praktikantin oder lernende junge Kollegin. Hier sind die institutionellen Auftritte und Erwartungen überaus unterschiedlich und geprägt durch die Institution.

Für die PiA ist es wichtig, ihre Rolle (▪ Abb. 1.3) auch offensiv mit der Institution zu klären:

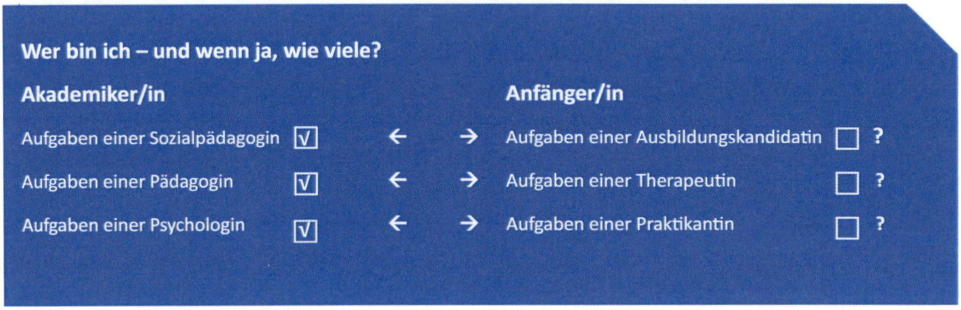

▪ **Abb. 1.2 Rollenkonflikte**

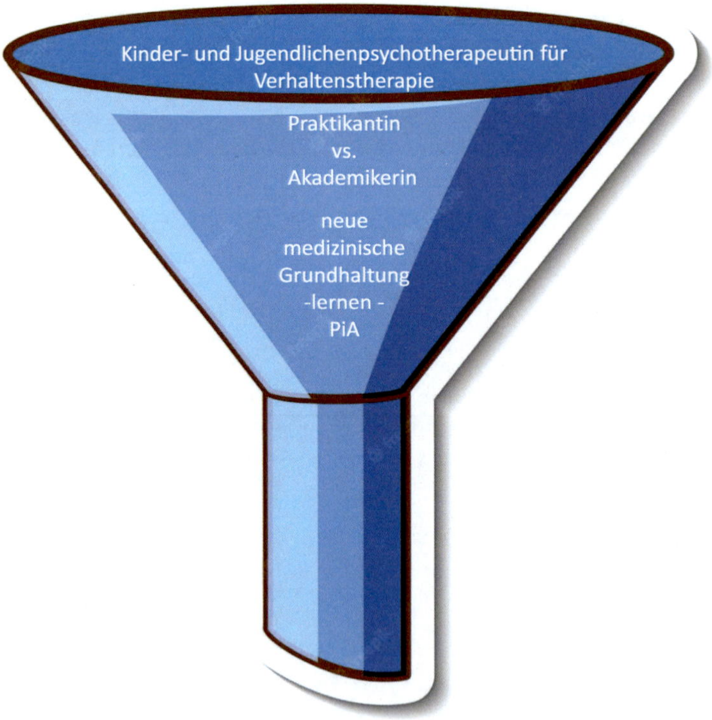

▪ **Abb. 1.3 Trichter der Rollenkonflikte**

1 Im weiteren Verlauf wird die Abkürzung PiA verwendet.

- Wie werde ich den Patient*innen vorgestellt?
- Welchen Status hat meine Meinung im Team?
- Was wird von mir erwartet?
- Welche Pflichten habe ich, was sollte ich zusätzlich übernehmen (z. B. Kaffee kochen, Akten sortieren etc.)?
- Was sollte ich auf keinen Fall tun?
- Wie ist ein idealer Entwicklungsverlauf über die sechs bzw. zwölf oder 18 Monate Praktikumszeit zu sehen?

Übrigens: Die Approbation zur Kinder- und Jugendlichenpsychotherapeutin ist formal die höchste psychotherapeutische Ausbildung weltweit! Die Ausbildung ist so konzipiert, dass sie adäquat dem Facharzt für Kinder- und Jugendpsychiatrie und -psychotherapie entsprechen soll. Die Realität in punkto Bezahlung, hierarchischer Stellung und Anerkennung unter ärztlichen Kolleg*innen etc. sieht jedoch häufig leider noch ganz anders aus.

1.4 Zieldefinition

Am Ende der Ausbildung ist die Kinder- und Jugendlichenpsychotherapeutin in der Lage:

- eigenständig psychische Krankheiten zu erkennen und zu diagnostizieren.
- individuell spezifische Behandlungsziele festzulegen und entsprechende Behandlungsinterventionen anzuwenden.
- sie weiß um internistische, somatische, neurologische und auch psychiatrische Erkrankungs- und Behandlungsmöglichkeiten.
- sie kennt Indikationen, Kontraindikationen, Wirkungsweisen, Nebenwirkungen und Problematiken der Psychopharmakotherapie. Sie kann Strategien wie „Psychotherapie allein" und „Psychotherapie und Medikamente" gegeneinander abwägen und Patient*innen bei einer informierten Entscheidung helfen.
- Sie verfügt über ein institutionelles Wissen.
- Sie kennt das gegliederte Versorgungssystem (ambulant, stationär, Familienhilfe, Hilfen zur Erziehung etc.) und kann hier Lotsen- sowie Koordinationsfunktionen übernehmen
- Sie kann sich auch bezüglich organmedizinischer Befunde mit Ärzt*innen austauschen und diese den Patient*innen gegenüber kommunizieren.
- Sie kann ihre Möglichkeiten, aber auch ihre Grenzen professionell reflektieren.

1.5 Neue Grundhaltung: Was ist Psychotherapie und was nicht?

Für viele PiA stellt sich im Zuge der Rollenfindung auch erstmals die Frage nach der eigenen therapeutischen Grundhaltung. Für eine angehende Kinder- und Jugendlichenpsychotherapeutin ist der Erwerb einer psychotherapeutischen Grundhaltung zentral.

Tipp

Psychotherapie ist eine heilkundliche Tätigkeit zur „Feststellung, Heilung oder Linderung von Störungen mit Krankheitswert, bei denen Psychotherapie indiziert ist" (PsychThG 1999).

Unter einer psychotherapeutischen Grundhaltung verstehen wir die grundsätzliche Bereitschaft und Fähigkeit, sich im Rahmen einer professionellen Beziehungsgestaltung psychischen, psychosomatischen und körperlichen Problemen im ersten Schritt empathisch verstehend, aber auch professionell klassifizierend zu nähern, um dann auf dieser Basis Umgangsmöglichkeiten oder Lösungen für die Problematik zu erarbeiten.

Außer der Klassifikation und Diagnose von psychischen Krankheiten geht es auch um die Einhaltung von Pflichten sowie Wahrung von Patient*innenrechten. Neben Überschneidungen mit dem medizinischen Modell von Diagnose, Behandlung und Heilung stellt Psychotherapie jedoch immer darüber hinaus ein noch komplexeres Geschehen dar: Ein therapeutisches Gespräch oder eine psychotherapeutische Übung sind eben keine Pille, die man einnehmen kann, oder eine Operation, die an den „betäubten" Patient*innen durchgeführt wird.

Gleichzeitig ist Psychotherapie auch ein anderer Prozess als bspw. einem lernbehinderten Kind Nachhilfe zu geben oder eine Familie in finanzieller oder sozialer Not über mögliche Hilfestellungen zu beraten. Der Hauptunterschied zwischen Beratung und Psychotherapie besteht in ihrem Anwendungsbereich: Bei der Psychotherapie geht es im ersten Schritt immer um die Feststellung von Krankheit und in einem weiteren Schritt um die Anwendung empirisch untersuchter Maßnahmen, eben diese Krankheit zu heilen, zu bessern oder auch nur zu lindern.

Die Abgrenzung von sozialer Arbeit zum psychotherapeutischen Setting kann für manche Ausbildungskandidatinnen eine erste Bewährungsprobe darstellen. Hierbei gilt es, zu lernen, eigene Grenzen abzustecken. **Wichtig**: *„Unsere Beziehung ist begrenzt."* Das psychische Wohl der Patient*innen ist die Prämisse jedes therapeutischen Handelns. Hierbei geht es jedoch nicht um den Erwerb von Sympathien oder das Einnehmen der Rolle einer guten Freundin, Schwester o. ä.

Ein weiteres Kennzeichen von Psychotherapie kann die Messung des psychotherapeutischen Erfolges dahingehend sein, ob das gewünschte Ziel – in der Regel die Reduktion von krankheitswertiger Störung – tatsächlich erreicht wurde. Auf einmal kann dann Psychotherapie sehr statistisch und zahlenlastig werden, was von den Ausbildungskandidatinnen einen Exkurs in Statistik I und II erfordert.

Mit Beginn ihrer Ausbildung tritt die PiA in diese Welt ein und gegebenenfalls trifft sie auf deutlich andere Grundhaltungen, Orientierungen, Verhaltensweisen, Mitmenschen und Kolleginnen als noch im Studium oder in anderen beruflichen Tätigkeitsfeldern.

Im Laufe der ersten Praxiserfahrungen wird relativ schnell eine gewisse Grundhaltung von Ausbildungskandidatinnen eingefordert. Hierbei geht es insbesondere um den Umgang mit dem neu entstandenen Ungleichgewicht in Bezug auf eigene Bedürfnisse, berufliche Verpflichtungen und eine „Aufopferung" für (die eigenen) Patient*innen.

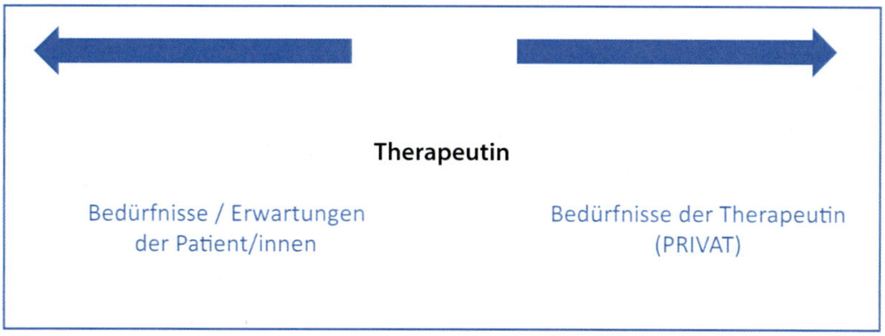

Abb. 1.4 Bedürfnisse Patient*in–Therapeut*in

Fragen, die aufkommen können, sind beispielsweise:

- *Gehe ich nach meiner Sprechstunde noch ans Telefon?*
- *Lese und beantworte ich jederzeit SMS oder E-Mails?*
- *Vergebe ich Termine außerhalb meiner Arbeitszeit?*
- *Wie viel terminfreie (Frei-)Zeit verwende ich für organisatorische Angelegenheiten rund um die Patient*innen (Amt, Lehrer*in, Briefe, Anträge …)?*

Wie in Abb. 1.4 gezeigt, entsteht für die angehende Therapeutin ein Spannungsfeld zwischen den Erwartungen der Patient*innen und der Wahrnehmung sowie dem Ernstnehmen der eigenen Bedürfnisse. Somit entwickelt sich ein Prozess, der die Absteckung eigener Grenzen erfordert. Hilfreich hierfür können regelmäßige Supervisionen, Intervisionen und Selbsterfahrungsseminare innerhalb der Ausbildung sein.

Im Rahmen von Abgrenzung und Professionalität stellt sich auch die Frage nach dem Verhalten einer Therapeutin bei einem Zusammentreffen mit Patient*innen außerhalb des therapeutischen Settings – z. B. im Bus, im Theater, im Restaurant, in einer Bar oder einem Club. In solchen Fällen sollte man den Patient*innen nur grüßen, um die Schweigepflicht zu wahren. Fordern die Patient*innen einen kurzen Smalltalk, ist dem nichts entgegenzusetzen – ein gemeinsames Bier am Tresen sollte jedoch in jedem Fall vermieden werden.

Zudem sollte jede Therapeutin im Zeitalter sozialer Netzwerke auf ihre Außendarstellung achten, da einige Patient*innen oder auch deren Eltern ein großes Interesse haben, an dem Privatleben der Therapeutin teilzuhaben.

Tipp

Aus praktischer Sicht haben sich für den Start in die Ausbildung die Fertigkeiten

- Flexibilität
- Professionalität
- Eigeninitiative

als Fundament für die praktische Tätigkeit bewährt!

Die Ausbildung erfordert räumliche und vor allem auch zeitliche Flexibilität. Man investiert viel Zeit sowohl in Praktika als auch in die theoretische Ausbildung. Seminare finden teilweise am Wochenende statt, nach dem man unter der Woche 40 Stunden im Praktikum oder einem anderen Job verbracht hat. Zudem stellt die räumliche Flexibilität eine weitere Anforderung an die Auszubildenden dar. Weite Fahrtwege zu Kliniken, Praxen oder Instituten sind keine Seltenheit. Im Praxisalltag werden die theoretischen Kenntnisse aus dem Studium auf Praxistauglichkeit getestet. Hierbei ist es erforderlich, auch mit unvorhersehbaren Ereignissen einen professionellen Umgang zu finden. Der Übergang zwischen Theorie und Praxis bedeutet oftmals einen Sprung ins kalte Wasser. Wer ein gewisses Improvisationstalent mit sich bringt bzw. sich dieses aneignet, ist klar im Vorteil.

Mit der gewünschten Professionalität geht ein gesundes Maß an Eigeninitiative einher. In den meisten Praxen und Kliniken wird selbstständige Aneignung bzw. Vertiefung in testpsychologische Verfahren, Manuale und Therapiemethoden gefordert. Hierbei gilt die Devise, sich nicht in der Rolle des Neulings und der Beobachterin auszuruhen, sondern selbstständig mit anzupacken, ganz nach dem Motto: *„trial and error"*. Daraus resultiert die Forderung der Ausbildungskandidatinnen, als Teil des professionellen Teams vorgestellt zu werden. Für uns hat sich im Erstkontakt mit Patient*innen die Vorstellung durch die behandelnden Ärzt*innen oder Therapeutinnen als „Kollegin" bewährt. Weitere wichtige Voraussetzungen für ein Standing in der Ausbildung stellt der Aufbau einer inneren und äußeren Grundhaltung dar. Die innere Ausrichtung beinhaltet das Bewusstsein über eigene Stärken und Schwächen, die Kompetenz, verschiedene Perspektiven einzunehmen und somit empathisch wahrnehmen zu können. Selbstregulation und Motivation werden im Laufe der Ausbildung zu wichtigen Fähigkeiten einer angehenden Therapeutin. Demnach erscheint es wichtig, eigene Bedürfnisse kurzfristig zurückzustellen und sich für die vielleicht manchmal anstrengende Arbeit und Seminare zu motivieren. Die Außenwirkung einer PiA geht mit verschiedenen Erwartungen der Patient*innen und deren Angehörigen einher. Durch das Auftreten der Ärzt*innen im weißen Kittel haben diese es leichter, eine gewisse Rolle zugeschrieben zu bekommen. Hilfreiche Mittel, um bei Patient*innen nicht in die Rolle der Verbündeten zu geraten, stellt offensichtlich ein der Institution angemessener Kleidungsstil dar. Zu kurze, zu enge und sehr durchsichtige Kleidung gilt es zu vermeiden. Gegen einen legeren Kleidungsstil ist nichts einzuwenden, solange dieser gepflegt ist. Auch in Bezug auf Piercings und Tattoos ist zu einem professionellen Umgang zu raten: Existieren diesbezüglich Regeln in der Klinik oder Praxis? Im Erstkontakt können Piercings und Tätowierungen den Beziehungsaufbau zur Familie erschweren, zu Patient*innen hingegen aber auch erleichtern. Dennoch ist ein diskreter Umgang mit Körperschmuck und Co. empfehlenswert.

Vorsicht, Patient*in !

Inhaltsverzeichnis

Ergänzende Information Die elektronische Version dieses Kapitels enthält Zusatzmaterial, auf das über folgenden Link zugegriffen werden kann [https://doi.org/10.1007/978-3-662-63935-1_2]. Die Videos lassen sich durch Anklicken des DOI Links in der Legende einer entsprechenden Abbildung abspielen, oder indem Sie diesen Link mit der SN More Media App scannen.

L. von Düring-Ulmenstein, G. Zarbock, *Verhaltenstherapie bei Kindern und Jugendlichen*,
https://doi.org/10.1007/978-3-662-63935-1_2

2.1 Vom telefonischen Erstkontakt zum Erstgespräch

Je nach Institution wird das Telefon von der Sprechstundenhilfe oder von der Therapeutin selbst bedient. In beiden Fällen stellt das geführte Telefonat den ersten persönlichen Kontakt dar und ist insofern auch die erste Möglichkeit zum Beziehungsaufbau. Die Therapeutin sollte sich Zeit und Ruhe für das Telefonat nehmen bzw. telefonische Sprechzeiten anbieten, um nicht „zwischen Tür und Angel" Anrufe entgegennehmen zu müssen, denn die Patient*innen bzw. deren Familien gewinnen hier einen wichtigen ersten Eindruck. In diesem ersten Gespräch sollte der Vorstellungsanlass durch wenige Eckdaten abgefragt werden.

Zum einen kann sich die Therapeutin so mental auf den persönlichen Erstkontakt vorbereiten und zum anderen müssen die Patient*innen unter Umständen auch an andere Einrichtungen weitergeleitet werden, wenn der Behandlungsbedarf in der eigenen Praxis nicht geleistet werden kann.

Tipp

Am **Telefon** sollten von den Sorgeberechtigten oder von den jugendlichen Patient*innen selbst folgende **Eckdaten** erfragt werden:

1. Alter des Kindes bzw. des Jugendlichen
2. Symptomatik (seit wann)?
3. Besteht Suizidalität oder selbstverletzendes Verhalten?
4. Behandlungsmotivation (selbst- oder fremdmotiviert)?

Wer kommt mit zum Erstgespräch?

2.2 Kontaktaufnahme im Wartezimmer

Bereits im Wartezimmer hat die Therapeutin die Möglichkeit, erste diagnostisch wertvolle Eindrücke von den Patient*innen und deren Bezugspersonen zu sammeln. Diese Momentaufnahme außerhalb des Behandlungsraumes ist oftmals wichtig: Wirken die Eltern beispielsweise überfürsorglich, gefühlskalt, liebevoll oder abwesend? Zeigt das Kind sich gegenüber den Bezugspersonen grenztestend, trennungsängstlich, altersunangemessen eng verbunden, liebevoll und herzlich, distanziert oder modulationsarm? Inwiefern deckt sich dieser Eindruck mit dem des Erstgesprächs?

2.3 Die Begrüßung

Bei der Begrüßung sollte sich die Therapeutin zunächst namentlich vorstellen und den Patient*innen und deren Bezugspersonen die Hand geben. Näherer Körperkontakt, wie beispielsweise Umarmungen oder gar Küsschen, ist unangebracht und unprofessionell. Es gilt, distanziert und zugleich freundlich zugewandt den Anwesenden zu signalisieren, dass sie willkommen seien. Zum Teil ist die Begrüßung von Kindern auch altersabhängig:

Tipp

Begrüßungssituation von Patient*innen und Bezugspersonen im Wartezimmer

„Guten Tag, mein Name ist Frau …, ich habe einen Termin mit „Lukas + Nachname Patient“ oder Familie „Nachname Patient““.

Bei Kindern bis zu sechs Jahren: Knie dich ruhig hin und begib dich auf Augenhöhe zu deinem kleinen Patienten. Äußere dann: *„Hallo, bist du Lukas? Ich bin Frau …“*

Bei Kindern bis zu zehn Jahren: Schaue das Kind an, gib ihm die Hand und sag: *„Hallo, bist du Lukas?“* Danach nimm Blickkontakt zu den Eltern auf. Wenn das Kind auf deine Begrüßung nicht reagiert, dränge nicht darauf!

Sollten die Eltern negativ darauf reagieren, sag: *„Das ist nicht so schlimm.“*

Bei Jugendlichen: gleiches Schema wie bei Grundschulkindern, an Eltern- und Autoritätsstelle treten und keine Verbrüderung mit Peers.

2.4 Gang zum Behandlungsraum

Während die Therapeutin vorausgeht und mit den Patient*innen und deren Erziehungsberechtigten in den Therapieraum läuft, lockert ein kleiner Small Talk meist die Situation auf. Je nach Alter und Tageszeit kann man die Kinder/Jugendlichen fragen, ob sie gut geschlafen hätten, ob sie nachher noch zur Schule müssten oder wie die Schule heute gewesen sei. Die Bezugspersonen kann man fragen, ob sie gut zur Praxis gefunden habe, ob es einfach gewesen sei, einen Parkplatz zu finden usw.

2.5 Sitzplatzsituationen

Vor dem Erstgespräch ist sicherzustellen, dass ausreichend Sitzplätze für alle Personen in dem Behandlungsraum vorhanden sind. Die Therapeutin betritt den Behandlungsraum idealerweise als Erstes und hat so die Gelegenheit, alle Teilnehmenden des Gespräches zu platzieren bzw. auch eine freie Platzwahl anzubieten. Schön ist es für das Kind oder den Jugendlichen, wenn sie/er sich seinen Platz aussuchen kann. Erfahrungsgemäß vermittelt dieses den Patient*innen ein Gefühl von Orientierung und Kontrolle, und trägt so dazu bei, dass sie sich in der für sie neuen und unbekannten Situation wohler fühlen.

Die Gestaltung der Sitzplatzsituation ist abhängig davon, wie viele Personen vor Ort sind und ob der Tisch, um den die Stühle stehen, rund oder eckig geformt ist. Eine „Anordnung wie im Frontalunterricht“, bei der die Patient*innen und deren Bezugspersonen der Therapeutin direkt gegenübersitzen, sollte vermieden werden. Als gewünschte und angenehm empfundene Sitzposition hat sich ein 45-Grad-Winkel zueinander erwiesen – so ist der Blickkontakt aber auch ein „in den Raum schauen“ möglich.

Tipp

Platzierung der teilnehmenden Personen zum Erstgespräch im Therapieraum

- „Lukas, du darfst dir zuerst einen Platz aussuchen."
- „Bitte legen Sie ab und nehmen Sie Platz."
- Wenn kein Platz für die Garderobe ist, können Jacken z. B. über einen Stuhl gehängt werden.
- Es ist darauf zu achten, dass die Tür zum Behandlungsraum geschlossen wird!
- Warte solange ab, bis alle ruhig auf ihren Stühlen sitzen. Erst dann solltest du das Erstgespräch starten!

2.6 Einstieg in das Erstgespräch

2.6.1 Transparenz und Vorstellungsanlass

L. von Düring-Ulmenstein

Die Situation innerhalb des Therapieraumes sollte zunächst locker gestaltet sein, um den Anwesenden den Einstieg in das Erstgespräch möglichst einfach zu machen. Oft sind Patient*innen und ihre Eltern oder Bezugspersonen sehr aufgeregt und wissen nicht, was sie erwartet und auf sie zukommt. So können zunächst die Räumlichkeiten gezeigt werden und Kindern Spiel- und Malsachen angeboten werden. **Sorge bereits in den ersten Minuten des Erstgespräches für Klarheit und Transparenz, was den Ablauf der folgenden Sitzung betrifft: Dauer, Themen und Strukturierung, schriftliche Dokumentation durch die Therapeutin, und weise insbesondere auf deine Schweigepflicht hin!** Plane außerdem Zeit ein für Anliegen und Fragen von Seiten der Patient*innen und Bezugspersonen.

Es bietet sich an, den Patient*innen und den Bezugspersonen anhand einiger „Floskeln" die Chance zu geben, mit der unbekannten Situation warm zu werden. So könntest du z. B. fragen, ob die Familie etwas trinken wolle, das Kind/den Jugendlichen fragen, wie alt sie/er sei, und auf welche Schule sie/er gehe und ob es ihre/seine oder Mamas bzw. Papas Idee gewesen sei, hierherzukommen. Im Anschluss daran sollte (auch wieder je nach Alter und bestehenden Möglichkeiten) die/der Patient*in selbst und/oder die Eltern bzw. Bezugspersonen nach dem Vorstellungsanlass gefragt werden. Verbunden mit der Frage *„Wessen Idee war es hierherzukommen?"* kann die Therapeutin die Anwesenden bitten, genauer über den Vorstellungsgrund zu berichten.

Wenn die Patient*innen in der Lage sein sollten, die Frage selbst zu beantworten, sollte sie die Möglichkeit für den Erstbericht erhalten. In Abhängigkeit vom Alter und potenziellem Konfliktpotenzial mit anderen Beteiligten könnte es u. U. auch Sinn ergeben, Eltern/Bezugspersonen und Patient*innen getrennt voneinander zu befragen.

Tipp

Beginne die Sitzung mit ein paar lockeren Anfangsfragen, bevor du in die **Problemexplorationsphase** einsteigst:
- Jede*r soll seine Sicht der Problemsituation darstellen.

Interaktionsphase:
- Die Therapeutin stellt Fragen zum Problem: Was passiert genau? Wer ist alles dabei? Wann passiert es? Wie lange dauert es? Wie intensiv? Was macht wer genau, nachdem das Problem aufgetreten ist? Gibt es Ausnahmen: Wann tritt das Problemverhalten NICHT auf?

Kooperative Planung der Behandlungsziele:
- Wer wünscht sich was warum in Hinsicht auf das Problem: operationalisierte, präzise Zielformulierung, schriftlich fixieren!

Abschlussphase:
- Zusammenfassung durch die Therapeutin, Was ist schon klar geworden? Was muss noch geklärt werden? Kann schon eine Mitnahmebotschaft formuliert werden? Kann die Therapeutin eine konkrete Beobachtungsaufgabe mitgeben?

Folgende Videosequenzen (◘ Abb. 2.1, 2.2, und 2.3) sollen anschaulich und beispielhaft den Ablauf eines psychotherapeutischen Erstgespräches in der Kinder- und Jugendlichenpsychotherapie verdeutlichen. Dabei werden die einzelnen Phasen des Erstgespräches besonders hervorgehoben

◘ **Abb. 2.1** Video 2.1 Erstgespräch mit Mutter und Tochter: Eröffnungsphase (► https://doi.org/10.1007/000-7bs)

◘ **Abb. 2.2** Video 2.2 Erstgespräch mit Mutter und Tochter: Explorationsphase (► https://doi.org/10.1007/000-7br)

Abb. 2.3 Video 2.3 Erstgespräch mit Mutter und Tochter: Informationsvermittlung (▶ https://doi.org/10.1007/000-7bq)

2.6.1.1 Beziehungsaufbau

Die therapeutische Beziehung gilt als wichtigster Wirkfaktor für den Therapieerfolg, denn der Einfluss dieser auf den Therapieerfolg ist der am besten empirisch bestätigte Wirkfaktor in der Psychotherapieforschung (Orlinsky et al., 2004).

Mit dem ersten Patient*innenkontakt (welcher mitunter bereits am Telefon stattfindet, siehe 2.1.1 Telefonkontakt) beginnt der Beziehungsaufbau zu den Patient*innen. Zunächst ist es wichtig, durch freundliches und empathisches Auftreten das Vertrauen der oft noch sehr jungen Patient*innen und deren Eltern zu gewinnen. Beziehungsaufbau benötigt Zeit und ist auch abhängig von der individuellen Vorgeschichte der Patient*innen. Spielerische Beziehungsangebote bieten hier nicht nur zu Beginn einer Psychotherapie einen guten Einstieg.

Mehr lesen: Groen & Petermann, 2015, vor allem: Kap. 2. Ressourcen, Beziehungsaufbau, Motivation und Ziele.

2.6.2 Die therapeutische Beziehung

L. von Düring-Ulmenstein, N. Semmler, P. Stürzel, S. von Usslar und G. Zarbock

Eine vertrauensvolle therapeutische Beziehung stellt die Basis jeder Psychotherapie dar und sollte geprägt sein von den drei Grundvariablen:
- Empathie,
- positive Wertschätzung und
- Echtheit (Rogers, 2019).

Dieses erscheint plausibel, da psychische Probleme meist im Kontext zwischenmenschlicher Interaktion entstanden sind und aufrechterhalten werden. Die therapeutische Beziehung bietet die Möglichkeit korrektiver Neuerfahrung (z. B. *„endlich gesehen, verstanden, unterstützt zu werden"*) und der Umstrukturierung von Beziehungsmustern der Patient*innen zu sich selbst und anderen.

Übersicht

Beobachtungskriterien für eine positive Therapiebeziehung

A. **Offenheit und Vertrauen:**

„Ich habe bislang noch keinem davon erzählt."

„Ich bin unsicher, ob ich das erzählen soll, weil ich mich sehr schäme. Aber Sie müssen es ja wissen, um mich richtig zu verstehen."

- Patient*innen berichten über Themen, die eher tabuisiert sind, wie Misshandlungen, sexuelle Präferenzen oder sexuelle Gewalt, Gewalterfahrungen oder Sucht.
- Patient*innen zeigen vertrauliche Informationsquellen wie Tagebucheinträge, Chatverläufe, Accounts sozialer Netzwerke, Zeichnungen oder Handyvideos und Fotos.

B. **Spannungsreduktion:**

„So, jetzt bin ich es los; jetzt geht es mir viel besser!"

- Nonverbale Kriterien, die auf hinreichende Spannungsreduktion schließen lassen (z. B. lockere Sitzposition, entspannte Atmung).

C. **Kooperation mit der speziellen Person der Therapeutin:**

„Endlich jemand, der mich versteht."

„Für mich war es wichtig, eine ältere (jüngere, weiblichen etc.) Therapeutin zu finden."

„Sie sind mir empfohlen worden."

„Ich habe erfahren, dass Sie Spezialist für … sind."

Die therapeutische Beziehung hat nicht nur einen direkten Einfluss auf den Therapierfolg, sondern beeinflusst indirekt weitere Faktoren (z. B. Kooperations- und Arbeitsprozesse), die wiederum in hohem Maße den Therapieerfolg vorhersagen (Sachse, 2006).

Definition

Therapeutenvariablen (nach Rogers, 2019**)**

1. ***Empathie:*** Einfühlsames Verständnis aus Sicht der Patient*innen, Leiden der Patient*innen nachempfinden.
2. ***Positive Wertschätzung:*** Bedingungslose Akzeptanz und vorbehaltlose Annahme der Patient*innen, Ermutigung und Ausdruck von Solidarität.
3. ***Echtheit:*** Kongruenz bedeutet Echtheit im Sinne von Konfrontation mit den Patient*innen, Echtheit im Sinne von Klärung des Beziehungsgehaltes mit den Patient*innen und Echtheit im Sinne einer Selbstmitteilung des Therapeutinnenerlebens.

Therapeutinnen sollten warmherzig und kooperativ auftreten und den Patient*innen auf Augenhöhe begegnen. Wertfreiheit und Unterlassung von Schuldzuweisungen sind elementar. Eine Hoffnung vermittelnde und im weiteren Verlauf veränderungsorientierte Haltung (Lob und der Blick auf die Ressourcen der Patient*innen) sind zudem zentral für den Aufbau und die Förderung einer positiven therapeutischen Beziehung.

Gelegentlich kann es auch erforderlich sein, deutlich Grenzen zu setzen und sich Regeln verdeutlichend freundlich-dominant (direktiv, extrovertiert, selbstbewusst) zu verhalten. Eine strategische Erklärung der eigenen Überforderung oder Inkompetenz („da kenne ich mich nicht aus“, „das ist außerhalb meines Arbeitsgebietes“, „das würde mich überfordern“) ist ein guter Weg, eine weitere Behandlung abzulehnen, ohne den Patient*innen die „Schuld“ dafür zuzuschieben. In einem solchen Fall sollte man aber immer weitere Behandlungsoptionen aufzeigen (z. B. stationäre Therapie, andere Therapieverfahren, Familienhilfe, Einschaltung des Jugendamtes).

2.6.2.1 Kernelemente der Beziehungsgestaltung

Eine Beziehung wird nicht einmal hergestellt und funktioniert dann problemlos, sondern muss von Therapeutinnen immer wieder von Neuem aktiv gestaltet werden. Beziehungsgestaltung ist somit eine kontinuierliche Aufgabe im Therapieprozess, die mit dem ersten Kontakt beginnt und mit der letzten Stunde endet (Sachse, 2006).

Beziehung ist immer beidseitig und wird maßgeblich durch das jeweils individuelle Beziehungsverhalten von Patient*innen und Therapeutinnen geprägt. Therapeutinnen sollten eigene Beziehungsmuster kennen und regulieren können, um ihr Beziehungsangebot an die jeweiligen Patient*innen anpassen zu können.

Des Weiteren spielt der Grad der Übereinstimmung von Patient*innen und Therapeutinnen bezüglich des Vorgehens, der Rollen und Aufgaben sowie der Therapieziele eine wichtige Rolle (vgl. therapeutische Allianz nach Bordin, 1976). Vor diesem Hintergrund sind eine hohe Transparenz und eine Flexibilität im therapeutischen Prozess wichtig. Einen besonderen Stellenwert nimmt dabei die Vermittlung eines glaubwürdigen Erklärungsmodells für die Störung und die Interventionen ein (Margraf, 2009).

2.6.2.2 Einsatz komplementärer Beziehungsgestaltung

Das Konzept der komplementären Beziehungsgestaltung (oder auch motiv- oder bedürfnisorientierte Beziehungsgestaltung) wurde von der Berner Arbeitsgruppe um Grawe entwickelt (Caspar, 1996; Caspar & Grawe, 1982). Im Fokus stehen interaktionelle Pläne, Motive und Bedürfnisse von Patient*innen, die in ihrer Lebensgeschichte verletzt wurden und dadurch dauerhaft hochreguliert sind (Schnell, 2014).

Die Therapeutinnen analysieren die hinter einem (Beziehungs-)Verhalten stehenden Motive und Bedürfnisse der Patient*innen und reagieren gezielt auf diese. Wurde der Patient z. B. in seinem Autonomiebedürfnis frustriert, sollte die Therapeutin sich transparent, wenig direktiv verhalten und auf Interventionen zurückgreifen, die den Patient*innen viel Kontrolle und Eigenaktivität ermöglichen (z. B. geleitetes Entdecken). Wurde hingegen das Selbstwertbedürfnis frustriert, ist es entscheidend, den Patient*innen selbstwertförderliche Erfahrungen zu ermöglichen (z. B. Erfolgserlebnisse schaffen, viel Loben, Stärken explorieren).

> „Effektive Therapeuten zeichnen sich dadurch aus, dass sie spezifische Methoden anwenden, tragfähige Beziehungen anbieten und sowohl unterschiedliche Methoden als auch Beziehungsangebote differenziert an der individuellen Person und am jeweiligen Rahmen ausrichten.“ (Norcross, 2002)

Hilfreiche Fragen zur komplementären Beziehungsgestaltung:

- Welche Gefühle und Fantasien löst die/der Patient*in bei mir aus?
- Wozu will er/sie mich bringen?
- Wie würde ich ihn/sie auf keinen Fall behandeln (z. B. kritisieren, zurückweisen …)?
- Was ist vermutlich seine/ihre größte interpersonelle Angst (im Sinne der Wiederholung frustrierender oder traumatischer Erfahrungen)?
- Welche Wünsche könnten hinter dem spezifischen (provozierenden, misstrauischen, unterwürfigen, charmanten …) Verhalten stehen?

2.7 Die Probatorik

2.7.1 Erhebung der lebensgeschichtlichen Entwicklung und Krankheitsanamnese

Zur Diagnostik im Rahmen der Probatorik gehören neben standardisierten Tests und Fragebögen (vgl. ► Abschn. 2.6 Psychometrie) auch grundlegende Fragen zur Symptombildung und zum Krankheitsverlauf sowie eine genaue biografische Anamnese. Dabei liegt der Schwerpunkt der Anamneseerhebung bei den Eltern der Patient*innen/bei Bezugspersonen und bei dem Kind oder Jugendlichen selbst.

► Hierfür bietet sich das AB (T) Eigenanamnese an, das du im Anhang 2.5 findest.

► AB (T) Anamnese, Anhang 2.5.1

► AB, (T) Familienanalyse, Anhang 2.5.2

Folgende Fragen solltest du in der Probatorik klären:

- Wer schickt die/den Patient*in (Eigen-/Fremdmotivation)?
- Welche Problembereiche sind neben den vorgetragenen Symptomen zu erkennen?
- Welches sind die auslösenden und welches die aufrechterhaltenden Bedingungen?
- Welche intra- und interindividuellen Funktionen sind erkennbar?
- Gib es Kausalzusammenhänge zwischen Symptomen und anderen Problembereichen?
- Welche Konsequenzen hätte der Abbau des Symptom-/Krankheitsverhaltens?
- Mikroanalyse des Symptomverhaltens
- Gibt es Symptombildungen aus früheren biosozialen Entwicklungsphasen?
- Wie gut ist die Qualität der sozialen Kompetenz (Freund*innen, Hobbys?) und emotionalen Ausdrucksfähigkeit des Patient*in?
- Gibt es Schulleistungsprobleme? In welchen Fächern? Teilleistungsstörungen? Erhebliche Aufmerksamkeitsdefizite? Altersunangemessene Impulsivität?

Übersicht

Möglicher Ablauf der probatorischen Sitzungen (nach Görlitz, 2004)**:**

- **Anamnesesitzung** mit Eltern und Kind
- **Sitzung:** Kennenlernen des Kindes durch Befragung, Malen, Spielen usw. (Hausaufgaben: evtl. Fragebögen)
- **Sitzung:** Fortsetzung Anamneseerhebung mit Eltern (Hausaufgaben: Selbstbeobachtungsliste zur Symptomatik, Erziehungsverhalten und Ressourcen mitgeben)
- **Sitzung:** Interaktionsbeobachtung mit Videoaufzeichnung der Familie (z. B. Spiel, Hausaufgaben, Gespräch)
- **Sitzung**/evtl. auch in 4. Sitzung: Ergänzung der biografischen Anamnese, Besprechung des Störungsmodells, der Ziele und des Behandlungsplans

2.7.1.1 Bindungs- und Erziehungsstile

Anhand der Verhaltensbeobachtung im Verlauf der probatorischen Sitzungen und der Schilderungen der Bezugspersonen lassen sich Rückschlüsse auf die Bindungsqualitäten des Kindes und den Erziehungsstil/die Erziehungsstile der Eltern ziehen.

Definition

Bindungsstile (nach Ainsworth et al., 1978; Bowlby, 1984)**: Die vier Bindungsqualitäten des Kindes**

- **Sichere Bindung (B-Typ):** Kinder zeigen emotionale Sicherheit gegenüber Bezugspersonen, verleihen ihren Gefühlen Ausdruck, da sie wissen, dass ihre Bedürfnisse zuverlässig befriedigt werden.
- **Unsicher-vermeidende Bindung (A-Typ):** Auffälliges Kontaktvermeidungsverhalten, primäre Beschäftigungen mit Spielzeug im Sinn einer Stresskompensationsstrategie. Anwesenheit der Bezugsperson ist nicht von hoher emotionaler Bedeutung.
- **Unsicher-ambivalente Bindung (C-Typ):** widersprüchlich-anhängliches Verhalten gegenüber. Bezugspersonen. Klammern, um Nähe und Sicherheit herzustellen bzw. zu erhalten, aber auch Schlagen, Schimpfen und sich Wegdrehen.
- **Desorganisierte Bindung (D-Typ):** Hauptmerkmale sind bizarre Verhaltensweisen (Erstarren, Im-Kreis-Drehen, Schaukeln o. a. stereotype Bewegungen) und Emotionsarmut/Emotionslosigkeit.

Insbesondere bei getrennt lebenden Eltern ist es wichtig, nachzuvollziehen, ob unterschiedliche Erziehungsstile existieren. Die meisten Eltern verwenden Mischformen und erziehen ihre Kinder nach den eigenen Wertvorstellungen, so wie sie es für richtig halten.

Definition

Erziehungsstile (z. T. nach Elder, 1962**):**
1. **Autokratischer:** Annahme der Notwendigkeit von Autorität gegenüber dem Kind, welches als Objekt gesehen wird.
2. **Autoritärer:** Ähnlich dem autokratischen Erziehungsstil, starke Kontrollausübung gegenüber dem Kind, dessen Meinung wahrgenommen wird – letztlich bestimmen die Eltern.
3. **Demokratischer:** Kinder werden als Partner anerkannt und respektiert. Übertragung von Verantwortung und Entwicklung von Selbstständigkeit mit zunehmendem Alter an das Kind.
4. **Egalitärer:** Eltern und Kinder sind gleichberechtigte Partner, beide Meinungen zählen gleichwertig.
5. **Permissiver:** Gewährend, nachgiebige Haltung gegenüber dem Kind. Eltern halten sich zurück. Oft müssen Kinder die Initiative selbst ergreifen (z. B. bei Entscheidungen).
6. **Laisser-faire:** Keine Regeln, jede*r ist sich selbst überlassen.
7. **Negierend:** Eltern negieren das Kind, keine Beeinflussung und kein Interesse am Kind.
8. **Autoritativer:** Von einer autoritären Erziehung unterscheidet sich die autoritative Erziehung durch ein höheres Maß an emotionaler Wärme, Rapport, Akzeptanz und Kommunikationsbereitschaft, die dem Kind entgegengebracht werden. Von einer permissiven Erziehung unterscheidet sie sich durch ein höheres Maß an intentionaler Erziehung mit mehr Regeln, mehr Einsatz von Erziehungsmitteln und einer stärkeren Führung durch die Eltern. (Wikipedia, Autoritative Erziehung o. D.)

2.7.1.2 Therapieziele

Im Laufe der probatorischen Sitzungen werden die Ziele der Psychotherapie erarbeitet und festgelegt. Mindestens drei, aber nicht mehr als fünf Ziele haben sich in der Praxis bewährt, dabei kann man in Nah- und Fernziele unterscheiden. Therapeutische Ziele sollten positiv formuliert und operationalisiert, d. h. messbar gemacht, werden.

In der biografisch-systemisch-verhaltenstherapeutischen Arbeit (BSVT) unterscheiden wir zwischen „Ziele am Symptom“ und „Ziele am Hintergrund“. Erstere beinhalten z. B. Abbau von Ängsten, Reduktion von Zwängen, Gewichtszunahme, Aufgabe von Selbstverletzung etc. Diese Ziele verstehen sich fast immer von selbst. Da aber das Symptom immer auch eine Lerngeschichte hat und darüber hinaus auch „Sinn“ ergibt, sind diese sogenannten Symptomziele nicht einfach zu erreichen. Denn symptomatisches Verhalten hat sich irgendwann etabliert und das Symptom („das zwanghafte Händewaschen“, „die Vermeidung des Schulbesuchs“) wurde nach seinem Erstauftritt meist über längere Zeit und meist durch negative Verstärkung untermauert. Dies bedeutet: dadurch, dass Angst oder Scham oder Trauer (= negativ erlebte Zustände) nicht mehr spürbar waren, wurde das Symptomverhalten fixiert. Die sogenannte Aversionserleichterung (= negative Verstärkung) ist der Hauptgrund dafür, dass wir alle problematische Gewohnheiten (wie das Rauchen) haben. Unmittelbar nach dem Verhalten lässt die Spannung nach. Die negativen Konsequenzen („die Strafe") erfolgen erst lange Zeit später und können das Problemverhalten nicht mehr steuern. Daher sind viele Verhaltensprobleme durch Übung eingeschliffen und müssen mühsam wieder „verlernt" werden.

Auch der „Sinn" des Symptoms erschwert eine schnelle Symptomreduktion. Das Symptom war oft auch ein ungünstiger Problemlöseversuch, da bessere Lösungsmöglichkeiten für Konflikte, Schwierigkeiten und Herausforderungen (z. B. Entwicklungsaufgaben) dem Individuum nicht zur Verfügung standen. Das Symptom ergibt also somit „Sinn". In der VT sprechen wir auch von der systemischen Funktionalität eines Symptoms. Erst wenn für die Problematik bessere Lösungen gefunden wurden, kann das Symptom als „Notnagel" wegfallen. Im System der BSVT wird dies durch die Formulierung von Zielen am Hintergrund geleistet. Hintergrundziele sind oft aus der Entwicklungsgeschichte (den Entstehungsbedingungen) und dem Erstauftritt der Symptomatik abgeleitet. Hintergrundziele können z. B. eine Verbesserung der Emotionsregulation, eine Stärkung des Selbstwertes, Aufklärung über und Entwicklung von altersgemäßem Sexualverhaltens, den Aufbau sozialer und assertiver Kompetenzen, aber auch eine bessere Organisation der gesamten Familie umfassen. Und natürlich kann die Verarbeitung traumatisierender Erfahrungen und Erlebnisse mit den Emotionen Trauer, Scham, Schuld, Wut und Verachtung (und Ekel) oft ein wichtiges Anliegen der Arbeit am Hintergrund sein.

Idealerweise formulieren Patient*innen die „Ziele am Symptom" und die „Ziele am Hintergrund" selbst, denn wenn diese in ihren Worten formuliert sind, können sie sich besser mit ihnen identifizieren. Ein Blick in die Leitlinien gibt oft wesentliche Hinweise für die Zielkonkretisierung (◘ Abb. 2.4).

► AB (T) Therapieziele in Bezug auf das Störungsmodell, siehe Anhang ► Abschn. 2.7

◘ **Abb. 2.4** Video 2.4 Erstgespräch mit Mutter und Tochter, Finden und Vereinbaren von Therapiezielen (► https://doi.org/10.1007/000-7bt)

Abb. 2.5 Video 2.5 Ressourcenarbeit: Erstellen eines Stärkenposters (▶ https://doi.org/10.1007/000-7bv)

2.7.1.3 Ressourcen und protektive Faktoren

Unter Ressourcen verstehen wir nach Grawe (1999) alle Möglichkeiten, die einem Menschen zur Befriedigung seiner Grundbedürfnisse zur Verfügung stehen. Für die Frage, wie die Probleme am besten verändert werden können, sind die Ressourcen der Patient*innen wahrscheinlich wichtiger als deren Probleme. Jedes Kind und jede Familie hat individuelle Stärken, Kompetenzen und Fähigkeiten. Mitunter kann man auch die „Stärken der Schwächen" suchen. Die Ressourcenperspektive tut allen gut! Die/der Patient*in und deren/dessen Familie haben so die Möglichkeit, sich als kompetent zu erleben. Es ist die Aufgabe der Therapeutin, zunächst eine genaue Ressourcenanalyse durchzuführen, um dann ggf. vorhandene Ressourcen zu aktivieren und in der Therapie weitere notwendige Ressourcen aufzubauen.

In dem Video Abb. 2.5 wird anschaulich und beispielhaft das Erstellen eines Stärkenposters gezeigt – im Sinne der Ressourcenarbeit mit Kindern und Jugendlichen.

- ▶ **2.3.1 AB (T) Ressourcenaktivierung – Was genau sind Ressourcen?, Anhang 2.3.1**
- ▶ **2.3.2 AB (P) Das kann ich richtig gut!, Anhang, 2.3.2**
- ▶ **2.3.3 AB (P) Stärken, Anhang 2.3.3**
- ▶ **2.3.4 AB (P) Lobrede auf mich selbst, Anhang 2.3.4**
- ▶ **2.3.5 AB (P) Urkunde. Anhang 2.3.5**

2.7.1.4 Familienanamnese

Hier wird über relevante psychische und somatische Erkrankungen von Familienmitgliedern (Eltern, Geschwister, Großeltern) berichtet. Darüber hinaus kann auch noch über Störungen und Besonderheiten, die zwar nicht krankheitswertig, aber erklärungsträchtig sind, berichtet werden.

▶ Familienanamnese

Der Vater der Patientin (bei Geburt 40 Jahre) sei ein mürrischer und oft cholerischer Mensch gewesen, der die Dinge oft sehr negativ gesehen habe. Den Kindern gegenüber sei er launisch und autoritär gewesen und habe deutlich gemacht, dass er sich eher überfordert und angestrengt fühle. Von der Mutter (bei Geburt 35 Jahre) wird berichtet, sie habe an Depressionen gelitten. Sie sei an einer Schilddrüsenunterfunktion erkrankt gewesen. Der ältere Bruder (+5) sei ein Überflieger gewesen und habe im Gegensatz zu der Patientin auch die Empfehlung für das Gymnasium bekommen. Die jüngere Schwester (–2 Jahre) habe als Kind Neurodermitis und Asthma gehabt. Dies sei jedoch mit der Pubertät deutlich besser geworden. ◀

2.7.1.5 Somatische Anamnese

Hier sind nur überdauernde und chronische oder umfangreiche und belastende Erkrankungen zu benennen.

▶ Somatische Anamnese

Aus der Säuglingszeit wird berichtet, dass die Patientin ein Schrei- und Spuckbaby gewesen sei. Sie habe viel Bauchweh (Dreimonatskoliken) gehabt und hätte infolgedessen viel und anhaltend geschrien. Nach etwa drei Monaten hätten sich die Bauchschmerzen gebessert. Dennoch habe die Patientin bis ca. zum 24. Monat unter Ein- und Durchschlafstörungen gelitten. Ansonsten keine auffälligen Befunde. Keine regelmäßige Medikation auf Grund organischer Erkrankungen. ◀

2.7.1.6 Schulische/berufliche Anamnese

Hier sind besonders die schulischen Schwellensituationen zu benennen. Auch sind ggf. Differenzen zwischen Leistungsvermögen, Leistungserwartungen (durch Bezugspersonen) und eigenem Leistungsanspruch zu vermerken.

▶ Schulische/berufliche Anamnese

In der Schule sei der Patient eher ein schüchternes Kind gewesen. Schriftliche Arbeiten waren bis zur sechsten Klasse wegen einer LRS immer schlechter als mündliche Leistungen. Durch fleißiges Üben ab der dritten Klasse konnte Philipp die LRS gut ausgleichen, nur unter Stress wisse er auch heute manchmal nicht, wie etwas richtig geschrieben werde. Abitur und dann Lehre zum Bankkaufmann. ◀

2.7.1.7 Sexualanamnese

Neben der Frage nach der/m ersten Menstruation/Samenerguss und das Erleben und der Umgang mit dem Erreichen der Geschlechtsreife sollte anamnestisch die Beziehung und der Kontakt zu Sexualpartner*innn erfragt werden und sich dabei auf das Behandlungsnotwendige konzentrieren.

▸ Sexualanamnese

Die jugendliche Patientin berichtet, dass sie mit 13 Jahren begonnen habe, sich für Jungs zu interessieren, nachdem sie sie vorher *„doof"* gefunden habe. Mit 15 Jahren habe sie einen ersten festen Freund gehabt. Diese Beziehung sei aber nach sechs Monaten wieder auseinandergegangen. Das erste Mal zum Geschlechtsverkehr sei es mit 16 Jahren gekommen, was sie als *„irgendwie ganz schön"* erlebt habe. Diese Beziehung habe leider auch nur ein halbes Jahr angedauert. Ihren jetzigen Freund kenne sie seit einem Dreivierteljahr, seit drei Monaten würden sie *„miteinander gehen"*. ◂

2.7.1.8 Soziale Anamnese

Hier sollen kurz die Gestaltung sozialer Kontakte, die soziale Eingebundenheit und die sozialen Kompetenzen der Patient*innen skizziert werden.

▸ Soziale Anamnese

Im Kindergarten sei er eher still und zurückhaltend gewesen. In der Grundschule sei er viel wegen der LRS als *„der Doofe"* gehänselt worden, habe aber trotzdem zwei, drei feste Freunde gehabt. Nachmittags habe er oft auf seine Schwester aufpassen müssen. Viel Spaß hätte ihm jedoch die Teilnahme an einer Pfadfindergruppe ab dem achten Lebensjahr gemacht. Der Patient sei innerhalb der Pfadfindergruppe gut integriert gewesen und hätte dort auch gute Freunde gefunden. Der Jugendliche beschreibt sich selbst als eher ruhig und zurückhaltend und gibt an, er möge keine lauten und angeberischen Menschen. Insgesamt habe er drei engere Freunde. Zu seinem Bruder habe er ein neutrales Verhältnis, mit der jüngeren Schwester würde er gut auskommen. Als Freizeitbeschäftigung gibt er Ausflüge ins Grüne, Radfahren und Lesen an. ◂

2.7.1.9 Entwicklungspsychologische Anamnese

Hier sind kurz die Bewältigung der besonderen Risikofaktoren, Prädispositionen und Entwicklungstraumata zu beschreiben. Insbesondere kann hier der Aspekt der Schwellensituation und der nicht oder nur eingeschränkt bewältigten Entwicklungsaufgaben im Lebensverlauf kurz skizziert werden.

Zur Orientierung hilft folgende Tabelle, die die Interaktion von Risikofaktoren, Temperament, Ressourcen und Bewältigungsweisen des Kindes in Überschriftform auflistet (◘ Tab. 2.1).

▸ Entwicklungspsychologische Anamnese

Aufgrund einer depressiven Erkrankung der Mutter ist ggf. von einer ungenügenden Bindungsgestaltung im Kleinstkindalter mit dem Erwerb eines eher unsicheren Bindungsstils auszugehen. Dies zeigte sich in der schwierigen Eingewöhnungszeit im Kindergarten (viel Schreien, viel Unruhe). Die Einschulung wurde weitgehend gemeistert, wobei die Patientin dort jedoch eher scheu und zurückhaltend war. Die anfangs nicht richtig erkannte LRS wirkte auf die Patientin stark verunsichernd. Die Außenseiterrolle mit Hänseleien und die Beschimpfungen durch den Vater sind als erhebliche Risikofaktoren anzusehen. Insgesamt zeichnen sich dann eine sehr Halt gebende Beziehung zu ihrem Pflegepferd und die Einbettung in die soziale Struktur im Reiterhof ab. Anstehende Entwicklungsaufgaben im Bereich Selbstwert- und Autonomieentwicklung benennen. ◂

Tab. 2.1 Biografische Risikofaktoren für die Entstehung psychischer und psychosomatischer Krankheiten (vor hiesigem gesellschaftlichem Hintergrund)

Risikofaktoren	Psychologische Grundbedürfnisse und Emotionen	Verarbeitungsmodus
Niedriger sozioökonomischer Status Mütterliche Berufstätigkeit im ersten Lebensjahr Schlechte Schulbildung der Eltern Große Familien und wenig Wohnraum Kriminalität und Dissozialität eines Elternteils Chronische Disharmonie, „Streitfamilie" Beziehungspathologie in der Familie Psychische oder organische Störungen des Vaters oder der Mutter Unerwünschtheit Trennung der Eltern vor oder kurz nach der Geburt Alleinerziehendes Elternteil Autoritäres väterliches Verhalten Sexueller und/oder aggressiver Missbrauch Verlust der Mutter Häufig wechselnde frühe Beziehungen Schlechte Kontakte zu Gleichaltrigen Altersabstand zum nächsten Geschwisterkind weniger als 18 Monate Genetische Disposition zu Erkrankungen	**Wirken auf:** Bindung Autonomie/Orientierung & Kontrolle Lustgewinn & Unlustvermeidung Selbstwerterhöhung Übergeordnet: Streben nach Konsistenz/Identität Führen zu Grundbedürfnisfrustrationen Emotionen sind Signale für die organismisch vitale Valenz (Wertigkeit) von Situationen und werden durch Bedürfnisfrustrationen – oder Bedürfnisbefriedigungen aktiviert. **Basisemotionen** sind: Freude/Glück, Angst, Trauer, Wut/Ärger, Ekel, Verachtung. Wichtige soziale Emotionen: Scham, Schuld, Neid, Eifersucht, Stolz. Chronische (wiederholte, langandauernde) Grundbedürfnisfrustrationen führen zu leicht auslösbaren emotionalen Schemata im Sinne von die emotionalen Reaktionen dominierenden Emotionspräferenzen oder biografischen Leitemotionen (Leitaffekten). Diese Emotionen haben eine starke Generalisierungstendenz und sind im Sinne Grawes Attraktoren des emotionalen Geschehens.	Grundbedürfnisfrustrationen, Emotionspräferenzen bzw. Leitemotionen (schnelle und generalisierte Auslösbarkeit, ggf. chronische Gestimmtheiten) interagieren u. a. mit **Big Five:** Extra-/Introversion, Emotionale Labilität, Verträglichkeit (Aggressivität), Gewissenhaftigkeit, Offenheit für neue Erfahrungen **Ressourcen:** pos. Beziehungsangebote Dritter, Intelligenz, Begabungen, Schulleistungen, soziale und emotionale Kompetenz, Attraktivität, Motorik/Kraft Kompensierender Entwicklungsverlauf durch **Schutzfaktoren** (gelingende Bewältigung) oder aber dysfunktionaler, dekompensierender Entwicklungsverlauf durch Dysfunktionale **aktive Kompensation:** Fight, Aggression, Delinquenz „vom Opfer zum Täter", Perfektionismus, Überkontrolle, Selbstüberhöhung, **externalisierende Sekundäremotionen** oder **internalisierende Sekundäremotionen:** Erdulden (Erstarren (Freeze) = passiv) oder Vermeidung: Flucht (Flight), Ablenkung (aktiv), Hemmung, Betäubung, Sucht (passiv)

2.7.1.10 Krankheitsanamnese

Hier ist eine kurze Zusammenfassung psychischer Störungen (inkl. der jetzigen Störung) zu geben. Insbesondere sollte auch nach suizidalen Phasen, Suizidfantasien und tatsächlich geplanten oder ausgeführten Suizidversuchen in der Vorgeschichte gefragt werden. Suizidale Vorkommnisse in der Anamnese sollten immer hinsichtlich ihrer Auslöser, Konsequenzen und Funktionalitäten analysiert werden.

► Krankheitsanamnese

In psychischer Hinsicht lassen sich als Vorläufer der jetzigen Angststörung ggf. die Schrei- und Fütterstörungen im Kleinstkindalter und die Ängstlichkeit und Schüchternheit im Vorschul- und Schulkindalter ansprechen. Keine regelmäßige Medikation. ◄

2.8 Klassifikatorische Diagnostik und der diagnostisch-therapeutische Prozess

Die Klassifikation psychischer Störungen stellt die Basis verhaltenstherapeutischer Arbeit dar. Eine operationalisierte Diagnostik – mit rationaler und empirischer Konstruktion der Klassifikationssysteme – hat sich in Forschung und Praxis bewährt. Die möglichst objektive Erhebung der aussagekräftigen Daten führte zu der Entwicklung vielfältiger psychologischer Testverfahren, die aus dem Alltag psychotherapeutischer Arbeit nicht wegzudenken sind.

Unterschieden werden dabei: Verfahren zur Intelligenz-/Leistungsmessung, Verfahren zur Diagnostik spezifischer Störungen (Ängste, Depressionen, Essstörungen, Zwänge etc.) und allgemeine Entwicklungstests sowie spezielle Entwicklungstest (Lesen, Motorik, Sprache u. a.).

Der diagnostisch-therapeutische Prozess (◘ Abb. 2.6) startet mit einer eingehenden Exploration, einer Verhaltensbeobachtung und mit testdiagnostischen Verfahren auf mehreren Befundebenen. Die Erhebung mehrdimensionaler Befunde und Diagnosen resultiert aus dimensionalen und kategorialen Klassifikationsansätzen.

Warum ist das so? Krankheitsmerkmale sind meist dimensional über ein zeitliches Kontinuum entstanden und verteilt, sodass ein kontinuierlicher Übergang von gesund zu krank zu beobachten ist. Aus praktischen und ökonomischen Gründen und v. a. Für die Kommunikation zwischen Behandler*innen und Krankenkassen erfolgt jedoch immer auch eine kategoriale Klassifikation.

Aufgrund der Diagnostik wird im Anschluss die Verhaltens- und Bedingungsanalyse erstellt und auch gemeinsam mit den Patient*innen und Bezugspersonen besprochen. Wirksame Risikofaktoren sowie aufrechterhaltene Bedingungen werden identifiziert und in der anschließenden Interventionsplanung berücksichtigt. Auf mehreren Ebenen finden Interventionen statt und sollten immer die individuellen Ressourcen der Patient*innen und deren Bezugspersonen berücksichtigen. Die Therapieziele sollten so formuliert werden, dass sie realistisch und spezifisch messbar sind. Sie müssen den Therapieerwartungen und der -motivation sowie dem therapeutischen Auftrag gegenüber angemessen sein

Phase 1: Basisverfahren - Screening und Problemsammlung

Klinisches Urteil (KU)	Elternurteil (EU)	Erzieher-/Lehrerurteil (LU)	Selbsturteil (SU)
CASCAP-D Psychologisches Befund-System für Kinder und Jugendliche	**CBCL**/1,5-5 (1,5 bis 5 Jahre) **VBV-EL** (3 bis 6 Jahre) **CBCL**/4-18 (6 bis 18 Jahre) Child Behavior Checklist, Fragebogen über das Verhalten von Kindern und Jugendlichen Verhaltensbeurteilungsbogen für Vorschulkinder (Eltern)	**VBV-ER** (3 bis 6 Jahre) **C-TRF** (1,5 bis 5 Jahre) **TRF** (6 bis 18 Jahre) Verhaltensbeurteilungsbogen für Vorschulkinder (Erzieher) Erzieher-/Lehrerfragebogen über das Verhalten von Kindern und Jugendlichen	**YSR** (11 bis 18 Jahre) Fragebogen für Jugendliche

Phase 2: Anschließende störungsspezifische Diagnostik (Beispiele) – geleitet durch Befunde der Basisverfahren

Aufmerksamkeitsdefizit-/ Hyperaktivitätsstörung	DCL-ADHS (KU) EI-PF (KU) FBB-ADHS (FU) SBB-ADHS (SU) EF-PF (FU) ES-HOV (FU)	Anmerkungen: EI-PF: Elterninterview über Problemsituationen in der Familie (Döpfner et al., 2006a; Döpfner et al., 2007) EF-PF: Elternfragebogen über Problemsituationen in der Familie (Döpfner et al., 2006a; Döpfner et al., 2007)
Aggressive Störungen	DCL-SSV (KU) FBB-SSV (FU) SBB-SSV (SU) EI-PF (FU)	ES-HOV: Explorationsschema für Hyperkinetische und Oppositionelle Verhaltensstörungen (Döpfner, Lehmkuhl & Steinhausen, 2006a; Döpfner, Schürmann & Frölich, 2007)
Angststörungen	DCL-ANG (KU) FBB-ANZ (FU) SBB-ANZ (SU) PHOKI (SU) AFS (SU)	PHOKI: Phobiefragebogen für Kinder und Jugendliche (Döpfner, Schnabel, Goletz & Ollendick, 2006 b) AFS: Angstfragebogen für Schüler (Wieczerkowski, Nickel, Janowski, Fittkau & Rauer, 1974)
Depressive Störungen	DCL-DES (KU) FBB-DES (FU) SBB-DES (SU) DIKJ (SU) BDI (SU)	DIKJ: Depressionsinventar für Kinder- und Jugendliche (Stiensmeier-Pelster, Schürmann & Duda, 1989) BDI: Beck-Depressions-Inventar (Hautzinger, Bailer, Worall & Keller, 1994)
Autismus	DCL-TES (KU) FBB-TES (FU)	

Abb. 2.6 Der diagnostisch-therapeutische Prozess in einer Übersicht (in Anlehnung an Döpfner et al., 2008)

Legende (Einzelne Verfahren des DSSYPS-II) :

Aufmerksamkeitsdefizit-/ Hyperaktivitätsstörung	DCL-ADHS (KU) FBB-ADHS (FU) SBB-ADHS (SU)	Diagnose-Checkliste für Aufmerksamkeitsdefizit-/Hyperaktivitätsstörungen Fremdbeurteilungsbogen für Aufmerksamkeitsdefizit-/Hyperaktivitätsstörungen Selbstbeurteilungsbogen für Aufmerksamkeitsdefizit-/Hyperaktivitätsstörungen
Aggressive Störungen	DCL-SSV (KU) FBB-SSV (FU) SBB-SSV (SU)	Diagnose-Checkliste für Störungen des Sozialverhaltens Fremdbeurteilungsbogen für Störungen des Sozialverhaltens Selbstbeurteilungsbogen für Störungen des Sozialverhaltens
Angststörungen	DCL-ANG (KU) FBB-ANZ (FU) SBB-ANZ (SU)	Diagnose-Checkliste für Angststörungen Fremdbeurteilungsbogen für Angst- und Zwangsstörungen Fremdbeurteilungsbogen für Angst- und Zwangsstörungen
Depressive Störungen	DCL-DES (KU) FBB-DES (FU) SBB-DES (SU)	Diagnose-Checkliste für Depressive Störungen Fremdbeurteilungsbogen für Depressive Störungen Selbstbeurteilungsbogen für Depressive Störungen
Autismus	DCL-TES (KU) FBB-TES (FU)	Diagnose-Checkliste für Tiefgreifende Entwicklungsstörungen Fremdbeurteilungsbogen für Tiefgreifende Entwicklungsstörungen

nach: Döpfner, M.; Görtz-Dorten, A.; Lehmkuhl, G. (2008)
DISYPS-II, Diagnostik-System für psychische Störungen nach ICD-10 und DSM-IV für Kinder und Jugendliche - II; Bern: HUBER

Abb. 2.6 (Fortsetzung)

2.8.1 Leistungsdiagnostik

Zu einer ausführlichen Leistungsdiagnostik zählen neben dem von uns durchgeführten Intelligenztest (z. B. WISC-V, KABC II) weitere Teilbereiche: die Zeugnisnoten, schulischen Leistungen und der Leistungsbericht von Lehrer*innen und Eltern. Alle drei Perspektiven müssen berücksichtigt werden, bevor überprüft werden kann, ob diese übereinstimmen oder ob es Diskrepanzen und ggf. Widersprüche gibt. Sollte dieses der Fall sein, stellt sich die Frage, was diese Widersprüche oder Diskrepanzen bedeuten. Daneben erscheint es ebenfalls wichtig, die Sitzordnung in der Klasse, etwaige Störfaktoren in der Schule (z. B. auffällige Schüler*innen), Räume mit erhöhtem Ablenkungspotenzial (z. B. an der Straße) und ggf. eine Medikationsgabe zu explorieren. So kann es beispielsweise sein, dass gutes Sozialverhalten (freundlich, offen, zugewandt) zu einer Überschätzung der Intelligenz führt oder Teilleistungsstörungen und Probleme in Aufmerksamkeit und Konzentration vorhanden sind, die eine Gymnasialbeschulung ausschließen.

Grundsätzlich unterscheidet man zwischen konkordanten (= übereinstimmenden) und diskordanten (= diskrepanten) Urteilen:

- **Konkordant:** Ein/e gute/r Schüler*in zeigt auch gute Leistungen im Test, ein/e schlechte/r Schüler*in zeigt unterdurchschnittliche Leistungen im Test.
- **Diskordant:** Ein/e schlechte/r Schüler*in zeigt gute Leistungen und ausgezeichnete Leistungsspitzen im Test (ggf. Hinweis für Sonderbegabungen, Autismus o. ä.); das Leistungspotenzial ist durch emotionale Probleme/Ängste blockiert, Einfluss durch psychosoziales Milieu (z. B. Migrationshintergrund, sprachliche Barrieren), hohe Ablenkbarkeit (Aufmerksamkeit und Konzentration).

Die Rückmeldung von Testergebnissen an die Familie sollte selbstwertschonend erfolgen, wenn sich deutliche Selbstwertprobleme abzeichnen. Bei Leistungstiefs sollte von „*bisher gering ausgebildeten Fähigkeiten*“ gesprochen werden. Eher konfrontativ sollte die Testauswertung erfolgen, wenn das Testergebnis die Überforderung des Kindes in der aktuellen Beschulung unterstützt und die Eltern das Kind aus Ehrgeiz in dieser Situation belassen.

Tipp

Wie bespreche ich Testergebnisse mit den Eltern?

Es empfiehlt sich, dass du auf wiederholtes Nachfragen zum Wert des Intelligenzquotienten (Elternbeispiel „Ich habe gehört, ab IQ 115 ist mein Kind hochbegabt, stimmt das?“) von einer aktuellen Leistungserhebung sprichst.

Weise darauf hin, dass einige Kolleg*innen durchaus von „IQ“ sprechen, dass du dich jedoch nicht auf diesen Wert, der auch über den Verlauf veränderbar ist, festlegst, sondern das Fähigkeitenprofil insgesamt besprechen möchtest.

2.9 Bausteine der klinischen Eindrucksbildung

Unter der klinischen Eindrucksbildung versteht man das, was ich als Psychotherapeutin in der Interaktion mit den Patient*innen wahrnehme und fachlich einordne. Mein fachlicher Eindruck von der Situation besteht insofern aus einer Kombination von Wissen und „Bauchgefühl“. Aus diesem Grund wird die klinische Eindrucksbildung oft von akademischer Seite aus angefeindet, weil sie als unzuverlässig, unwissenschaftlich und subjektiv gilt. Fakt ist, dass man sich irren kann und dass wahrgenommene Eindrücke immer mittels Testverfahren objektiviert unterlegt werden müssen. Dennoch ist auch unser „Bauchgefühl“ ein wichtiges Handwerkszeug und Indikator in unserem Job für das, was Patient*innen in uns durch ihr Verhalten auslösen. Das, was wir gerade sehen, gleichen wir mit eigenen Erfahrungen und eigenem Wissen ab – dieses geschieht zum großen Teil ganz automatisch.

Tipp

Nutze deine klinische Eindrucksbildung, sei aber immer bereit, sie durch andere Erfahrungen und objektive Testverfahren zu erweitern!

Halte dich für die Möglichkeit des Irrtums offen – dann ist die klinische Eindrucksbildung dein wichtigstes Werkzeug!

Auch als angehende Therapeutin haben wir typische Störungsbilder und deren Verlauf im Kopf (Depression, Zwang, ADHS, Einkoten etc.). Aus einer Mischung von Faktenwissen und Fallvorerfahrung wird die/der Patient*in bereits abgeglichen und wir versuchen, einzuordnen:

» *„Das erinnert mich an …“, „Das könnte … sein“, „Das hört sich doch sehr nach … an!“*

So kommt es zu einer systematischen und unsystematischen Sammlung von Beobachtungen:

Unsystematische Beobachtungen:

- *„Wie verhält sich das Kind im Wartezimmer?“*
- *„Wie reagiert es auf mich?“*
- *„Wie reagiert es auf Anforderungen?“*
- *„Wie reagiert es auf seine Begleitpersonen?“*
- *„Was für ein Bauchgefühl habe ich mit dem Kind?“*
- *„Muss ich vorsichtig sein, bin ich genervt, verspüre ich schnell Ärger?“*

Dabei ist es wichtig, reflektiert mit den Ohren von Schulz von Thun (2014: Beziehungs-, Appell-, Sach- und Aufforderungsohr) beim spontanen Problembericht von Bezugspersonen und Kind zu hören sowie auf das Was und das Wie zu achten (Leidensdruck, Vorwurfshaltung, Verzweiflung).

Systematische Beobachtungen: Für das Sammeln und Erfragen von Kerninformationen gibt es meist Leitfäden, anhand derer man sich im Gespräch mit der Familie/den Patient*innen orientieren kann.

Im Anhang 2.5 kannst du einen Bogen zur Eigenanamnese finden:
- selbstverletzendes Verhalten
- Suizidalität, Suizidversuche in der Vorgeschichte
- schwere Vorerkrankungen
- Krankheiten/Vorerkrankungen der Eltern/Geschwister/Großeltern
- familiäre Situation (elterliche Partnerschaft/Ehe/Trennung und Verhältnis der Personen untereinander)
- sozioökonomischer Status der Familie
- soziale Situation
- Vorbehandlungen
- Hauptprobleme etc.

► **AB (T) Eigenanamnese: Anhang 2.5**

► **Beispiel für unsystematische Beobachtungen:**
- Ich höre die Familie schon von Weitem und sie unterhält das gesamte Wartezimmer.
- Der Patient kann bei der Begrüßung keinen Blickkontakt herstellen und ist noch immer sehr in sein Spiel vertieft. Er kann erst nach mehrmaliger Aufforderung der Mutter seine Tätigkeit beenden. Die Mutter räumt seine Spielsachen ein und trägt seine Sachen für ihn, während er mit offenen Schnürsenkeln in den Behandlungsraum vorausläuft.
- Dort entdeckt der Sechsjährige das Regal mit Playmobil. Entzückt über dieses neue Spielzeug nimmt er sich, was ihm gefällt, und fährt alsbald mit einem Fantasiefahrzeug auf der Fensterbank entlang.
- Bei der Therapeutin erzeugt dieses kurzzeitig ein Gefühl von Frustration und Überforderung, da ihr Bedürfnis nach Struktur, Orientierung und Kontrolle gestört wird.
- Der Mutter gegenüber entwickelt sie, nachdem diese über die eigene Überforderung und Verzweiflung berichtet hat, großes Verständnis und kann gut nachfühlen, wie sich der Alltag mit dem kleinen Patienten anfühlen mag. ◄

2.10 Psychometrie

Unterschieden werden hierbei:
- klinische psychometrische Fragebögen, Testverfahren und klinische Interviews zur abgesicherten Diagnosestellung, zur Schweregradeinschätzung und zum Problemscreening
- Leistungsdiagnostik

Fragebogen- und Testverfahren: Fragebögen sollten nicht vor der dritten Klasse eingesetzt werden, denn sie setzen Lesekompetenzen voraus! Testverfahren hingegen können früher eingesetzt werden, denn sie sind nicht zwingend verbal.

Fragebogenverfahren lassen sich wiederum in störungsunspezifische und störungsspezifische Verfahren unterteilen.

Störungsunspezifische Fragebogenverfahren: Breitbandverfahren; geben breiten Überblick über vorliegende Symptomatiken, z. B. CBCL, GBB-KJ, PFK 9–14.

Störungsspezifische Fragebogenverfahren: sind spezifisch auf bestimmte Störungsbilder bezogen, z. B. die Bestandteile des DISYPS-III (Selbst-/Fremdbeurteilungen zu hyperkinetischen Störungen etc.), DIKJ, PHOKI.

▶ Im **Anhang 2.6** befindet sich eine ausführliche Übersicht zu gängigen Fragebögen und Testverfahren auf dem **AB (T) Störungsspezifische Diagnostik in der Kinder- und Jugendlichenpsychotherapie** für diverse Störungsbilder und Leistungsbereiche.

2.11 Ziel- und Anliegenklärung

Unter der Ziel- und Anliegenklärung zu Beginn der Therapie versteht man die genaue Untersuchung dessen, was alle an der Therapie beteiligten Personen erreichen möchten. Dabei kommt es vor, dass ganz unterschiedliche Interessen verfolgt werden.

Hilfreich ist es an dieser Stelle, sich folgende Fragen zu beantworten:

- Wer hat innerhalb der Familie was zu sagen?
  - Hier geht es um reale und formale Machtverhältnisse (Familienhierarchie, Sorgerecht, Geldgeber*in)
- Existieren implizite Behandlungsaufträge neben einem offiziellen Behandlungsauftrag?

▶ Beispiel

„Machen Sie, dass mein Kind funktioniert und nicht mehr nervt!" im Gegensatz zu „Wir wünschen uns die verhaltenstherapeutische Behandlung einer ADHS-Symptomatik." ◀

- **Behandlungsmotivationen:**
  - Ist die/der Patient*in veränderungsmotiviert oder wird sie/er von außen „gezwungen"?
  - Wie ist das Commitment einzuschätzen?
- **Beziehungsarbeit:**
  - Wie viel Beziehungsarbeit ist bei der/dem Patient*ein und den Bezugspersonen notwendig? Ist ein altersgemäßer Beziehungsaufbau möglich?
  - Auf welcher Grundlage kann der Beziehungsaufbau gelingen?
  - Existieren potenzielle Fallen und Schwierigkeiten?
- Welche Behandlungsrisiken bestehen und welche Nebenwirkungen sind möglich?
  Gibt es mögliche Barrieren, Hindernisse und Widerstände
- ?
  Wie ist die Prognose einzuschätzen
- ?

▶ Beispiel

Du siehst im Erstgespräch eine elfjährige Patientin (Hyperkinetische Störung des Sozialverhaltens F90.1), die in einer Jugendhilfeeinrichtung lebt. Sie stellt sich zusammen mit ihrer Bezugsbetreuerin vor. Anamnestisch lässt sich explorieren, dass die Patientin in den vergangenen fünf Jahren dreimal die Einrichtung gewechselt habe. Zwischenzeitlich habe sie auch bei ihrem leiblichen Vater gelebt, der sie dann jedoch wieder „abgegeben" habe. Ihre Mutter lebe zurzeit in einem Frauenhaus in einer 300 Kilometer entfernten Kleinstadt. Der Beziehungsaufbau zu der Patientin stellt in diesem Fall eine Herausforderung dar, denn sie hat zahlreiche Beziehungsabbrüche und Zurückweisungen erlebt. ◀

Zentral ist die Schamreduktion auf Patient*innenseite, denn das Kind und dessen Familie schämen sich oft für Symptomatik. Mache durch Fragen deutlich, dass es anderen genauso geht, und reduziere so Schamgefühle! Wichtig ist es, den Patient*innen und deren Bezugspersonen Mut zu machen und Hoffnung zu wecken, dass ihnen bei guter Compliance und Kooperation sicherlich geholfen werden kann.

▶ Beispiel

„Gut, dass Sie den Weg hierher gefunden haben. Nach meiner ersten Einschätzung handelt es sich um eine Zwangsstörung. Die ist klinisch gut bekannt und es gibt therapeutische Wege zur Besserung. Den Rest klären wir Schritt für Schritt.“ ◀

Nach der fünften probatorischen Sitzung erfolgt das In-Aussicht-Stellen und die konkrete Planung der Psychotherapie:

Die Terminklärung, Strukturierung, das Prozedere zum Ablauf und Beantragung der Psychotherapie sind nun die Aufgaben der Therapeutin. Auch hier ist Transparenz wieder sehr wichtig, damit Patient*innen und Bezugspersonen wissen, was auf sie zukommt und was von ihnen erwartet wird.

- Wie sieht die konkrete Planung für die Therapie aus?
- Wer kommt wann?
- Wie oft?
- Wie lange?
- Kommen die Patient*innen allein oder werden sie gebracht?

▶ Im **Anhang 2.7** befindet sich das **AB (T) Therapieziele in Bezug zum Störungsmodell.**

Literatur

Ainsworth, M. D. S., et al. (1978). *Patterns of attachment. A psychological study of the strange situation.* Erlbaum.

Bordin, E. S. (1976). *The working alliance: Basis of a general theory of psychotherapy.* Paper presented at the Annual Convention of the APA, Washington, DC.

Bowlby, J. (1984). *Bindung.* Fischer.

Caspar, F. (1996). *Beziehungen und Probleme verstehen* (2., überarb. Aufl.). Huber.

Caspar, F. M., & Grawe, K. (1982). *Vertikale Verhaltensanalyse (VVA). Analyse des Interaktionsverhaltens als Grundlage der Problemanalyse und Therapieplanung.* Universität, Psychologisches Institut.

Döpfner, M., Görtz-Dorten, A., & Lehmkuhl, G. (2008). *Diagnostik-System für psychische Störungen nach ICD-10 und DSM-5 für Kinder und Jugendliche-III.* Huber.

Elder, G. H. (1962). Structural variations in the child rearing relationship. *Sociometry, 25*(25), 241–262.

Görlitz, G. (2004). *Psychotherapie für Kinder und Jugendliche.* Pfeiffer bei Klett-Cotta.

Grawe, K. (1999). Gründe und Vorschläge für eine Allgemeine Psychotherapie. *Psychotherapeut, 44*(6), 350–359.

Groen, G., & Petermann, F. (2015). *Therapie-Tools Depression im Kindes- und Jugendalter.* Beltz.

Margraf, J. (2009). Beziehungsgestaltung und Umgang mit Widerstand. In J. Margraf & S. Schneider (Hrsg.), *Lehrbuch der Verhaltenstherapie Band 1* (3. Aufl., S. 485–498). Springer.

Norcross, J. C. (Hrsg.). (2002). *Psychotherapy relationships that work: Therapist contributions and responsiveness to patients.* Oxford University Press.

Orlinsky, D., Rønnestad, E., & Willutzki, M. H. (2004). Fifty years of psychotherapy process-outcome research: Continuity and change. In M. J. Lambert (Hrsg.), *Bergin and Garfield's handbook of psychotherapy and behavior change* (S. 307–308). Wiley.

Rogers, C. R. (2019). *Der neue Mensch*. Klett-Cotta.

Sachse, R. (2006). *Therapeutische Beziehungsgestaltung*. Hogrefe.

Schnell, T. (2014). Therapeutische Beziehungsgestaltung. In T. Schnell (Hrsg.), *Moderne Kognitive Verhaltenstherapie bei schweren psychischen Störungen* (S. 11–16). Springer.

Schulz v. Thun, F. (2014). Miteinander reden 1. Rowohlt.

Der Beginn einer Psychotherapie

Inhaltsverzeichnis

Ergänzende Information Die elektronische Version dieses Kapitels enthält Zusatzmaterial, auf das über folgenden Link zugegriffen werden kann [https://doi.org/10.1007/978-3-662-63935-1_3]. Die Videos lassen sich durch Anklicken des DOI Links in der Legende einer entsprechenden Abbildung abspielen, oder indem Sie diesen Link mit der SN More Media App scannen.

L. von Düring-Ulmenstein, G. Zarbock, *Verhaltenstherapie bei Kindern und Jugendlichen*,
https://doi.org/10.1007/978-3-662-63935-1_3

3.1 Schwierige Situationen zu Beginn einer Therapie

Wann ist eine Psychotherapie abzulehnen? In einigen Fällen ergibt es Sinn, dass die Therapeutin einen Behandlungsauftrag ablehnt, wobei die Gründe hierfür vielfältig sein können.

3.1.1 Fehlende Therapiemotivation des Patienten

▶ Beispiel

Beispiel 1: Nach dem Erstgespräch, bei dem der achtjährige Junge (Anpassungsstörung, Angst und depressive Störung gemischt F43.22) mit Mutter und Vater anwesend war, gelingt es den Eltern nur unter Versprechungen und Streit, den Jungen zur Therapie zu bekommen. Sein Widerstand wird aufgrund mangelnder Therapiemotivation immer stärker. In der Zeit, in der er in der Therapiestunde anwesend ist, wirkt er wenig kooperativ und kann sich nicht auf das Setting und die Anforderungen einlassen.

Beispiel 2: Die zu Beginn sehr compliant wirkende Jugendliche (Bulimia Nervosa F50.2) „vergisst" regelmäßig ihre therapeutischen Hausaufgaben. Sie entwickelt im weiteren Verlauf eine passiv-aggressive Haltung, in der sie versucht, jegliche Verantwortungsübernahme von sich zu weisen, getreu nach dem Motto *„Wasch mich, aber mach mich nicht nass!"* ◀

3.1.2 Mangelnde Compliance der Bezugspersonen

▶ Beispiel

Beispiel 1: Im Erstgespräch (Behandlung eines Jungen mit hyperkinetischer Störung des Sozialverhaltens F90.1) zeichnete sich bereits eine große Belastung der Mutter ab. Im weiteren Verlauf fällt es ihr schwer, Absprachen und Vereinbarungen konsequent umzusetzen. Sie berichtet: *„Es bringt ja sowieso nichts bei Henri und ich habe das Gefühl, es wird alles nur noch schlimmer!"*

Beispiel 2: Der Vater eines 14-jährigen Jungen (Mittelgradige depressive Episode F32.1) verweigert die Teilnahme an Elterngesprächen, da er beruflich sehr eingebunden sei und eine 60-Stunden-Woche schiebe. Er würde „die Sache gern telefonisch regeln". Da die Symptomatik des Jungen aufs Engste mit der Beziehung zu seinem Vater verknüpft ist, versuchst du diesem klarzumachen, dass du ihn in der Therapie brauchst bzw. sein Sohn ihn braucht. Dieser bezieht sich erneut auf seinen anspruchsvollen Job und verweist auf seine Sekretärin, bei der man in den nächsten Monaten einen Termin vereinbaren könne. ◀

3.1.3 Suizidale Absichten, nicht ausreichende Absprachefähigkeit

► **Beispiel**

Eine Patientin, 17 Jahre (Emotional instabile Persönlichkeitsstörung, impulsiver Typ F60.3), zeigt sich immer wieder latent suizidal. In den therapeutischen Einzelsitzungen werden ein Notfallkoffer und ein Notfallplan erarbeitet. Leider gelingt es ihr nicht (aufgrund ihrer hohen Impulsivität und emotionalen Instabilität), sich in Krisen an diesen und die vereinbarten Absprachen (Skills, Kontaktaufnahme Bezugsperson, Info an die Therapeutin) zu halten. Immer wieder gefährdet sich die Patientin selbst und bringt sich in große Gefahr (betrunken auf Bahngleisen, ungeschützter Sex mit einem Unbekannten in einem Club). Als die Patientin vermeintlich von ihrer besten Freundin hintergangen wird, nimmt sie alle Tabletten, die sie im Haushalt finden kann. ◄

3.1.4 Drogenmissbrauch

► **Beispiel**

Ein Patient, 15 Jahre (Rezidivierende depressive Störung, gegenwärtig leichte Episode F33.0), gibt im Erstgespräch an, seit vier Wochen „clean" zu sein. Zuvor habe er regelmäßig Cannabis konsumiert. Die Therapeutin informiert den Patienten darüber, dass die Therapie nur bei Abstinenz stattfinden könne. Im weiteren Verlauf hat die Therapeutin immer wieder den Eindruck, dass der Patient weiterhin konsumiere (Blick wirkt glasig, Augen sind gerötet) und ordnet wöchentliche Screenings beim Hausarzt an. Beim Drogenscreening wird nachgewiesen, dass der Jugendliche in letzter Zeit erneut Cannabis konsumiert habe. Als er damit konfrontiert wird, wird im weiteren Verlauf des Gespräches klar, dass der Patient eigentlich noch nicht bereit dazu sei, seine Drogensucht aufzugeben. ◄

3.1.5 Persönliche Gründe der Therapeutin

Persönliche Gründe können beispielsweise sein, dass die/der Patient*in sehr an das eigene Kind erinnert, die Mutter der/des Patient*in erinnert an die eigene Mutter o. ä.

► **Beispiel**

Beispiel 1: Eine junge Therapeutin hat früh ihren Vater durch einen Autounfall verloren. Sie bekommt eine Therapieanfrage, in der die Betreuerin eines Mädchens am Telefon berichtet, dass sie eine Therapeutin für eine Achtjährige suche, die beide Eltern bei einem Autounfall verloren habe.

Beispiel 2: Eine jugendliche Patientin erscheint in der Therapie mit dem Vorstellungsgrund, dass sie die Problematik mit ihren zwei Pflegegeschwistern und das schwierige Verhältnis zu ihren Eltern bearbeiten möchte. Die Therapeutin lebte selbst in einer Familie, in der ihre leiblichen Eltern zusätzlich zwei Pflegekinder aufnahmen. Da sie selbst ebenfalls unter dieser Situation gelitten hat, kann sie nicht unbefangen in die Arbeit mit der Patientin gehen und lehnt aus diesem Grund die Anfrage ab. Sie verweist die Patientin an eine Kollegin, die erfahren auf diesem Gebiet ist.

Beispiel 3: Es stellt sich eine Familie vor: Während des Erstgespräches berichtet der dominant wirkende Vater über die Problematik. Die Mutter wirkt eher devot und unsicher im Kontakt. Als der Vater kurz den Raum verlässt, berichtet sie, dass sie nichts Schlechtes über die Familie sagen dürfe. Die Therapeutin reagiert verwirrt und ist emotional sehr berührt, sie empfindet eine große Abneigung gegenüber dem Mann und Mitleid mit der Mutter. Sie kann sich kaum noch auf das Gespräch mit dem kleinen Jungen konzentrieren. Nach der Stunde versucht sie, ihr Gefühlschaos und die hohe emotionale Beteiligung einzuordnen: Der Familienvater hat sie sehr an ihren eigenen Großvater erinnert, unter dem ihre geliebte Großmutter und ihre eigene Mutter sehr zu leiden hatten. Sie beschließt, die Therapie nicht zu machen, da sie persönlich keine adäquate emotionale Distanz zu dem Fall halten kann. ◄

3.1.5.1 Die Therapeutin kennt die Familie privat

► Beispiel

Eine befreundete Nachbarin spricht die Therapeutin an, als diese gerade den Postkasten lehrt, ob sie sich nicht einmal kurz ihre dreijährige Tochter anschauen könne. Diese würde sich in den letzten Tagen merkwürdig verhalten und sei nun gerade im Kinderzimmer unter ihrem Bett. Natürlich tut die Therapeutin dieses nicht (auch wenn sie eigentlich Zeit hätte) und klärt ihre befreundete Nachbarin darüber auf, dass man bekannte Familien oder gar Freund*innen als Therapeutin nicht behandeln könne. Dieses wäre einfach unprofessionell, da sie aufgrund des privaten Kontaktes nicht objektiv sein könne. Sie sei gern dabei behilflich, die Familie an eine erfahrene, freundliche und kompetente Therapeutin zu vermitteln, die eine objektive fachliche Einschätzung zu der Tochter abgeben könne. ◄

3.1.5.2 Die Therapeutin behandelt bereits ein anderes Familienmitglied

► Beispiel

Du behandelst einen achtjährigen Jungen (Emotionale Störung mit Trennungsangst des Kindesalters F93.0) und bist mit ihm in Stunde 24, als die Mutter in einem Elterngespräch den Wunsch äußert, auch den Bruder zur Therapie bei dir mitzubringen. Du seist ja bereits „gut im Fall" und wüsstest um die Problematiken innerhalb der Familie. Du lehnst diesen Wunsch mit Bedauern ab, denn du bist ja schon die Therapeutin des einen Sohnes und behandelst grundsätzlich immer nur eine Person in einer Familie. Da du für deinen Patienten eine Vertrauensperson bist, würde die Behandlung des Bruders die vertrauensvolle therapeutische Beziehung gefährden. ◄

3.2 Behandlungsmotivation von Eltern und Patient*in: „Warum komme ich, warum bleibe ich?"

In der Kinderpsychotherapie ist das Kind – im Gegensatz zu der Erwachsenenpsychotherapie – nicht eigenmotiviert. Meistens sind es die anderen, die etwas an dem Kind oder an dem Jugendlichen verändert haben möchten. So werden uns oft Patient*innen vorgestellt, deren Eltern, Lehrer*innen, Erzieher*innen oder auch das Jugendamt eine Behandlung für sinnvoll erachten. An dieser Stelle besteht die **erste Aufgabe** der Therapeutin darin, dem Kind den „Zwang zur Therapie" sanft zu verkaufen.

Die **Motivationsarbeit** beginnt mit dem Erstkontakt (in einigen Fällen hält sie bis zur letzten therapeutischen Sitzung an) und besteht darin, eine grundlegende Motivation für eine Behandlung zu schaffen und schrittweise weiter aufzubauen, sowie Kontra-Motivationen zu erkennen und ihnen zu begegnen.

▶ AB (T) Motivation: Anhang 3.3.1

Es gibt mehrere Möglichkeiten, Motivation zu schaffen und Beziehung aufzubauen: Zum einen hilft es, dem Kind oder Jugendlichen zu Beginn mehr Einflussnahme und Gestaltung der Therapie zu ermöglichen. So orientieren sich Gesprächsthemen oder Aktivitäten in der Therapie zunächst an den Interessen und Ressourcen der Patient*innen. Das stärkt deren Autonomie und Wohlbefinden sowie zeitgleich die Motivation, nun öfters zur Therapie zu kommen. In einem weiteren Schritt können Vorbehalte und Ängste sukzessive exploriert werden. Wichtig hierbei ist, das Kind/den Jugendlichen ernst zu nehmen und möglicherweise ein Für und Wider der Therapie zusammen zu diskutieren.

Als besondere Gesprächstechnik zum Motivationsaufbau hat sich das Motivational Interviewing von Miller und Rollnick (2015) bewiesen. Dabei erfolgt zunächst ein empathischer Umgang mit dem Kind. Die Therapeutin hört aufmerksam zu und stellt offene Fragen („W-Fragen"). Die Therapiestunde ist durch eine hohe Transparenz und Einflussnahme auf die Gestaltung der Therapiestunde sowie wiederholte Fragestellungen in Bezug auf eigenes Erleben, eigene Wünsche und Ziele gekennzeichnet.

▶ Beispiel

„Du interessiert dich also für Fußball? Welche Vereine/Spieler findest du denn toll?" „Hast du eigentlich das Spiel von letzter Woche gesehen?" ◀

Im zweiten und dritten Schritt werden die Ansichten des Kindes gewürdigt, validiert, aber auch auf Diskrepanzen hingewiesen. An dieser Stelle eignen sich Pro-und-Kontra-Listen, Vierfelderschemata oder die Technik des Johari-Fensters als Interventionen. Anschließend wird anhand einer Zusammenfassung dem Kind eröffnet, dass die Therapie ein guter Raum sein könnte, gewünschte Änderungen zu erzielen. Die Änderungszuversicht des Kindes wird gestärkt.

Aber auch Eltern können fremdmotiviert in die Therapie kommen. Macht die Schule oder das Jugendamt Druck oder bestehen Ängste, als schlechte Eltern abgewertet oder sogar durch die Therapeutin ersetzt zu werden? Besteht gar eine Kindeswohlgefährdung? Im einem solchen Fall muss mit den Eltern konfrontativ besprochen werden, dass sie wesentliche Entwicklungsschritte ihres Kindes behinderten. „Das müssen Sie sich als Eltern zumuten lassen" – hier gilt es, die Eltern auf Oberziele zu verpflichten und die Therapie als Weg zu den Zielen zu definieren.

Übersicht

Erscheinungsformen von Widerstand innerhalb der Therapie (nach Münchau, 2007**)**

- Versäumnis von Terminen ohne (plausible) Absage
- Vergessen von wichtigen Unterlagen (Krankenschein, Fragebögen, Arztberichte)
- Vergessen von Vereinbarungen und Nichterledigen von Hausaufgaben
- wiederholtes Verspäten
- lange Schweigepausen; schnelles, belangloses Reden („vom Hölzchen zum Stöckchen")
- Small Talk – Vermeidung der Mitteilung persönlicher Informationen
- Gebrauch von Klischees, um Selbstoffenbarung und emotionale Beteiligung zu vermeiden
- Gähnen, ständiger Blick auf die Uhr
- „Türpfosten-Bemerkungen", d. h., wichtige Themen werden erst zwischen Tür und Angel am Sitzungsende angesprochen
- umfangreiche Bezugnahme auf Meinungen oder Vorgehensweisen früherer Therapeutinnen oder ärztlicher Mitbehandler*innen (*„Dr. Müller meint aber …"*)

3.3 Beziehungstests: Übertragungstest

Während des therapeutischen Prozesses kann es zu einem sogenannten Beziehungstest kommen. Häufig tritt ein Beziehungstest in dem Moment auf, in dem sich die/der Patient*in anfängt, sicher zu fühlen. Die/der Patient*in versucht im Sinne eines unbewussten Beziehungstests festzustellen, ob sich die Therapeutin ihr/ihm gegenüber genauso negativ (z. B. bestrafend, zurückweisend) wie frühere Bezugspersonen verhält. Das Konzept geht davon aus, dass die therapeutische Situation frühere prägende Schlüsselerlebnisse der Patient*innen zu wichtigen und bedeutenden, oft „mächtigen" Bezugspersonen aktualisiert.

Beim **Übertragungstest** besteht die Befürchtung, die gleiche negative Erfahrung wie in der Vergangenheit machen zu müssen, nochmals oder wiederum in der hilflosen Opferrolle zu sein. Als Beispiele wären hier Patient*innen zu nennen, die sich den Therapeutinnen ebenso ängstlich unterwerfen, wie sie sich ihrem autoritären Vater unterworfen haben. Ein weiteres Beispiel für einen Übertragungstest sind Patient*innen, die sich vom Nachfragen der Therapeutin und ihrer Freundlichkeit bedrängt fühlen. Dieses kann sie daran erinnern, wie sie sich damals durch die stetigen Nachfragen ihrer Mutter bedrängt gefühlt haben, was dazu führen kann, dass sie sich trotzig verschließen.

Ein häufig vorkommender **Übertragungsbeziehungstest** besteht im Vergessen von Hausaufgaben und Terminen. Man hat oft den Eindruck, dass die Patient*innen herausfinden wollen, ob sie für kleinere Regel- oder Normverletzungen ebenso harsch zurechtgewiesen oder bestraft werden, wie sie es entweder aus dem Elternhaus kennen oder aber in Schule und Berufsausbildung kennengelernt haben. Besteht die Therapeutin diesen Beziehungstest und macht deutlich, dass sie nicht mit Bestrafung, sondern mit Verständnis und Interesse (Woran lag es?) auf die Nichterledigung therapeutischer Hausaufgaben reagiert, kann die/der Patient*in die Erfahrung machen, dass sie/er hier auch mit ihren/seinen Schwächen, Zögerlichkeiten und Widerständen verstehend ernst genommen wird. Im zweiten Schritt wird die Therapeutin natürlich versuchen, herauszufinden, wie die Nichterledigung der Hausaufgabe oder das „Vergessen" näher begründet sind, und nach Möglichkeiten der Abhilfe suchen. Hierbei ist sie jedoch auch offen dafür, festzustellen, dass die Hausaufgabe in Art oder Umfang nicht angemessen war, da sie z. B. zu wenig erklärt oder begründet wurde, nicht wirklich notwendig, zielführend oder sonst wie ungünstig gestaltet war.

► Beispiel

Eine jugendliche, zunächst sehr gewissenhaft wirkende Patientin soll ein Gefühlstagebuch führen. Dieses wurde ihr genau erklärt und sie schien einverstanden damit, sich selbst und ihr emotionales Erleben genauer beobachten zu wollen. Jeden Donnerstag in den therapeutischen Einzelsitzungen liefert sie einen neuen, scheinbar sehr plausiblen Grund dafür, warum sie die Selbstbeobachtungsaufgabe nicht erledigen konnte: Einmal hatte sie zu viel in der Schule zu erledigen, ein anderes Mal war ihre Mutter krank und sie sei einfach nicht dazu gekommen, oder aber – so berichtet sie – sie hätte dieses Mal wirklich alles dokumentiert und habe dann eben die Unterlagen in der Bahn liegen gelassen.

Nach einigen Wochen des Nichterledigens wird die Patientin mit der Vermutung konfrontiert, dass es einen guten Grund habe, warum sie die Hausaufgaben nicht erledigen könne. Im Verlauf zeigt sich, dass die Patientin seit Grundschulzeiten massive Abneigungen und Versagensängste habe, die sich dahingehend äußern, dass sie innerlich blockiert und verweigert. Eine Klassenlehrerin habe sie in der zweiten Klasse einmal vor der ganzen Klasse bloßgestellt, indem sie ihre Aufzeichnungen laut vor der Klasse vorgelesen habe und ins Lächerliche gezogen hätte. Nachdem die Patientin dieses erzählt hat, wirkte sie einerseits entlastet, andererseits war es ihr unangenehm, dass sie die Mitarbeit so „verweigert hatte". Die Therapeutin und die Patientin einigen sich darauf, dass sie zunächst einmal Beobachtungsaufgaben im Kopf zu Hause erledigt und diese dann zur nächsten Therapiesitzung mitbringt und erzählt. ◄

3.4 Beziehungstests: Täter-Opfer-Test

Der **Täter-Opfer-Test** ist in der Regel schwieriger zu bestehen als der Übertragungstest. Die/der Patient*in bringt die Therapeutin in eine Lage, in der die/der Patient*in früher selbst war, und möchte (unbewusst) herausfinden, ob die Therapeut*in damit umgehen kann. Die/der Patient*in hat sich also mit einem früheren „Täter" im Sinne einer Identifikation mit dem Aggressor identifiziert und wird so vom Opfer zum Täter, um zu versuchen, seine frühere Ohnmachtserfahrung nachträglich zu korrigieren. Diese Form des Beziehungstests kommt von Seiten der Kinder und Jugendlichen relativ selten vor. Jedoch können im Rahmen der Elternarbeit vereinzelt Eltern mit externalisierenden Persönlichkeitsstörungen, insbesondere mit narzisstischen Persönlichkeitsstörungen, auftreten und die Therapeutin heftig angreifen und entwerten.

Wenn wir das Interaktionsverhalten von Eltern mithilfe des Konzepts der Beziehungstests verstehen wollen, ist es hilfreich, Folgendes zu unterscheiden:
- das konkrete, beobachtbare Interaktionsverhalten des Elternteiles,
- die darunterliegende Befürchtung des Elternteiles.

Mehr lesen: Beziehungstests, S. 89 ff., in Zarbock, 2008.

3.5 Beziehungstests: „Haben Sie eigentlich Kinder?"

Auch Bezugspersonen testen die therapeutische Beziehung im Verlauf des therapeutischen Prozesses. Dabei taucht oft die Frage nach Vorerfahrungen (*„Haben Sie schonmal in einer Klinik gearbeitet?", „Wo haben Sie Ihren Abschluss gemacht?"*) und Lebensalter (*„Sie sehen sehr jung aus, darf ich fragen, wie alt Sie sind?", „Wie viel Berufserfahrung haben Sie?"*) oder Kompetenz (*„Mit welchem Erfolg haben Sie bislang diese Störung, an der mein Kind leidet, behandelt?"*) auf.

Tipp

Wichtig ist es, sich an dieser Stelle nicht verunsichern zu lassen, auch wenn du jung und ganz am Beginn deiner beruflichen Praxis bist! Lass dich durch Beziehungstests nicht verunsichern!

Wenn du den Beziehungstest bestehst (durch Geduld, Empathie und einen souveränen Umgang mit Provokationen), kannst du so langfristig die Voraussetzungen für eine tragfähige therapeutische Beziehung schaffen.

Ein Fehler wäre es nun, die Frage zurückzuspielen und zu fragen, *„Warum interessiert Sie das?", „Warum möchten Sie wissen, ob ich Kinder habe?"* Auch interaktionelle Zurechtweisungen wie *„Wir sind hier, um über Sie und Ihr Kind zu sprechen"*, oder die genaue Antwort auf die Frage mit *„Nein, ich habe (noch) keine Kinder"* wären an dieser Stelle wenig hilfreich.

Stattdessen solltest du wohlüberlegt und ruhig eine korrektive Therapeutinnenantwort formulieren, die ungefähr so aussehen könnte:

> *„Sie möchten gern wissen, ob ich selbst Kinder habe? Vermutlich steckt hinter Ihrer Frage auch die Vermutung, dass ich – sollte ich keine Kinder haben – Sie und Ihre Sorgen weniger gut nachvollziehen und verstehen kann. Oder aber auch, dass Sie Zweifel darüber hegen, ob jemand, der selbst keine Kinder hat, sich wirklich gut mit Kindern auskennt. Aber ich möchte Sie beruhigen, denn ich arbeite schon seit einigen Jahren mit Kindern unterschiedlichen Alters. In dieser Zeit habe ich viele Erfahrungen sammeln können und da ich selbst nicht zur direkten Familien gehöre, habe ich durch die Distanz eine andere Perspektive auf meine Patient*innen und deren Bezugspersonen. Dieses erlaubt mir, unabhängig von meinem Alter oder davon, ob ich selbst eine Familie habe, therapeutische Interventionen anzubieten und gemeinsam mit den Familien umzusetzen."*

► AB (P) Schwierige Therapiesituationen – Problemquadrat, Anhang 3.1.1
► AB (P) Bewältigungsreaktionen, Anhang, 3.1.2
► AB (T) Die Rolle der Psychoedukation, Anhang 3.1.3
► AB (T) Tipps zum Ende einer Stunde, Anhang 3.1.4

Literatur

Miller, W. R., & Rollnick, S. (2015). *Motivierende Gesprächsführung. Motivational Interviewing*. Lambertus.

Münchau, N. (2007). *Die therapeutische Beziehung in der VT. Seminarskript*. IVAH.

Zarbock, G. (2008). *Praxisbuch Verhaltenstherapie: Grundlagen und Anwendungen biografisch-systemischer Verhaltenstherapie*. Pabst.

Was bedeutet das nun für unsere praktische Arbeit als Verhaltenstherapeutinnen?

Inhaltsverzeichnis

Ergänzende Information Die elektronische Version dieses Kapitels enthält Zusatzmaterial, auf das über folgenden Link zugegriffen werden kann [https://doi.org/10.1007/978-3-662-63935-1_4]. Die Videos lassen sich durch Anklicken des DOI Links in der Legende einer entsprechenden Abbildung abspielen, oder indem Sie diesen Link mit der SN More Media App scannen.

L. von Düring-Ulmenstein, G. Zarbock, *Verhaltenstherapie bei Kindern und Jugendlichen*, https://doi.org/10.1007/978-3-662-63935-1_4

Sehen wir ein Kind mit einer Störung, so können wir immer fragen:

a) **Welche normative Entwicklungsaufgabe** steht gerade an? Hierzu gehören beispielsweise die Einschulung oder das Durchlaufen körperlicher Veränderungen während der Pubertät.
b) **Gibt es nicht-normative Entwicklungsaufgaben?** An dieser Stelle sind (Entwicklungs-)Traumata und Belastungen zu nennen, wie die Trennung der Eltern, finanzielle Sorgen einer alleinerziehenden Mutter, Mobbing durch Mitschüler*innen und drohende Wiederholung einer Klassenstufe aufgrund ungenügender Schulnoten.
c) **Welche individuellen Ressourcen, Schutzfaktoren und Entwicklungsunterstützer*innen/-begleiter*innen hat das Kind?** Ein wacher und schneller Verstand, gute sprachliche Fähigkeiten bzw. verbale Stärken können z. B. als Ressource und Schutzfaktor gelten; ein engagierter Fußballtrainer oder eine nette Nachhilfelehrerin stellen z. B. personelle Ressourcen und Unterstützer dar.
d) **Welche akuten oder chronischen Risikofaktoren liegen vor?** Zu den akuten Risikofaktoren gehört z. B. der Verlust einer liebevollen Bezugsperson (Tod der Oma); zu den chronischen Risikofaktoren lässt sich beispielsweise ein alkoholkranker Vater rechnen.
e) **Wie ist die aktuelle Familienkonstellation unter systemischen Gesichtspunkten zu verstehen?**
   - Existieren z. B. „unbekannte" Mitspieler*innen im System? (z. B. die Schwiegermutter, der Onkel, eine „gute" Freundin)
   - Wie sind die Grenzen nach außen (abgeschottet, überdurchlässig), existieren Subsysteme, Allianzen und Koalitionen (z. B. „Männer gegen Frauen", „Vater-Tochter gegen Mutter-Sohn")?
   - Wie sind die Rollenzuweisungen an das Kind (z. B. Partnerersatz, Sündenbock, Familienkitt)?
   - Kommt es zu Loyalitätskonflikten (z. B. Mutter fühlt sich verraten, wenn Kind auch den getrennt lebenden Vater mag)?
   - Wie ist die Rolle des Symptoms als Mitglied im System zu sehen („Wenn das Symptom eine Person wäre, welche Funktion hätte diese Person für Mutter, Vater, Patient, Geschwister, z. B. Bündnispartner, Schutz, Entlastung, Aufmerksamkeit geben?")?

Auf dieser Basis können wir dann die Störung in ihrer Genese und ihrer Aufrechterhaltung verstehen!

Therapieziele und individuelle Therapiepläne mit gezielten therapeutischen Interventionen lassen sich daraus ableiten.

Die definierten Therapieziele umfassen sowohl symptomatische Entlastungen und die Bewältigungen als auch die „ursächliche" Unterstützung bei der Bewältigung der anstehenden Entwicklungsaufgabe.

Darüber hinaus stellt der Abbau von Risiko- und der Aufbau von Schutzfaktoren bzw. die Förderung von Ressourcen, auch durch systemische Interventionen, einen weiteren Baustein in der **biografisch-systemisch-verhaltenstherapeutischen Arbeit (BSVT)** dar.

4.1 Konzept der Entwicklungsaufgaben (nach Havighurst)

R. J. Havighurst (1948) versteht Entwicklung als Lernprozess, der sich über die gesamte Lebensspanne erstreckt. Schwellensituationen im Entwicklungsverlauf stellen die Anforderung an das Kind, sein individuelles Erleben und Verhalten, seine Identität und sein Interaktionsverhalten neu und komplexer zu organisieren. Durch Anforderungen, die der Lebensalltag und das Leben an das Kind stellen, steigen auch seine Bewältigungskompetenzen (Löbl, 2013, S. 9–10). Dieser Ansatz zählt somit zu den Anforderungs-Bewältigungs-Theorien.

Definition

Grundsätzlich können Entwicklungsaufgaben *normativer* oder *nicht-normativer Art und Weise* sein:

a. **Normative Entwicklungsaufgaben** = normale, z. B. Geburt eines Geschwisterkindes, Einschulung, Pubertät
b. **Nicht-normative Entwicklungsaufgaben** = Entwicklungstraumata risikofaktorhafte Bedingungen, z. B. Krebserkrankung der Mutter, Scheidung der Eltern, Mobbing, sexueller Missbrauch
c. **Internale Risikofaktoren**: z. B. keine stabile Bindung zu Bezugsperson, Lese-Rechtschreib-Störung
d. **Externale Risikofaktoren**: z. B. niedriger sozioökonomischer Status der Familie

Mehr lesen: Seidel & Krapp, 2014: Entwicklungsaufgaben, S. 15.

Eine Entwicklungsaufgabe steht im **Spannungsfeld zwischen individuellen Bedürfnissen des Kindes und den gesellschaftlichen Anforderungen und Erwartungen.** Durch **Ist-Soll-Diskrepanzen** induzieren Entwicklungsaufgaben immer auch **Inkonsistenzspannungen** (Grawe, 2002, Konsistenzstreben). Diese Spannungen können adaptiv und progressiv im Sinn eines angezeigten Entwicklungsfortschrittes gelöst werden. Sie können aber auch regressiv und maladaptiv erfolgen, daher werden Symptome (unbewusst) produziert und Störungen ausgebildet. In Abhängigkeit von den Bewältigungsmöglichkeiten steigt die Chance, dass Individuen Entwicklungsaufgaben als Herausforderung, statt als Belastung erleben.

Hilfreich bei der Bewältigung sind **Ressourcen**, wie personelle Ressourcen und soziale Unterstützung (Familie, Lehrer*in, Fußballtrainer*in, Freund*innen) oder individuelle Ressourcen (fröhliches Gemüt, gutes Gedächtnis, hohe Intelligenz).

Die erfolgreiche Bewältigung einer Entwicklungsaufgabe kann als **protektiver Faktor** angesehen werden. **Risikofaktoren**, wie bestimmte Temperamentsmerkmale (Introversion, emotionale Labilität, geringe Offenheit für neue Erfahrungen), soziale Isolation und psychosoziale Vernachlässigung, werden durch erfolgreiche Bewältigung von Entwicklungsaufgaben (◘ Tab. 4.1) minimiert.

Die **Entwicklungsaufgaben über die gesamte Lebensspanne** beschreibt Havighurst wie folgt:

Tab. 4.1 Entwicklungsaufgaben modifiziert (nach Havighurst, 1948)

Entwicklungsphase	Entwicklungsaufgabe
Frühe Kindheit (0–2 Jahre)	Social attachment – Anhänglichkeit Motorische Funktionen Objektpermanenz Sensumotorische Intelligenz und schlichte Kausalität
Mittlere Kindheit (2–4 Jahre)	Selbstkontrolle (insb. motorisch) Verfeinerung motorischer Funktionen Sprachentwicklung Fantasie und Spiel
Schulübergang und frühes Schulalter (5–7 Jahre)	Konkrete Operationen Spiel in Gruppen Einfache moralische Entscheidungen treffen Geschlechtsrollenidentifikation Planung eines Tages
Mittleres Schulalter (6–12 Jahre)	Soziale Kooperation Selbstbewusstsein (fleißig, tüchtig) Erwerb der Kulturtechniken (lesen, schreiben) Spielen und Arbeiten im Team
Adoleszenz (13–17 Jahre)	Körperliche Reifung Formale Operationen Gemeinschaft mit Gleichaltrigen Sexuelle Beziehungen
Jugend (18–22 Jahre)	Autonomie von den Eltern Identität in den Geschlechtsrollen Internalisiertes moralisches Bewusstsein Berufswahl
Frühes Erwachsenenalter (23–30 Jahre) (heute: +10 Jahre, also 33–40 Jahre)	Heirat Geburt von Kindern Arbeit und Beruf Finden eines Lebensstils
Mittleres Erwachsenenalter (31–50 Jahre) (heute: +10 Jahre, also 41–50 Jahre)	Haushalt führen Kinder aufziehen Freizeitaktivitäten Berufliche Karriere Akzeptanz körperlicher Veränderungen
Spätes Erwachsenenalter (>51 Jahre) (heute: +10 Jahre, also >60 Jahre)	Energien auf neue Rollen lenken Akzeptanz des eigenen Lebens Rückzug ins Rentenalter Altersgerechte Bequemlichkeit erlangen Akzeptanz des Verlustes sozialer Rollen Einstellen auf verminderte körperliche Stärke und Gesundheit Eine Haltung zum Sterben entwickeln

4.2 Wieso, weshalb, warum: Psychotherapeutische Bedingungsanalyse

Nachdem der Erstkontakt und die Erhebung der Anamnese stattgefunden haben, stellt sich nun die Frage: *„Was mache ich mit all den Informationen, die ich bisher erhalten habe?“* Alle Informationen werden gesichtet und in Bezug zu den vorhandenen Symptomen gesetzt. Kernstück der biografisch-systemisch-verhaltenstherapeutischen (BSVT-)Diagnostik stellt die Psychotherapeutische Bedingungsanalyse dar.

Tipp

Psychotherapeutische Bedingungsanalyse
Ziel ist es, die gesammelten Informationen in einen Zusammenhang mit der psychischen Störung bzw. der Verhaltensproblematik zu bringen. Dabei liegt das Augenmerk auf
- den auslösenden und aufrechterhaltenen Faktoren;
- der Funktionalität der Symptomatik vor dem Hintergrund der individuellen Lebens- und Lerngeschichte.

Wofür ist das gut?
Die Bedingungsanalyse stellt den Ausgangspunkt für die Erarbeitung therapeutischer Ziele dar und bietet die Basis für die Erstellung eines individuellen Behandlungsplans und der hierfür notwendigen therapeutischen Interventionen.

4.3 Entwicklung eines Störungsmodells

4.3.1 Mikroanalyse und 4-Ebenen-Diagnostik

Um nun ein individuelles Störungsmodell zu entwickeln, sollte zunächst eine Mikroanalyse durchgeführt werden, mit deren Hilfe die Problematik anhand eines konkreten Beispiels veranschaulicht wird. In der verhaltenstherapeutischen Praxis wird dieses unter Anwendung des **SORKC-Modells** durchgeführt (s. u.).

Um dort hinzugelangen, sollte in einem **ersten Schritt** die **4-Ebenen-Diagnostik** erfolgen. Auf diese Weise können wir uns mit dem Rohmaterial einen ersten Überblick verschaffen, ohne überlegen zu müssen, welches Symptom vor der Problematik auftrat und welche(s) danach. Für diesen Überblick ist häufig eine tabellarische Form hilfreich (◘ Tab. 4.2)

Beachte: Bei Kindern erfolgt die Differenzierung in **vier Grundemotionen**:
- Angst, Freude, Wut oder Trauer (ab neun/zehn Jahren auch Scham, dieses impliziert jedoch immer eine Veränderung von Bewertungen)
- Scham, Ekel und Neid werden oft vereinfacht unter Angst bzw. Wut genannt

- Als Therapeutin solltest du zuerst nach Kognitionen, dann nach Emotionen fragen, um anschließend weiter auszudifferenzieren.

4

Tab. 4.2 Beispiel einer 4-Ebenen-Diagnostik

Situation	Körper	Emotion	Gedanken	Verhalten
(von außen gesehen, „Kamerablick“)	(Physiologie, autonomes Nervensystem, unwillkürlich-ausgelöst)	(Angst, Wut/Ärger, Trauer, Ekel, Glück/Freude, Verachtung, Scham, Schuld, Stolz, Neid)	(automatische Gedanken, Selbstverbalisation, Überlegungen)	(Willkürmotorik, Automatismen wie Atemblockade und Blickabwendung, komplexe Handlungen)
Paul wird von seiner Mama aufgefordert, endlich seine Hausaufgaben zu erledigen. Es ist bereits Abend und sie hat ihn mehrfach erfolglos dazu angehalten.	*Paul reagiert körperlich stark:- Anspannung (Hände, Arme, Schulter, Füße)* *- Schwitzen* *- kurze, heftige Atemzüge* *- Herzschlag beschleunigt sich* *- Durchblutung der Haut (rote Wangen)*	*Ohnmachtsgefühle:* *- da Paul den Lernstoff in Mathe nicht verstanden hat und insofern nicht in der Lage ist, seine Aufgaben selbstständig zu erledigen* *- Angst* *- Ärger* *→ WUT*	*Paul denkt:* *- „Oh nein, ich kann es nicht und werde es wieder nicht schaffen!“* *- „Ich bin ein Versager!“* *- „Ich werde nicht aufs Gymnasium kommen!“* *- „Mama wird schimpfen und es Papa erzählen. „Dann muss ich wieder stundenlang lernen.“…!“*	*Ein Gespräch zwischen Paul und seiner Mama ist unmöglich:* *- Einwortsätze stoßweise hervorgebracht* *- Blickkontakt kann nicht aufrechterhalten werden* *- Abwendung und Flucht aus dem Raum* *- Rennen und Schreien* *- Zerstören von Gegenständen*

Tipp

Es kann hilfreich sein, die **Tabelle der 4-Ebenen-Diagnostik** gemeinsam mit den Patient*innen und/oder deren Eltern auszufüllen. Dadurch bekommen nicht nur wir als Therapeutinnen, sondern auch die Patient*innen und deren Eltern ein umfangreiches Bild davon, was eigentlich problematisch ist und was auf ein bestimmten Verhalten folgt (Emotionen, Gedanken etc.)!

Haben wir die 4-Ebenen-Diagnostik beendet, kann daraus nun in einem **zweiten Schritt** das **SORKC-Modell** (nach Kanfer und Saslow) abgeleitet werden (Tab. 4.3) Ziel des SORKC-Modells ist es herauszufinden, wie und warum das Problemverhalten aufrechterhalten wird (Kanfer & Saslow, 1965, S. 529–538; vgl. hierzu auch: Kanfer & Philipps, 1975, Verhaltens- und Bedingungsanalyse, Abschn. 2.3.2).

Tab. 4.3 SORKC-Modell

S	O	R	K	C
Stimulus-bedingungen	Organismus-variable	Reaktion bzw. Verhalten	Kontin-genz	Konsequenzen: kurz-/langfristige

Bei der Erstellung eines SORKC-Modells ist es hilfreich, sich zunächst eine Tabelle anzufertigen (s. u.), um diese gemeinsam mit Patient*innen und Eltern zu erarbeiten. Durch diese anschauliche Form können wir den Eltern erklären, warum das Verhalten aufrechterhalten wird und welche Konsequenzen sinnvoll wären.

Erläuterung:

- **S (Stimulusbedingungen):** Hier werden Stimuli oder situative Bedingungen erfasst, die mit hoher Wahrscheinlichkeit eine Reaktion (R) oder ein Problemverhalten auslösen. Ebenso kann S auch ein operanter Hinweisreiz (SD – Diskriminativer Hinweisreiz, z. B.: „Quengelware“) oder auch klassisch konditionierter Stimulus (CS) sein. Die SORKC-Formel trennt unter dem „S“ nicht klar respondente von operanter Konditionierung. Hilfreich ist die SORKC-Formel immer, wenn auch operantes Verhalten (= Willkürverhalten) beteiligt ist.

Im Sinne der 2-Faktoren-Theorie von Mowrer (1960) bei Phobien ist der Stimulus (S) im Sinne einer klassisch konditionierten Angstreaktion bereits ein innerer, aversiver Zustand.

▶ **Beispiel**

Ich habe ein inneres Angst-/Spannungsgefühl, welches ausgelöst wurde durch den Anblick des phobischen Objektes oder die gefürchtete (z. B. soziale) Situation. ◀

- **O (Organismusvariable): O** Erfasst stabile und veränderliche körperliche Zustände der Person, welche die Auftretenswahrscheinlichkeit beeinflussen. **O** bezieht sich auf die körperliche Konstitution und/oder den aktuellen körperlichen Zustand: Anspannung, Müdigkeit, Hunger, Durst, Erschöpfung. Aber auch Temperament, Intelligenz, Behinderungen, Vorerfahrungen, Lerngeschichte, Schemata, Glaubenssätze, Erkrankungen werden unter der Organismusvariable erfasst.
- **R (Reaktion bzw. Verhalten):** Hier erfolgt die Aufgliederung auf vier Ebenen. Die Reaktion wird auf physiologischer (unwillkürliche, autonome Reaktionen des zentralen Nervensystems) und emotionaler Ebene erfasst. Kognitive und/oder motorische Reaktionen (operante Reaktionen, d. h., nur (!) motorisches Willkürverhalten (Effektoren = Skelettmuskeln inkl. Sprechmuskeln)) gehören ebenfalls zu dieser SORCK-Variable.

  Merke: Nur die motorischen und kognitiven Reaktionen (inneres Sprechen) können im Sinne der operanten Konditionierung durch zeitlich unmittelbar folgende Konsequenzen verstärkt werden.

- **K (Kontingenz):** Bezeichnet die Regelmäßigkeit des Auftretens der Konsequenz nach der Reaktion; eine weitere Unterscheidung erfolgt in **K**interm. = K (intermittierend) und **K**konst. = K (konstant) sowie in eine unmittelbare oder verzögerte Kontingenz. Unmittelbare und zeitnahe Konsequenzen sind am wirkungsvollsten und eine stete Verstärkung (Konsequenz) bewirkt schnellen Verhaltensaufbau; intermittierendes Verstärken bewirkt ein weitgehend löschungsresistentes Verhalten!
- **C (Konsequenz, -en):** Die Konsequenzen für ein auftretendes Verhalten erhöhen oder mindern die Auftretenswahrscheinlichkeit. Wichtig sind insbesondere die kurzfristigen Konsequenzen **C**kurzfr., wie der Wegfall von Aversion Ȼ (Aversionserleichterung oder Anspannungsreduktion bei Selbstverletzung) oder die Belohnung, oft in Form positiver Aufmerksamkeit (Beachtung, Zuwendung) C+. Nur diese kurzfristigen Konsequenzen können das Verhalten („R") im Sinne der operanten Konditionierung steuern!

Die langfristigen Konsequenzen **C**langfr. werden auch als Folgen bezeichnet, da es zum längerfristigen Wegfall positiver Möglichkeiten und Zustände kommt (z. B. Ȼ+langfr.: ein positives Mutter-Tochter-Verhältnis ist aufgrund häufiger Konflikte unmöglich, das Selbstwertgefühl nimmt ab). Als C-langfr. können z. B. körperliche Schäden (wie bei Drogenmissbrauch, Bulimie) auftreten. Diese negativen langfristigen Konsequenzen stellen für das Individuum den Leidensdruck, den durch die Symptomatik verursachten Schaden dar.

Tipp

Wo finde ich bloß das durchgestrichene Ȼ?
In der Menüleiste des Word-Dokuments findest du unter „Einfügen" ganz rechts das Feld „Symbol":
- Weitere Symbole
- Subset „Erweitertes Lateinisch-B"
- Auswahl, Klick + Einfügen in den Text!

4.3.2 Makroanalyse

Mit der Makroanalyse versuchen wir nun, die Entwicklung des Problems im lebensgeschichtlichen Kontext der Patient*innen zu untersuchen. Dabei unterscheiden wir zwischen Entstehungsbedingungen, Erstauftrittsbedingungen und aufrechterhaltenden Faktoren.

Ein sensibel zu behandelndes Thema sind familiäre Dispositionen und genetisch familiär ermittelbare Vorbelastungen für psychische Erkrankungen. In der Medizin und der Psychologie wird der Begriff Disposition als entweder ererbte oder erworbene Anlage bezeichnet, die dafür sorgt, dass manche Menschen auf bestimmte Faktoren mit Krankheitserscheinungen reagieren und andere nicht vgl. Brockhaus, 2006, S. 85 f. Hierzu zählen beispielsweise familiäre Dispositionen für Suchterkrankungen oder eine genetische Disposition für Erkrankungen aus dem depressiven Formenkreis oder Aufmerksamkeits- und Konzentrationsstörungen. In der psychotherapeutischen Praxis lässt sich anamnestisch häufig eine genetische und familiäre Vorbelastung bei unseren Patient*innen explorieren! Weiterhin sind alle Erkrankungen von engen Familienmitgliedern als erbliche und psychosoziale Belastung und somit als Risikofaktoren anzusprechen.

Ziel ist es, herauszufinden, welche Störungsvoraussetzungen eventuell in der Lebensgeschichte erworben wurden, welche Umstände zu ihrem Auftritt führten und welche Bedingungen sie aufrechterhalten.

Im Folgenden werden zusammenfassend die wichtigsten Unterpunkte der drei Kategorien einmal dargestellt:

Entstehungsbedingungen:

A. **Frustration der Grundbedürfnisse** (ergänzt nach Grawe, 2002, 2004)

▶ Beispiele:

Bindung wurde frustriert durch Depressionen der Mutter nach der Geburt, den Tod des geliebten Opas, des geliebten Haustieres, Umzug in eine andere Stadt, Trennung der Eltern usw.

Autonomie ist der Gegenpart zur Bindung. Eine gute Bindung bietet einen Hafen bei Verunsicherungen und eine Basis für Exploration und Eigenständigkeit (Bowlby, 1984). Autonomieentwicklung wird durch frühe Erkrankungen des Kindes oder der Pflegepersonen erschwert, ebenso durch Überfürsorge und Überbehütung („Overprotection").

Lustgewinn und Unlustvermeidung wurden frustriert durch finanzielle Notlage der Familie, kein eigenes Zimmer, frühe Verpflichtungen in der Familie (z. B. Haushaltsführung, Geschwister betreuen), kein Hobby und wenige Spielkameraden, anregungsarme Umgebung etc.

Selbstwerterhöhung wurde frustriert durch schlechte Noten und Abwertung durch Eltern, keine Anerkennung der Leistungen und Mühen durch das Umfeld. Keine Möglichkeit, sich selbst als selbstwirksam erleben zu können. ◀

Näheres speziell zum Grundbedürfnis „Lust/Unlust" bei Kindern und Jugendlichen unter: Borg-Laufs, M. Zitiert von: 19 — Forum für Kinder- und Jugend psychiatrie, Psychosomatik und Psychotherapie 1/2012. Borg-Laufs, M.: Die ... Lustgewinn/Unlustvermeidung. Grawe (2004).

B. **Multiaxiales Klassifikationsschema** für psychische Störungen des Kindes- und Jugendalters nach ICD-10 nach Remschmidt et al. (2017). Fünfte Achse: Assoziierte aktuelle abnorme psychosoziale Umstände in Ergänzung zur Z-Diagnose. Hier werden schwierige Umfeldbedingungen, denen die Patient*innen ausgesetzt sind, überblicksmäßig kategorisiert.

▶ Beispiele:

- 1 Abnorme intrafamiliäre Beziehungen: 1.1. Disharmonie in der Familie zwischen Erwachsenen (Z63.0)
- 4 Abnorme Erziehungsbedingungen: 4.0. Elterliche Überfürsorge (Z62.1)
- 5 Abnorme unmittelbare Umgebung: 5.0. Abweichende Elternsituation (Z60.1)
- 6 Akute, belastende Lebensereignisse: 6.0. Verlust einer liebevollen Beziehung (Z61.0); 6.3. Ereignisse, die zur Herabsetzung der Selbstachtung führen (Z61.3) ◀

C. **Kognitive Einstellungen:** Sowohl zu den Entstehungsbedingungen als auch zu den aufrechterhaltenden Faktoren zählen Annahmen und Überzeugungen, dysfunktionale Grundannahmen (Lebensbotschaften, Überlebensregeln, (ungünstige) Vermeidungs- und Annäherungspläne) und Wertevorstellungen. Die oben aufgelisteten Begriffe überschneiden sich und sind z. T. unscharf. Aber gemeint ist immer eine Bewertung oder Einstellung, die Erleben und Verhalten maßgeblich beeinflussen kann.

▶ Beispiel:

Eine Patientin ist der Überzeugung, nicht liebenswert zu sein. Sie kann sich nicht vorstellen, von anderen gemocht zu werden, ohne etwas dafür leisten zu müssen.

„Mich mag eh niemand" → **irrationale Kognition, dysfunktionale Grundannahme.**

Gleichzeitig existiert das Bedürfnis, von allen geliebt zu werden. Um dieses Bedürfnis vermeintlich zu stillen, verhält sich das junge Mädchen überangepasst. In der Schule und in der Freizeit versucht sie, mit allen Kindern gut befreundet zu sein. Innerhalb der Familie versucht sie, es allen recht zu machen. → **Annäherungsplan: Gefalle um jeden Preis.** Sie denkt: *„Wenn ich besonders höflich und zuvorkommend bin, werde ich akzeptiert.", „Wenn ich stets gute Laune habe und meiner Familie nur wenige Probleme mache, lieben sie mich besonders, denn ich bin ihr kleiner Sonnenschein."* → **Überlebensregeln**

Neben positiven Rückmeldungen von Lehrer*innen, Trainer*innen und Bekannten aus dem Freundeskreis der Eltern ist auch ihre Mutter stolz auf ihren „kleinen Sonnenschein", der immer dafür sorgt, dass es Mama gut geht. Da die Mutter oft traurig ist und unter dem Scheidungskrieg leidet, braucht sie ihre Tochter ganz besonders, damit es ihr wieder besser geht. → **Verantwortungsübernahme auf Seiten der Patientin für die Emotionen der Mutter, Ansätze einer Parentifizierung** (Umkehr der sozialen Rollen).

Der Vater, der stolz auf M.s ausgesprochen höfliche Art ist, zeigt sich gern mit seiner kleinen Tochter. Die Patientin geht davon aus, dass sie durch ihr Verhalten die Liebe ihrer Mutter und ihres Vaters gewinnen konnte. *„Nur, wenn ich eine gute Tochter bin, werde ich weiterhin von meinen Eltern geliebt. Ich darf keine Schwäche oder Fehlverhalten zeigen."* → **Irrationale Kognition, dysfunktionale Grundannahme, negatives Selbstbild und kein Selbstwirksamkeitserleben.** ◀

A. **Defizite:** Defizite können sich auf folgende Bereiche beziehen:

▶ Beispiele:

Defizite in der Informationsverarbeitung (Schwierigkeiten, Aufmerksamkeit selektiv auszurichten („Ablenkbarkeit") und aufrechtzuerhalten („Unkonzentriertheit", „Vergesslichkeit"), z. B. bei Aufmerksamkeits- und Konzentrationsstörungen).

Defizite in der Emotionsregulation. Emotionen können schlecht bei sich und anderen erkannt, kaum reguliert, nicht auf ihren Realitätsgehalt hin überprüft, und nicht angemessen ausgedrückt werden.

Defizite im sozial-emotionalen Bereich (vermeidend oder überaggressiv oder überangepasst im Umgang mit Mitmenschen).

Defizite der körperlichen Entwicklung (z. B. motorische Defizite in der Koordination („ungeschickt, unbeholfen, tollpatschig"), die durch Ergotherapie oder Physiotherapie gebessert werden können).

Defizite im Umgang mit Impulsen (z. B.: keine Impulskontrolle, Belohnungsaufschub ist unmöglich, Anstrengungsvermeidung oder aber Überflutung bei Angst und Schmerz („Heulsuse")). ◀

B. **System:** Zu einem System zählen die Umgebungsfaktoren, in denen sich ein Kind oder ein/e Jugendliche*.r aufhält, z. B. die Familie, die Schule und das soziale Umfeld. Diese einzelnen Subsysteme (Schule, Freizeit, Elternhaus) wirken (un-)abhängig voneinander unmittelbar prägend auf das Individuum. Einflüsse können positiver und negativer Art sein.

▶ Beispiele:

- Ein Patient erlebt in der Schule immer wieder Mobbing durch Mitschüler*innen. Die Lehrer*innen wechseln häufig und ihm fehlt eine Vertrauensperson. Seine schulischen Leistungen verschlechtern sich; er hat viele Fehltage.
- In seiner Freizeit spielt er Tischtennis in einem Verein, wo er einige gute soziale Kontakte hat. Er geht gern dorthin und nimmt regelmäßig und erfolgreich an Turnieren teil. Auf einer Ferienfreizeit freundet er sich mit einem anderen Jungen an.
- Die Eltern haben sich nach längeren Mühen, die Ehe noch zu retten, getrennt. Der Junge hat einen älteren Bruder (+3 Jahre). Die Kinder leben im wöchentlichen Wechsel bei der Mutter und bei dem Vater; der Vater lebt in neuer Partnerschaft mit einer Frau, die wiederum einen jüngeren Sohn (−2 Jahre) mit in die Lebensgemeinschaft bringt. ◀

C. **Scheitern an Entwicklungsaufgaben normativer Art:**

▶ Beispiele:

- Eintritt in den Kindergarten, Übergang in die Grundschule (Aufgaben: Kompetenzerwerb durch Übung, soziale Leistungsvergleiche, still sitzen, Aufmerksamkeit ausrichten müssen).
- Durchlaufen körperlicher Veränderungen mit Beginn der Pubertät (Aufgaben: Umgang mit sexuellen Impulsen, Geschlechtsidentität, als männlich/weiblich gesehen und bewertet werden, Rivalitäten und Konkurrenz in der Peer-Gruppe.
- Verlassen des Elternhauses nach dem Schulabschluss (Aufgaben: eigenständige Lebensführung, Selbstverantwortung, Selbstregulation, allein sein).
- Wegziehen in eine Kleinstadt, in eine eigene Wohnung und Beginn einer Ausbildung (Aufgaben: Aufbau neuer sozialer Kontakte, Kompetenzerwerb und Leistungsüberprüfung, Konkurrenz und Kooperation balancieren, Kontaktanbahnung und Grenzsetzung balancieren, Kontakte „pflegen" und aufrechterhalten). ◀

D. **Scheitern an Entwicklungsaufgaben nicht-normativer Art:**

▶ Beispiele:
- Missbrauch (emotional und bzw. oder körperlich)
- Traumata
- körperliche (chronische) Erkrankungen
- psychische oder körperliche Erkrankungen innerhalb der Familie oder psychische oder körperliche Erkrankung eines Elternteils
- Verkehrsunfall eines nahen Angehörigen
- Umzug vom Land in eine entfernte Großstadt mit Schulwechsel und neuem sozialem Gefüge etc.
- Aufgaben: Traumata oder Trauma-ähnliche Belastungen durchbrechen den Reizschutz und überfordern die Selbstregulationsfähigkeit. Bewältigung von aversiven Emotionen wie Trauer, Angst, Scham, Ekel und von Unvorhersagbarkeits- und Unkontrollierbarkeitserfahrungen ist notwendig und kann ggf. nicht geleistet werden. ◀

E. **Schwierige Organismus(O)-Variable:** Die Organismusvariable innerhalb des SORCK-Modells gilt als Schnittstelle zur vertikalen Verhaltensanalyse und beinhaltet u. a. Temperamentsmerkmale, Dispositionen, personenspezifische kognitive Grundannahmen und Schemata (s. o.) und biologisch-physiologische Aspekte.

▶ Beispiele:
- erhöhte Impulsivität, wenige Strategien zur Emotionsregulation
- Aufmerksamkeitsdefizite
- psychomotorische Ungeschicklichkeit
- Müdigkeit aufgrund von Schlafstörungen
- erhöhte Reizbarkeit
- emotionale Labilität aufgrund eines invalidierenden Erziehungsstils der Mutter/des Vaters und der Annahme, nicht liebenswert zu sein
- Teilleistungsstörungen
- Intoxikation mit Alkohol
- Unterzuckerung aufgrund von Mangelernährung ◀

F. **Risikofaktoren:** Zu den Risikofaktoren gehören einerseits materielle (v. a. finanzielle) Risikofaktoren und immaterielle (soziale) Risikofaktoren. Oft gehören diese zusammen und bedingen einander.

▶ Beispiel:
- Die Mutter der Patientin wird schwanger, als sie 17 Jahre alt ist, und entbindet ihre erste Tochter mit 18. Der Vater erkennt die Vaterschaft nicht an und die Mutter ist ganz auf sich allein gestellt, da ihre Eltern kein Verständnis für die frühe Elternschaft aufbringen. Die Mutter kann die Schule nicht abschließen und kann aufgrund dessen auch keine Ausbildung beginnen.
- Die Patientin wächst nun bei ihrer alleinerziehenden Mutter auf, die kurz nach ihrer Geburt wieder schwanger wird. Der Partner ist alkoholkrank und schlägt die Mutter, wenn er betrunken ist. Dieses hat die Patientin von klein auf mitbekommen. Sie hatte Angst um ihre Mutter.

- Als die Schwester zur Welt kommt, hat die Mutter weniger Zeit für sie, und sie kommt in eine Kinderkrippe, wo sie lange Stunden am Tag fremdbetreut wird. Die Bezugspersonen wechseln häufig.
- Der neue Partner der Mutter lehnt die Patientin ab und die kleine Schwester wird bevorzugt behandelt. ◀

G. **Critical life events:** Unter diesem „kritischen Lebensereignis" verstehen wir alles, was als psychisch belastend erlebt wird und die Lebenssituation nachhaltig verändert. Oft sind kritische Lebensereignisse mit Angst oder Trauer verbunden.

Merksatz zu kritischen Lebensereignissen, Schwellensituationen und Traumata: *Vulnerables O trifft auf Belastungssituation!*

Beispiel:
Der geliebte Hund eines Patienten wird vor seinen Augen auf der Straße von einem Lastwagen überfahren. Der Junge hat den Hund gerufen und geschrien, doch dieser hat nicht auf ihn gehört.
- Schuldgefühle, Verlust einer geliebten „Bezugsperson", Selbstvorwürfe, Trauer und Abschiednahme

4.3.3 Erstauftrittsbedingungen

Gab es einen klaren Erstauftritt? Können die Symptome klar mit einem bestimmten Zeitpunkt, Ereignis o. ä. in Verbindung gebracht werden?
- **Beispiel:** Die oppositionelle Symptomatik hat sich nach der Trennung der Eltern massiv verschlechtert.

Oder handelt es sich um einen chronischen Verlauf: *non-starter* (von Beginn an schwierig vs. chronisch schleichend)?

▶ **Beispiel:**
Bereits mit der Eingewöhnung bei der Tagesmutter mit zwölf Monaten zeigte der Patient erste Auffälligkeiten im Sozialverhalten gegenüber anderen Kindern. Die Tagesmutter beendete die Betreuung, nachdem er mehrfach andere Kinder gebissen hatte. Mit Eintritt in die Krippe mit zwei Jahren kommt es immer wieder zu körperlichen Auseinandersetzungen zwischen ihm und anderen Kindern, und die Eltern bekommen viele negative Rückmeldungen zu ihrem Sohn. Bereits nach kurzer Zeit hat er „seinen Ruf weg" und gilt als Raufbold. Dieses Bild setzt sich fort mit dem Übergang in die Grundschule und der Patient behält seine Außenseiterposition bei. Soziale Kontakte zu gleichaltrigen Kindern sind nicht unbelastet, er kann daher keine Freundschaften eingehen. Zu Hause quält er den jüngeren Bruder, wenn er sich langweilt oder denkt, dass die Mutter es nicht mitbekommt. Es gab mehrere Behandlungsversuche bei Kinder- und Jugendpsychiaterinnen, die jedoch immer wieder aufgrund mangelnder Compliance abgebrochen und beendet wurden. ◀

Ist das Symptom ein nicht optimaler Lösungsversuch, z. B. bei schulischer Überforderung (permanente Misserfolgserlebnisse durch Überforderung und Leistungsversagen) oder Trennung der Eltern (z. B. Trauer, Schuldgefühle („… wegen mir?"), Loyalitätskonflikte („darf ich meinen Papa überhaupt mögen?"))?

- hier müsste individuell geschaut werden und mit ja/nein geantwortet werden, ob das Symptom Ausdruck einer chronischen Belastung und darüber hinaus auch ungünstiger Lösungsversuch dieser „unlösbaren" Situation ist (z. B. durch Vermeidung, Ablenkung, „Betäubung").

Aufrechterhaltende Bedingungen: Hierbei handelt es sich um die kurz- und langfristigen Konsequenzen aus dem SORKC-Modell.

A. **Auswirkungen der Organismus(O)-Variable:** spezifische Organismusvariablen wirken sich auf das Erleben und Verhalten von Individuen auf unterschiedlichen Ebenen aus. Hierzu gehören die kognitive, emotionale und die Verhaltensebene.

▶ Beispiel:

Aufgrund einer erhöhten Impulsivität und mangelnder Strategien zur Emotionsregulation entwickelt der Patient vermehrt dysfunktionale Emotionsregulationsstrategien, wie z. B. das Spielen der Playstation und Online-Strategiespiele. Die Flucht in die Welt des Internets lässt ihn seinen Frust vergessen, denn am PC ist er „erfolgreich" und ein schneller und fitter Onlinespieler.

Die Aufmerksamkeits- und Konzentrationsstörungen, an denen der Patient aufgrund ungünstiger Umgebungsfaktoren sowie genetisch bedingter Dispositionen für ADHS seit frühester Kindheit leidet, manifestieren sich mit Eintritt in die Grundschule. Mangelnde Unterstützung im häuslichen Umfeld und in der Schule halten die Störung aufrecht und der Patient hat – abgesehen vom PC-Spiel – wenige Bereiche, in denen er sich als selbstwirksam erleben kann. Dieses führt wiederum zu vermehrtem Frust- und Hilflosigkeitserleben, vermehrtem Onlinespiel, sodass der Teufelskreis von vorn beginnt. ◀

H. **Individuelle Teufelskreise:** Nach ihrem Erstauftritt wird die Störung durch die aus der Störung selbst folgenden Konsequenzen aufrechterhalten.

▶ Beispiele:

Depressiver Inaktivitätsteufelskreis: Die Depression führt bei einem jugendlichen Patienten (15 Jahre) zu negativen Stimmungen und negativer Selbstbewertung. Diese führen zu vermehrtem Rückzugsverhalten, und vormals geliebte Aktivitäten (Fußball, Freunde treffen, Rausgehen) werden aufgegeben. Der Patient erfährt infolgedessen einen Verstärkerverlust, was wiederum zu verstärkter depressiver Stimmung führt. Die verstärkte depressive Grundhaltung und Weltansicht führen wiederum zu einem weiteren Antriebsverlust und der weiteren Aufgabe von Aktivitäten (erledigt keine Hausaufgaben mehr, räumt sein Zimmer nicht mehr auf, lässt sich vermehrt gehen).

ADHS-Teufelskreis: Symptomtrias von Impulsivität (Handeln, ohne nachzudenken und ohne den Situationskontext zu berücksichtigen), Hyperaktivität (zappeln, aufspringen, gefährliche Kletteraktionen, immer in Bewegung sein müssen) und Aufmerksamkeitsschwäche (wegträumen, nicht zuhören, vergessen).

- **Aufmerksamkeitsschwäche:** Das Vergessen von Terminen und Verpflichtungen (z. B. Hausaufgaben) führt zu Misserfolgserlebnissen und Bestrafung durch Dritte (Lehrer*innen, Eltern). Dies wirkt sich negativ auf den Selbstwert aus und führt zu einer Misserfolgserwartung. Um weitere Frustration des Selbstwerts zu vermeiden, kommt es zu Trotzverhalten und Verweigerung, welche wiederum negative Rückmeldungen (ggf. auch Strafen) nach sich ziehen. Hilfreiche Strategien, wie z. B. Notizen, Tagesplanung, Routinen, Hilfe von Dritten, werden dadurch nicht erlernt! Stattdessen manifestiert sich das negative Selbstwerterleben und führt zu dysfunktionalen Grundüberzeugungen, wie *„Anstrengen bringt nichts, ich werde sowieso nur ausgemeckert, ich kann das nicht! Immer werde ich ausgemeckert – immer bekomme ich den ganzen Ärger!“*
- **Hyperaktivität:** Führt zu situativ unangemessenem Verhalten, von dem andere sich gestört fühlen, was wiederum zu Ermahnungen und Zurechtweisungen oder Hänseleien (*„Spasti“*) durch Lehrer*innen oder Mitschüler*innen führt.
  - Ängstlich-aggressive Grundhaltung, die zu einer „Ist mir doch scheißegal“-Haltung mit zugrunde liegender reizbarer, ängstlich getönter Aggressivität führt (aggressive Verarbeitung von Angst und Trauer).
  - verstärkte Anspannung.
  - Unfähigkeit bzw. Unwilligkeit, Hyperaktivitätsimpulse willentlich zu regulieren.

Generell besteht der Teufelskreis darin, dass zu der neurobiologisch bedingten Hyperaktivität nun auch eine reaktive, affektiv verstärkte Unruhe im Sinne einer aggressiven Verarbeitung einer ängstlich traurigen Grundstimmung kommt.

- **Impulsivität:** häufig inadäquate Antworten, mangelnde Berücksichtigung der Situationserfordernisse und der Wünsche, Bedürfnisse und Erwartungen anderer Personen, Bestrafung oder aber soziale Ausgrenzung (Außenseiter*in)
  - schlechtes Selbstwertgefühl und Defizite im Sozialverhalten wie auch in der korrekten sozio-emotionalen Wahrnehmung
  - Misserfolgserlebnisse
  - zusätzliche reaktive Flucht in die Impulsivität als Bewältigungsmöglichkeit der Defizite (Kinder spielen dann oft nur mit Jüngeren, sind dort die Bestimmer, können schwer bis gar nicht verlieren, reagieren bei Frustration schnell aggressiv.) ◄

I. **Interpersonelle Teufelskreise:** Hierzu gehören Teufelskreise, die zwischenmenschlich bedingt sind und durch die Interaktion zwischen einem oder mehreren Menschen aufrechterhalten werden.

▶ Beispiele:

Interpersoneller Teufelskreis der Depression: Traurige Stimmung und Antriebsmangel führen zu klagsamem Interaktionsverhalten und Schuldvorwürfen.

- führt zu ablehnenden Gefühlen und Reaktionen von Bezugspersonen mit Rückzug der Bezugspersonen
- soziale und emotionale Isolierung des Depressiven
- verstärkte negative Gefühle und Fixierung der negativen Erwartungen über andere und die eigene Zukunft

Interpersoneller Teufelskreis zwischen ADHS-Patient*innen und Bezugspersonen: Aufgrund der Situationsunangemessenheit des Verhaltens und der mangelnden Befolgung von Regeln und Abmachungen (Verhaltensregeln, Erwartungen oder altersangemessene Pflichten, wie das Decken des Tisches o. ä.) kommt es zu Ermahnungen und genervten Äußerungen der Bezugspersonen.

- Verstärkung des Erregungsniveaus des ADHS-Patient*innen
- Fehlfunktionen eskalieren, d. h., Impulsivität, Hyperaktivität und oppositionelles Trotzverhalten nehmen (auch aus neurobiologischen Gründen) zu, da das Erregungsniveau sich durch das Aufschaukeln der Aggressivität von Patient*in und Bezugsperson erhöht sowie die zugrunde liegende Übererregbarkeit des ADHS-Patient*innen („neurobiologisch mangelnde Hemmungsfunktion") eskaliert.
- Gleiche Teufelskreise treten dann auch in der Schule auf. Die ADHS-Patient*innen werden als schwarze Schafe identifiziert, Lehrer*innen verhalten sich dann sowohl symptomeskalierend durch Bestrafungen, gleichzeitig werden positive Verhaltensansätze der Patient*innen nicht kodiert, sondern es wird selektiv auf negatives Störverhalten reagiert. ◀

J. **Aktuelle/neue Belastungen, Traumata, Konflikte:** Wichtige Ereignisse aus der jüngsten Vergangenheit

▶ Beispiel:

Eine 15-jährige Patientin verliebt sich und geht eine Beziehung mit einem 17-jährigen Jugendlichen ein. Dieser hintergeht sie und missbraucht ihr Vertrauen, indem er intime Details aus ihrem Zusammensein im Internet über sie veröffentlicht. Über Mitschüler erfährt das Mädchen davon und es bricht für sie eine Welt zusammen. Aus Scham bleibt sie der Schule fern und schließt sich in ihr Zimmer ein, wo sie sich im Bett vergräbt. Ihren Eltern möchte sie nichts davon erzählen, da diese von Anfang an gegen die Verbindung mit dem älteren Jugendlichen waren. ◀

Frage nach Funktionalität: Welche Funktion hat das Symptom?

- Was ist gut am Problemverhalten?
- Existiert ein sekundärer Krankheitsgewinn?

▶ Beispiel:

Eine anorektische Patientin bekommt anfangs Komplimente, wie: *„Du hast ja toll abgenommen. Du siehst super aus so schlank."* Dieses schmeichelt ihrem Selbstwert, der gering ausgeprägt ist, sehr und motiviert sie, weiter möglichst wenig zu essen. Mitschüler*innen halten sie für sehr diszipliniert und „bewundern" ihr Durchhaltevermögen. Andere Mädchen holen sich Ratschläge, wie sie am besten abnehmen können, und raten ihr dazu, auf Instagram regelmäßig Posts zu Ernährung, Bewegung und Figur zu veröffentlichen. Je mehr Follower und Likes das Mädchen bekommt, desto tiefer rutscht sie in die Essstörung, denn mittlerweile ist das Schlanksein Teil einer neu gewonnen, selbstbewussteren Identität. ◀

Weitere Fragen, die sich in diesem Kontext stellen, wären beispielsweise:

- Was ist schlecht am Alternativverhalten (Nachteile und Kosten eines normalen Verhaltens, z. B. man muss sich anstrengen, Unlust aushalten, für etwas hart arbeiten, die eigenen Meinung gegen Peers verteidigen)?

- Was ist schlecht am Problemverhalten (Nachteile und Kosten des Symptomatik, z. B. Schwäche, körperliche Schäden)?
- Was könnte gut sein/was sind die Vorteile am Alternativverhalten (langfristige Erfolge mit Stolz, Selbstvertrauen und Zufriedenheit über die „Früchte der eigenen Anstrengung“)?

Auch die Eltern sollten nach der Funktionalität gefragt werden, z. B.: *„Sie brauchen jetzt ja viel Zeit, um sich um das Problem zu kümmern. Was würden Sie machen, wenn das Problem weg wäre?“*

In Bezug auf die Aufrechterhaltung können wir hier insbesondere auf die symptomatischen Teufelskreise und die Funktionalitäten eingehen. In erster Linie sollten aber die Teufelskreise betont werden. Durch geleitetes Entdecken können wir herausarbeiten, wie z. B. Vermeidung die Angst verstärkt.

Mehr lesen: Interaktionelle Teufelskreise (dysfunktionale Interaktionszirkel), S. 141 ff. In: Zarbock, 2008.

4.4 Und nun? Therapeutische Zielfindung

Nachdem du nun eine Fülle von Informationen zusammengetragen hast, geht es an die Konkretisierung der Behandlungsplanung. Dieser Schritt kann jedoch erst erfolgen, wenn die Ziele klar sind. Zahlreiche Studien zeigen, dass der Behandlungserfolg und die Patient*innenenzufriedenheit in erheblichem Ausmaß davon abhängen, ob die Ziele konkret und spezifisch formuliert wurden. (Siehe hierzu eine Studie, in der die Therapiezufriedenheit von Patient*innen in Bezug auf das Erreichen von Zielen beleuchtet wurde: TU Chemnitz, 2015).

Doch was genau meint „konkret und spezifisch“?

Konkret bedeutet in Bezug auf Therapieziele, diese möglichst genau, klar, eindeutig, exakt und greifbar zu beschreiben. Spezifisch meint an dieser Stelle unverwechselbar, signifikant, unverkennbar.

▶ Beispiele:

- *„Ich möchte selbstbewusster werden und mich in sozialen Situationen ruhiger und entspannter verhalten.“*
- *„Ich möchte wieder mehr Lebensfreude empfinden.“*
- *„Ich möchte mich motivieren, aktiver zu sein.“*
- *„Ich möchte weniger Stress mit meiner Mutter haben, wenn es darum geht, sich an Regeln und Absprachen zu halten.“*
- *„Ich möchte lernen, meinen Ärger und meine Wut wahrzunehmen, und neue Wege finden, damit umzugehen.“*
- *„Ich möchte besser mit meinen Mitschüler*innen auskommen.“*
- *„Ich möchte lernen, mich zu wehren, wenn ich schlecht behandelt werde.“*

Ungeeignet sind folgende Formulierungen:

- *„Ich möchte glücklicher werden.“* Diese Aussage ist wenig konkret. **Besser:** Woran merkst du, dass du glücklicher bist → **konkretisieren.**

- *„Ich möchte in sozialen Situationen nicht mehr so angespannt und aufgeregt sein."* **Negativ formulierte Therapieziele wirken nicht motivierend.**
- *„Ich möchte eine perfekte Tochter werden."* Dies ist ein Ziel, das u. U. unerreichbar ist. Es führt zu starkem Druck, und Frustrationserlebnisse sind vorprogrammiert. **Besser: Realistische Ziele setzen.**

Formulierungen wie „vielleicht, eventuell, eigentlich" führen zu schwammigen und wenig konkretisierten Zielsetzungen! ◄

Zusätzlich sollten Therapieziele überprüfbar gesteckt sein:

Woran merke ich, dass *„es weniger Stress bei Pauls Hausaufgaben gibt"*?

Wir merken es daran, dass er an *„mindestens drei Tagen pro Woche die Hausaufgaben selbstständig beginnt"* und seine Mutter erst bei inhaltlichen Fragen um Unterstützung bittet.

Weitere Beispiele für spezifische, konkrete und überprüfbare Therapieziele:

- Eine depressive Patientin erstellt einen Aktivierungsplan und schafft es mindestens einmal in der Woche, sich nach der Schule zu verabreden.
- Eine anorektische Patientin nimmt vereinbarte 200 Gramm pro Woche zu und lässt sich einmal die Woche beim Hausarzt wiegen.
- Ein Jugendlicher mit PC-Spielsucht reduziert seine Spielzeit auf die Nachmittage am Wochenende und übergibt seiner Mutter außerhalb dieser Zeiten das Verbindungskabel für die Spielkonsole.

Tipp

Therapieziele sollten darüber hinaus unterteilt werden in:

➔ Kurzfristige
➔ Mittelfristige
➔ Langfristige

} **Behandlungsziele**

Unter einem **kurzfristigen Behandlungsziel** verstehen wir ein zeitnah zu erreichendes und symptomlinderndes Ziel, welches zusammen mit den Patient*innen ausgehandelt wird. Patient*innen, die sehr belastet wirken, sollten hier zunächst eher supportiv unterstützt werden.

► Beispiele:

- Eine depressive Patientin wird zunächst so begleitet, dass sie sich unterstützt und angenommen fühlt. Beziehungsaufbau, Validierung, Entlastung stehen hier im Vordergrund.
- Auflockerung der depressiven Symptomatik
- Aufbau von Veränderungsmotivation
- Eine medikamentöse Einstellung (z. B. bei schwerem ADHS) kann auch ein kurzfristiges Ziel sein ◄

Zu den **mittelfristigen Behandlungszielen** zählen die beginnende Umsetzung der therapeutischen Interventionen, ohne die Patient*innen zu überfordern.

Achtung: Jede/r Patient*in hat ein eigenes Tempo, es ist daher wichtig, immer individualisiert vorzugehen.

► **Beispiele:**

- Selbstfürsorge üben
- Ressourcenaktivierung (hat meist erst Erfolg nach dem Üben von Selbstfürsorge)
- Führen eines Gefühlstagebuches oder einer Diary-Card
- Auseinandersetzung mit dysfunktionalen Kognitionen
- Einführung eines Verstärkersystems
- Das Verbalisieren und Definieren von langfristigen Therapiezielen, wie : *„Ich möchte mehr zu mir stehen und lernen, meine Bedürfnisse zu kommunizieren!“*, *„Ich möchte lernen, meine eigenen Grenzen zu wahren und zu verteidigen.“* ◄

Langfristige Behandlungsziele stellen quasi das **„Sahnestück“** der Ziele dar: die große und fette Belohnung am Ende aller Mühen, für die es sich gelohnt hat, Zeit, Anstrengung und Unannehmlichkeiten auf sich zu nehmen. Sie sollten realistisch und erreichbar sein. Oft bietet es sich an, von *„Verringerung“* zu sprechen und die funktionalen Anteile einer Persönlichkeitsstruktur zu fördern.

► **Beispiele:**

- Etablierung einer Alltagsstruktur mit dem Ziel, aktiver und zufriedener durch die Woche zu kommen.
- Modifikation maladaptiver Persönlichkeitsmuster, wie z. B. bei selbstverletzendem Verhalten.
- Verringerung selbstschädigender Verhaltensweisen, wie z. B. exzessives Trinken, Rauchen, Essen oder Sporttreiben.
- Verringerung der rückzügig-depressiven Symptomatik.
- Abbau der zwanghaften Verhaltensweisen mit dem Ziel, alternative Verhaltensweisen zu entwickeln, die auch Ruhe und Entspannung im Alltag ermöglichen (Buch lesen, Zeitschrift blättern, malen).
- *„Ich möchte lernen, mit unangenehmen Gefühlen (Gefühlsausbrüchen) besser umzugehen.“* ◄

Warum ist es überhaupt so wichtig, zu Beginn einer Psychotherapie so viel Wert auf die Zieldefinition zu legen?

- *„Was sich beschreiben lässt, kann auch geschehen (…).“*

L. Wittgenstein

4.4.1 Beispiele für Formulierungen typischer Therapieziele

4.4.1.1 Therapieziele in Bezug auf die Beziehungsebene der Patient*innen mit ihrem Umfeld

Hierunter fällt insbesondere die therapeutische Beziehung, die Beziehung zu Bezugspersonen und Peers, ggf. Partnerschaft und das Arbeitsbündnis mit den Bezugspersonen.

▶ **Beispiele:**

- Aufbau einer konstanten und stabilen therapeutischen Beziehung
- Aufbau einer vertrauensvollen Beziehung zu den Patient*innen und zu den Eltern
- Erarbeitung eines gemeinsamen Störungs- und Veränderungsmodells
- Erarbeitung eines biopsychosozialen Störungsmodells der (z. B. depressiven, impulsiven, ängstlichen) Symptomatik ◀

4.4.1.2 Therapieziele in Bezug auf Arbeit am Symptom: symptomspezifische Behandlungsziele

▶ **Beispiele:**

- Abbau der (z. B. mutistischen, sozial-ängstlichen, aggressiven, trennungsängstlichen usw.) Symptomatik
- Reduktion der depressiven Symptomatik
- Abbau der Somatisierungssymptomatik
- Abbau der Rückversicherungstendenzen und des Vermeidungsverhaltens
- Stabilisierung der Patient*innen (z. B. bei Trauma: Flashbacks kontrollieren, Schreckhaftigkeit und Vermeidung abbauen)
- Bearbeitung des Traumas
- Verminderung der Angstsymptomatik in Trennungssituationen
- Verbesserung der Aufmerksamkeits- und Konzentrationsfähigkeit
- Bewältigung der Kontrollzwänge
- u. v. m. ◀

4.4.1.3 Therapieziele in Bezug auf aufrechterhaltende und bedingende Faktoren: Ziele für die Patient*innen

Hierzu zählen alle Faktoren, die ein Verhalten oder eine Symptomatik aufrechterhalten oder produzieren.

▶ **Beispiele:**

- **Selbstwirksamkeit, Selbstakzeptanz und Selbstwert:**
  - Verbesserung der Selbstwirksamkeitserwartung sowie Selbstakzeptanz
  - Stärkung eines positiven Selbstwerterlebens
  - Verbesserung, Stärkung und Stabilisierung des Selbstwertgefühls und der Selbstakzeptanz
  - Steigerung des Selbstwertgefühls und der Selbstsicherheit
  - Aufbau von Selbstwirksamkeit und Kontrollmöglichkeiten
  - Verbesserung und Stärkung des Selbstwerterlebens und der Selbstakzeptanz
  - Erhöhung der Selbstständigkeit, Autonomie und Selbstwirksamkeitsüberzeugung

- **Konfliktmanagement:**
  - Aufbau von adäquaten Konfliktlösestrategien
  - Einüben angemessener Konfliktlösemöglichkeiten
  - Aufbau sozialer Kompetenzen für eine adäquate Bedürfnisäußerung
  - Aufbau von Stressbewältigungs- und Konfliktlösestrategien zur Stimmungsstabilisierung
  - Aufbau von sozialen Kompetenzen (Selbst- und Fremdwahrnehmung, Empathiefähigkeit, Gefühlswahrnehmung und -ausdruck)
  - Aufbau von Selbstsicherheit, sozialer Kompetenz und Autonomie
- **Rückzügiges Verhalten:**
  - Abbau des Rückzugverhaltens
  - Aufbau von angenehmen/positiven Aktivitäten
  - Etablierung von Wochen- und Tageszielen (Plan)
  - Aufbau und Anwendung von Aktivierungsstrategien im Alltag
- **Körper und Grenzen:**
  - Aufbau einer realistischen Körperwahrnehmung und positiver, hilfreicher Gedanken bezüglich des eigenen Aussehens und Gewichts
  - Sensibilisierung für eigene Grenzen und achtsamer Umgang mit sich selbst
- **Entspannung und Achtsamkeit:**
  - Aufbau von Entspannungsfähigkeit
  - aktive Praxis eines Entspannungsverfahrens, wie beispielsweise Yoga o. ä.
  - Entwicklung eines achtsamen Umgangs mit sich selbst im Alltag (z. B. in der Schule, beim Essen, in Bezug auf Ruhephasen und Pausen etc.)
  - Reduktion des übertriebenen Leistungsanspruches
  - Veränderung dysfunktionaler Gedanken und Grundannahmen
- **Umgang mit Gefühlen:**
  - Erlernen eines adäquaten Gefühlsausdruckes
  - Verbesserung der Emotionswahrnehmung
  - Entwicklung angemessener Emotionsregulierungsstrategien
  - Verbesserung adäquater Emotionswahrnehmungs- sowie Emotionsregulierungstechniken
  - Verbesserung der Gefühlswahrnehmung, des Gefühlsausdruckes sowie der Bedürfnisäußerung
  - Aufbau bzw. Erweiterung adäquater Umgangsstrategien mit Gefühlen
  - Verbesserung und Erweiterung adäquater Umgangs- und Regulationsstrategien mit negativen Gefühlen ◄

4.4.1.4 Therapieziele in Bezug auf die Arbeit mit den Eltern/dem System

► Beispiele:

- Abbau des symptomunterstützenden Verhaltens und dysfunktionaler Kognitionen der Eltern
- Förderung der Autonomie der Patient*innen
- Förderung von Ruhe und Entspannung zur Reduktion der Grundanspannung bei gleichzeitigem Aufbau positiver Aktivitäten
- Identifizierung und Modifikation dysfunktionaler familiärer Interaktionsmuster
- Aufbau adäquater Kommunikationsregeln

- Etablierung eines Störungsverständnisses und Besprechung unterstützender Maßnahmen für die Patient*innen
- Besprechung unterstützender und Orientierung gebender Maßnahmen für die Patient*innen
- Begleitung des geplanten Umzugs zur Mutter
- Abbau des symptomunterstützenden Verhaltens und dysfunktionaler Kognitionen sowie Interaktionsmuster der Eltern
- Verbesserung der elterlichen Erziehungskompetenzen
- Veränderung dysfunktionaler familiärer Interaktionen und kognitiver Grundannahmen
- Unterstützung der elterlichen Kompetenzen zur Förderung der Autonomie der Patient*innen ◀

4.4.2 Exploration individueller Therapieziele

Im Sinne des **motivierenden Interviewens** (*motivational interviewing*, nach Miller & Rollnick, 2002) fragen wir die Patient*innen und deren Bezugspersonen nach den **persönlichen, langfristigen Lebenszielen.** In der therapeutischen Praxis zeigen sich oft folgende Antworten:

- *„Ich möchte endlich wieder glücklich sein."*
- *„Ich möchte weniger Stress haben."*
- *„Ich möchte weniger Streit/Konflikte innerhalb der Familie haben."*
- *„Ich möchte besser mit anderen klarkommen."*
- u. v. m.

Diese Lebensziele müssen im Folgenden über Fragen operationalisiert werden: Handelt es sich bei der Zielangabe um eine im Symptombereich, kann zu möglicherweise implizierten Zielen im Hintergrund wie folgt übergeleitet werden:

▶ Beispiel:

„Damit du/Ihr Kind diese Ziele im Symptombereich erreichen kannst/kann (z. B. damit die Konzentration besser werden kann, damit die Zwänge verschwinden, damit du wieder mehr Lebensfreude entwickeln kannst), müssten sich ja auch noch andere Lebensbereiche verbessern."

„Welche Verbesserungen könnten das sein?" ◀

Es hat sich bewährt, wenn man die Patient*innen und Bezugspersonen zuerst geleitet entdecken lässt Seidel & Krapp, (2006). Falls dieses nicht gelingen sollte, kann die Therapeutin behutsam anstoßen, prompten, vorgeben oder auch Alternativen auswählen lassen.

▶ Beispiel:

- *„Was würde dir dann zu Hause nach der Schule guttun? Direkt wieder an den Schreibtisch setzen und so lange Hausaufgaben machen, wie es geht?"*
- *„Wie sollte sich deine Mama verhalten? Oder was könntest du anstelle der Hausaufgaben zunächst einmal tun, um dich zu entspannen?"*

Hilfreiche Formulierungen von langfristigen Lebenszielen:

- *„Woran würdest du merken, dass du dein Ziel erreicht hast?"*
- *„Was wäre genau anders?"*
- *„Wie würdest du dich anders verhalten?"*
- *„Wie würden andere sich anders verhalten?"*

„Wunderfrage":

- *„Nehmen wir an, über Nacht sei das Problem verschwunden, du wüsstest aber noch nichts davon. Wo und wie im Laufe eines Tages würdest du entdecken, dass das Problem weg ist? Woran würdest du es merken? Wer würde es außer dir noch merken? Woran würden es deine Eltern oder Mitschüler*innen merken?"* ◀

Wie geht es dann weiter? An dieser Stelle wäre dann herauszuarbeiten, dass sich in der Regel Alltagsstrukturierung, soziale Kontakte und die Fähigkeit zur Selbstverstärkung und Selbstfürsorge verbessern müssen. Phasen der Anspannung sollten immer wieder durch Phasen der Entspannung unterbrochen werden, um eine langfristige Leistungsfähigkeit sicherzustellen. So kann z. B. die Etablierung eines Hobbys ein Ziel sein. Regelmäßige gemeinsame Aktivitäten mit Kind und Bezugspersonen könnten etabliert werden; Familien können darin bestärkt werden, gemeinsame Entscheidungen und Familiensitzungen abzuhalten. Gegebenenfalls sind auch nachhaltige Änderungen in den Beziehungen zu einzelnen/allen Mitgliedern der Familie, bei der Gestaltung des Schulalltages und Freizeit oder bei den Beziehungen in der Partnerschaft oder Familie notwendig. Einige Familien benötigen zusätzliche Unterstützung von außen, z. B. in Form einer SPFH (Familienhilfe) oder durch die Erziehungsberatungsstelle. Insbesondere bei hochstrittigen, getrennten Elternteilen ist es ratsam, zusätzliche Instanzen im Außen zu installieren.

Tipp

Für den Antrag haben sich Ziele auf drei Ebenen bewährt:

Bei Kindern wird unterteilt in die Ziele der Patient*innen (max. 3) und in die Ziele der Eltern (max. 3). Dazu kommen die übergeordneten Ziele aus therapeutischer Sicht (max. 3).

▶ AB (T) Und nun? Therapeutische Zielfindung: Anhang 4.3.2

Literatur

Bowlby, J. (1984). *Bindung*. Fischer.

Brockhaus. (2006). *Enzyklopädie in 30 Bänden*. Mannheim.

Grawe, K. (2002). *Psychologische Therapie*. Hogrefe.

Grawe, K. (2004). *Neuropsychotherapie*. Hogrefe.

Havighurst, R. J. (1948). *Developmental tasks and education*. McKay.

Kanfer, F. H., & Philipps, J. S. (1975). *Lerntheoretische Grundlagen der Verhaltenstherapie*. Kindler.

Kanfer, F. H., & Saslow, G. (1965). Behavioral Analysis: An alternative to diagnostic classification. *Archives of General Psychiatry, 12*, 529–538.

Löbl, K. (2013). *Entwicklungsaufgaben in Kindheit und Jugend nach R. J. Havighurst*. Norderstedt.

Miller, W. R., & Rollnick, S. (Hrsg.). (2002). *Motivational interviewing: Preparing people to change behaviours*. Guilford Press.

Mowrer, O. (1960 [1947]). *Learning theory and behavior*. Wiley.

Remschmidt, H., Schmidt, M., & Poustka, F. (2017). *Multiaxiales Klassifikationsschema für psychische Störungen des Kindes- und Jugendalters nach ICD-10*. Hogrefe.

Seidel, T., & Krapp, A. (2014). *Pädagogische Psychologie*. Beltz.

TU Chemnitz. (2015). *BEPE-Studie*. 20. Oktober 2015. https://www.tu-chemnitz.de/hsw/psychologie/professuren/klinpsy/BEPE/patienten.php#8. Zugegriffen am 18.01.2020.

Zarbock, G. (2008). *Praxisbuch Verhaltenstherapie: Grundlagen und Anwendungen biografisch-systemischer Verhaltenstherapie*. Pabst.

Der Bericht an den Gutachter – oder: „Wie kriege ich alles auf 2–3 Seiten?"

Inhaltsverzeichnis

L. von Düring-Ulmenstein, G. Zarbock, *Verhaltenstherapie bei Kindern und Jugendlichen*,
https://doi.org/10.1007/978-3-662-63935-1_5

5.1 Antragstellung in der Richtlinien-Verhaltenstherapie: Hinweise und Hilfen

L. v. Düring-Ulmenstein

Bei dem Wort „Antrag“ sträuben sich bei vielen Ausbildungskandidatinnen intuitiv die Nackenhaare, denn das Wort an sich beinhaltet schon, dass man sich fürchterlich formal und arbeitsaufwändig mit einer bürokratischen Sache zu befassen hat, um die man nicht herumkommt. Ich möchte im Folgenden versuchen, die Angst und Vorbehalte gegenüber Psychotherapieanträgen für die/den Gutachter*in ein wenig abzubauen, und den Blick dafür öffnen, wie hilfreich dieser anfängliche Aufwand für die weitere psychotherapeutische Behandlung sein kann. Durch die Mühe des Antragsschreibens exploriert man umfangreich und beschäftigt sich intensiv mit dem individuellen Störungsmodell der Patient*innen, was wiederum eine passgenauere Behandlung zur Folge hat. Die strukturierende Schreibarbeit zahlt sich am Ende dadurch aus, dass man einen Fahrplan für die Behandlung hat und eine Grundlage verfügbar ist, auf die man aufbauen und sich berufen kann. Nimmt man zu einem späteren Zeitpunkt den Antrag einmal wieder in die Hand, weil man vielleicht gerade nicht mehr im Kopf hatte, was man nach der Gefühlsarbeit mit den Patient*innen vorhatte, so steht z. B. schwarz auf weiß im Behandlungsplan: *„Ressourcenaktivierung soll durch die Erstellung eines Ressourcenposters und verschiedener Arbeitsblätter zum Thema Ressourcen erfolgen. Die weitere Stabilisierung des Selbstwertes soll durch selbstwertsteigernde Übungen und kleinere Aufgaben gelingen (AB „Das kann ich richtig gut!“, Ressourcenschatztruhe anlegen u. a.).“*

Aha, nun habe ich wieder den Kopf frei und kann mich auf die weitere Arbeit mit meiner Patientin konzentrieren. Selbstverständlich ist es so, dass Behandlungspläne und therapeutische Interventionen immer wieder überdacht und reflektiert werden sollten und dem aktuellen Stand der Behandlung angepasst werden müssen.

Um zu verhindern, dass das **Verfassen des Antrags** wie eine nicht zu bewältigende Aufgabe erscheint, kann ich empfehlen, *„häppchenweise“* vorzugehen:

1. Schau dir an, was du alles in der Anamnese an Daten gesammelt hast (Fragebögen, Elternfragebögen, biografische Anamnesedaten, Kopien vom U-Heft und ggf. Zeugnisse, eigene Mitschriften und Beobachtungen).
2. Beginne am besten mit Punkt 1 des Psychotherapieantrags und markiere dir mit einem Textmarker bei den Anamnesedaten, was zu Punkt 1 gehört. So gewinnst du einen besseren Überblick und kannst nun die Informationen stichwortartig zu einem Text ordnen. Fast schon geschafft!
3. Nun gehst du die weiteren Punkte des Antrags Stück für Stück weiter so durch. → Inhalte des Antrags (▶ Abschn. 5.2.2)
4. Achte bei jedem Punkt ganz genau darauf, dass sich ein „roter Faden“ von Beginn an durch das Geschriebene zieht. Nur so gelingt es, einen plausiblen und stichfesten Therapieantrag zu stellen!
5. Du darfst dabei stichpunktartig vorgehen. Möglichst kurz, präzise und auf den Punkt gebracht – nun kann nichts mehr schiefgehen!

Tipp

Bei der Antragsschreibung hat sich folgende Maxime als hilfreich erwiesen:
- *Keep it simple!*
- *Good is good enough!*
- *Fokus setzen!*

▪ Grundsätzlich wird zwischen drei Arten von Anträgen unterschieden

Der **Antrag für Kurzzeittherapie** (im Rahmen der Ausbildung oft vom Ausbildungsinstitut zur Qualitätssicherung gefordert, bei der Beantragung im Rahmen der GKV nicht mehr obligatorisch), der **Antrag für Langzeittherapie** und der **Fortführungsantrag**, den man zu stellen hat, wenn die bisher genehmigten Therapiestunden (noch) nicht ausreichend sind. Oft spricht man auch von einem **Umwandlungsantrag**; dieser findet dann statt, wenn z. B. Einzelsitzungen in Gruppenstunden umgewandelt werden oder eine Kurzzeittherapie in Langzeittherapie umgewandelt wird.

Für Verwirrung sorgt, dass sich das Antragswesen in den letzten Jahren oft verändert hat und man letztlich nie so ganz sicher sein kann, ob man auf dem aktuellen Stand ist. Hier hilft ein Blick in das Ambulanzhandbuch des jeweiligen Ausbildungsinstitutes, denn dort sollte immer die aktuelle Version der Anträge hinterlegt sein.

Zusätzlich zu dem selbst verfassten schriftlichen Bericht an die/den Gutachter*in kommen formale Vordrucke, die ggf. handschriftlich ausgefüllt werden (z. B. PTV2, PTV11). Hier muss beachtet werden, dass die relevanten Daten und Unterschriften mit festem Druck (Kugelschreiber) in gut lesbarer Handschrift eingetragen werden.

5.2 Erstbericht oder Umwandlungsantrag

L. v. Düring-Ulmenstein und J. Hampel

5.2.1 Formales

In den aktuellen Psychotherapie-Richtlinien gibt es die Vorgabe, dass nur noch Umwandlungsanträge (KZT = Kurzzeittherapie in LZT = Langzeittherapie) oder LZT-Erstanträge gutachterpflichtig seien. In einigen Ausbildungsinstituten wird aber aus Ausbildungsgründen auch bei Beantragung der KZT1 ein Bericht an die/den Gutachter*in verfasst. In der Regel müssen dann KZT1-Therapien in Langzeittherapien umgewandelt werden.

Im **Gutachterverfahren** gibt es die Vorgabe, dass die Berichte für die/den Gutachter*in einen Umfang von zwei bis drei Seiten nicht überschreiten dürfen.

5.2.2 Inhalte

5.2.2.1 Relevante soziodemografische Daten

Bei Kindern und Jugendlichen: Angaben zur Lebenssituation oder Schulart, ggf. Schulabschluss und Arbeitsstelle, Geschwisterzahl und -position, Angaben zum Alter und Beruf der Eltern sowie ggf. der primären Betreuungspersonen.

▶ Beispiel

- Jan, acht Jahre alt, Schwester (+4 J.), Schwester (+2 J.), Bruder (−2 J.)
- Schule: Patient besucht die zweite Grundschulklasse
- Lebenssituation: Die Eltern sind getrennt lebend, Jan lebt gemeinsam mit seinen drei Geschwistern, zwei Katzen und einem Kaninchen bei der Mutter (+32 J.) in einer Mietwohnung, die Großeltern mütterlicherseits leben ebenfalls in dem Mietshaus. Der Vater (+41 J.) lebt gemeinsam mit seiner neuen Partnerin und dessen Sohn (−1,5 J.) in etwa 20 Min. fußläufiger Entfernung. Jan verbringt alle zwei Wochen das Wochenende mit seinen Geschwistern beim Vater; die Ferien haben sich die Eltern ebenfalls aufgeteilt.
- Die Mutter ist Altenpflegerin und arbeitet zurzeit auf einer halben Stelle. Der Vater ist Betriebswirt und arbeitet als Abteilungsleiter in einem großen Versandunternehmen. ◀

5.2.3 Symptomatik und psychischer Befund

Hierunter fallen die von den Patient*innen geschilderte Symptomatik zu Schwere und Verlauf. Bei Kindern und Jugendlichen sind diesbezügliche Angaben von Eltern und Bezugspersonen relevant, ebenso wie die Informationen aus der Schule oder KiTa.

Als Therapeutin kannst du dir Auffälligkeiten bei der Kontaktaufnahme, der Interaktion und bezüglich des Erscheinungsbildes an dieser Stelle notieren.

Der psychopathologische Befund: Dieser wird anhand der Kriterien des psychopathologischen Befundsystems für Kinder und Jugendliche (CASCAP-D; inklusive Suizidalität und Darstellung des Entwicklungsstandes der Patient*innen) nach Döpfner et al. (1999) erstellt:

- Interaktion
- Habitus
- Bewusstsein
- Orientierung
- Aufmerksamkeit
- Konzentration und Auffassung
- Denken (formal/inhaltlich) und Wahrnehmung
- Ich-Störungen
- Merkfähigkeit und Gedächtnis
- Antrieb und Psychomotorik
- Stimmung und Affekt
- körperliche Beschwerden und vegetative Funktionen
- Biorhythmusstörungen (Essverhalten, Schlaf etc.)
- Suizidalität

- Krankheitsverständnis der Patient'innen; bei Kindern und Jugendlichen Krankheitsverständnis der relevanten Bezugspersonen
- Ergebnisse psychodiagnostischer Testverfahren mit Interpretation

► **Beispiel**

Beispiel für einen psychopathologischen Befund nach dem CASCAP-System:

„Die zehnjährige Y. ist intelligent, freundlich, zugewandt, offen und ehrgeizig. Beim Berichten der Erlebnisse mit Hunden sind Sorgen und Ängste zu spüren. Ihre Aufmerksamkeitsspanne zeigt während der Sitzungen keine Einschränkungen. Die Interaktion zwischen Mutter und Patientin ist positiv, wertschätzend und unterstützend. Y. zeigt keine formalen und inhaltlichen Denkstörungen. Insgesamt ist die Orientierung auf allen Ebenen gegeben. Es ergeben sich keine Hinweise auf die das Bewusstsein oder mnestischen Funktionen betreffenden Störungen. Der Antrieb ist normal. Es liegen keine selbst- oder fremdgefährdenden Tendenzen vor.

Testbefunde: DISYPS-KJ (Mutter): FBB-ANZ: Die Skalen Trennungsangst (Stanine = 8), soziale Phobie (Stanine = 9) sowie spezifische Phobie (Stanine = 8) sind auffällig. Soziale Ängste werden immer wieder im Zusammenhang mit einem ängstlichen Temperament und Sorge vor fremden und unbekannten Situationen beschrieben. Die anderen Beurteilungsbögen (FBB-ABHS, FBB-DES und FBB-SSV) sind unauffällig (Stanine < 7)." ◄

5.2.4 Somatischer Befund/Konsiliarbericht

Der Konsiliarbericht kann und darf von Kinderärzt*innen, Kinder- und Jugendpsychiater*innen, Allgemeinärzt*innen, praktischen Ärzt*innen und Internist*innen ausgestellt werden. Die/der Konsiliarärzt*in hat den ► Konsiliarbericht nach Anforderung durch die Kinder- und Jugendlichenpsychotherapeutin nach persönlicher Untersuchung der Patient*innen zu erstellen. Der Bericht ist der Kinder- und Jugendlichenpsychotherapeutin möglichst zeitnah (spätestens drei Wochen nach Untersuchung) zu übermitteln. Ein Teil des Konsiliarberichtes ist als Unterstützung bei der Stellung einer Differenzialdiagnose (somatisch vs. psychisch, psychische und psychosoziale Auswirkungen somatischer Störungen) sehr sinnvoll. Andere Teile („Verordnung" von psychiatrischer Abklärung oder Stellung einer Kontraindikation für Psychotherapie) sind der berufsständische Konkurrenz von Ärzt*innen und Psychotherapeut*innen („Nicht-Ärzt*innen") geschuldet. Selbstverständlich wird sich eine Kinder- und Jugendpsychotherapeutin immer auch um eine somatische und ggf. auch kinderpsychiatrische Abklärung bemühen, verschiedene Behandlungen koordinieren und bei Notfällen umgehend ins nächste Krankenhaus einweisen. Der Gesetzgeber erkennt zunehmend die wichtigen und eigenständigen Beiträge, die Kinder- und Jugendpsychotherapeutinnen in unserem Gesundheitssystem leisten. Daher wurden die Befugnisse ausgeweitet und Kinder- und Jugendpsychotherapeutinnen könne z. B. Ergo-, Soziotherapie und psychiatrische Hauskrankenpflege verordnen und auch in psychiatrische Kliniken einweisen und Krankentransporte verordnen.

- **Was habe ich als Therapeutin auf dem Konsiliarbericht einzutragen?**

→ Rechts oben auf der ersten Seite des Formulars: meinen Namen (Auf Veranlassung von: ...), daneben sollte ein Stempel des Ausbildungsinstitutes sein.

→ Auf der zweiten Seite: oben rechts die Patientenchiffre

- **Was hat die/der Konsiliarärzt*in auf dem Konsiliarbericht einzutragen?**

→ somatische Befunde (ggf. einschließlich Suchtmittelkonsum)

→ ggf. aktuelle psychopharmakologische Medikation und die/der verschreibende Ärzt*in

→ psychotherapeutische, psychosomatische sowie (kinder- und jugend-) psychiatrische Vorbehandlungen (falls vorhanden: Berichte beifügen)

→ ob eine ärztliche Mitbehandlung erforderlich ist (z. B. bei Anorexia Nervosa regelmäßige Gewichtskontrollen und Kontrolle der Stoffwechselfunktionen)

→ ob eine kinder- und jugendpsychiatrische Abklärung erforderlich ist

→ ob „aufgrund somatischer/psychiatrischer Befunde“ eine Kontraindikation für Psychotherapie besteht

→ Ausstellungsdatum und Unterschrift

5

Wichtig

Auf dem Konsiliarbericht sollte durch die/den (Haus- oder Kinder-)Ärzt*in Folgendes angekreuzt werden:

Psychiatrische bzw. kinder- und jugendpsychiatrische Abklärung ist

X nicht erforderlich

X erfolgt

X veranlasst

Achtung: Die/der Konsiliarärzt*in sollte der Krankenkasse nur die für ihre Leistungsentscheidung notwendigen Angaben mitteilen!

5.2.5 Behandlungsrelevante Angaben zur Lebensgeschichte (ggf. auch zur Lebensgeschichte der Bezugspersonen), zur Krankheitsanamnese und zum funktionalen Bedingungsmodell

Kurze biografische Anamnese: Stelle vorab eine verkürzte biografische Anamnese dar, auf der dein nachfolgendes Störungsmodell aufbaut. Dieses hat praktische Gründe und ist nicht zwingend gefordert! Inhaltlich bietet es sich jedoch an und macht bei Gutachter*innen einen guten Eindruck.

Störungsmodell: Beschreibe nun bitte eine oder mehrere Hauptproblematiken im Sinne einer Mikroanalyse. Achte dabei darauf, dass verstärkende Bedingungen nur auf das motorische Verhalten erfolgen! Das zu beschreibende Verhalten sollte auf den vier Ebenen der Physiologie, Emotion, Kognition und Motorik dargestellt werden. Nur die Motorik unterliegt der Verstärkung. Bitte klassifiziere die verschiedenen Verstärkertypen, wobei in der Regel Aversionserleichterung C– (negative Verstärkung) die Hauptfixierung des dysfunktionalen Symptomverhaltens darstellt. Zusätzlich tritt oft noch ein C+ im Sinne von Aufmerksamkeitszuwendung oder der Gewinnung von Vorteilen auf.

▶ **Beispiel**

Beispiel: Die Patientin leidet unter einer Hundephobie. Sie meidet alle Situationen, in denen sie auf einen Hund treffen könnte und benötigt die Rückversicherung und Nähe der Mutter.

S: Die Patientin will mit ihrem Schulranzen das Treppenhaus verlassen, um in die Schule zu gehen, auf einmal kommt ihr der Nachbarshund entgegen.

O: sensibles und ängstliches Temperament

Rphys.: schnelle Atmung, Herzrasen

Remot: Angst, Panik

Rkogn.:*„Er wird mich verfolgen und beißen!", „Ich muss hier sofort weg!"*

Rmot.: Mit dem Ranzen nach oben zur Wohnung rennen, Anklammern an Mutter, Festhalten der Mutter, Verweigern herauszugehen, bevor die Mutter nicht sichergestellt hat, dass der Hund weg ist.

K: die Kontingenz (= Zusammenhang zwischen Verhalten R und „Consequenzen" C) ist kontinuierlich. Immer, wenn das Kind vor einem Hund wegrennt, reduziert sich die Angst.

Ckurzfristig:

C−: Nachlassen von Angst, Verlassen der wahrgenommenen Gefahrensituation

C+: Zuwendung und Aufmerksamkeit der Mutter

C−: Enttäuschung über sich selbst ◀

▪ Clangfristig

C−: (= negative Konsequenz tritt auf, „Bestrafung-1") zunehmende Unsicherheit und Ängstlichkeit in allen Situationen, in denen Y. einem Hund begegnen könnte (Generalisierung), und damit Einschränkung des Verhaltens- und Lebensradius, zunehmende Selbstwertverminderung, Entwicklung inadäquater Konfliktlösestrategien.

C̶+ (= Wegfall positiver Konsequenzen, „response cost", „Bestrafung-2") Verhinderung der Auseinandersetzung mit Gefühlen der Unzulänglichkeit und Angst, kein Aufbau positiver Kompetenzen sowie angemessener Emotionsregulationstechniken, Gefährdung der Autonomieentwicklung und Vermeidung des Selbstwirksamkeitserlebens, Verringerung der Eigenverantwortung und Selbstständigkeit.

Wichtig

Kurzfristige Konsequenzen (Ckurzfristig) fallen meist „positiv" aus, werden aber in negative Verstärkung (= etwas Unangenehmes (Angst, Schmerz) lässt nach und Belohnung (etwas Positives wird hinzugefügt, z. B. Lob) unterschieden und führen dazu, dass ein Verhalten aufrechterhalten wird).

Langfristige Konsequenzen (Clangfristig) hingegen können das Verhalten wegen der langen Zeitspanne nicht mehr direkt steuern, bringen aber deutliche Nachteile und Leidensdruck mit sich (z. B. durch Generalisierung von Ängsten, Gesundheitsschäden, Selbstwertverlust und soziale Isolation).

5.2.5.1 Makroanalyse

- **Makroanalyse:** Hier geht es um die Entstehungsbedingungen der Störung, insbesondere Risikofaktoren und Entwicklungstraumata. Bei Kindern und Jugendlichen können auch noch normative von nicht normativen Entwicklungsaufgaben unterschieden werden.

  Die Lebensgeschichte kann mit folgenden Fragen auf prädisponierende Faktoren untersucht werden:
- **Genetische Prädispositionen des Kindes und biopsychosoziale Risikofaktoren der Eltern:**
- biologische Temperamentsmerkmale (z. B. Impulsivität, schnelle Erschöpfbarkeit, Koordinationsschwäche (Tollpatschigkeit, Aufmerksamkeitsdefizite, Hyperaktivität))
- chronisch frustrierte psychische Grundbedürfnisse (Bindung, Autonomie/Orientierung/Kontrolle, Lustgewinn/Unlustvermeidung, Selbstwerterhöhung)
- Entwicklungsverzögerungen, Lern- und Leistungsstörungen, Intelligenzminderung
- Chronische somatische Erkrankungen (z. B. Asthma, Neurodermitis, schwere Allergien)
- Eltern: soziale Defizite, geringes Bildungsniveau, Armut, psychische und organische Erkrankungen, chronische Familien-/Ehe-/Partnerschaftskonflikte, Gewalterfahrungen
- Dysfunktionales Erziehungsverhalten der Eltern (z. B. gewalttätig-autoritär, wechselhaft, vernachlässigend-überfordert etc.)
- Dysfunktionale übergeordnete Grundannahmen und Lebensbotschaften sind ebenfalls prädisponierend, z. B. *„Ich bin nichts wert", „Andere Menschen lehnen mich ab", „Ich bin für andere eine Zumutung"*, etc. Es bietet sich an, hier kurz darzustellen, wie diese negativen Grundannahmen bzw. Lebensbotschaften in der Biografie erworben wurden.

▶ Beispiel

„Lerngeschichtlich wurde durch die Bevorzugung des älteren Bruders durch die Großeltern, durch den Vater und die Stiefmutter auf Seiten der Patientin die Annahme erworben, Mädchen seien weniger wert. Da die eigene Mutter nur intermittierend und wenig präsent war und kein korrektives Feedback geben konnte, verfestigte sich diese Annahme immer mehr bei der Patientin." ◀

- Schemata: Im Sinne der Schematherapie kann man in Ergänzung oder Erweiterung der Grundannahmen auch die zentralen Schemata der Patient*innen (erfragt durch den Schema-Fragebogen, wie emotionale Entbehrung, im Stich gelassen, soziale Isolation, Misstrauen, Missbrauch, Unzulänglichkeit, Scham, unerbittliche Standards etc.) darstellen.
- Maladaptive Belastungs- und Bedrohungsbewältigungsreaktionen (maladaptives Coping). Auch übergeneralisiertes Bewältigungsverhalten im Sinne von Überkompensation/Angriff, Vermeidung/Passivität/Rückzug und Unterwerfung/Überanpassung können in der Lerngeschichte als Resultat der Interaktion von Temperament und negativen Umweltbedingungen gelernt werden und für den späteren Auftritt von Störungen empfindlich („vulnerabel") machen.

- Die BSVT geht zentral von der Wichtigkeit biografischer Schlüsselerlebnisse aus, die pathogene Erinnerungen bilden. Diese führen zu negativ prägenden Grundannahmen, Bewertungen und Erwartungen. Vermutlich werden solche Schlüsselerlebnisse auch tatsächlich oft im Alltag durch Ähnlichkeiten von Stimuli, Reaktionen oder Bedeutungen zumindest unterschwellig aktiviert und führen dann zu negativen Stimmungen, negativen Selbstzuständen (u. a. Mutlosigkeit, Ängstlichkeit, Selbstkritik, Verunsicherung, Wertlosigkeitsempfinden) und Körperempfindungen.
- Nun stelle anschaulich und beschreibend dar, wie sich diese Probleme sozial (Peers, Schule), emotional (Selbstwert, Selbstwirksamkeit) und familiär (Eltern-Kind-Geschwister-Interaktionen) auswirken.

▶ Beispiel für eine Makroanalyse

„Basierend auf der Erhebung anamnestischer Daten ist mütterlicherseits von einer Prädisposition für psychische Erkrankung auszugehen. (Die Oma hat seit mehreren Jahren Depressionen, die Mutter zeigt den Verlauf einer emotional-instabilen Persönlichkeitsentwicklung.) Bereits während der Schwangerschaft zeigte die Mutter dem Kind gegenüber eine ambivalente, teils sehr aggressiv-ablehnende Haltung. Das Kind wurde sofort zu den Großeltern gereicht und eine kontinuierliche und feste Beziehung zur Mutter konnte nie etabliert werden. Bis heute werden aufgrund der elterlichen Situation anhaltend die Grundbedürfnisse nach Bindung, Autonomie, Kontrolle, Orientierung und Selbstwerterhöhung dadurch frustriert und dysfunktionale Grundannahmen im Sinne von ‚du bist nicht liebenswert/keiner will dich' vermittelt. Der selbst belasteten und depressiven Großmutter gelingt es nicht anhaltend, angemessene Strukturen und Grenzen zu setzen, und vermittelt in Erschöpfungsphasen häufig Doublebind-Botschaften an den Patienten oder führt Diskussionen, die ihn emotional und kognitiv überfordern. Das familiäre Verhalten war für den Patienten kein Modell, um angemessene Emotionsregulations- und Konfliktlösestrategien zu erwerben, sodass er in emotional belastenden oder Schwellensituationen keine adäquaten Bewältigungsstrategien hat. Die mangelnde Konzentrationsfähigkeit in der Schule durch die emotionale Belastung, einhergehend mit eher unterdurchschnittlichen Leistungen bei guter Intelligenz sowie Hänseleien der Mitschüler*innen führten vermutlich ebenfalls zu einer weiteren Selbstwertdestabilisierung." ◀

- **Erstauftrittsbedingungen:** Häufig im Sinne einer Vulnerabilitäts-Belastungs-Interaktion. Es kann sich aber auch um einen schon lange bestehenden, chronischen Verlauf ohne klaren Erstauftritt (*„es war immer schon schwierig, schlecht"*) handeln.

▶ Beispiele für Erstauftrittsbedingungen

- „Erstauftritt und in der Folge sukzessive Chronifizierung der Symptomatik nach Verlust der besten Freundin im Alter von 14 Jahren, damit einhergehend wenig emotionale Unterstützung bei bestehenden familiären Konflikten."
- „Die Symptomatik (Trauerphasen einhergehend mit Selbstabwertung, impulsives Verhalten in zwischenmenschlichen Konfliktsituationen, Konzentrations- und Aufmerksamkeitsprobleme) besteht von klein auf und zeigt einen kontinuierlichen Verlauf. Mit der Einschulung, erhöhter sozialer Ausgrenzung und Leistungsanforderungen hätten sich die Probleme deutlich verstärkt."

- „Die Trauer und Antriebslosigkeit hätten sich schleichend seit einem Jahr entwickelt und im Rahmen der 11. Gymnasialklasse verstärkt. Es kann von einer Vulnerabilitäts-Belastungs-Interaktion ausgegangen werden vor dem Hintergrund der Pubertät, des erhöhten Leistungsdruck in der Schule einhergehend mit Abiturvorbereitungen und Zukunftsfragen sowie dem zunehmenden Autonomiebestreben im Rahmen konfliktreicher Elternbeziehungen." ◄

- **Aufrechterhaltende Bedingungen**: In der Regel wirken Entstehungs- und Erstauftrittsbedingungen fort.
- Skizzierung aktueller Belastungen
- Hinzu tritt die Stabilisierung der Symptomatik über symptomspezifische Teufelskreise. Diese Teufelskreise sind oft in den jeweiligen störungsspezifischen Manualen gut dargestellt und können hier auf den Einzelfall adaptiert werden.
- Ggf. hat die Symptomatik auch eine systemische Funktionalität. Sie wird von den Patient*innen unbewusst eingesetzt, um Ziele zu erreichen (siehe Auflistung im *Praxisbuch Verhaltenstherapie* nach Zarbock (2008), S. 144–145).
- Bei der Darstellung der aufrechterhaltenden Bedingungen ist unbedingt zu beachten, dass nicht jede Störung eine sinnhafte Funktionalität hat, sondern dass es Störungen gibt, die quasi respondent, das heißt durch Defizite, maladaptive Grundannahmen, Schemata oder massiv konditionierte Reflexe bedingt sind, und keinesfalls den Versuch einer Sinnstiftung im Lebenskontext darstellen.**Beispiel für aufrechterhaltende Bedingungen:**

► Beispiel für aufrechterhaltende Bedingungen

„Das Fortbestehen der Entstehungsbedingungen (ängstliches Temperament, wenig belastbarer, depressiver Vater und dadurch enge Mutter-Tochter-Beziehung bzw. Fokussierung auf die Mutter) sind aufrechterhaltende Faktoren. Die Vermeidungsstrategien der Patientin haben eine Neuerfahrung mit Hunden verhindert und verstärken weitere Vermeidungs- und Fluchtstrategien negativ (Verminderung/Verhinderung von Angst) im Sinne eines Teufelskreises. Die rückversichernde, unterstützende bzw. gewährende Haltung der Mutter, sie beispielsweise zur Schule zu begleiten oder mit Hundebesitzer*innen zu sprechen, haben zum Teil dazu beigetragen, dass Y. sich nicht den Situationen stellen musste und erhalten so die Symptomatik aufrecht. Intrapsychisch können die Ängste der Vermeidung von Autonomie und aktiver sozialer Exploration (anstehende Entwicklungsaufgaben!) dienen. Interaktionell kann die Symptomatik als Wunsch nach vermehrter Zuwendung der Mutter und Trost verstanden werden." ◄

5.2.6 Diagnose zum Zeitpunkt der Antragsstellung

1. **ICD-10-Diagnose/n** mit Angabe der Diagnosesicherheit (V. = Verdacht auf, Z. n. = Zustand nach, G = gesichert)
2. **Differenzialdiagnostische Angaben** (ggf. erläutern, warum eine Diagnose z. B. nicht gegeben wird, in dem man die Kriterien kurz diskutiert, z. B. zeigt, dass es sich nicht um eine Anorexia Nervosa handelt, da trotz Untergewicht keine Körperschemastörung besteht)

3. Bei Kindern und Jugendlichen Aufgliederung der Diagnose entsprechend der **6 Achsen des Multiaxialen Klassifikationsschemas für psychische Störungen im Kindes- und Jugendalter nach Remschmidt et al.** (2017).

► Beispiel für eine Diagnose nach dem Multiaxialen Klassifikationsschema (MAS) zum Zeitpunkt der Antragsstellung

1. **Achse**. Klinisch psychiatrisches Syndrom: emotionale Störung mit Trennungsangst im Kindesalter (ICD-10: F 93.0 G)
2. **Achse.** Umschriebene Entwicklungsrückstände: keine
3. **Achse.** Intelligenzniveau: durchschnittlich (3 = Normvariante IQ 85–114)
4. **Achse.** Körperliche Symptomatik: Neurodermitis (L 98)
5. **Achse.** Assoziierte aktuelle abnorme psychosoziale Umstände: elterliche Überfürsorge (4.0 = Abnorme Erziehungsbedingungen)
6. **Achse**. Globale Beurteilung des psychosozialen Funktionsniveaus: mäßige soziale Beeinträchtigung in mindestens ein oder zwei Bereichen (3 = auf einer Skala von 0–8). ◄

5.2.7 Behandlungsplan und Prognose

- **Therapiewünsche und Anliegen der Patient*innen:** Hier werden kurz die von den Patient*innen oder deren Familien benannten Ziele beschrieben. Bitte formuliere hier, was sich Patient*in und/oder Bezugsperson wünschen.
- **Therapeutische Ziele:** Aus dem Störungsmodell abgeleiteten Ziele – hier sind die Ziele aus den aufrechterhaltenden Bedingungen des Störungsmodells abzuleiten.
- **Ziele am Symptom** können von **Zielen vom Hintergrund** unterschieden werden: Ziele am Symptom unterbrechen die jeweiligen störungsspezifischen Teufelskreise. Bei der Behandlung von Depressionen wären Ziele am Symptom z. B. die Destrukturierung des Tagesverlaufes zu unterlassen, wie z. B. bis Mitternacht fernzusehen oder am Computer zu spielen, erst am frühen Morgen ins Bett zu gehen und dann lange in den Tag hinein zu schlafen, der Schule fernbleiben usw.
  - **Symptomspezifische Ziele:** Während bei der Depression der Aufbau von Tagesstruktur, die Einplanung positiver Aktivitäten, die Wiederaufnahme geregelter Mahlzeiten etc. erste Ziele sind, sollen in einem folgenden Schritt weiterführende Ziele angestrebt werden. Im nächsten Schritt das Erkennen und Umstrukturieren negativer automatischer Gedanken an, beispielsweise durch Genusstraining (Ziel: Genießen), Erfolg-/Vergnügungstechniken (Ziel: sich etwas Gutes tun, sich etwas gönnen) oder das Monitoring von positiven Aktivitäten und der Stimmung.
  - **Ziele am Hintergrund** („Ziele für die Person“) lassen sich aus den Entstehungs- und manchmal auch aus den Erstauftrittsbedingungen, aber auch aus der Funktionalitätshypothese der aufrechterhaltenden Bedingungen ableiten. Bestehende soziale Kompetenzmängel, soziale- und Emotionsregulationsdefizite müssen verändert werden. Maladaptive Grundannahmen und Lebensbotschaften müssen als dysfunktionale Wirklichkeitsinterpretationen erkannt, benannt und dann auch verändert werden.
- **Prognose:** Die Prognose ist unter Berücksichtigung von Motivation, Umstellungsfähigkeit, inneren und äußeren Veränderungshindernissen – bei Kindern und Jugendlichen auch bezüglich der Bezugspersonen – zu erörtern.

► Beispiel für Therapieziele und Prognose

„Die Mutter wünscht sich den Abbau der Ängste und Sorgen beim Fußball sowie am Abend, bessere Bewältigungs- und Umgangsstrategien mit negativen Gefühlen und eine Selbstwertsteigerung ihres Sohnes. H. gibt an, er wolle sorgenfreier sein und wieder in seinem eigenen Bett schlafen sowie bei Freund*innen übernachten können.

Therapeutisch sind folgende Ziele festzuhalten: Angestrebt wird die Verbesserung und Stärkung des Selbstwerterlebens und der Selbstakzeptanz sowie eine Erhöhung der Selbstständigkeit, der Autonomie und der Selbstwirksamkeitsüberzeugung. Angestrebt wird die Verminderung der abendlichen Angstsymptomatik, der Sorgen in Leistungssituationen sowie die Verbesserung der Gefühlswahrnehmung, des Gefühlsausdruckes sowie der Bedürfnisäußerung und dem Aufbau bzw. der Erweiterung adäquater Umgangsstrategien mit Gefühlen. Die Veränderung dysfunktionaler Grundannahmen (v. a. in Bezug auf Perfektionismus) sowie der Aufbau angemessener und altersgerechter Konfliktlösestrategien sind weitere anvisierte Therapieziele. Darüber hinaus soll es um die Verbesserung der elterlichen Erziehungskompetenzen gehen. Prognostisch günstig sind der vorhandene Leidensdruck sowohl des Jungen als auch der Mutter sowie die Veränderungsmotivation, aktiv in der Therapie mitzuarbeiten. Prognostisch eher ungünstig wirkt sich die Chronifizierung der Störung aus. Der Patient zeigt sich interessiert, neugierig und kommt gern zur Therapiestunde." ◄

▪ Individualisierte Reihenfolge im Behandlungsplan

- Reflexion der Therapiemotivation und der therapeutischen Beziehung. Ggf. ist dieses unproblematisch, möglicherweise hat die/der Patient*in aber starke Verzerrungen in der interpersonalen Wahrnehmung oder aber auch erhebliche Defizite.
- Individuelle Psychoedukation der Patient*innen (siehe Auflistung im *Praxisbuch Verhaltenstherapie* nach Zarbock (2008), S. 297–303).
- Bei einer starken Ausprägung der Symptomatik und entsprechender Patient*innenmotivation bietet sich oft ein störungsspezifischer Einstieg an (z. B. bei Zwängen und Ängsten Exposition in vivo mit Reaktionsverhinderung; bei Depressionen Tagesstrukturierung, Aktivitätenplanung etc.; bei Essstörung Mindestkalorienaufnahme und Essensplan etc.).
- Zur Arbeit an Hintergrundzielen setzt man verschiedene Techniken zielführend ein (z. B. Kognitive Therapie nach dem ABC-Modell kann maladaptive Kognitionen korrigieren, imaginative Übungen machen emotions- und erfahrungsnahe Angebote zur Neuerfahrung, Rollenspiele helfen beim Neuerwerb von Verhalten etc. Im *Praxisbuch Verhaltenstherapie* bei Zarbock (2008) findest du 17 Basistechniken praxisnah beschrieben).
- Bei Kindern und Jugendlichen sollte die Einbeziehung der Bezugsperson mit den Zielperspektiven dargestellt werden. Diese kann sich von der Aufklärung über das Störungsmodell, der Psychoedukation der Bezugspersonen bis hin zur „Erziehungsberatung" und zum Einsatz der Bezugsperson als Ko-Therapeuten erstrecken. Ein wichtiges Ziel für Bezugspersonen ist es auch, symptomaufrechterhaltendes, -stützendes oder -verstärkendes Verhalten zu minimieren!

- Vorhergehende Behandlungen sollten zwischendurch dahingehend reflektiert werden, was in diesen erlernt wurde und wie die Therapie dieses aufgreifen kann. In manchen Fällen muss die Therapeutin aber auch sehr deutlich machen, dass sie anders (besser) als die bisherigen Behandlungsversuche vorgehen will.
- Kooperationen mit anderen Berufsgruppen: Bei der Kooperation mit anderen Berufsgruppen gilt es vor allem, die Kooperation mit der/m behandelnden Kinder- und Jugendpsychiater/in (immer bei medikamentöser Begleitbehandlung!) oder bei körperlichen Störungen (somatoforme Störungen, Essstörungen usw.) mit Kinderärzt*in/Internist*in/Allgemeinärzt*in zu skizzieren. In der Kinder- und Jugendlichenpsychotherapie sind ggf. Ergotherapeut*in, Logo- oder Lerntherapeut*in und das Jugendamt, die Wohngruppe, Familienhilfen etc. zusätzlich einzubeziehen.
- Bitte am Ende der Therapie planen: Therapiebilanz (Was wurde erreicht – was nicht?), Rückfallprophylaxe und Frühwarnsymptommanagement (Wie kann verhindert werden, dass es wieder schlimmer wird? Wenn doch – was dann tun?), Aufrechterhaltungsübungen, Maintenance-Commitment der Patient*innen, Verabschiedung (z. B. Abschiedsritual oder Abschiedsworte), ggf. Angebot niederfrequenter Sitzungen zur Erfolgsstabilisierung und Katamnesetermin (Näheres in Zarbock (2008)).

Hier einige Tipps zum Thema „Bericht an die/den Gutachter*in" aus meiner therapeutischen Praxis

- Das individuelle Störungsmodell solltest du am besten von Beginn an so beschreiben, dass sinnvolle Ansatzpunkte für die Therapieplanung schon aus dem Störungsmodell abgeleitet werden können!
- Bitte achte darauf, dass du die Technikanwendung im Antrag individualisierst!
- Bei der Korrektur dysfunktionaler Grundannahmen solltest du die wichtigsten ein bis zwei Grundannahmen (und deren Auswirkungen auf Erleben und Verhalten der Patient*innen) konkret in Klammern angeben und genau beschreiben, wie diese in der Therapie verändert werden sollen.

Beantragung des Stundenkontingents und Begründung des Settings

Überlege genau, welche Therapieform und welches Setting für deine Patient*innen geeignet ist. Eine Gruppentherapie (wie soziales Kompetenztraining) ist besonders zur Beobachtung und Verbesserung interpersoneller Fähigkeiten hilfreich, auch für manche Patient*innen, denen eine therapeutische Beziehung erst mal zu nah ist. Einzelsetting bietet oft eine größere Intensität und auch eine bessere Möglichkeit schwierige interpersonelle Reaktionen, die in der Gruppe „abgestraft werden würden", abzufedern und schamminimierend mit den Patient*innen zu bearbeiten.

Erfahrungsgemäß bietet es sich an, eine Kombinationsbehandlung zu beantragen, da im Zweifel die Stunden auch nur für ein Setting genutzt werden können, eine Umwandlung von einer Einzeltherapie auf eine Kombinationsbehandlung aber immer den größeren Aufwand bedeutet.

→ Bei der Beantragung der Psychotherapie bei der Krankenkasse muss dieses berücksichtigt und angegeben werden (Stundenverhältnis 40:20 z. B.).

▶ Beispiel für einen Behandlungsplan einer Angstpatientin/Phobie

„Ein erster Schritt besteht im Aufbau einer verlässlichen und vertrauensvollen therapeutischen Beziehung zu der Patientin und ihren Eltern. Des Weiteren stellen die Erarbeitung eines Störungsmodells mit allen Beteiligten sowie psychoedukative Elemente zu Phobien einen zentralen Bestandteil der therapeutischen Einzelsitzungen dar. Darauf aufbauend wird eine Angsthierarchie als Vorbereitung zur Exposition erstellt. Die Vorbereitung auf die Konfrontation erfolgt dann mit genauer Erläuterung der Übungen und Effekte, u. a. mithilfe einer Angstkurve. Außerdem werden hilfreiche Strategien zur Emotionsregulation (hilfreiche Gedanken, Realitätsüberprüfung) besprochen sowie zur Reduzierung der Angst vor der Angst durchgeführt. Danach werden graduierte Expositionen in vivo nach Vorlage der Angsthierarchie zunächst in Begleitung durch die Therapeutin während der Sitzung, dann als Übungen zwischen den Therapiesitzungen durchgeführt.

Parallel zur Einzelarbeit mit der Patientin werden die Eltern als Ko-Therapeuten miteinbezogen. Dabei wird es insbesondere um die Reduktion des symptomunterstützenden Verhaltens gehen. Mit den Eltern soll insbesondere erarbeitet werden, wie sie ihre Tochter unterstützen und ihre Selbstregulation fördern können, ohne in ihrer Forderung nach Verantwortungsübernahme zurückzuweichen und dem ängstlichen Verhalten so möglichst wenig Aufmerksamkeit zu schenken.

Beantragt werden dafür 60 therapeutische Einzelsitzungen á 50 Minuten (35425 = Einheitlicher Bewertungsmaßstab der Kassenärztlichen Bundesvereinigung: EBM VT Einzeltherapie, Langzeittherapie), die in wöchentlichen Abständen durchgeführt werden sollen, zzgl. 15 Bezugspersonenstunden (35425B). Für die Expositionen werden 2 × 4 Stunden (35425) beantragt." ◀

5.2.8 Zusätzlich erforderliche Angaben bei einem Umwandlungsantrag

- **Zusammenfassung des bisherigen Behandlungsverlaufs**, die Veränderung der Symptomatik und das Ergebnis in Bezug auf die Erreichung bzw. Nichterreichung der Therapieziele, insb. auch bezüglich der begleitenden Arbeit mit den Bezugspersonen.
- **Begründung** der Notwendigkeit der Umwandlung einerr Kurzzeittherapie in eine Langzeittherapie (z. B. noch nicht alle Ziele wurden erreicht. Neue Ziele wie Entschärfung familiärer Konflikte, Verbesserung schulischen Leistuntsverhaltens Beendigung von Mobbingsituationen sind neue hinzugekommen. Wichtig ist darzustellen, dass der bisherige Therapieverlauf hinreichend erfolgreich war, um weitere Therapiestunden rechtfertigen zu können).
- Weitere **Ergebnisse psychodiagnostischer Testverfahren** – diese sollten idealerweise den Eindruck untermauern, dass zusätzliche therapeutische Sitzungen vonnöten sind! Falls bisher psychometrisch noch keine positive Veränderung deutlich wird, sollte begründet werden warum.

5.2.9 Fortführungsantrag

Für die Beantragung von 60 auf 80 (+ 20 Bezugspersonenstunden) ist ein Fortführungsantrag zu stellen. Dieser beinhaltet die folgenden Aspekte:

- **Darstellung des bisherigen Behandlungsverlaufs:** Darstellung des bisherigen Behandlungsverlaufs seit dem letzten Bericht, der Veränderung der Symptomatik und des Behandlungsergebnisses in Bezug auf die Erreichung bzw. Nichterreichung der Therapieziele, bei Kindern und Jugendlichen auch bezüglich der begleitenden Behandlung der Bezugspersonen.
- **Aktuelle Diagnose(n):** In der Regel werden hier die Diagnose(n) vom Erstantrag erneut genannt. Gegebenenfalls kannst du darauf hinweisen, in welchen einzelnen Leitsymptomen sich die Symptomatik bereits leicht gebessert hat. Sollte bei Symptomreduktion eine zugrunde liegenden Störung deutlich werden, kann diese hier aber auch noch kodiert und erläutert werden.
- Im aktualisierten **psychischen Befund** sollte die noch bestehende Krankheitssymptomatik (z. B. in Form von noch bestehender depressiver Antriebshemmung, noch bestehender depressiver Einengung des Denkens, noch bestehender Fehlinterpretation körperlicher Symptome und des Erlebens von Angst- und Panikzuständen) dargestellt werden.
- Auch die möglicherweise schon erreichten **Veränderungen** von interpersonellen Stilen, Persönlichkeitsakzentuierungen oder psychosozialen Konfliktsituationen, die Verbesserung in der sozialen Kompetenz, in der Emotionsregulation oder in der generellen Selbstregulation wären hier darzustellen.
- Aktueller **Behandlungsplan**
- **Prognose**: Dass eine Fortführung Sinn ergibt, wird in der Regel dadurch begründbar sein, dass schon Fortschritte (= Ziele, siehe GAS) erzielt worden sind, der Umfang der bisherigen Therapie aber noch nicht ausreichend ist. Daher ist die Prognose i. d. R. hinreichend gut. Änderungsmotivation, Therapie-Compliance und Umstellungsfähigkeit (= bisher Erreichtes) sind ausreichend gegeben bzw. sogar gut.
- **Ziele**: Bitte beachte, dass es in der Regel nicht sinnvoll ist, nach der 60. Stunde noch einmal gänzlich von vorn anzufangen. Hier wird die/der Gutachter*in oft die Zweckmäßigkeit verneinen müssen. Sehr sinnvoll ist es jedoch, noch wenige verbliebene Problembereiche vertieft zu bearbeiten. Generell sollte aber die Therapie der Förderung und dem Ausbau des Erlernten dienen. Dies sollte auch in den nun formulierten Therapiezielen deutlich werden.
- Es sollten für den Fortführungsantrag noch Ziele formuliert werden, die innerhalb von 15 bzw. 20 Stunden auch erreichbar sind. In der Regel bestehen diese Ziele im Ausbau und in der Festigung des bisher Erreichten (z. B. weitere Ausweitung des Bewegungsraumes bei Agoraphobie, weitere Abnahme von Panikattacken, weitere Verbesserung der sozialen Kompetenz, des Aktivitätsniveaus, der emotionalen Kompetenz, einer verbesserten Selbstregulation, verbesserter interpersoneller Konfliktlösungen, verbessertem Leistungs- und Interaktionsverhalten am Arbeitsplatz etc.).

- **Therapieplanung**: Fortführung bereits bewährter therapeutischer Techniken, Einführung neuer oder der Einsatz von zusätzlichen therapeutischen Techniken. Beschreibe bitte auch, wie die Therapie beendet werden soll (Förderung von Selbsthilfe, zunehmend größere Abstände zwischen den Therapiesitzungen, Verweis in den Therapiesitzungen auf Eigentherapie der Patient*innen). Therapiebilanz ziehen (was erreicht/was nicht erreicht, wie Erreichtes festigen, wie und wo Unerreichtes ggf. doch noch zu erreichen ist), Frühwarnsymptom-Management und Rückfallprophylaxe, Überleitung der Therapie ggf. in Betreuung durch Beratungsstellen bzw. weiterhin hausärztliche Betreuung oder Einbindung in Selbsthilfegruppe, Unterstützung durch Erziehungsbeistand, Patenschaften etc.
- Unerlässlich: Die Behandlungskoordination mit anderen Behandler*innen skizzieren (Hausärzt*in oder Kinder- und Jugendlichenpsychiaterin).
- **Die Notwendigkeit der Fortführung der Behandlung ist zu begründen**: weitere Therapieplanung, geänderte/erweiterte Behandlungsziele, geänderte Behandlungsmethoden und -techniken, Prognose, Planung des Therapieabschlusses, ggf. weiterführende Maßnahmen am Ende der Therapie.

Hinweis

Formulare und Vordrucke (PTV2/PTV11) sind ein wesentlicher Bestandteil des Antragswesens. Eine nähere Erläuterung hierzu würde an dieser Stelle jedoch den Rahmen dieses Ratgebers sprengen. Es lohnt sich ein Blick in das Handbuch deiner Ausbildungsambulanz, in dem sicherlich anschauliche Beispiele zu finden sind, an denen du dich orientieren kannst. Weitere Informationen finden sich auch bei der Kassenärztlichen Bundesvereinigung (K-BV, 2020).

Literatur

Döpfner, M., et al. (1999). *Psychopathologisches Befund-System für Kinder und Jugendliche (CA-SCAP-D)*. Hogrefe.

Kassenärztliche Bundesvereinigung. (2020). Formulare für die Psychotherapie. https://www.kbv.de/html/27068.php. Zugegriffen am 19.11.2020.

Remschmidt, H., Schmidt, M., & Poustka, F. (2017). *Multiaxiales Klassifikationsschema für psychische Störungen des Kindes- und Jugendalters nach ICD-10*. Hogrefe.

Seidel, T., & Krapp, A. (2014). *Pädagogische Psychologie*. Beltz.

Zarbock, G. (2008). *Praxisbuch Verhaltenstherapie: Grundlagen und Anwendungen biografisch-systemischer Verhaltenstherapie*. Pabst.

Den Nagel auf den Kopf treffen: Basistechniken und Werkzeuge

Inhaltsverzeichnis

Ergänzende Information Die elektronische Version dieses Kapitels enthält Zusatzmaterial, auf das über folgenden Link zugegriffen werden kann [https://doi.org/10.1007/978-3-662-63935-1_6]. Die Videos lassen sich durch Anklicken des DOI Links in der Legende einer entsprechenden Abbildung abspielen, oder indem Sie diesen Link mit der SN More Media App scannen.

L. von Düring-Ulmenstein, G. Zarbock, *Verhaltenstherapie bei Kindern und Jugendlichen*,
https://doi.org/10.1007/978-3-662-63935-1_6

6.1 Vor aller Technik: Psychoedukation, Zielvergegenwärtigung, verbale Prozessbegleitung

Erste Grundlage: Bedürfnisbefriedigung durch die Therapie. Wir müssen uns verdeutlichen, dass der Erfolg unserer Therapie von einigen Grundvoraussetzungen abhängt. Die Patient*innen müssen wiederkommen wollen und die Eltern müssen das zumindest nicht aktiv behindern. Damit die Patient*innen dies tun, müssen die Therapiestunden für sie „etwas bringen". Um diese therapeutische Aufgabe zu verstehen und bewältigen zu können, hilft uns das Modell der Grundbedürfnisse (Bindung, Autonomie, Orientierung, Kontrolle und Selbstwerterhöhung, Lustgewinn/Unlustvermeidung, übergeordnet: Konsistenz (= Stimmigkeit, Vereinbarkeit)). Da vieles in der Therapie auch anstrengend ist, manchmal auch ängstigend oder beschämend (= Unlust erzeugend), müssen ausgleichend die anderen Grundbedürfnisse durch die Therapie befriedigt werden. Eine gute Bindung, d. h., die Therapeutin wird von den Patient*innen als Schutz und Sicherheit gebend erlebt, ermöglicht es ihnen, auch Unangenehmes auszuhalten. Therapie sollte immer auch Kontrollerleben und Orientierung bieten. Dies können wir dadurch gewährleisten, dass wir den Patient*innen ihre Störung oder Problematik als nachvollziehbar, aus Ursachen ableitbar und auch als behandelbar erklären.

Also: Die gemeinsame Erarbeitung eines individuellen Störungsmodells und eine klare Zielformulierung zeigen nicht nur, wohin die Reise gehen soll, sondern können den Patient*innen auch schon wichtige Erfahrungen in der Bedürfnisbefriedigung (Bindung, Orientierung, Kontrolle) im Rahmen der Therapie anbieten.

Wenn die Patient*innen dann regelmäßig kommen und an der Erreichung von Therapiezielen arbeiten, gibt es sicher auch viele Gelegenheiten zu positiven Selbstwerterfahrungen. Und das „im Fokus der Therapieziele" bzw. die gelegentliche explizite Benennung von Therapiezielen und deren Begründungen (Warum wir das gemeinsam erreichen wollen?) schafft Vertrauen und Orientierung. Es gibt zwar das gegenwärtige Leiden, aber auch die klaren Ziele, bei deren Erreichung die Therapie hilft und die im langfristigen Interesse der Patient*innen sind.

Zweite Grundlage: Versprachlichung von funktional Unbewusstem. Unser Alltagserleben und unsere Alltagsinteraktionen fließen an uns als Strom vorbei und wir sind mittendrin – oft gemütlich treibend, manchmal auch mitgerissen und irgendwohin gespült. Weniger bildhaft gesprochen: Eine schnelle Abfolge der fünf inneren Ebenen (Verhalten, Emotionen, Körperempfindungen, Gedanken und Vorstellungsbilder, also Fantasien) wie auch unsere äußeren Sinneseindrücke (Sehen, Hören, Riechen) machen unser Bewusstsein aus. Was aber wem folgt, was etwas bedingt, was Ursache und was Wirkung ist, bemerken wir meist nicht. Nur die Sprache mit ihren Ordnungsmöglichkeiten bietet hier eine Ordnungsstruktur an. Indem wir etwas überhaupt als „Etwas" erkennen können und indem wir eine zeitliche, aber auch eine kausale Ordnung herstellen, fangen wir an zu begreifen (= Begriffe zu finden) und zumindest eine gewisse Ordnung im Chaos zu erkennen, und Möglichkeiten der Kontrolle und Veränderung werden deutlich.

Die Therapeutin kann sich immer wieder mal verdeutlichen, dass schon allein ihr geduldiges Zuhören, Nachfragen, Ordnen und das Suchen nach zutreffenden Beschreibungen und Worten für Erlebtes einen großen therapeutischen Effekt haben kann. Zutreffende Versprachlichung von Erlebtem ist nicht nur empathisch, sondern zeichnet sicher auch die früheste Mutter-Kind-Interaktion nach, in der das Baby im

Idealfall sowohl gespiegelt und mit seinen Bedürfnissen verstanden als auch permanent angesprochen wird. Im Sinne eines Mentalisierungstrainings üben wir gemeinsam mit den Patient*innen ein, dass man dem Erlebten und auch den eigenen Verhaltens- und Denkweisen nicht hilflos ausgeliefert ist, sondern dass sich Beobachtetes und Erlebtes sprachlich benennen, verstehen und analysieren lassen. Durch dieses Basistraining verbessern wir langsam und Schritt um Schritt die Selbstregulation und die interpersonalen Kompetenzen der Patient*innen und auch deren Bezugspersonen, sofern wir systematisch auch mit diesen arbeiten. Das, wofür ich Worte finde, kann ich 1.) erkennen, 2.) bedenken („reflektieren"), 3.) wiedererkennen, 4.) ändern und 5.) als Erfahrung mit anderen teilen.

Man kann die Versprachlichung on Problemerleben und Problemverhalten auch mit der Anfertigung einer individuellen Lebenslandkarte vergleichen. Eine gute Landkarte, hilft mir bei der Orientierung. Ich kann sehen, wo ich gerade bin, wo ich hin will und auch, wie der Weg zu meinem Ziel verläuft und was ich tun muss, um dort anzukommen.

6.2 Therapietechniken: Therapeutische Gesprächsführung mit Kindern und Jugendlichen

Was genau versteht man unter „therapeutischer Gesprächsführung"? Die Art und Weise, wie in der Therapie ein Gespräch geführt wird, ist an sich schon eine Intervention. Gerade im Kontakt mit Kindern und Jugendlichen sind Akzeptanz und das Gleichwertigkeitsprinzip universelle Haltungen. Die Gesprächsführung ordnet sich dem therapeutischen Ziel, Veränderung und Entwicklung zu initiieren und fortzuführen, unter, indem sie diesen Prozess ermöglicht und unterstützt.

Dabei ist es auf der einen Seite wichtig, beteiligt zu sein – also teilzunehmen –, aber auf der anderen Seite auch wichtig, die Gesprächsführung zu übernehmen.

Wie geht „therapeutische Gesprächsführung"? Eine altersentsprechende Gesprächsführung und ein erfolgreicher Beziehungsaufbau, der das anfängliche Ziel jeder Psychotherapie ist, wird durch die Berücksichtigung folgender Punkte ermöglicht.

▶ Beispiele:

- Ab dem 16. Lebensjahr Jugendliche mit „Sie" ansprechen und die Form bereits ab dem 14. Lebensjahr anbieten.
- Gelangweiltes oder genervtes Verhalten der Patient*innen sollte nicht persönlich genommen werden. ◀

Empathie: Hiermit ist die Fähigkeit gemeint, in die Lebenswelt des Kindes bzw. der Jugendlichen einzutreten und diese nachvollziehen zu können. Empathie ist durch Verständnis und Teilhaben gekennzeichnet, *nicht* durch Bewertung.

Sympathie: in Form von Zuwendung, Unterstützung und emotionalem Beistand

Akzeptanz: Bedeutet, die Person mit seinen Entwicklungsmöglichkeiten zu achten, unabhängig davon, wie sie sich im Augenblick gerade verhält. Es geht darum, den Jugendlichen seinetwillen zu respektieren, wer er ist, um seiner Einmaligkeit und Individualität willen.

Konkretheit: Sie soll einem besseren Problemverständnis dienen und eine anschauliche, fassbare, gegenständliche Kommunikation fördern.

► **Beispiel:**

- Eine 16-jährige Jugendliche verweilt eher bei externen Themen: *„Meine Klassenkameradin ist total zickig und blöd, sie nervt einfach alle!"* Hier ist es wichtig, herauszufinden, was genau da passiert („Kamerablick von außen", Drehbuchbeschreibung für eine Schauspielerin) und was dies für eine Bedeutung für sie hat. ◄

Transparenz: Offenlegung aller notwendigen geplanten Interventionstechniken. Es soll dargestellt werden, welche Aufgaben bewältigt werden müssen und welche Ziele damit verfolgt werden: „Die Erfahrung zeigt, dass es immer noch der beste Weg ist, Ängste zu behandeln, indem man mit diesen Ängsten konfrontiert wird. Aus diesem Grund sind folgende Interventionen in der Therapie geplant, die helfen sollen, das sozial ängstliche Verhalten Ihrer Tochter abzubauen."

Mitgestaltung: Das Therapieziel sollte dabei Ausgangspunkt sein, z. B. bei der Themenauswahl für ein Rollenspiel die/den Patient*in fragen, welches Thema das Kind oder die/der Jugendliche heute mitgebracht hat; um Erlaubnis fragen: *„Ist es okay für dich, wenn wir …?"*

Bewusste Einsatz von Verstärkern: *„Wow, toll wie du das hingekriegt hast!"*

Selbstbestimmtheit der Patient*innen akzeptieren und individuell auf die Gesprächspartner*innen einstellen.

Professionelle Belastbarkeit: Die Patient*innen dürfen keinen Beziehungsabbruch befürchten – im Gegenteil, sie sollen in der professionellen Beziehung erleben, wie beispielsweise ihre Provokationen aufgegriffen und Gegenstand der Arbeit werden.

Wichtig: Die Beziehung ist zeitlich befristet und an Rahmenbedingungen geknüpft.

Diskretion: Bei geplanten Elterngespräch mit Jugendlichen und Kindern abklären, was besprochen werden darf und was nicht.

6.2.1 Spezifische Techniken innerhalb der Gesprächsführung

Besonders hilfreich für Berufsstarter*innen hat sich hier das Buch *MiniMax-Interventionen: 15 minimale Interventionen mit maximaler Wirkung* von Prior (2006) erwiesen. Im Folgenden ein kleiner Auszug:

Aktivierende W-Fragen: Bei W-Fragen handelt es sich um Fragen, die mit *Wer? Wann? Warum? Wo? Wie? Wieso? Was? Wozu?* beginnen. Sie wirken aktivierend auf die/den Gesprächspartner*in, denn sie/er muss für die Beantwortung der Fragen selbstständig Sätze bilden und kommt so idealerweise ins Erzählen.

► **Beispiel:**

- *„**Wie** ist es dir letzte Woche im Anschluss an unsere Sitzung ergangen? **Was** davon konntest du diese Woche schon gut umsetzen?"* ◄

Paraphrasieren: Zusammenfassung und Rückmeldung als Gesprächsführungselemente nutzen

▶ Beispiel:

- *„Gut, wenn ich dich richtig verstanden habe, dann geht es dir darum, auch mal deine Meinung in der Familie sagen zu können. Ist das richtig?“* ◀

Informationsvermittlung und Psychoedukation: z. B. den Teufelskreis der Angst oder die Angstkurve erklären oder ein Störungsmodell entwickeln.

Konkretisieren: Explizit benennen und wiederholt nachhaken, um zu konkretisieren.

▶ Beispiel:

- *„Was genau meinst du damit? Was genau ist daran so schwierig zu ertragen? Was genau macht dich an dieser Stelle so unfassbar wütend?“* ◀

Entkatastrophisieren: *Immer* oder *nie* stimmen in der Regel bei einem Symptom nicht!

▶ Beispiel:

- *„Wirklich, er tut das IMMER, es gibt NIE Ausnahmen? Das kann ich mir nun wahrlich nicht vorstellen!“* ◀

Explorieren: Die gezielte Exploration dient der Klärung von Zusammenhängen, Gefühlslagen, Stimmungen und zugrunde liegender Annahmen und Bedürfnisse. Die Eruierung psychopathologischer Erscheinungen erfolgt mittels Befragung. Widersprüche, Lücken oder Unklarheiten können so beseitigt werden. Innerhalb einer psychotherapeutischen Behandlung nimmt die Exploration immer wieder einen großen Stellenwert ein.

Pacing and Leading: Pacing meint, dass ich mich meinem Gegenüber anpasse und dies durch verbale und nonverbale Signale verdeutliche. Beim anschließenden Leading übernimmt die Therapeutin die Führung des Gesprächs und leitet die Patient*innen individuell weiter.

▶ Beispiel

Beispiel Pacing:

Eine Patientin schildert niedergeschlagen von letzter Nacht, als sie in Sorge war, dass das Gruppenreferat am nächsten Tag nicht fertig werden würde, sie übernimmt dabei Aufgaben einer Mitschülerin und geht spät ins Bett. Die Therapeutin hört aufmerksam zu, übernimmt die eingefallene und bedrückte Körperhaltung. Dies als Basis für das folgende Leading.

Beispiel Leading:

Leading meint die Übernahme der Gesprächsführung: Die Therapeutin beginnt, ihre Haltung von „gedrückt“ in „aufrecht“ zu verändern, ihre Stimme wird lauter und sie fragt die Patientin: *„Was wäre denn eigentlich in der Situation gut für dich gewesen?“* ◀

Im Rahmen der Gesprächsführung ist auch eine **kognitive Umstrukturierung** möglich, die jedoch näher unter dem ▶ Abschn. 6.4 **Kognitive Umstrukturierung** erklärt wird.

Worauf muss ich bei der „therapeutischen Gesprächsführung“ achten?

- **Umgang mit konkreten Fragen nach Tipps:**
  Die Therapeutin gibt bei Fragen des Kindes und Jugendlichen häufig keine spontanen direkten Antworten à la *„Das solltest du so oder so machen."* Stattdessen gibt sie die Frage in angemessener Form zurück: *„Was glaubst du denn?"* Dieses regt das eigenständige Nachdenken an und fördert somit die Fähigkeit der Patient*innen, ihre Möglichkeiten genauer einzuschätzen. Die Therapeutin wahrt die Autonomie der Patient*innen.

Achtung: vor zu vielen Fragen an die Patient*innen – die Therapeutin ist zu direktiv und zeigt keine Diskretion.

- Es sollten nur wenig Fragen gestellt und Raum für Nachdenken und Antworten eingeräumt werden. Die Therapeutin sollte manchmal mit der Frage warten, bis sie an einen Punkt angekommen ist, an dem die Frage exakt passt. Dabei ist es wichtig, dass die Patient*innen möglicherweise verstehen, warum sie gefragt werden. Die Frage sollte kurz, konkret und leicht verständlich sein und kann bei Nichtverstehen auch noch einmal indirekt umformuliert werden.
- **Gesprächspausen:** Die Therapeutin sollte Ruhe ausstrahlen und geduldig warten, bis die/der Jugendliche das eigene Thema findet. Gleichzeitig ist darauf zu achten, dass die Pause nicht zu stark ausgedehnt wird und ein Überdruck beim Jugendlichen oder gar ein Machtkampf entsteht. Idealerweise vergegenwärtigt sich die Therapeutin die Gesprächssituation, versetzt sich in die Patient*innen hinein und verbalisiert dann *„Ich bin mir jetzt unsicher …"*

6.3 Operante Methoden

6.3.1 Was sind „operante Methoden"?

Operante Methoden sind die auf den Prinzipien der instrumentellen oder operanten Konditionierung aufbauenden therapeutischen Verfahren. Sie sind aber kein Geheimnis, sondern Basis des alltagspraktischen Lernens: Lernen am Erfolg und am Misserfolg, Belohnung für etwas Gutes, „Bestrafung" für etwas Schlechtes. Man tut also mehr von dem, was Vorteile, aber weniger von dem, was Nachteile bringt.

Direkte körperliche Bestrafung (Bestrafung-1, Zufügung eines aversiven Reizes, „der Klapps oder andere Körperstrafen") ist heute obsolet, einmal aus grundsätzlichen Erwägungen heraus („Menschenwürde des Kindes"), aber auch aus dem Grund, dass direkte körperliche Bestrafung schlecht funktioniert. Denn es wird durch die direkte Bestrafung nicht der Verhaltensimpuls aufgegeben, sondern nur seine Ausübung und Äußerung unterdrückt. Das Problemverhalten bleibt also latent erhalten und aktualisiert sich meist dann, wenn „keine Strafe" droht. Außerdem wird zusätzlich gelernt, dass der „Stärkere" sich durchsetzen und man Probleme mit der körperlichen Gewalt des Mächtigeren (des Erwachsenen) lösen kann. Aber Achtung: In der Peer-Group ist direkte Bestrafung gang und gäbe. Das reicht von Spott, Herabsetzung und Verachtung bei zufälligen Begegnungen über gehässige Kommentare in den sozialen Medien bis hin zu systematischen Rufmordkampagnen („Schulschlampe") und bandenmäßigen körperlichen Übergriffen, die dann gefilmt und ins Netz gestellt werden. Wenn man es so sehen will, bestraft die Peer-Group damit die bloße Existenz und Präsenz der Patient*innen, was zu totalem Rückzug, schweren Depressionen, Schulversagen, Suiziden und posttraumatischen Belastungssymptomen führen kann.

Pädagogische Bestrafungen, die eher Scham auslösen sollen, wie z. B. das Regenwolkengesicht, das in der Vorschulklasse bei Dazwischenrufen, Schubsen und Schlagen anderer Kinder an die Tafel gemalt wird, sind auch als Form der direkten Bestrafung (Zufügung negativer Konsequenzen) anzusprechen. Die Wirksamkeit solcher Maßnahmen dürfte jedoch weniger in den direkten negativen Konsequenzen („Scham durch öffentlichen Tadel") liegen, sondern darin, dass an eine Regel („Niemand ruft dazwischen, alle melden sich und warten bis sie dran sind") erinnert wird („Regellernen").

Indirekte Bestrafung (Bestrafung-2, Wegfall eines positiven Reizes, „response cost") ist jedoch ein sehr probates Mittel der Erziehung und Verhaltenskontrolle. In der Elternberatung plädieren wir hier für die Technik der „natürlichen Konsequenzen". Wenn das Zimmer nicht aufgeräumt ist, „geht der Fernseher nicht an". Erziehungsberechtigte müssen hier konsequent auf ein unerwünschtes Verhalten (z. B. „Zimmer unaufgeräumt lassen") mit dem Wegfall von positiven Konsequenzen (z. B. Fernseh-, Handy-, Laptopzeit) antworten.

Positive Verstärkung (Belohnung) setzen wir mit dem Lob im Gespräch und mit Techniken wie der Punkteschlange ein. Für jedes vorher vereinbarte positive Verhalten (Zimmer aufräumen, Hausaufgaben machen, mit dem kleineren Geschwisterkind ohne Streit spielen, den Ranzen packen, sich zum Schlafen ausziehen und das Schlafzeug anziehen) gibt es einen Punkt, der auch „gleich" in der Punkteschlange ausgemalt wird.

Negative Verstärkung (= ein unangenehmes Gefühl wird schnell weniger, Spannung nimmt ab) ist der Verstärkungsmechanismus, der Symptome aufrechterhält bzw. sogar bedingt. Eine im Organismus bestehende Anspannung, oft ein negatives Gefühl wie Angst, Scham oder Trauer oder eine grundsätzliche Verunsicherung, verschwindet schnell, wenn ich kiffe, Alkohol trinke, aggressiv bin, ein Zwangsritual ausführe, mich nur noch um meine Schlankheit sorge oder auch ein Videospiel nach dem anderen spiele.

Als Verhaltenstherapeutin ist hier unsere Aufgabe immer zweiteilig. Einmal können wir den Patient*innen und ihren Eltern erklären, wie sich das Symptom durch die unmittelbaren Konsequenzen quasi von selbst aufrechterhält. Andererseits können wir uns aber gemeinsam auf die Suche begeben, wovor die/der Patient*in „weglaufen" muss, was so verunsichernd oder beängstigend ist, dass es sich scheinbar „lohnt", diesen ungünstigen Weg der Problembewältigung einzuschlagen. Hier können wir immer entlastend und normalisierend feststellen, dass Verhalten („leider") nur durch seine kurzfristigen (im Sekundenbereich liegenden!) Konsequenzen gesteuert wird, oft aber sehr negative langfristige Folgen haben kann.

Merke: Operante Konditionierung ist allgegenwärtig, aber es bedarf einiger Übung, um mit diesem Konzept auch erfolgreich arbeiten zu können. Gerade Eltern fällt es schwer, ihr Erziehungsverhalten konsequent an den operanten Prinzipien auszurichten. Oft heißt es: *„Das muss er/sie doch von selbst tun. Warum sollte ich Selbstverständliches auch noch belohnen? Das verdirbt den Charakter!"* oder aber Eltern sind zu erschöpft, um sich ruhig und konsequent durchzusetzen (*„Tut mir leid, der Fernseher bleibt aus, bis ihr euer Geschirr in die Spülmaschine geräumt habt"*). Oder aber

Eltern sind aggressiv gereizt, sodass es in einer Bestrafung-1 (Zufügen eines aversiven Reizes) resultiert und gerade nicht das gelassene Lernangebot der natürlichen Konsequenzen als „Response cost" umgesetzt werden kann.

Die operanten Prinzipien beinhalten also:

- Verstärkung von erwünschtem Verhalten – die Verstärker sollten unmittelbar nach dem Verhalten folgen. Es müssen für die Person relevante Verstärker ausgewählt werden.
- Die Person soll über den Zusammenhang von Verhalten und Konsequenz informiert werden.

6.3.2 Wie funktionieren „operante Methoden"?

Vorabüberlegungen: Alle Beteiligten sollten ausreichend informiert und motiviert sein. Es sollte eine ausreichende Abklärung und genaue Beschreibung des Problem- bzw. Zielverhaltens sowie eine Abklärung und Festlegung der Art des Kontingenzmanagements (d. h., auf ein vorher definiertes und erwünschtes Zielverhalten folgt eine genau festgelegte Reaktion = Verstärkung) im Vorfeld erfolgen.

Dabei zu beachten:

- Qualität und Quantität des Verhaltens. Bitte das erwünschte Zielverhalten genau beschreiben lassen, damit nicht „geschludert" werden kann.
- Zeit und Dauer der Verstärkung/Belohnung. Damit alle Beteiligten es als fair erleben.
- „Bonusklausel" (wann gibt es eine besondere Belohnung?)
- Art und Weise der Entscheidungsfindung, ob Bedingung erfüllt worden ist oder nicht
- Konsequenzen genau festhalten bei (Nicht-)Einhaltung
- Die Punkte sollten in einem Verhaltensvertrag (Kontingenzvertrag) festgelegt werden

▶ Beispiel

Beispiel: Die Mutter von Zwillingen wünscht sich eine Verbesserung des abendlichen Zähneputzens.

Im ersten Schritt wird mit den Kindern genau besprochen, was das erwünschte Zielverhalten ist: Nach Aufforderung ins Bad gehen, Zahnbürste mit Zahnpasta (wenig) bestreichen, mind. 3 Min. am Becken putzen (Sanduhr laufen lassen), anschließend den Mund und die Bürste ausspülen, das Waschbecken sauber hinterlassen und den Wasserhahn ausmachen. Handtuch an den Haken, Bürste in den Zahnputzbecher, Zahnpasta schließen.

Visualisierung: Die einzelnen Schritte werden auf einem DIN-A4-großem Blatt übersichtlich(!) aufgezeichnet. Es hilft, für jeden Schritt ein Symbol zu finden. Es bietet sich an, das Papier zu laminieren. So ist es vor Spritzwasser geschützt und das Kind kann am Ende mit einem wasserlöslichen Stift einen Haken machen! Dieses wirkt motivierend und erfüllt das Kind mit Stolz, alle Schritte geschafft zu haben. Der Mutter dient der Haken zur Kontrolle.

Im zweiten Schritt wird überlegt, welche Verstärker zum Einsatz kommen sollen. Verstärker sollten angemessen sein und dem Kind sonst in seinem Alltag nicht verfügbar sein. Das Kind soll mitbestimmen dürfen, was es sich wünscht. Es kann gewählt werden zwischen materiellen (kleinere Legoteile, Panini-Bilder, Spiele u. v. m.) und immateriellen (Token, die später eingetauscht werden können gegen materielle oder soziale Verstärker), sozialen Verstärkern (klatschen, loben, lachen, Kuschelzeit mit Papa, Spielezeit, ein Kinobesuch oder Ausflug usw.). Verstärker sollten immer zeitnah und konsequent erfolgen! Wichtig ist, darauf zu achten, dass das Kind die vereinbarten Ziele auch erreichen kann (realistische und erreichbare Ziele). Anderenfalls führt dieses auf allen Seiten zu noch mehr Frust und Unlust, sich mit dem Problemverhalten auseinanderzusetzen.

Eine angemessene Verstärkung für jedes erfolgreiche Zähneputzen ist z. B. morgens und abends ein Token, für jeden Token bekommt das Kind nach dem Zähneputzen fünf Extraminuten der Gute-Nacht-Geschichte vorgelesen. Maximal 10 Minuten extra kann sich das Kind so verdienen, die normale Vorlesezeit von 20 Minuten kann so auf 30 Minuten maximal ausgedehnt werden. Für kein angemessenes Zähneputzen werden dem Kind fünf Minuten der Vorlesezeit entzogen, es bekommt zwar eine Geschichte vorgelesen, aber die Zeit verkürzt sich insgesamt (statt 20 Minuten hat es dann z. B. nur 15 Minuten und schlimmstenfalls nur 10 Minuten). Komplett das Vorlesen zu streichen, würde die Beziehungsebene destabilisieren, und ist daher nicht zu empfehlen!

Wichtig ist meiner Erfahrung nach, die Token noch an dem Abend einzulösen! Wenn Kinder älter sind, kann man dazu übergehen, Token zu sammeln und dann für eine größere Sache einzulösen.

Dieser **Wegfall einer positiven Konsequenz nennt sich auch negative Verstärkung** ℂ+ und ist ein **Response-Cost-Verfahren** vom **Typ Löschung** (siehe hierzu auch unter Löschung im Folgenden).

Im dritten Schritt gehen alle Beteiligten den Plan gemeinsam Schritt für Schritt durch. Es ist sicherzustellen, dass die Kinder genau wissen, was zu tun ist, was aber auch die Konsequenz ist, wenn der Plan nicht eingehalten wird. Idealerweise sind alle motiviert, sich an die Vereinbarungen zu halten. Wichtig ist, dass sich insbesondere die Eltern bewusst darüber sind, dass sie Verstärker sind und verstärken *müssen*! Kommen sie ihren Verpflichtungen (klatschen, loben, vorlesen usw.) nicht nach, hat das Kind keinen Anreiz und keine Motivation, sich an den Plan zu halten!

Im vierten Schritt wird ein günstiger Zeitpunkt gefunden, um mit dem Plan zu starten. Oft eignet sich das Wochenende gut, da dann morgens kein Schulstress besteht und sich alle in Ruhe fertigmachen können. Auch Eltern müssen bereit sein und sich in der Lage fühlen, ihren Anteil an dem Plan zu erfüllen.

Im fünften Schritt geht es los!

Im sechsten Schritt: verstärken, verstärken, verstärken oder aber:

Im siebten Schritt: Ziele anpassen, sodass sie realistisch und erreichbar sind. Ggf. auch die Schwierigkeit um eine Stufe erhöhen, wenn der Plan zu einfach sein sollte. Es könnte bspw. hinzugenommen werden, dass auch mittags Zähne zu putzen sind (in Zusammenarbeit mit Lehrer*innen) oder dass sich die Kinder abends allein bettfertig machen (Schlafanzug anziehen und um 20 Uhr im Bett liegen). ◄

- **Löschung** (*omission training*): Alle Verstärker müssen identifiziert und entfernt werden. Die Löschung muss immer und sofort erfolgen. Wenn ein Kind „frech" ist und die Mutter z. B. als „blöde Kuh, räum doch selber auf" beschimpft und die Mutter dann „explodiert", wirkt das als Verstärker, da das Kind Aufmerksamkeit bekommt bzw. „genießt", dass es die Mutter provozieren konnte und die Mutter wieder mal „ausgeflippt" ist. Eine Löschung bestünde nun darin, wenn es der Mutter gelinge, „cool" zu bleiben (z. B. durch die Selbstinstruktion: „Ganz ruhig – Ausatmung verlängern, 10 Sekunden Luft anhalten"). Gut bei dissozialen und aggressiven Verhaltensweisen anwendbar.
- **Response Cost** (= Verstärker-Entzugs-System): Bei einem Response-Cost-Verfahren wird eine Belohnung vereinbart, die beim Auftreten des unerwünschten Verhaltens jedoch wieder entzogen wird. Diese Art eines Token-Systems macht sich sowohl die Komponente „Belohnung" als auch die Komponente „Bestrafung" zunutze.
- *Beispiel:*
- In Schulen werden häufig Token zu Beginn der Stunde verteilt. Für jedes vorher klar vereinbarte Fehlverhalten wird ein Token entzogen. Wenn am Ende noch x Token übrig sind, folgt die eigentliche Belohnung.
- **Timeout** (alle Verstärker werden unerreichbar gemacht, z. B. durch Verlassen des Raums und Setzen auf den „ruhigen Stuhl")
- **Verstärkung inkompatibler Verhaltensweisen** (z. B. *habit reversal*). Statt die Fingernägel zu kauen, wird z. B. die innere Spannung auf das Kneten eines Stressballes „umgelenkt".

Das folgende Video (◘ Abb. 6.1) veranschaulicht das Habit-Reversal-Training am Beispiel des Nägelkauens:

▪ Worauf muss ich achten?

Indikation:
- bei vielen Störungsbildern wie AD(H)S, Störung des Sozialverhaltens, Enuresis, Autismus
- bei Erziehungsproblemen
- in Elterntrainings
- beim Training von Retardierten
- im schulischen Bereich

◘ **Abb. 6.1** Video 6.1 Therapeutische Interventionen – Habit-Reversal-Training am Beispiel Nägelkauen (▶ https://doi.org/10.1007/000-7bz)

Kontraindikationen:

- Operante Verfahren sollten nur eingesetzt werden, wenn Rahmenbedingungen diese erlauben, bei massiven Stressoren oder durch inadäquate erzieherische Maßnahmen kommt es eher zur Überforderung. (Zwar kann elterliche Kompetenz gesteigert werden, aber die Performanz des erwünschten Verhaltens wird sich dadurch kaum steigern lassen.)
- Wenn Eltern als Ko-Therapeut*innen eingesetzt werden, sollten sie dazu fähig sein.
- Die Verfahren können bei Autonomie- und Selbstständigkeitsproblemen kontraindiziert sein.
- Die Vorabüberlegungen sollten eingehalten werden. So ist es beispielsweise wichtig, den Punkteplan im Vorfeld mit der Familie genau zu besprechen und das Zielverhalten möglichst eng einzugrenzen. Häufig tendieren Familien dazu, den Plan zu verändern und trotz der Vereinbarung, ausschließlich erwünschtes Verhalten zu verstärken, plötzlich Verstärker zu entziehen. Schwierige Situationen sollten nachbesprochen werden.
- Eine intrinsische Motivation kann durch materielle, externe Verstärker verringert werden (Überveranlassungseffekt), auch kann sich die Leistung kontinuierlich verschlechtern, wenn Verstärker ohne Berücksichtigung des Verhaltens vergeben werden.
- Aversive operante Methoden wie Bestrafung sollten nur dann angewendet werden, wenn es keine nicht-aversive Alternative gibt und das Verhalten extrem selbst- und fremdgefährdet ist sowie wenn die/der Patient*in bzw. die Eltern und 1–2 weitere Therapeut*innen es als sinnvoll erachten! Verstärkung ist IMMER wirkungsvoller als Bestrafung!

Tipp

Auch Gummibärchen eignen sich sehr gut als Verstärker, wenn das Kind nicht sowieso den ganzen Tag über Gummibärchen bekommt. Die Gummibärchenmethode ist wirkungsvoll und effektiv, sollte jedoch nur kurzfristig und überlegt eingesetzt werden oder dann, wenn keine anderen Verstärker zur Hand sind.

Süßigkeiten sind als Belohnung nicht unumstritten und als Therapeutin sollte man hier immer die Haltung der Familie erfragen. Der Einsatz von Essen als Belohnung *kann* langfristig das Verhältnis zum Essen negativ beeinflussen.

6.4 Aktivitätenaufbau

Was versteht man unter „Aktivitätenaufbau"? Aktivitätsaufbau und Alltagsstrukturierung spielen beispielsweise bei Depressionsbehandlungen oder bei sozial ängstlichen Patienten eine wichtige Rolle, aber auch bei der Arbeit mit Süchtigen oder Kindern, die einen hohen Medienkonsum aufweisen. Das primäre Ziel ist der schrittweise Aufbau von Aktivitäten über realistische Ziele.

Wie funktioniert „Aktivitätenaufbau"? Nach akuter Entlastungs- und Informationsvermittlungsphase werden Tages- und Wochenprotokolle erstellt und Verpflichtungen und eine Verantwortungsübernahme aktiviert. Das führt zur Erhöhung des allgemeinen Aktivitätsniveaus und zum Aufbau aktiverer Verhaltensweisen. Wichtig ist die Einbeziehung der Bezugspersonen!

- **AB (P) Stärkende Sätze, Anhang 6.4.1**
- **AB (P) Identifikations negativer Glaubenssätze, Anhang 6.4.2**
- **AB (P) Fehler, Anhang 6.4.8**
- **AB (P) Selbstführsorge, Anhang 6.4.8**
- **AB (P) Abgrenzen, Anhang 6.4.9**
- **AB (P) Prokrastination, Anhang 6.4.10**
- **AB (P) Konzentration, Anhang 6.4.11**

Siehe hierzu auch die Arbeitsblätter zur Depression:

- **AB (T) Aktivitätenaufbau – Anhang 7.1.7.1**
- **AB (P) Aktivitätenaufbau: Wochenplan mit Tageszielen – Anhang 7.1.7.3**
- **AB (P) Mein Aktivitätenprotokoll – Anhang 7.1.7.2**
- **AB (P) Meine Liste positiver Aktivitäten – Anhang 7.1.7.4**
- **AB (P) Kognitive Umstrukturierung: Tagesprotokoll negativer automatischer Gedanken – Anhang 7.1.7.5**
- **AB (P) Teufelskreis zur Depression – Anhang 7.1.7.6**

▶ Beispiel

Den Patient*innen wird ein Gefühlstagebuch gezeigt und anhand des Beispiels auf anschauliche Art und Weise erklärt, wie sich Verhalten und Gefühl bedingen.

Im nächsten Schritt wird ein Aktivitätenprotokoll eingeführt und zusammen mit den Patient*innen geschaut, welche Aktivitäten möglich und realistisch erreichbar sind. Dabei gibt es Tagesziele und Wochenziele. Als Hausaufgabe zur nächsten Sitzung sollen die Patient*innen selbstständig ihre Gefühle und Aktivitäten im Aktivitätenprotokoll sammeln. Sukzessive werden mehr Verabredungen und Aktivitäten geplant und entsprechend in das Protokoll eingetragen. Es zeigt sich dann idealerweise, was dem Kind/Jugendlichen guttut und Freude macht, sodass es/er von sich aus seinen Alltag aktiver gestalten kann. ◀

Worauf muss ich achten? Ziele müssen realistisch sein und das Kind sollte motiviert sein, diese zu erreichen. Wenn es noch nicht so weit ist oder keine Lust auf eine bestimmte Sache hat, wird es schwierig. Eltern sollten zu Hause unterstützen und ebenfalls hinter den Zielen stehen, die vereinbart wurden!

6.5 Kognitive Verfahren

6.5.1 Was versteht man unter „kognitiven Verfahren"?

Die klassische Verhaltenstherapie, die auf den behavioristischen Lerntheorien beruht, wurde durch kognitive Verfahren erweitert. Dazu zählen viele Verfahren, die dazu dienen, Kognitionen, also Gedanken, Annahmen, Informationsverarbeitung und Denkstile, zu verändern, die die Symptomatik dysfunktional aufrechterhalten.

Was funktioniert „kognitive Umstrukturierung"? Grundüberlegung ist, dass man seine Gedanken am einfachsten beeinflussen kann. Emotionen und Körperreaktionen sind meist nicht direkt zu beeinflussen, Verhalten muss oft mühsam ab- und antrainiert werden. Daher gehen kognitive Ansätze davon aus, dass eine Veränderung von Gedanken auch eine Veränderung von Emotionen, Körperreaktionen und Verhaltensweisen ermöglicht.

Das Konzept der Mentalisierung (*Fonagy*) geht davon aus, dass das Kind zunehmend begreift, dass Menschen von ihren Gedanken, Erwartungen, Einstellungen und Emotionen beeinflusst sind, und man ihr Verhalten dann am besten versteht und vorhersagen kann, wenn man sich überlegt, was die andere Person denkt oder fühlt. Dies alles ist im Wesentlichen oder zumindest immer auch ein verbaler Prozess, findet also in Form von wortgebundenem Denken, Assoziieren und innerem Sprechen statt.

In diesem Sinne kann man auch die kognitiven Verfahren als Training in Mentalisierung und Korrektur von Fehlmentalisierungen verstehen. Das von Patient*innen bzw. deren Bezugspersonen („Eltern") berichtete Selbsterleben („Ich") und auch deren Personwahrnehmungen („die anderen") sowie die Schilderung von interaktionellen Situationen („Ich und die anderen") werden auf die darin wirksamen Kognitionen hin untersucht. Unter dieser Perspektive kann auch deutlich werden, dass verhaltenstherapeutische und psychodynamische Herangehensweisen nicht zwei völlig getrennte Welten darstellen.

6.5.2 Wie funktioniert „kognitive Umstrukturierung"?

Kognitive Umstrukturierung kann anhand des naiven Nachfragens, des geleiteten Entdeckens, des sokratischen Dialogs und des Hinterfragens von Grundannahmen erfolgen.

a. **Disputationsansätzea. Die Wahrscheinlichkeit überprüfen:** Die Wahrscheinlichkeit und das tatsächliche Eintreten von Befürchtungen sowie mögliche Alternativen werden hinterfragt durch die Leitfragen: *„Wie hoch ist die Wahrscheinlichkeit, dass …? Wie kommst du darauf?"*
b. **Die Definition der Patient*innen infrage stellen:** Dieses bedeutet das nähere Erläutern und Nachfragen von Handlungen oder Umständen durch die Leitfrage: *„Was ist das …?" (Wo berichtet z. B. eine Mutter im Gespräch, keine „gute Mutter" zu sein. So kann hier nachgefragt werden, was dies überhaupt heiße, eine gute Mutter zu sein. Wesentliche Grundannahmen können auf diesem Weg extrahiert werden.)* Andere Fragen sind: *„Woran machst du das fest?"* oder *„Woran merkst du das genau?"* Für Eltern sind Fragen wie *„Welche anderen Möglichkeiten hätten Sie denn?", „Was wären vermutlich die Folgen, wenn Sie …", „Was wäre das Schlimmste, was passieren könnte?", „Was wäre das Beste, was passieren könnte?", „Was wäre das wahrscheinlichste?"* oft hilfreich.
c. **Den Nutzen des Gedankens prüfen:** Hier geht es vordergründig um die Überprüfung des Nutzens des Denkens, um den Patient*innen auf die Funktionalität ihres Denkens aufmerksam zu machen und Widersprüche aufzudecken: *„Heißt das, dass du ein/e Versager*in bist, weil du keine Eins in Mathe bekommst?", „Was bringt es dir, so zu denken?", „Hilft es dir, sich bereits vorher Gedanken darüber zu machen?",* oder bei Eltern *„Hilft Ihnen dieser Gedanke, um ruhig zu bleiben und sich nicht provozieren zu lassen?", „Welche Vorteile, aber auch welche Nachteile hat*

es, wenn Sie so denken? Was könnte man noch denken? Welche Vor- und Nachteile hätten solche Gedanken?"

d. **Biografische Wurzeln des Gedankens untersuchen**: Bei Bezugspersonen/Eltern ist es oft hilfreich, sich und auch die Eltern daran zu erinnern, dass die Eltern selbst einmal Kinder waren. Viele der Kognitionen haben eine Lerngeschichte, die man durch folgende Fragen erhellen kann:
   1. *Was haben Sie selbst von Ihren Eltern oft gehört?*
   2. *Was denken Sie, haben Ihre Eltern über Sie/über Ihr Verhalten als Kind gedacht?*
   3. *Was würde Ihre Mutter/Ihr Vater jetzt an Ihrer Stelle zu XY (Problematik des Kindes/mit dem Kind) dazu sagen?*
   4. *Beurteilen Sie das jetzt genauso wie Ihre Mutter/Ihr Vater oder ganz anders? Warum?*
   5. *Wie würde eine weise Frau/eine perfekte Mutter/ein perfekter Vater über XY denken? Was würde sie/er zu sich sagen?*

Das ABC-Modell von Ellis (1997) **ist ein hilfreiches und gut anzuwendendes Schema der kognitiven Umstrukturierung.** Ellis entwickelte das ABC-System, um zu verdeutlichen, wie Bewertungen und Glaubenssätze unsere Gefühle bestimmen. Er differenziert dabei zwischen einer Situation (A = Anlass), Grundannahmen und Überzeugungen (B = Bewertungen) sowie (meist) emotionalen Konsequenzen (C = Consequenzen). Für die Patient*innen schwierige Situationen können entsprechend diesem Muster analysiert und irrationale Glaubenssätze dabei identifiziert werden. Des Weiteren kann anhand der Analyse der Zusammenhang von Bewertungen (B) und emotionalen Konsequenzen (C) herausgearbeitet werden. Im Anschluss erfolgt dann noch eine Diskussion/Disputation der negativen Bewertungen (D = Diskussion). Eine erfolgreiche Diskussion fördert andere, „bessere" Bewertungen (angemessene und hilfreiche Gedanken) zutage und führt damit zu einem positiven Effekt (E = Effekt oder Ergebnis – andere Emotionen oder sogar schon anderen Verhalten: Annäherung und Problemlösung statt Vermeidung oder Flucht). Oft ist es hilfreich unter D auch Selbstanweisungen und Bewältigungsstrategien (z. B. hilfreiche Vorstellungen, innere Sätze) zu inkludieren.

► Beispiel

A (Anlass) – *Ich muss in der Sportstunde etwas vorturnen, was ich nicht so gut kann.*

B (Bewertung) – *Die anderen werden lachen und mich blöd finden.*

C (Konsequenzen) – *Ich habe Angst, schäme mich, mir ist übel. Ich will nicht und sage, dass ich nicht turnen kann, da mir schlecht ist.*

D (Diskussion) – *Alle machen Fehler, die Jungs lästern nur, weil sie selbst unsicher und blöde sind. Ich stelle mir eine Schutzhülle vor und denke nur an meine Freundin Lena, die ich mag. Mein Mutsatz ist: „Das schaffst du! Doofe Jungs sind egal!"*

E (Effekt/Ergebnis) – *Ich werde es probieren, obwohl ich noch Angst habe.* ◄

Einen anderen Weg geht das Selbstverbalisierungsverfahren von Meichenbaum (1977). Da unsere Handlungen oft auch von innerem Sprechen im Sinne von Kommentaren und Anleitungen begleitet sind, will Meichenbaum diese verändern.

Grundidee der Technik ist, dass man sich selbst coachen, trainieren und anleiten kann. **Prinzip des Selbstinstruktionstrainings:** *„Was kann man in dem Moment zu sich selbst sagen, damit es besser läuft?"*

Kontraindikation: Ungeeignet bei geringer Intelligenz, Autismus oder Mutismus sowie unter drei Jahren.

Die Durchführung erfolgt in fünf Schritten: Zunächst lernt das Kind von der Therapeutin, die das Zielverhalten als Modell zeigt, dann imitiert das Kind das Verhalten über die offene Instruktion durch die Therapeutin. Im nächsten Schritt wird das Kind angeleitet, sich selbst laut zu instruieren; später lernt es, allmählich leiser zu werden und am Ende gänzlich auf die offene Instruktion zu verzichten. Die Instruktion erfolgt dann gedanklich (mentales Üben).

Das Selbstinstruktionstraining eignet sich für Handlungsabläufe, die aus mehreren Teilschritten bestehen.

▶ **Beispiel:**

- sich selbstständig anziehen
- sich selbstständig bettfertig machen
- einzelne Aspekte von Hausaufgaben, z. B. „*Wie gehe ich an die Bearbeitung eines AB?*“
- die Schultasche/Sportbeutel/Kindergartentasche packen für den kommenden Tag
- den Tisch decken für das Frühstück/Mittagessen/Abendbrot
- einen Kuchen backen (oder ähnliches) ◀

Das folgende Video (◘ Abb. 6.2) zeigt beispielhaft die **Technik der Selbstinstruktion** anhand des Einsatzes von Signalkarten beim Erledigen der täglichen Hausaufgaben:

Gedankenstopp: Im ersten Schritt soll die/der Patient*in unangenehmes Verhalten hervorrufen und dieses der Therapeutin dann signalisieren. Daraufhin unterbricht die Therapeutin dieses Verhalten zum Beispiel durch lautes Zuruf, oder indem sie mit der Hand leicht auf den Tisch schlägt. Im nächsten Schritt soll die/der Patient*in selbst bemerken, dass sie/er unangenehmes Verhalten zeigt, und mithilfe einer STOPP-Karte lernen, sich selbst zu unterbrechen. Das Ziel ist es, dass die/der Patient*in danach eine positiv erlebte Verhaltensalternative zeigt.

Kontraindikation: Diese Methode ist kontraindiziert bei Zwang, da Unterdrückung unerwünschten Verhaltens zu einem Anstieg der Zwangssymptomatik führt!

Problemlösetraining: Im Sinne des geleiteten Entdeckens erarbeiten wir mit den Patient*innen ein Problem und suchen mögliche Lösungen. Der ganze Vorgang wird in einem Therapieheft aufgeschrieben und in der Akte dokumentiert.

Folgende Schritte werden durchlaufen:

◘ **Abb. 6.2** Video 6.2 Selbstinstruktion: Erstellen und Anwenden von Signalkarten am Beispiel Hausaufgaben (▶ https://doi.org/10.1007/000-7bx)

1. **Problemdefinition:** Was genau ist das Problem? Was soll besser werden? Wann wäre ich zufrieden oder glücklich in der Situation, wo jetzt das Problem auftritt?
2. **Der Ideenzauberhut = Brainstorming:** Alle Einfälle, auch komische und verrückte zur Problemlösung werden gesammelt und aufgelistet. Man darf alles sagen!
3. **Ausprobieren in Gedanken = Bewertung der Lösungen:** Alle Lösungen werden in der Fantasie ausprobiert. Hierbei darf auch gelacht werden! Es geht beim Ausprobieren von Gedanken auch um „Abreaktion" von Ärger und die Gestaltung hilfreicher Fantasien.
   „Das wäre schön, wenn es ginge, aber leider …"
   Mit den Fragen „Kannst Du das machen? Haben wir alles dafür, was wir brauchen?" werden dann ein bis drei realistische und machbare Lösungen ausgewählt.
4. Umsetzungsplanung: Für jede Lösung wird nun eine „Anleitungskarte" mit konkreten Schritten der Umsetzung erarbeitet. Beim nächsten Termin erfolgt dann die Auswertung der Umsetzungen: Was hat schon gut funktioniert, was muss noch verändert werden?

Folgende Videosequenzen (◘ Abb. 6.3 und ◘ 6.4) verdeutlichen auf anschauliche Art und Weise die kognitive Umstrukturierung nach Ellis (1962) und das Problemlösetraining nach D'Zurilla und Goldfried (1971):

◘ **Abb. 6.3** Video 6.3 Kognitive Umstrukturierung: A–B–C Schema nach Ellis (1962), Finden hilfreicher Gedanken (▶ https://doi.org/10.1007/000-7by)

◘ **Abb. 6.4** Video 6.4. Kognitive Umstrukturierung: Problemlösetraining in 5 Schritten nach D'Zurilla und Goldfried (1971) (▶ https://doi.org/10.1007/000-7bw)

Worauf muss ich achten?
Bei Kindern ist immer darauf zu achten, nicht zu viele Methoden miteinander zu mischen. Lieber kleinschrittig vorgehen und Ergebnisse immer wieder sichern, als zu großschrittig und schnell vorzugehen. Weniger ist mehr!

6.6 Gefühlsarbeit: Emotionswahrnehmungs- und Emotionsregulierungstechniken

6.6.1 Wie funktionieren „Emotionswahrnehmungs- und Emotionsregulierungstechniken"?

Emotionen sind organismische Bewertungen von Situationen und daher sehr schnell, aber auch unpräzise. Emotionen teilen wir mit den meisten Säugetieren. Hunde z. B. können auch viele der menschlichen Emotionen empfinden. Die Basisemotionen sind angeboren und drücken sich auch im Gesicht weltweit durch identische Gesichtsmuskelbewegungen aus. Soziale Emotionen sind stärker kulturabhängig. Tab. 6.1 gibt einen guten Überblick.

Grundsätzlich besteht die Basis der Gefühlsarbeit darin, Patient*innen zunächst über menschliche Emotionen und Gefühle aufzuklären, beispielsweise indem man ihnen einen Überblick über Basis- und soziale Emotionen gibt. Meist folgt dann die achtsame eigene Beobachtung anhand von Selbstbeobachtungsprotokollen (Gefühlstagebüchern). Ziel ist es dabei, Patient*innen den Zusammenhang zwischen Verhalten und Gefühlen aufzuzeigen. Für das empathische Verstehen der Patient*innen ist die genaue Kenntnis der Emotionstabelle hilfreich. Ich kann bei sozialen Situationen treffsicher Gefühle vermuten („*Kann es sein, dass du dich da schrecklich geschämt hast?*").

Tab. 6.1 Basis- und soziale Emotionen (ergänzt aus Zarbock, 2008; Bohus 2002)

Emotion	Auslösende (Beziehungs-)Situation	Handlungstendenz
Angst	Ich oder etwas mir Nahestehendes wird bedroht, und ich fühle mich unterlegen.	Flucht zum Schutz
Ärger, Wut	Ich oder etwas mir Nahestehendes wird angegriffen und ich fühle mich überlegen oder gleichstark.	Gegenangriff und Abwehr
Trauer	Ich habe jemanden oder etwas mir Wichtiges verloren.	Rückzug, Neuorganisation wichtiger Beziehung
Verachtung	Andere verstoßen gegen mir/der Gruppe sehr wichtige Werte, Normen und Sitten.	Ausschluss der/des anderen aus der Gruppe bis hin zur Tötung
Ekel	Etwas Unangenehmes, Widerliches kommt mir nahe oder dringt in mich ein.	Weg- oder Ausstoßen als Schutz vor Vergiftung und Schädigung

Tab. 6.1 (Fortsetzung)

Emotion	Auslösende (Beziehungs-)Situation	Handlungstendenz
Freude	Ich erhalte oder erreiche etwas Positives oder Gutes. Ein Bedürfnis oder Wunsch wird befriedigt.	Genuss und Entspannung, Wiederholung oder Weiterführung der erfolgreichen Handlung mit dem Sinn, die Häufigkeit von positiven Zuständen zu erhöhen
Überraschung	Etwas Unerwartetes passiert.	Innehalten und Hemmung des gewohnten Handlungsablaufes und vertiefte Exploration
Schuld	Ich habe ein moralisches Gebot übertreten oder eine Regel gebrochen.	Wiedergutmachung mit dem Ziel der Wiederaufnahme oder des Wiederanschlusses an die soziale Gruppe
Scham	Ich entspreche nicht meinen Idealen, Wunschbildern und Ansprüchen an mich selbst.	Sich verbergen und klein machen mit dem Sinn der Kritikvermeidung durch andere
Stolz	Mein Selbstwertgefühl ist erhöht, weil ich selbst oder andere Menschen, mit denen ich mich identifiziere, eine besondere Leistung erbracht haben.	Dokumentation von sozialer Dominanz oder Höherstellung
Neid, Eifersucht	Jemand hat etwas (Neid) oder jemanden (Eifersucht), was oder wen ich nicht habe.	Wegnahme oder Zerstörung des Objektes oder der Beziehung mit dem Ziel der Selbstversorgung
Mitgefühl, Mitleid	Jemand, dem ich mich verbunden fühle, leidet.	Trösten und Verständnis äußern, ggf. aktives Helfen
Mitfreude	Jemand, dem ich mich verbunden fühle, bekommt oder erreicht etwas Gutes.	Zeigen der Freude, Würdigung der Person, Verstärkung ihrer Freude, Verbundenheit zeigen
Wohlwollen, Freundlichkeit	Ich wende mich einer Person/einem Tier bejahend/unterstützend zu.	Helfen, Verbundenheit herstellen, Unterstützung, Nicht-Bedrohung signalisieren
Gleichmut (Coolbleiben)	Bei Negativem, aber auch Positivem, bleibe ich gelassen, bleibe cool, lasse mich nicht provozieren, flippe nicht aus.	Selbstberuhigung durch „Coolbleiben" und Einsicht, dass sich das schon regeln wird

Auch lassen sich sekundäre (= Gefühle über Gefühle) von primären Emotionen (durch die Situation und ihre Bewertung ausgelöste Gefühle) unterscheiden. Manchmal kann z. B. Ärger auch Angst auslösen, z. B. dann, wenn eine Lerngeschichte der Bestrafung assertiven Verhaltens vorliegt. Oder aber ein Kind zeigt nach außen Ärger, Provokation und Unruhe, dessen zugrunde liegen aber Trauer und Angst (z. B. bei Trennung der Eltern). Bei der Arbeit mit Emotionen ist es wichtig zu wissen, dass oft mehrere Gefühle im Verbund ausgelöst werden. Manche sind stärker, manche schwächer. Manche sind schnell „merkbar", manche kommen im Nachhinein an die Oberfläche. Daher fragen wir bei der Exploration von Emotionen oft: *„Und ist da noch eine*

Emotion/ein Gefühl? Vielleicht ganz leise ..., oder im Hintergrund?" Hierbei versuchen wir immer hinter Gefühlen (oft eine Mischung aus Emotionen und Körperreaktionen) auch die Basis- oder sozialen Emotionen zu erkennen und zu benennen.

Die Benennung und Ausdifferenzierung bisher nicht „gemerkter" oder verbalisierter Emotionen ermöglicht fast immer ein besseres Verständnis einer Situation und im Anschluss daran eine verbesserte Selbstregulation und -steuerung.

In Bezug auf die Angemessenheit einer Emotion können wir immer die Situationsbewertung überprüfen: Werde ich tatsächlich durch die anderen angegriffen (Ärger), bloßgestellt und gedemütigt (Scham), übermächtig bedroht (Angst) oder ausgeschlossen und zurückgewiesen (Trauer)?

Emotion und Bewertungen, also Emotionen und Kognitionen, hängen stets zusammen. Manchmal ist die Emotion eine schnelle und zutreffende Bewertung, fast ohne Denkprozesse (präreflexiv), manchmal ist die Emotion Ausdruck recht umfangreicher gedanklicher Bewertungen (postreflexiv). Aber meistens denken wir uns nach Auftritt der Emotionen etwas. Das sind dann die sekundären Bewertungen, die sich auf die eigene Person (*„Du Opfer", „Wieder mal versagt"*) oder die anderen (*„Die hassen mich", „Die finden mich doof"*) beziehen können.

Wir können daher immer fragen: *„Und welche Gedanken waren dabei, als du das so gefühlt hast?"* So können wir das Verhältnis von Emotionen, Körperempfindungen und Kognitionen (Bewertungen) näher aufklären.

► Beispiel:

Eine Patientin berichtet: *„Immer, wenn ich rausgehen will, habe ich keine Lust, ist irgendwie komisch. Ich daddle dann am Handy rum und die Zeit vergeht."*

Die Therapeutin fragt: *„Wie fühlst du dich denn dann, kannst du das näher benennen?"*

Die Patientin antwortet: *„Unglücklich, frustriert. Allein."*

Therapeutin: *„Ich verstehe. Passt da auch ‚traurig'?* (Versuch auf Basis-Emotionen zu kommen.) *Das fühlt sich wahrscheinlich nicht sehr angenehm an. Was würdest du dir denn wünschen?"*

Patientin: *„Ja, es fühlt sich mies an, ich würde schon lieber rausgehen ..."*

Therapeutin: *„Kann es sein, dass du dich verkriechen möchtest, weil du dich schämst?"*

Patientin: *„Kann schon sein ..."*

Therapeutin: *„Was könnte denn draußen passieren, könnte jemand was Doofes zu dir sagen?"*

Patientin: *„Kann schon sein ..."*

Therapeutin: *„Ich glaub, Du hast Angst vor den anderen. Lass uns mal genau besprechen, was da bisher passiert ist und wer was zu dir sagt oder wer was Blödes macht, um dich zu ärgern."* (Therapeutin umschreibt schamauslösendes Mobbing, um eine Brücke zu bauen.)

- Die Patientin erkennt den Zusammenhang zwischen „keine Lust haben, rauszugehen" und einer zugrunde liegenden Angst vor einer Attacke. Im therapeutischen Gespräch wird nun behutsam geklärt, ob Mobbingangriffe vorliegen, oder ob die Patientin sehr selbstunsicher ist und sich nicht altersüblich zur Wehr setzten kann.
- Durch Exploration der vorliegenden Emotionen und das anschließende (assertive) Rollenspiel kann sie entdecken, dass sie unangenehmen Gefühlen nicht hilflos ausgeliefert ist.
- Sie kann sich zunehmend als selbstwirksam erleben!

Materialien: Gefühlsstern, Emotionsprotokolle, Gefühlstagebuch, Wutbarometer, Wutvulkan usw. ◄

Im Anhang 6.5. findest du hilfreiche Materialien zum Thema Emotionsarbeit:
- **AB (T)/AB (KE) Anregung zur Reflexion: Gefühle erkennen und zeigen – Anhang 6.5.1**
- **AB (P) Emotionswahrnehmung und Training: Gefühlstagebuch (junge Patient*innen) – Anhang 6.5.2**
- **AB (P) Emotionswahrnehmung und Training: Gefühlstagebuch (jugendliche Patient*innen) – Anhang 6.5.3**
- **AB (P) Emotionsarbeit: Gefühlsstern (nach Plutchick 1980) – Anhang 6.5.4**
- **AB (T) Emotionstabelle – Anhang 6.5.5**
- **AB (T) Emotionsarbeit: Grundlagen – Anhang 6.5.6**
- **AB (P) Prüfungsangst, Anhang 6.6.1**

6.7 Expositions- und Konfrontationsverfahren

6.7.1 Was versteht man unter „Expositions- und Konfrontationsverfahren"?

Exposition ist ein **zentrales Prinzip** in der **Verhaltenstherapie**. Aus Sicht dieser entstehen viele Probleme dadurch, dass negative Gefühle unangemessen erkannt und bewältigt werden, sondern dass auf negative Gefühle (vor allem: Angst, Trauer, Scham) mit Vermeidung reagiert wird. Diese Vermeidung kann äußerer oder innerer Natur sein. Man kann weglaufen oder Orte und Situationen gar nicht mehr aufsuchen (Meidungsverhalten) oder aber sich innerlich durch Grübeln, Zwangsbefürchtungen oder depressiven Rückzug abschotten, betäuben und schützen („einigeln"). Die Verhaltenstherapie möchte eine solche Vermeidung wieder „verlernen". Um das zu ermöglichen, müssen die Gründe für die Vermeidung vorher erkannt und abgestellt werden. Im Rahmen der individuellen Bedingungsanalyse wird daher untersucht, ob die Symptomatik und die Vermeidung eine internale (= nach innen gerichtete) oder eine externale (= nach außen gerichtete) Funktionalität haben. Es ist zu prüfen, ob eine Symptomatik nicht hauptsächlich ein sehr empfindsames Selbstwertgefühl schützen soll oder eine Reaktion auf Misshandlung oder soziale Ausgrenzung darstellt. Wenn dies der Fall ist, müssen solche Probleme vorab – oder was oft auch gut geht – parallel zur Konfrontationsbehandlung der Symptomatik (z. B. der sozial- oder agoraphobischen Meidung) angegangen werden.

Für die Durchführung von Konfrontationstherapien mit Kindern gibt es ein paar Regeln:

1. Mit Vorschulkindern und Jugendlichen **bis 18 Jahren** werden wir in der Regel nur eine **gestufte Konfrontation** (keine massierte) mit der gefürchteten Situation vornehmen. Wir machen uns mit dem Kind eine Liste von 5–10 Schritten bis zur maximalen Angst (100 %) und starten bei einer gering angstauslösenden Situation (10 % Angst).
2. **Ab 14 Jahren** können wir bei der Konfrontation schon größere Schritte gehen. Eine **massierte Konfrontation** (*„gleich auf den Michel fahren und oben bleiben, bis die Angst abfällt"*) wird in der Regel aus ethischen Gründen erst ab 18 empfohlen. Was wir genau machen beraten wir mit den Patient*innen vorab und stimmen es auf die jeweilige Therapiemotivation, die individuellen Möglichkeiten der Angst-

toleranz und die individuelle Habituationsgeschwindigkeit ab. Patienten mit hoher Angstintensität, die nur schlecht habituieren, werden wir immer nur graduiert konfrontieren vornehmen. Was wir machen, beraten wir mit den Patient*innen jeweils.

3. Schon während der Diagnostik etablieren wir das **Angstthermometer** (subjektive **Angsteinschätzung von 0–100 %** mit Eichung bzw. Beispielen). Wir lassen uns für jede Stufe typische Körperreaktionen und Gedanken beschreiben, zudem halten wir diese fest (schriftlich, gemalt, z. B. in Symbolen usw.). Bei jüngeren Kindern reichen schon 3–5 Stufen, z. B.: *„gar keine Angst, ein bisschen, mittel, ziemlich doll, ganz schlimm"*).
4. Wir üben **1–2 Angstbewältigungstechniken**, die wir aber nur im Notfall einsetzen.
   - *die Angst wegblasen*: Lippenbremse, lautlos pfeifen und die Angst damit „wegpusten"
   - *die Angst packen und loslassen*: kurze Muskelentspannung, die Fäuste werden geballt, angespannt (Angst packen) und zum Oberkörper gezogen, dann werden die Arme wieder vom Körper weggeführt („Angst wird weggeschoben") und die Anspannung wird gelöst (Angst loslassen).
5. Grundidee ist dabei, in jeder Angststufe so lange zu verweilen, bis man es gut aushalten kann bzw. feststellt: *„Ich kann das aushalten. Es passiert nichts Schlimmes. Ich bin stark!"* Eine vollständige Habituation (0 – starker Angstabfall) ist zwar gut, aber nicht notwendig. Es soll ein **Selbstwirksamkeitsgefühl** vermittelt werden, nicht die Angstfreiheit! Nur wenn das „Aushalten" allein nicht reicht, leiten wir die zusätzliche Anwendung von Angstbewältigungstechniken an.
6. Am **Ende der Konfrontationssitzung** (20 Minuten bei Vorschulkindern, 50 Minuten bei älteren Kindern) wird gelobt, der Mut herausgestellt und die Erfahrung besprochen: *„Siehst du, du hast es geschafft! Prima!"*
7. **Immer mit einem Erfolg abschließen.** Falls nötig, reduzieren wir dafür (ohne weiteren Kommentar!) die Angstreize (= gehen Stufen in der Angsthierarchie zurück) und lassen die Patient*innen so einen Erfolg erleben.
8. Es gibt **Hausaufgaben**, die sich ein bis zwei Stufen unter der Schwierigkeit der Therapieübung befinden. So kann die/der Patient*in selbstständig üben und **sich als selbstwirksam erleben!**
9. Beim nächsten Mal geht es weiter, wobei man **ein bis zwei Stufen unter der zuletzt gemeisterten Schwierigkeit** wieder anfängt.

Tipp

Eine tragfähige therapeutische Beziehung stellt die Basis einer jeden Expositions- und Konfrontationsbehandlung dar.

Darüber hinaus sind eine sorgfältige und individuelle Planung wesentlich, denn sie sorgen für Transparenz und Sicherheit. Gerade in angstbesetzten Situationen ist es besonders wichtig, durch genaue Absprachen und Planung das Vorgehen vorher zu besprechen. Als motivierende Bezugsperson kann die Therapeutin dabei im Hintergrund Sicherheit geben oder die/den Patient*in auch aktiv begleiten.

Manchmal sind auch leichte Berührungen notwendig, um Vermeidungsverhalten zu reduzieren. Dieses sollte jedoch *immer* mit Patient*innen und Eltern vorher abgesprochen werden.

Abb. 6.5 Video 6.5 Symptom Angst, Angstexposition in Vivo (▶ https://doi.org/10.1007/000-7c0)

Abb. 6.6 Video 6.6 Symptom Angst, Spinnenexposition (▶ https://doi.org/10.1007/000-7c1)

Folgende Videos (Abb. 6.5 und 6.6) zeigt beispielhaft die Vorbereitung und den **Ablauf einer Exposition** anhand einer **„Spinnenexpo“:**

- ▶ **AB (P) Selbstführsorge Wochenprotokoll, Anhang 6.7.6**
- ▶ **AB (P) Balance, Anhang 6.8.2**
- ▶ **AB (P) Schlaf, Anhang 6.8.3**
- ▶ **AB (P) Selbstfürsorge üben, Anhang 6.8.4**

In der Praxis ist meist eine graduierte Exposition mit schnellerem Vorgehen bei Erfolg der Expo sinnvoll. Man fängt z. B. mit einer Angstsituation von 40 % an. Wenn das gut lief, verhandelt man darüber, ob eine Angstsituation von 60 % möglich ist, bevor man dann eine Angstsituation von 80 % wählt. Geht die dann durch, kann man auf eine Angstsituation von 100 % gehen.

Für ein großschrittiges (massiertes) Vorgehen sind folgende Voraussetzungen wichtig:

A. Die/Der Patient*in habituiert erfahrungsgemäß gut (dieses hat man in der Therapie schon mehrfach mit Erfolg ausprobiert!) und ist nicht übererregbar (keine hysterische und dann unkontrollierbare Angsteskalation).
B. Die/der Patient*in hat keine Herz-Kreislauf-Erkrankungen (Bluthochdruck, Herzinsuffizienz oder Atemnot/Asthma bei Aufregung und Angst).
C. Die/der Patient*in selbst will nicht lange warten, sondern ist „mutig“ und will mit der schlimmsten Situation anfangen.

Wichtig

Ziel ist es nicht, die Angst ganz wegzumachen, sondern den Patient*innen die Erfahrung zu vermitteln: *„Ich kann das hier gerade aushalten – ich bin stärker als meine Angst!"*

- Selbstwirksamkeit
- Zuversicht, auch in Zukunft mit schwierigen und angstauslösenden Situationen umgehen zu können
- Handlungskompetenz statt Ohnmachtsgefühl

6.8 Grundbedürfnisorientiertes Spiel

6

6.8.1 Was versteht man unter „Grundbedürfnisorientiertem Spiel"?

Das Spiel ist lange Jahre in der Kindheit das **häufigste** und **intensivste Ausdrucksmedium** der Kindheit. Schon Kinder mit knapp zwei Jahren fangen an, intensiv zu spielen. Daher bietet es sich natürlich auch an, dieses Medium über eine weite Altersspanne auch in der Verhaltenstherapie zu nutzen. Konzepte für die Spieltherapie liegen explizit formuliert für die nondirektive und die tiefenpsychologische Spieltherapie vor, in der Schematherapie für Kinder und Jugendliche bei Graaf und Loose (2013).

In der praktischen Verhaltenstherapie der therapeutischen Supervision haben wir nun immer wieder die Erfahrung gemacht, dass Therapeutinnen zwar mit den Kindern spielen, dieses aber eher rein als Verstärker tun (erst die Arbeit, dann das Spiel) oder aber zur Gestaltung der Spielhandlung auf fachfremde Konzepte (z. B. personenzentriert) zurückgreifen oder aber das Spiel einfach intuitiv gestalten.

Aus diesem Bedürfnis heraus hat sich in der Supervision der Fälle ein Konzept von verhaltenstherapeutischer Spieltherapie entwickelt, das wir Grundbedürfnisorientiertes Spiel nennen wollen. Beim diesem kann man Angebote mit verschiedenen Spielmaterialien machen. In der Regel sind dabei die folgenden hilfreich:

- Stofftiere, Playmobil-, Schleichfiguren (Löwe, Tiger, Elefant, Krokodil, Affe; wenn möglich sowohl als Elterntier- als auch als Kinderversionen)
- Sceno-Kasten (aus dem Scenotest von v. Staabs (1991), zu beziehen über die Testzentrale)
- Piratenschiff
- Puppenhauseinrichtung für Badezimmer, Schlafzimmer, Toilette, Wohnzimmer, Kinderzimmer etc.
- Weiterhin sind Lappen, Bauklötze und Gegenstände wichtig, die Häuser, Bäume, Berge (Kissen, kleiner Hocker) darstellen können.**Es lassen sich nun fünf Spielideen unterscheiden:**

1. **Das freie, explorative Spiel**
   Hier wird das Kind aufgefordert, sich etwas zum Spielen auszusuchen, etwa mit der Frage: *„Wozu hast du Lust, was wollen wir spielen?"*

   Die Therapeutin wird dann aufmerksam, beobachtet, ob und wie das Kind zu spielen anfängt, ob es eher zögerlich ist oder forsch, ob es sich rückversichert, ob es sein Verhalten sozial mit der Therapeutin abstimmt oder aber ob das Kind unkooperativ bestimmend ist etc.

▶ Beispiel:

Hannes (5 Jahre) reagiert auf die Spielaufforderung eher verunsichert und schaut mehrfach zur Mutter hin, die mit im Raum ist. Nach und nach aber lockert er auf und die Therapeutin kann mit ihm ein Piratenschiff bespielen, in dem er langsam das Kommando übernimmt und dann auf große Fahrt geht, um andere Schiffe zum Ausrauben zu suchen.

Therapeutisch wird deutlich, dass der (als depressiv diagnostizierte) Junge fantasievoll spielen kann, aber verunsichert ist, ob er „wild" und „gefährlich" sein darf. Als Hintergrund scheint eine streng moralische und christlich religiöse Einstellung der Familie bedeutsam. ◀

2. **Das thematisch-inszenierte Spiel**
   Hier kann die Therapeutin beginnen, bestimmte Szenen aufzubauen, ggf. nutzt sie hierfür auch den Sceno-Kasten, und fordert das Kind dann auf, mitzuspielen. Themen könnten an bestimmte psychologische Konzepte (siehe unten) anknüpfen, deren Exploration und Bearbeitung der Therapeutin prozessinduziert (*„das liegt jetzt an", „das steht irgendwie im Raum"*) hilfreich erscheint.

▶ Beispiel:

Die Therapeutin gibt vor, dass zwei Tigerzwillinge zu Besuch bei der Löwin sind. Es wird deutlich, dass die Tiger alles kaputt machen, und die Therapeutin muss die Tiger zur Ordnung rufen und aus dem Haus in den Garten schicken und der Löwin das Fell kämmen und ihr etwas besonders Leckeres zu Essen machen, was nur die Löwin essen darf. Die beiden Tigerzwillinge bekommen nur Brot und Wasser. Zum leckeren Nachtisch aber lädt die Löwin die Tigerzwillinge spontan ein.

Hintergrund: Das 5-jährige, vom Temperament eher stillere Mädchen kam durch die Geburt der lebhaften, blondgelockten Zwillingsmädchen ins Hintertreffen, da diese als „Aufmerksamkeitsmagnet" wirkten. Im Verlauf der Zeit entwickelte das Mädchen eine massive Insektenphobie. Da therapeutisch eine starke Funktionalität der Phobie vorzuliegen schien, begann die Therapie „am Symptom vorbei" mit der spielerischen Exploration (und emotional korrektiven Bearbeitung) des Eifersuchtshintergrundes. ◀

3. **Das affektregulierende und abreaktive Spiel**
   Ein weiterer Ansatz ist das affektregulative Spiel. Hier kann die Therapeutin in einer freien Spielsituation bei überregulierten und gehemmten Kindern anfangen, stärkere Spielszenen (z. B. eine Ritterschlacht oder auch ein Tobe- oder Fangspiel zu initiieren und dabei positive Verbalisation, z. B. *„Es ist doch schön, wenn man sich bewegt", „Das ist doch nur Spiel, da dürfen die Figuren auch mal so richtig kämpfen"*, zu äußern; Graaf & Loose, 2013).

   Bei unterregulierten Kindern, die externalisierend mit einem Überschuss an Aggressivität reagieren, wird die Therapeutin hier ggf. auf die Einhaltung von Regeln drängen und immer versuchen, Verhalten dahingehend unterschiedlich zu gestalten, ob es sich in der materiellen Spielszene selbst (erlaubt) oder aber interaktionell zwischen ihr und dem Kind als Spielpartner*in (z. B. beim Bestimmen über Spielinhalte) abspielt.

Die Therapeutin kann unter der Leitidee, dass es wichtig ist, bestimmte Affekte wie Trauer oder Ärger einmal agierend auszudrücken, das internalisierende Kind auch ermutigen, bestimmte Affekte auszudrücken. Hier wird die Therapeutin den Unterschied zwischen Fantasie und Realität deutlich machen, etwa indem sie sagt: *„Im Spiel und in der Fantasie dürfen wir mal so richtig sauer sein und auch Sachen spielen, die man in echt nicht machen würde."* Ggf. kann es aber bei verärgerten Äußerungen auch hilfreich sein, bedrohliche, bedrängende oder quälende Figuren zu entmachten, zu immobilisieren oder bloßzustellen (und nicht zu töten, zu zerstückeln, zu verbrennen). So kann z. B. ein böser Drache in einen Sack eingesperrt werden, ein Monster kann mit schweren Fußfesseln bewegungsunfähig gemacht werden und ein Gespenst kann ausgelacht werden oder man macht ihm selbst Angst *(„Hilfe, da sind Menschen und die lachen über mich!")*.

▶ Beispiel:

Der 12-jährige, gehemmt wirkende Sohn einer alleinerziehenden und chronisch an MS erkrankten Mutter leidet an tonisch-klonischem Stottern, das zusätzlich logopädisch behandelt wird. Außerdem wird der Junge in der Schule geärgert, oft geschubst und körperlich angegriffen. Da der Junge gerne Kung-Fu-Filme sieht und Comics mit Superhelden (*Batman und Robin*) liest, bietet die Therapeutin ihm „Kung-Fu-Training" an. Mit Boxhandschuhen erlernt der Junge im Einzelunterricht durch die Therapeutin motorisch aktives, expressives Verhalten (kräftig zuzuschlagen und dabei das eigene Gleichgewicht zu halten). In einer Kung-Fu-Kindergruppe lernt der Junge, durch Schubsen, Ziehen und Beinstellen jemanden zu Boden zu bringen. Darüber hinaus lernt er einfache Befreiungsgriffe aus Umklammerungen.

Im Sinne des assertiven Verhaltenstrainings wird im weiteren Therapieverlauf die verbale Konfliktdeeskalation geübt. Das Stottern behandelt die Therapeutin (neben der Logopädie) ergänzend durch Atemübungen, welche das Ausatmen betonen und so helfen, den blockierenden Tonus bei der gewünschten Initiierung eines Sprechaktes zu überwinden. Diese Interventionen führen nicht nur zur Besserung der Stotterproblematik, sondern auch zum Verschwinden der schulphobischen Symptomatik mit Übelkeit, Bauchschmerzen und häufigen Fehltagen.

Training von Selbstinstruktionen und hilfreichen Gedanken

In der Spielhandlung werden Problemstellungen (Tiger hat Angst, Kaspar muss eine Klassenarbeit schreiben, Lotte will sich verabreden) inszeniert. Im Anschluss daran werden hilfreiche und/oder behindernde Selbstverbalisationen erkannt, um dann hilfreiche Selbstverbalisationen einzuüben. ◀

▶ Beispiel:

Eine 11-jährige Schülerin hat Angst vor Klassenarbeiten. Sie wird im Spiel zur Tierärztin, die dem Tiger, der Angst vor der Tigerschule hat, helfen muss. Gemeinsam entwickeln Tierärztin und Therapeutin Selbstinstruktionen und kurze Entspannungsübungen, die der Tiger einüben muss, um z. B. über ein Seil zu balancieren, über einen Abgrund zu springen oder auch um das kleine Ein-mal-Eins zu lernen und sich abfragen zu lassen.

Der Transfer zur eigenen Situation der Patientin wird erstmal nicht(!) explizit von der Therapeutin vorgenommen. Es wird auf implizites Modelllernen gesetzt, das nicht durch explizite Prozesse gestört werden soll.

Example Sto**5. Regelexplorierendes und regelübendes Spiel**

Sinn und Anwendung von Regeln werden bei Wettbewerbs- und Kampfspielen exploriert *(„Warum brauchen wir Regeln?“)*, dann formuliert, aufgeschrieben und die Einhaltung von und die Leitung durch Regeln wird in verschiedenen Spielsequenzen geübt.

In Spielgruppen kann ein „Wächter der Regeln“ bestimmt werden. Spielsequenzen können öfter mit den Fragen: *„Welche Regeln gelten hier? Wie können wir die anwenden?“* eingeleitet werden. ◄

► Beispiel:

Mensch ärgere dich nicht! Dieses bekannte Spiel bietet eine gute Möglichkeit, neben den offiziellen Spielregeln auch Fairness, Verlieren können, Frustrationstoleranz und Durchhaltevermögen zu formulieren und zu trainieren. Hilfreich sind z. B. „Memokarten“, die anleiten: *„Welche gute Eigenschaft brauchen wir jetzt?“*

Zum Stundenabschluss wird die Therapeutin kurz in der Akte das Spielgeschehen in thematischer Hinsicht darstellen. Gleichzeitig notiert sie – bezogen auf die Grundbedürfnisse – die geäußerten Emotionen und andere Aspekte, die den psychologischen Inhalt des Spiels thematisieren und steuernde Handlungsideen (frei explorieren, thematisch inszenieren, abreagieren, regulieren) darstellen.

Reflektiert wird auch, welche *Coping-Reaktionen* beim Kind deutlich geworden sind:

- Angriff/Überkompensation
- Vermeidung/Flucht
- Erstarren/Rückzug
- Unterwerfung/Überanpassung ◄

Das Grundbedürfnisorientierte Spiel bietet der Therapeutin Möglichkeiten, relativ frei Spielsequenzen zu initiieren, zu kommentieren, zu steuern und nach dem Spiel das Spielthema und die Spielinteraktion auch entsprechend diagnostisch zu vermerken. Neben dem Konzept der Grundbedürfnisse spielen die Konzepte der Basis- und sozialen Emotionen, der Annäherungs- und Vermeidungspläne, der Lebensbotschaften/Grundannahmen (*„Was denkt er über sich?“, „Was sagt er zu sich?“, „Was hört er über sich?“*), der zugewiesenen Familienrollen und der Familiengrenzen eine Rolle.

Spiel ist aber kreativ und gerade in der Deregulierung soll der Raum für Spontanes und Kreatives geöffnet werden.

Im Folgenden sind weitere hilfreiche Hintergrundkonzepte zum Verständnis und zur Steuerung von Spielhandlungen aufgeführt und werden durch skizzierte freie Spielsequenzen veranschaulicht, die so von der Therapeutin patient*innenindividuell „angespielt“ wurden.

Während des Spiels sollen thematisch aktivierte Emotionen und Grundbedürfnisse erkannt, umgangssprachlich (bestätigend und positiv als berechtigt) benannt und auch im Rahmen der Spielhandlung inszeniert, benannt und befriedigt werden. Bei der spielszenisch angebotenen Grundbedürfnisbefriedigung wird beobachtet, ob die Patient*innen die Befriedigung annehmen können (= Grundbedürfnisbefriedigung), oder ob die Befriedigung (in der Spielszene) blockiert, behindert wird oder z. B. Angst, Aggression oder Unbehagen auslöst.

Ist dies der Fall, aktiviert das Befriedigungsangebot im Sinne einer vertikalen Verhaltensanalyse Annäherungs- oder Vermeidungsziele. Dieses soll erstmal bemerkt und von der Therapeutin weiter exploriert werden (z. B. *„Komisch, jetzt klappt* *das nicht? Der darf das gar nicht? Warum geht das wohl nicht? Was meinst du? Was könnte denn als nächstes passieren, wenn …?"* = Befriedigung des Bedürfnisses).

Die Spielhandlung ist im Sinne des Analysepfeils der BSVT (Zarbock et al., 2021) als „Verhalten in konkreten Situationen" aufzufassen. Im Sinne der vertikalen Verhaltensanalyse bietet die Therapeutin das Annäherungsziel „Befriedige, erfülle deine Grundbedürfnisse" an. Dadurch können bei den Patient*innen konträre Vermeidungsziele (z. B. *„Verhindere, etwas zu fordern!", „Falle nicht auf!", „Stelle dich zurück!", „Sei bescheiden!"*) aktiviert und von der Therapeutin bemerkt werden.

Im nächsten Schritt kann eine Hypothese über die Lebensbotschaft/die Grundannahme gebildet werden, die dem Vermeidungsziel des Kindes zugrunde liegt.

▶ Beispiel:

Tiger fühlt sich im dunklen Wald allein und hat Angst. Die Therapeutin schlägt vor, nach Kaspar als Begleitung zu rufen. Das kleine Mädchen blockiert: *„Kaspar hat keine Zeit"*. Die Therapeutin überlegt, warum Kaspar keine Zeit habe. Das Mädchen sagt: *„Ist einfach nicht da."*

Auf die Frage *„Wer könnte denn sonst kommen?"*, antwortet die 5-Jährige: *„Ich weiß nicht."*

„… und wenn er doch noch kommt?", versucht es die Therapeutin. *„Ist er sauer!"*, ergänzt das Mädchen.

Die Therapeutin notiert sich innerlich, dass Bindungsfiguren anscheinend schwer verfügbar sind und ggf. auf Kontaktwünsche aversiv reagieren. Und dass das kleine Mädchen daher keine Hilfe einfordern will. Die Lebensbotschaft wird erstmal als „Du bist allein – niemand kann dir helfen" formuliert und passt auch zu der ängstlich-depressiven Symptomatik des Kindes. Das Aversive wird erst einmal weiterhin spielend erkundigt, falls indiziert kann die Therapeutin mit ihrer Spielfigur tröstend, helfend, schützend etc. eingreifen. ◀

6.8.2 Psychische Grundbedürfnisse im Spiel

Wir gehen von fünf Grundbedürfnissen (Zarbock, 2008) aus:

1. Bindung
2. Autonomie/Orientierung/Kontrolle
3. Selbstwert
4. Unlustvermeidung/Lustgewinn und
5. übergeordnet: Konsistenzstreben/Bedürfnis nach Struktur und Grenzen

Grundbedürfnis Nr. 1: Bindung Unter dem **Bindungsbedürfnis** verstehen wir die biologisch verankerte Veranlagung, dass ein Mensch bei bedrohlichen oder verunsichernden Situationen die Nähe einer Bindungsfigur sucht, um Sicherheit zu erfahren. Bowlby untersuchte in einer Studie im Auftrag der WHO den Zusammenhang zwischen mütterlicher Fürsorge/Feinfühligkeit und psychischer Gesundheit von Kleinkindern (1951). Zusammen mit Ainsworth et al. (1978) entwickelte er den sog. Fremde-Situations-Test, aus dem die unterschiedlichen Bindungstypen abgeleitet wurden (mehr zu Bowlby und dessen spannenden Forschungen: Oerter & Montada, 1998, S. 239–240).

Die frühkindlichen Erfahrungen, ob und wie eine Bindungsfigur für das Kind zur Verfügung steht, führt zu entweder sicherem, unsicher vermeidendem, unsicher ambivalentem oder desorganisiertem Bindungsmuster. Bei einem **sicheren Bindungsmuster** hat ein Kind konstant die Erfahrung gemacht, dass eine Bindungsfigur zur Verfügung steht, die das Kind aufnimmt und trösten kann. So in seinen Ängsten beruhigt oder in anderen Bedürfnissen gestillt, kann das Kind dann seine Tätigkeit, meist der Exploration oder des Spieles, fortsetzen.

Beim **unsicher vermeidenden Bindungsmuster** hat das Kind wiederholt die Erfahrung gemacht, dass eine Bindungsperson nicht hinreichend zur Verfügung steht, also auf Bindungsanfragen des Kindes nicht, nur distanziert oder verhalten reagiert. Das Kind wird aufgrund mangelnder Erfolgserwartung, also in Beunruhigungssituationen versuchen, nicht die Nähe der Bindungsfigur suchen zu müssen, da es eben davon ausgehen muss, hier nicht hinreichend getröstet zu werden.

Das **unsicher ambivalente Bindungsmuster** beinhaltet die Erfahrung, dass die Eltern relativ inkonsistent zwischen Zuwendung und Distanz hin und her pendeln. Ggf. liegt hier mangelhafte elterliche Feinfühligkeit vor, sodass Eltern die Signale des Kindes nicht zutreffend lesen können und somit nicht entscheiden können, wann ein Kind Nähe und Zuwendung braucht oder wann es eher in Ruhe gelassen werden möchte. Ambivalente Bindungsmuster entstehen auch, wenn Zuwendung zum Kind nicht aufgrund der geäußerten kindlichen Bedürfnisse von den Eltern gegeben wird, sondern entlang der eigenen Verhaltensimpulse und Wünsche des Elternteils. Kennzeichen für das ambivalente Bindungsmuster ist ein gleichzeitiges oder kurz hintereinander aktiviertes Annäherungs- und Vermeidungsverhalten, was im Extremfall dazu führen kann, dass das Kind einerseits die Nähe sucht und sich am Körper der Bezugsperson anschmiegt, andererseits aber kurz dahinter kratzt, tritt oder sich wegstemmt.

Das **desorganisierte Bindungsmuster** tritt in der Regel als Folge schwerer Traumatisierungen insbesondere dann auf, wenn die für das Kind bedrohliche Erfahrung von der primären und an sich Schutz geben sollenden Bezugsperson ausgeht. Das Kind wirkt erstarrt, das Verhalten desorganisiert. Ggf. sind Parathymien zu beobachten.

So erlernte Bindungsmuster beeinflussen bei älteren Kindern auch das Interaktionsverhalten zu Gleichaltrigen oder anderen Bezugspersonen. Eine weitere und ergänzende Annäherung an das Thema Bindung wird möglich, wenn wir davon ausgehen, dass sich aktuelle Bindungsmuster auch dahingehend unterscheiden lassen, ob das eigene Bild positiv oder negativ und ob das Bild des Interaktionspartners positiv oder negativ ist. Im Sinne eines Vier-Felder-Schemas ergeben sich vier verschiedene Bindungsmuster bei unterschiedlich zugrunde liegenden Selbst- und Objektkonzepten.

▶ Beispiel:

Das kleine Krokodil ist aufgewacht und ganz allein. Es hat Angst, denn alles ist so unheimlich. Es überlegt, was es machen könne. Solle es Mama rufen? Solle es Mama suchen gehen? Wenn nicht Mama, wen dann? Wer könnte kommen und dem kleinen Krokodil helfen?

- Hier wird eine Spielaufforderung gegeben, um Bindungserleben, Bindungsmuster und Interaktionserwartungen zu explorieren. Gleichzeitig können alternative Bindungsfiguren gesucht und ausprobiert werden, und es kann erkundet werden, ob und wie das Kind auf spielerische Kontakt- und Bindungsangebote reagiert (z. B. *„Kann der Affe ein Freund sein oder wird er gefressen?"*). ◀

Grundbedürfnis Nr. 2: Autonomie/Orientierung/Kontrolle Das **zweite Grundbedürfnis – Autonomie** –, ergänzt durch **Orientierung und Kontrolle**, unterstreicht das Bedürfnis eines Kindes, allein zu sein, zu explorieren und sich selbst als Mittelpunkt seiner Handlungen zu erleben. Autonomiebedürfnisse sind autoregulatorisch bereits relativ früh bei Babys zu erkennen, wenn der Säugling Art und Umfang seiner Nahrungsaufnahme an der Brust oder an der Flasche reguliert und durch Kopfabwenden zu verstehen gibt, wenn er satt ist oder durch Kopfzuwendung weiteren Hunger signalisiert.

Die Autonomieentwicklung wird durch die Reifung der Motorik unterstützt. Largo (2017) beschriebt ausführlich die Entwicklung der kindlichen Motorik. Das Baby beginnt zwischen dem 7. und 10. Monat zu robben und bewegt sich so auf für es interessante Objekte zu. Durch weitere Reifung gelingt es dem Kind etwas später, zu krabbeln und schließlich sich aufzurichten und frei zu sitzen (mit 9–10 Monaten). In einem weiteren Schritt kann sich nun der Vierfüßlergang entwickeln und das Kleinkind beginnt aufzustehen und schließlich zu laufen (ab etwa 13 Monaten). So kann die Welt erobert werden. Der kindliche Wille kann sich nun durch die Fähigkeit, sich aktiv auf Objekte zu-, aber auch wegbewegen zu können, aktiv in der „Welt" artikulieren. Die Autonomie kann nun motorisch erlebt und gelebt werden. Bereits relativ früh lassen sich zustimmende oder ablehnende Lautäußerungen wie „ne, ne, auch, haben" festmachen und zwischen dem 16. und 20. Monat beginnen Kinder bekanntlich mit deutlichen eigenen Willensäußerungen, was Art und Umfang der Nahrungsaufnahme oder auch der Bekleidung angeht. Bindung und Autonomie stehen in einem ergänzenden Verhältnis in dem Sinne, dass erst bei zureichender Bindung das Kind genügend innere Sicherheit entwickelt, um seine Autonomie entsprechend ausgestalten und im Spiel die Umgebung explorieren zu können.

▶ Beispiel:

Der kleine Elefant ist neugierig und möchte wissen, wer noch alles im Dschungel wohnt. Er macht sich auf, die Gegend zu erkunden. Die Eltern lassen ihn ziehen, üben aber noch den Elefantenruf mit dem Rüssel, sodass er seine Eltern rufen kann, wenn er Hilfe braucht.

Der kleine Elefant trifft den Tiger, die Schlange und das Reh. Er freundet sich mit einem Rehkitz an, dem er schon helfen kann, leckere Blätter zu fressen, indem er Büsche mit dem Rüssel herunterzieht. Zusammen kommen sie an einen Fluss, den es zu überqueren gilt. Im Fluss lauert aber das hungrige Krokodil. Zusammen müssen sie sich eine List überlegen, um das Krokodil abzulenken, um ans andere Ufer zu kommen …

In diesem Spiel werden die Themen Verselbstständigung, in der Nähe bleibende Bindungsfiguren, die Fähigkeit zur Freundschaft, Neugier, Explorationsdrang, sich bewähren, Angst- und Gefahrenregulation – also Themen der Autonomieentwicklung – inszeniert. ◀

Grundbedürfnis Nr. 3: Selbstwert Auch das Selbstwertgefühl bei Kindern dürfte frühe Wurzeln haben. Besonders eindeutig ist der sogenannte Freudezirkel, in dem Bezugspersonen und Kind sich gegenseitig anstrahlen und zu weiteren positiven Äußerungen und Freudebekundungen motivieren. Dieses Verhalten kann in der normalen Kindesentwicklung bis zu 300-mal am Tag beobachtet werden.

Die sprachliche Qualität der elterlichen Stimme mit der Lob oder Tadel gegeben wird und mit der sich Eltern über die reine Anwesenheit des Kindes – und natürlich auch über seine Lebensäußerung wie Laufen, Krabbeln – freuen, dürften ebenfalls frühe Inseln des Selbstwertgefühls bilden. Die verbalen Kommentare der Eltern, die die Kinder schon im Alter von 12 bis 15 Monaten genauer zu verstehen beginnen, tragen zu den inhaltlich ausgestalteten Aspekten des Selbstwertgefühles bei. Insbesondere das elterliche Lob und vor allem aber auch die elterliche Geduld und die Ermutigung zum Selbstausprobieren und zur Selbstwirksamkeit dürften das Selbstwertgefühl des Kindes stärken. Wenn ein Kind dann in Leistungs- und Gruppensituationen kommt, ist sowohl die Art seiner Aufnahme durch Gleichaltrige selbstwertrelevant als auch natürlich die Bewährung oder das Scheitern an Leistungsaufgaben.

▶ Beispiel:

Es gibt eine Tierolympiade mit den Disziplinen Laufen, Klettern, Schwimmen und Fliegen. Alle müssen mitmachen. Es stellt sich heraus, dass manche Tiere manche Sachen einfach nicht können. Wie gehen sie damit um? Manche Sachen gelingen aber z. B. dem Vogel gut, den anderen Tieren gar nicht. Der Vogel freut sich, denn er kann fliegen. Gibt er nun an und findet die anderen Tiere doof, weil sie nicht fliegen können? Wie kann er die Tiere trösten, die nicht fliegen können?

In diesem Spielangebot werden Themen wie Leistung, Erfolg, Versagen, sozialer Vergleich und Konkurrenz thematisiert. Auch lässt sich Selbstwert als Stolz über eigenen Leistungen, aber auch als Fähigkeit zur „Misserfolgsregulation" explorieren und ggf. auch übend fördern. ◀

Grundbedürfnis Nr. 4: Lustgewinn und Unlustvermeidung Hierzu gehören erst einmal alle positiven körperlichen Empfindungen wie streicheln, schaukeln, umarmt werden. Manche Kinder lieben auch explizit Bewegungsspiele wie gemeinsames Tanzen, durch die Luft fliegen, hochgeworfen und aufgefangen werden etc. Weitere von Kindern als angenehm erlebte Erfahrungen sind ebenfalls körpernah wie baden, massiert werden oder das Hören einer bestimmten Musik und tanzen. In Bezug auf die Unlust ist die Art und Weise der Reaktion der Eltern auf Hungersignale ebenso bedeutsam wie Art und Ausmaß der Säuglingspflege im Sinne des Windelnwechselns und Vermeidung von Hautirritationen.

Unlusterfahrungen sind auch das Ausgeschimpft- oder gar Körperlich-bestraft-Werden. Darüber hinaus bekommen Kinder atmosphärisch aggressive Spannungen zwischen den Eltern mit und natürlich auch depressive oder ängstliche Stimmungslagen der Eltern aufgrund massiver ehelicher Konflikte, gesundheitlicher oder sozialer Probleme oder anderer Belastungen.

Weiterhin bedeutsam ist, ob ein Kind Spaß und Freude durch Eigenaktivität empfinden kann und sich sorglos einer spielerischen Aktivität hingeben kann.

▶ Beispiel:

Tiger, Löwe, Elefant und Krokodil treffen sich, um etwas Tolles zu machen. Heute sind sie zum Spielen verabredet. Aber zuerst haben sie keine Idee, was sie machen können. Jeder schlägt etwas vor und die anderen probieren es aus. Alle versuchen, etwas so vorzuschlagen, dass alle mitmachen können und dass es allen auch Spaß macht.

In diesem Spielangebot geht es um die Generierung positiver Erfahrungen, um Spaßhaben und Lustgewinn. Gleichzeitig wird prosoziale Abstimmung geübt: Tollen Spaß kann man mit guten Freund*innen am besten haben. ◀

Das **Konsistenzstreben** im Sinne eines Strebens nach Vereinheitlichung des Psychischen ist bei Kindern aufgrund der noch sehr fließenden Identität noch nicht so stark ausgeprägt wie bei Erwachsenen, so können beim Kind unverbunden und eigentlich widersprüchliche psychische Inhalte nebeneinander stehen bleiben, ohne dass dies zur inneren Spannung führt. Im Sinne einer Identitätsbildung jedoch ist das Konsistenzstreben beim Kind ebenfalls schon ausgeprägt, gerade das Kind bekommt früh mit, ob es gewünscht oder unerwünscht ist, ob seine Ähnlichkeit mit Vater oder Mutter Anlass zur Freude oder eher Anlass zu Bedenken oder Ablehnung gibt. Kinder in Trennungssituationen befinden sich in oft schwer lösbaren Inkonsistenzen, wenn sie zu beiden Elternteilen eine positive Beziehung haben, aber deutlich erfühlen oder auch hören, dass sich die beiden Eltern untereinander nicht mehr mögen.

▶ Beispiel:

Der kleine Elefant ist mit seinen Eltern aus dem Urwald nach Deutschland gereist. Hier ist alles so anders. Die Familie muss sich erst eingewöhnen und neue Freunde finden. Sie vermissen den Urwald und die Wärme. In Deutschland ist es kalt und sie müssen sich einen Schal besorgen, damit sie keine Erkältung bekommen. Wie können sie neue Freund*innen finden? Sie treffen die Kuh, den Bullen und das Kälbchen auf der Weide und fangen ein Gespräch an. Jede*r erzählt von der Heimat und den schönen Erlebnissen dort. Sie entdecken, dass alle gern Gras fressen, und beschließen ein gemeinsames Festessen mit leckerem Gras zu bereiten.

In diesem Spielangebot werden prägende Erfahrungen und Zugehörigkeiten thematisiert, aber auch die Fähigkeit, sich auf dieser Basis an neue Umgebungen und Herausforderungen anzupassen. ◀

Neben den Grundbedürfnissen selbst sind im orientierten Spiel die Emotionen wichtig. Wobei wir hier den Emotionen Signalcharakter für die Befriedigung oder Frustration wichtiger Grundbedürfnisse und jeder Emotion auch ein Beziehungsthema zuordnen.

▶ Hierbei hilft der Therapeutin die **Emotionstabelle (siehe** ▶ Abschn. **6.6, S. 85 f.****)**

Rolleninduktionen im Spiel Im Spiel werden mit den Spielfiguren auch entsprechende Rollen gewählt oder von der Therapeutin zugewiesen (z. B. die folgende Rolle: „der kleine Tiger hat Angst") und können auch problematisiert und umgestaltet werden. Das Konzept der Rolleninduktion stammt von Richter (1963) und beinhaltet, dass man in Gruppen, insbesondere der Familie bestimmte Rollen zugewiesen bekommt und diese auch annimmt. Die Rollen dienen entweder der Stabilität des eigenen inneren Systems mit dem Steuerungsziel Selbstwertsicherung oder -erhöhung oder der Stabilisierung des äußeren Systems mit dem Steuerungsziel Zusammenhalt. Bei Kindern häufig vorkommende Rollen, die dann im Spiel thematisiert werden können, sind:

A – Idealisiertes Selbst

Das Kind soll das erreichen, was seine Eltern nicht erreicht haben.

▶ **Beispiel:**

Der kleine Tiger soll endlich fliegen lernen, weil die Eltern wissen wollen, wie der Urwald von oben aussieht. Bei aller Mühe gelingt es aber nicht.

Was ist da los und wie können wir dem kleinen Tiger helfen?

- In diesem Spiel werden unerreichbare Idealforderungen thematisiert und es wird exploriert, wie es dazu kam und „was man machen kann". ◀

B – Prügelknabe

Der Ärger gilt jemand anderem, z. B. einer/m Partner*in, wird aber am Kind als dem Schwächeren abreagiert.

▶ **Beispiel:**

Die Elefanten streiten miteinander und einer verliert. Der geht nun in den Wald und ärgert die Affen, indem er ihre Bäume, auf denen sie leben, umknickt. ◀

C – Sündenbock

Alles Böse und Negative an Eigenschaften wird auf das Kind projiziert und es erfolgt eine generalisierte Schuldattribution auf das Kind.

▶ **Beispiel:**

Das kleine Krokodil lebt in einer Familie aus Elefanten. Immer, wenn irgendetwas kaputt geht oder ein Missgeschick passiert, wird das kleine Krokodil dafür beschuldigt, obwohl es eigentlich gar nichts dafür kann. Das kleine Krokodil ist ganz traurig. Was kann es nur machen?

- Hier wird die Sündenbockrolle inszeniert und kann individuell weiter exploriert werden. Welche Lösungen in der Fantasie möglich sind, muss sich im Spielverlauf ergeben. ◀

D – Partnerersatz

Das Kind wird altersunangemessen damit beauftragt, wie ein/e Partner*in zu funktionieren, und wird Opfer von starker seelischer, körperlicher und erotischer Intimität, ohne dass es zum expliziten sexuellen Missbrauch kommen muss.

▶ **Beispiel:**

Die Elefanteneltern streiten sich immer und ärgern sich. Deshalb macht Mamaelefant einen Ausflug mit dem kleinen Elefanten und erzählt diesem, wie traurig sie sei, und dass sie ihn (den kleinen Elefanten) viel lieber habe als den Papaelefanten: *„mein kleiner Mann".*

Die Therapeutin überlegt mit dem Patienten, was da jetzt passiert und wie es dem kleinen Elefanten geht. Emotionen, Enttäuschungen und Überforderungen werden erarbeitet. Ggf. kommt die kluge Eule als Helfer und hilft, schwierige Situationen zu erkennen und auch anzusprechen. ◀

E – Kind als eigener Elternteil (Parentifizierung)

Hier werden Hilfs- und Beratungswünsche an das Kind übertragen, die das Kind in eine Elternrolle rücken.

▶ Beispiel:

Die Elefanteneltern sind ratlos und wenden sich an den kleinen Elefanten um Rat. Der fühlt sich zuerst wichtig und toll, als sei er/sie Supermann/Supergirl. Doch allmählich wird ihr/m klar, dass sie/er viel lieber wieder „der kleine Elefant" wäre, der Trost und Schutz bei den Großen finden kann.

Auch hier kann die Eule wieder helfen, angemessene Bedürfnisse zu artikulieren. Vielleicht brauchen die großen Elefanten auch einen Ratgeber, damit sie wieder glücklich und stark werden, damit der kleine Elefant wieder klein sein kann? ◀

Grenzen und Grenzsetzungen in der Familie und im eigenen Selbst Ein weiterer wichtiger Aspekt sind die Grenzsetzungen innerhalb der Kernfamilie. Hier können wir übermäßig starre von übermäßig durchlässigen Grenzen eines Systems unterscheiden und dies gilt sowohl für ein Mehr- wie auch ein Ein-Personen-System. Unter übermäßig starren Grenzen in einem Mehr-Personen-System wäre zu verstehen, dass die Familie sich nach außen abschottet und quasi in ihrer eigenen Welt lebt. Besuche der Familie finden nicht statt und die Familie grenzt sich rigide nach außen ab. Eine überdurchlässige Grenze würde z. B. darin bestehen, wenn die Kernfamilie sich nicht nach außen abgrenzt, sondern jede*r Verwandte oder ggf. auch nur Bekannte wesentlichen Einfluss auf die Familieninteraktionen nehmen kann und die Eltern ihre Rolle als Führung der Familie nicht wahrnehmen.

Analog würde das Ganze auch für ein Ein-Personen-System gelten. Eine rigide Grenze wäre, wenn eine Person aus Ängsten heraus die Kontakte zur Umwelt vermeidet und Informationen und Anregungen von außen entweder passiv vermeidet oder aktiv abwehrt. Eine zu durchlässige Grenze würde hier im mangelnden Identitätssinn und zu schneller, abhängiger Übernahme äußerer Direktiven bestehen („Feldabhängigkeit").

Ganz im tiefenpsychologischen Sinne kann man in Bezug auf die eigene Impulswelt auch von Grenzsetzungen sprechen und sagen, dass das Selbstsystem eigenen Impulsen oder auch Emotionen gegenüber entweder übermäßig starr abgegrenzt ist und diese gar nicht zur Kenntnis nimmt, oder sofort erschreckt gegenreguliert oder aber überdurchlässig ist und von Emotionen und Impulsen ohne Steuerungsmöglichkeiten überflutet wird.

Weiterhin ist der Gesichtspunkt der Subsysteme von Allianzen und Koalitionen wichtig. Kurz gesagt, die Frage „wer sich mit wem gegen wen oder für wen" engagiert. Übertragen auf das Familiensystem gibt es hier notwendige Koalitionen wie die der Eltern „gegen" die der Kinder und dysfunktionale in dem Sinne, dass über die Generationsgrenzen hinweg Koalitionen gesucht werden und die „natürliche Ordnung" der Familie so infrage gestellt wird.

▶ Beispiel:

Die Elefantenfamilie hat den Tisch gedeckt und will Mittag essen. Aber dauernd kommen störende Besucher*innen. Zuerst frisst das Krokodil den ganzen Tisch leer, weil es solchen Hunger hat. Nachdem neu gekocht und gedeckt wurde, kommt die Affenbande und verwüstet alles. Die Elefantenfamilie überlegt, endlich einmal einen Zaun zu bauen …

Aus einer großen Gruppe von Tieren (Elefanten, Affen, Krokodile, Tiger, Löwen, Vögel, Kühe, Rehe) soll sich eine neue Familie bilden.

- Welches Tier ist die Mutter?
- Welches der Vater?
- Welche Tiere sind die Kinder? Warum? Wer steht zu wem in welcher Beziehung?
- Wer hat welche Eigenschaften?

Dann will die Familie Ferien machen:
- Wohin geht es?
- Wer entscheidet das?
- Wie kommt die Familie dahin?
- Wer schläft mit wem in einem Zimmer?
- Was macht die Familie im Urlaub?
- Wer bestimmt das?
- Wozu hat jedes Tier in der Familie besonders Lust?

Heute machen wir alles nur zu zweit:
- Wer wählt sich wen als Partner*in für den Tag aus?

Am nächsten Tag hat ein Tier Geburtstag:
- Wer kann das sein?
- Wie wird der Geburtstag gefeiert?
- Singen alle anderen zusammen ein Lied?
- Welches?
- Wer schenkt dem Geburtstagskind was?
- Worüber freut sich das Geburtstagskind besonders?
- Wie sagt es allen danke? ◄

6.9 Entspannungsverfahren

6.9.1 Was versteht man unter „Entspannungsverfahren"?

Entspannungsverfahren sind nie eine alleinige Behandlungsmethode, sondern immer ein „Plus mit spezifischer Funktion“ und werden in Kombination mit anderen Techniken eingesetzt.

Entspannungsverfahren können unterschiedliche Funktionen haben:
- zusätzliche Begleitmaßnahme (allgemeine Stressreduktion)
- Vorbereitungsmaßnahme
- Therapieunterstützung (Aufbau von Selbstinstruktions- und Selbstkontrolltechniken)

Bei Entspannung kommt es zu folgenden **körperlichen Sensationen**:
a. Sinken der Herzfrequenz
b. Erhöhung des Hautwiderstandes
c. periphere Vasodilation (Gefäßerweiterung)
d. Senkung des Sauerstoffverbrauchs
e. Aktivierung des Immunsystems
f. Ein- und Durchschlafen wird erleichtert
g. Schmerzen werden vermindert

Wie funktionieren „Entspannungsverfahren"? Bei Trennungsangst, sozialer Angst und generalisierter Angst werden in der Regel imaginative Verfahren eingesetzt.

Bei aggressivem oder hyperkinetischem Verhalten und eher aufmerksamkeits- bzw. konzentrationsgestörtem Verhalten ist die motorische Ruhe und die Reduktion von Ärger und Anspannung (Selbstkontrollerfahrungen) das Ziel.

Bei Psychotherapien mit Kindern und Jugendlichen am häufigsten im Einsatz sind die progressive Muskelrelaxation nach Jacobsen (PMR) und Entspannungsgeschichten (sensorisch und imaginativ).

Vor einer Entspannungseinheit: Eine stabile, vertrauensvolle Beziehung muss etabliert sein, es sollte transparent gearbeitet werden (z. B. mit Material vertraut machen) und zur Vorbeugung von Störungen wird ein individuelles Signal vereinbart.

Unterschieden werden kann in:

Tipp

Folgendes trägt meiner Erfahrung nach zum Gelingen der Entspannungsverfahren bei:

Instruktionen für Kinder und Jugendliche sollten mühelos und ohne besondere Anforderungen an die Konzentration erfolgen, nicht langweilen und den kindlichen Eigenheiten entgegenkommen.

In Entspannungsgeschichten oder -bildern sollte ein roter Faden vorhanden sein, das heißt, eine bestimmte Körperposition, Körperhaltung, eine Selbstinstruktion oder ein spezifisches, imaginiertes Bild führt nach ausreichender Übung zu konditionierten Entspannungswirkungen.

Rein kognitive Entspannungsmethoden, wie das autogene Training oder meditative Verfahren, sind für Kinder unter zirka zwölf Jahren ungeeignet.

Wichtig: Schaue immer individuell, was sich für ein Kind eignet, und orientiere dich an dessen Interessen, Kenntnissen und Fertigkeiten!

Arbeitsblätter im Anhang zum Thema Entspannungsverfahren:

- ▶ **AB (T): Entspannungsverfahren – siehe Anhang 6.7**
- ▶ **AB (T): Entspannungsübungen für Patienten – siehe Anhang 6.7.1**
- ▶ **AB (T): Entspannungsübungen für Patient*innen, Autogenes Training für Kinder und Jugendliche, – Anhang 6.7.2**
- ▶ **AB (T): Entspannungsübungen für Patient*innen, Atemübungen – Anhang 6.7.3**
- ▶ **AB (T): Fantasiereise – Anhang 6.7.4**
- ▶ **AB (T): Angeleitete Entspannung zum Mitmachen -Anhang 6.7.5**

6.10 Euthyme Verfahrensweisen

6.10.1 Was versteht man unter „euthymen Verfahren"?

Durch euthymes Erleben wird die Fähigkeit zu genussvollem Empfinden gefördert. Mithilfe euthymer Methoden werden bei Eltern und Kindern Verhaltensweisen aufgebaut, die unabhängig von der zielgerichteten Beseitigung störungsbedingter unangenehmer Zustände gesundheitsfördernde Bedeutung erhalten. Genuss ist an unsere Sinne gebunden – dabei muss der Genießende immer ein gewisses Maß an Selbstkontrolle aufbringen, um im Genießen zu bleiben. Das Ziel euthymer Therapie ist, dass die Patient*innen mit sich im Sinne der Selbstfürsorge umgehen. Sie sollen lernen, sich Wohlbefinden zu verschaffen und das Wohlbefinden zu regulieren. Selbstfürsorge ist eine erlernte Steuerungskompetenz zur Förderung der individuellen Ressourcen, die regelt, wann, wie und wie lange genossen werden kann.

Ziele „euthymer Methoden":
- Sensibilisierung der Sinnesmodalitäten
- Aufbau eines spezifischen Umgangs mit potenziell genussvollen Situationen
- Vertiefung genussvoller Eindrücke durch Bilder und Fantasien in der Vorstellung

Wie funktionieren „euthyme Methoden"? **Einführung von Genussregeln:**
- Genuss braucht Zeit (Sinnesqualitäten sollen wieder differenziert wahrgenommen werden)
- Genuss muss erlaubt sein
- ohne Erfahrung kein Genuss (über das tägliche Tun, über die Erfahrung)
- Genuss geht nicht nebenbei (genügend Aufmerksamkeit auf das Genießen)
- Alle so, wie sie mögen Genuss ist alltäglich
- weniger ist mehr (zeitweiliger Verzicht verhindert Übersättigung)

Ein Sinnesbereich wird thematisiert und gemeinsame Erfahrungen mit einem Sinnesmaterial gesammelt. Die Genussregeln werden mit einbezogen und die Erfahrungen ausgetauscht.

Über Hausaufgaben sollen die positiven Erfahrungen durch weiteres Ausprobieren in den Alltag integriert werden. Die Patient*innen sollen eigene Stimulanzien mit in die Therapie bringen und davon berichten.

▶ Beispiel

Beispiele für euthymes Erleben mit Eltern und Kindern nach dem Motto „verwöhnen und verwöhnt werden":
- genussvoller Körperkontakt
- feste Kuschelzeiten
- Eincremen der Haut
- wechselseitige Massage (Wettermassage, Brotback-Massage, Besuch-im-Zoo-Massage)
- angenehmes Bad

Spüren auf allen Sinneskanälen
- Erfahrungen auf der taktilen Ebene z. B. Wasser, Creme, Igelball, Fingerfarbe
- Erfahrungen auf der auditiven Ebene, z. B. Geräusche unterscheiden, Wechsel von laut und leise
- Schmecken durch gemeinsames Kochen und Backen
- Riechen durch unterschiedliche Geruchsproben
- Sehen durch Malen, Bilder anschauen, Kaleidoskop
- Kim-Spiele aus Krowatschek (2019, nach Rudyard Kipling)

Fantasie genießen
- Fantasiegeschichten

Genussvolle spielerische Interaktionen
- Spiele für Flow und Lusterleben
- Rollenspiele, Regelspiele, eine Höhle bauen, Theater spielen

Genussvolles Entspannen
- PMR
- Atemübungen
- Kassette hören
- Bewegungsmeditation

Genussvolle Bewegungen
- Tanzen
- Schwimmen
- Spazieren
- Hüpfen
- Sportverein

Genuss für die Eltern: Wenn Eltern lernen, wieder genussvoll mit Aspekten des Alltags umzugehen, tun sie sich selbst etwas Gutes und sind gleichzeitig Vorbild für ihre Kinder:
- zärtlicher Körperkontakt
- Bewegung
- Spiel und Theater

Kreatives Spiel mit Farben und Formen:
- Musikerleben und Musik
- positive kognitive Bewertungen
- regelmäßige Atem- und Entspannungsübungen
- lächeln und eine offene Körperhaltung ◄

Worauf ist bei „euthymen Methoden" zu achten? An sich kann bei der Anwendung euthymer Methoden nicht viel schieflaufen. Wichtig ist jedoch, den Genuss immer bewusst wahrzunehmen und im Zentrum der Aufmerksamkeit zu halten. Alles, was nebenbei und unbewusst getan wird, zählt nicht zu euthymen Methoden (z. B. Genusstraining: eine Praline auf der Zunge zergehen lassen versus beim Fernsehen Schokolade essen). Patienten, denen Genießen eher schwerfällt und die sich erst daran gewöhnen müssen, sich selbst etwas Gutes zu tun, sollten sehr langsam und sanft an das Genießen herangeführt werden. Hier tauchen oft Fragen auf wie *„Darf ich das?", „Womit habe ich mir das verdient?",* die gut besprochen werden sollten. Richtig genießen will gelernt sein!

6.11 Achtsamkeitsbasierte Verfahren

6.11.1 Was versteht man unter „achtsamkeitsbasierten Verfahren"?

In den vergangenen fünfzehn Jahren wurden zahlreiche Studien über die Wirksamkeit von Achtsamkeit veröffentlicht. Mittlerweile hält Achtsamkeit Einzug in ganz unterschiedliche Lebensbereiche und ist gerade sehr „im Trend". In der Psychotherapie verstehen wir unter achtsamkeitsbasierten Verfahren all diejenigen Verfahren, die dazu führen, uns besser im Hier und Jetzt wahrzunehmen und bei uns selbst zu sein.

Wahrnehmen, ohne zu bewerten – dieses einfache und seit Jahrhunderten überlieferte Konzept stammt aus dem Buddhismus und stellt eine Haltung dar, die der Meditation zugrunde liegt. Ein für die westlichen Kulturen praktikables Konzept erstellte Jon Kabat-Zin (Molekularbiologe), der an der University of Massachusetts lehrte und Ende der 1970er-Jahre das medizinische Achtsamkeitstraining MBSR (Mindfulness-Based Stress Reduction = Stressbewältigung durch Achtsamkeit; Kabat-Zinn, 2011) entwickelte.

Lese mehr zu diesem Konzept unter: **Achtsamkeit für Anfänger** von Kabat-Zinn (2013). **Zum Forschungsstand achtsamkeitsbasierter Verfahren**: Michalak et al., 2006.

Wie funktionieren achtsamkeitsbasierte Verfahren? Achtsamkeitsbasierte Verfahren bringen uns bei, wieder ganz bei uns zu sein. Sie schulen uns, im Hier und Jetzt mit unserem Körper und im Einklang mit unserem Geist zu sein. Die absichtsvolle und wertfreie Ausrichtung unserer Aufmerksamkeit auf den gegenwärtigen Moment stellt eine Grundhaltung gegenüber unserem Erleben dar. Häufig sind wir jedoch mit unserer Aufmerksamkeit nicht im Hier und Jetzt, sondern grübeln über die Vergangenheit nach oder machen uns Sorgen um die Zukunft. Achtsamkeit sorgt dann für Beruhigung, Entschleunigung und Förderung der Akzeptanz des Unveränderbaren. Durch die Intensivierung der Aufmerksamkeitszuwendung ist man letztlich mit weniger zufrieden, da das Hier und Jetzt intensiver erlebt wird.

Die Schulung und regelmäßige Praxis von Achtsamkeit im Alltag erleichtert es uns, mit ganzer Aufmerksamkeit wieder mehr im gegenwärtigen Augenblick zu leben. Wenn uns dies gelingt, empfinden wir mehr Lebensqualität!

Für wen eignen sich achtsamkeitsbasierte Verfahren? Achtsamkeitsbasierte Verfahren eignen sich für alle, ob jung oder alt, groß oder klein! Besonders gut eignen sie sich aber bei externalisierenden Störungsbildern, denn sie leisten einen Beitrag zur Beruhigung, zur „Erdung" und zum „bei sich sein". Auf langfristige Sicht fördert Achtsamkeit die Impulskontrolle. Doch auch bei den internalisierenden Störungsbildern und Verhaltensauffälligkeiten besteht eine besondere Indikation für achtsamkeitsbasierte Verfahren: zur positiven Gestaltung des inneren Erlebens, zur Nutzung von Introversion als Ressource, zum Loben von Erfahrungstiefe und Erfahrungsintensität.

Wie kann ich achtsamkeitsbasierte Verfahren bei Kindern und Jugendlichen anwenden? Es gibt zahlreiche Möglichkeiten, das Thema Achtsamkeit mit in die Kinder- und Jugendlichenpsychotherapie einfließen zu lassen und meiner Erfahrung nach lieben Kinder es, dem Moment achtsam zu begegnen. Dabei erlebe ich sie als offen und unvoreingenommen. Kinder sehen oft vieles, was außerhalb des Blickpunktes unserer (erwachsenen) Betrachtung liegt, was ich als sehr bereichernd in meiner Arbeit empfinde.

Hinweis zur Anwendung bei hippeligen Kindern:
- kurze Sequenzen
- Rollenmodelle, die es vormachen (Therapeutin, Bezugspersonen)
- klare und eindeutige verbale Anleitung zunächst durch die Therapeutin, später in Form von Selbstinstruktion: Erinnerungen, innere Formeln, Memo-Karten o. ä.
- viele positive Rückmeldungen!

Hier einige Anregungen und Ideen zum Thema Achtsamkeit: **Achtsamkeitstagebuch führen:** Diese Art des Tagebuchschreibens ähnelt dem Gefühlstagebuch und protokolliert die Achtsamkeitspraxis der Patient*innen. Im Vorfeld wird vereinbart, wie oft und wie lange Achtsamkeit im Alltag geübt und praktiziert werden soll. Auch die Art und Weise (Spaziergang, achtsames Genießen o. ä.) sollte vorher gut besprochen werden.

Einen Achtsamkeitsspaziergang machen: Hierfür eignen sich insbesondere Spazierstrecken durch die Natur, wo sensorische Anregungen und Reize zu finden sind, die uns entspannen lassen und uns guttun. Schön ist es, wenn alle Sinneskanäle angesprochen werden, also Augen, Nase, Ohren, Hände und Füße (haptische Reize). Zu den Sinnesreizen/-eindrücken zählen Wellenrauschen, bunte Blumen oder Blätter, Gras oder Sand unter nackten Füßen, Waldboden (riecht und fühlt sich gut an), das Schreien der Möwen oder Zwitschern der Vögel.

Selbstverständlich gibt es in unseren modernen Großstädten weniger naturnahe Spaziergelegenheiten, doch auch hier können Parks oder z. B. ein Hafen oder See Anreiz bieten. Darüber hinaus können „Indoor-Achtsamkeitsspaziergänge" wie beispielsweise ein Besuch im Kunstmuseum oder in einer Galerie reizvolle Alternativen darstellen. Auch ein Besuch auf dem Dom, Rummel oder Weihnachtsmarkt spricht alle Sinneskanäle an und kann für einen achtsamen Spaziergang genutzt werden. Wichtig ist, dabei bei sich und seinen Sinneseindrücken zu bleiben und zu riechen, zu hören und zu schmecken.

▶ Beispiel:

Für einen ersten Achtsamkeitsspaziergang bietet es sich an, z. B. an einem sonnigen Herbsttag aufmerksam durch einen Park oder eine Straße mit Kastanienbäumen zu gehen.
- Wie fühlt es sich an, das Laub unter den Füßen zu spüren und das Rascheln der Blätter zu hören? Achtung: wertfreies Beschreiben
- Wie ist es, die Augen für einen Moment zu schließen und die Luft zu riechen? Achtung: wertfreies Beschreiben
- Wonach riecht es?

Vielleicht findest du auf deinem Spaziergang die ersten Kastanien in ihren stacheligen Hüllen. Nimm sie in die Hand und betaste sie behutsam. Im weiteren Verlauf kann die Kastanienfrucht ein Begleiter in deiner Hosentasche werden, ein Handschmeichler, der daran erinnert, achtsam durch die Straßen (und durchs Leben) zu laufen. ◀

Achtsames Essen: Prinzipiell eignet sich fast jedes Essen zum achtsamen Essen, denn es ist an dieser Stelle eher eine Frage der Haltung, als dass die Qualität des Essens entscheidend ist. Untersucht und beobachtet werden können Geruch, Haptik oder Mundgefühl eines Gerichtes, Frucht oder Süßigkeit, ganz nach Geschmack und Präferenz!

▶ Beispiel:

Achtsames Eisessen: Hierfür soll in einer gemütlichen Sitzposition das Eis im Becher an einem Tisch serviert werden. Die/der Patient*in wird gebeten, die Augen zu schließen. Sie/er bekommt den Löffel und den Eisbecher mit einer Eissorte in die Hände und wird gefragt, ob die Sorte am Geschmack zu erkennen ist. Weitere Aufgaben können sein, das Eis auf der Zunge schmelzen zu lassen, die unterschiedlichen Konsistenzstadien der Eiscreme zu beobachten. Ziel ist das Wahrnehmen, Schmecken, Spüren – ohne zu bewerten. ◀

- **Achtsam ein Bad/eine Dusche nehmen**: Hierbei soll ganz bewusst das Gefühl des Badeschaums auf der Haut, der Geruch von Duschgel oder Badekugeln, die Wärme oder Kälte des Wassers und die Veränderungen der Haut (Schrumpelhände) durch langes Baden wahrgenommen werden.
- **Achtsam Haare waschen und sich nach dem Abtrocknen eincremen:** Auch hier geht es um bewusstes Empfinden. Es gibt Haarkuren und Bodylotions, die wunderbar riechen (nach Frucht, Vanille oder sogar Schokolade). An dieser Stelle mischen sich Achtsamkeit und Genusstraining. Nicht alle Patient*innen können ihrem Körper ohne Weiteres Gutes tun und hier sollte individuell geschaut werden, was sich eignet und sich gut für sie anfühlt.
- **Sich achtsam in ein frisch bezogenes Bett kuscheln:** ohne Anleitung;-)
- **Düfte sammeln:** achtsam durch die Straßen, über einen Markt und durch den Park gehen, auf der Suche nach unterschiedlichen Gerüchen. Achtsames Ein- und Ausatmen führt zu einer körperlichen Entspannung und kann als tägliche Achtsamkeitsübung wunderbar in den Alltag übernommen werden.
- **Achtsam auf dem Rummel, Jahrmarkt oder Dom:** Gerüche, Geräusche, Farben und Geschmäcker sammeln.
- **Achtsam durch den Wald:** Gerüche, Geräusche, Farben und Geschmäcker sammeln.
- **Achtsam in der Schule:** Gerüche, Geräusche, Farben und Geschmäcker sammeln.
- **Gestalterische Achtsamkeitsübungen:** Künstlerische und kreative Medien wie Ton, Knete oder Wassermalfarben eignen sich hervorragend für Sinneserleben der visuellen und haptischen Art. Der Fantasie sind hier keine Grenzen gesetzt – wichtig ist jedoch hierbei, prozessorientiert (und nicht ergebnisorientiert) zu arbeiten.

▶ Beispiele:

- Achtsam ein Aquarellbild gestalten (flüssige Aquarellmalfarben, Haarpinsel in unterschiedlichen Stärken, Schwämmchen, Wasserbecher und Aquarellpapier) und dabei wahrnehmen, wie die Farben ineinander verlaufen und sich mischen. Es geht darum wahrzunehmen, was auf dem Blatt passiert. Wichtig ist es, den Patient*innen aufzuzeigen, wenn sie das eigene Werk unbewusst bewerten, indem sie z. B. sagen: *„Das kann ich besser“,* o. ä. Geeignet für die fortgeschrittene Achtsamkeitspraxis.

- Herbstspaziergang malerisch darstellen: Ziel ist es bei dieser Aufgabe, Eindrücke gestalterisch darzustellen, die achtsam gewonnen wurden. Dieses kann auch eine Fortsetzung der Achtsamkeitsübung sein. Hierfür eigenen sich Wachsmalkreiden, die dick und pastos aufgetragen werden. Kastanien glänzen so z. B. in braun. ◄

Backen und einen Teig achtsam kneten: Hierfür eignen sich alle Formen von Teig, Mürbe-, Hefe- oder Salzteig. Backen fördert die Entspannungsfähigkeit dadurch, dass es alle Sinne (Fühlen, Riechen, Schmecken) anspricht!

6.12 Achtsamkeit für Therapeutinnen

S. von Usslar und L. von Düring-Ulmenstein

Zu guter Letzt soll es in diesem Praxisratgeber um unsere therapeutische Selbstachtsamkeit gehen. Psychotherapeutinnen sind aufgrund ihrer Ausbildung und Berufspraxis hinsichtlich des Umgangs mit Belastungen qualifiziert. Allerdings scheinen wir unser Wissen häufig nicht ausreichend auf unsere eigene Situation zu übertragen (Fengler, 1998). Wir „ermahnen" andere, die eigenen Bedürfnisse wahrzunehmen, selbstfürsorglich zu sein und sich z. B. mehr Zeit für die Liebsten, Hobbys und Entspannung zu nehmen. Für uns selbst setzen wir jedoch andere Maßstäbe und wenden das Postulierte nicht an. Tatsächlich sind Psychotherapeutinnen dafür berüchtigt, dass sie sich gut um andere, nicht aber sich selbst kümmern. Dabei stellt ihr Beruf höchste Anforderungen an sie!

Kinder- und Jugendlichenpsychotherapeutinnen haben neben ihren kleinen Patient*innen zusätzlich das Bezugspersonensystem „am Wickel", wozu neben leiblichen Eltern oftmals neue Lebensgefährt*innen, Erzieher*innen, Lehrer*innen etc. gehören. Dieses komplexe Beziehungsgefüge stellt oft neben den eigentlichen Patient*innen eine große Herausforderung dar und erfordert viel Einsatz. Darüber hinaus übernimmt die Therapeutin eine enorme Verantwortung gegenüber den Kindern und Jugendlichen. Dennoch wird die eigene Selbstfürsorge häufig hintangestellt – ob aus Verleugnung der eigenen Bedürfnisse oder aus Nachlässigkeit. Viele Studien zeigen, dass sich das Wohlbefinden der Therapeutin positiv auf die Therapien auswirkt (Bastine, 1992).

Es ist eine altbekannte Weisheit, dass nur wer für sich selbst gesorgt hat, auch anderen helfen kann. Es ist wie mit der Sauerstoffmaske im Flugzeug, die man zuerst sich und erst dann anderen Hilfsbedürftigen überziehen muss. Gerade darum ist es wichtig und bedeutsam, sich selbst in der therapeutischen Praxis achtsam zu begegnen. Um langfristig diesen anspruchsvollen Aufgaben gewachsen zu sein und leistungsfähig zu bleiben, sollte die tägliche Achtsamkeitspraxis einen wesentlichen Aspekt unserer Arbeit darstellen.

Überlastung und psychische Probleme von Psychotherapeutinnen können sich schädlich auf die Therapien auswirken. In den ethischen Richtlinien der APA wird deshalb dazu aufgefordert, sich immer bewusst zu sein, dass es eine *„mögliche Auswirkung ihrer eigenen körperlichen und psychischen Gesundheit auf ihre Fähigkeit gibt, denjenigen zu helfen, mit denen sie arbeiten"* (2002, S. 1062).

Viele Studien zeigen, dass die Person der Psychotherapeutin und das therapeutische Beziehungsangebot Hauptwirkfaktoren von Psychotherapie darstellen. Durch Selbstfürsorge können diese Quellen erhalten und gestärkt werden. Im Anhang 9.9 dieses Ratgebers findest du praktische und einfach umzusetzende Übungen!

Mitnahmebotschaft und Fazit:

- Wir haben einen emotional sehr belastenden Beruf.
- Wir sind gegenüber Burn-out und anderen psychischen Erkrankungen bis hin zum Suizid stärker gefährdet als der Durchschnitt der arbeitenden Bevölkerung.
- Maßnahmen zur Selbstfürsorge können unser Wohlbefinden, die Freude und Motivation bei der Arbeit sowie unsere Leistungsfähigkeit erhalten.
- Wir sollten uns um uns und unsere Lieben genauso gut kümmern wie um unsere Patient*innen.
- Selbstfürsorge erfordert Prioritätensetzung und Zeitmanagement.
- Intervision, Supervision und persönliche Therapie können sehr hilfreich sein.
- Glückliche Therapeutinnen sind die besseren Therapeutinnen!

Mehr lesen: Zarbock et al. (2012). *Achtsamkeit für Psychotherapeuten und Berater.*

Arbeitsblätter im Anhang zum Thema Achtsamkeit:

- ► **AB (P_T) Wie du deine psychische Gesundheit förderst, Anhang 6.8.5**
- ► **AB (T) Achtsamkeitsübungen für Therapeutinnen – Atemachtsamkeitsübung, Anhang 6.10**
- ► **AB (T) Achtsamkeitsübungen für Therapeutinnen – Bodyscan. Anhang 6.10.1**
- ► **AB (T) Achtsamkeitsübungen für Therapeutinnen – PME. Anhang 6.10.2**
- ► **AB (T) Achtsamkeitsübungen für Therapeutinnen – Sitzachtsamkeit. Anhang 6.10.3**
- ► **AB (T) Selbstfürsorge für Therapeutinnen – Anhang 6.10.4**
- ► **AB (T) Selbstführsorge für Therapeutinnen – Reflexion, Anhang 6.10.5**
- ► **AB (T) Selbstführsorge für Therapeutinnen – Lichtstromübung, Anhang 6.10.6**

Literaturempfehlungen zum Thema

Zarbock, G., Ammann, A., & Ringer, S. (2012). *Achtsamkeit für Psychotherapeuten und Berater*. Weinheim: Beltz.

Carle, E. (2017). *Die kleine Raupe Nimmersatt – Mein kleines Buch der Ruhe.* Gerstenberg.

In Anlehnung an Die kleine Raupe Nimmersatt *nimmt die Raupe auf ihre ganz eigene Art Kinder mit auf eine Gedankenreise. Bewusstes Atmen und Gedankenbilder lassen Kinder im Vorschulalter zur Ruhe kommen und fördern die Entspannungsfähigkeit im Alltag.*

Lenkte, B. (2019). *Achtsamkeit für Kinder. Achtsamkeit mit Kindern trainieren durch Achtsamkeitsübungen – Entspannt und sicher in der Entwicklung*. Selbstverlag.

Wilker, J. (2011). *Das Einmaleins der Achtsamkeit. Vom sorgsamen Umgang mit alltäglichen Gefühlen*. Theseus.

Im Minibuchformat wird hier auf humorvolle Art und Weise mit praktischen Beispielen aus dem Alltag erklärt, wie man in sieben Tagen durch Achtsamkeit zu einem heilsamen Umgang mit alltäglichen Gefühlen finden kann.

Seefeld, L. (2018). *Achtsamkeit mit Kindern. Training und Ratgeber, Meditation und Fantasiereisen, um Kinderseelen stark zu machen*. Selbstverlag.

Bücken-Schaal, M. (2016). *Gib auf dich acht! 30 Bildkarten zur Achtsamkeit*. Don Bosco Medien.

30 Spielverse zur Achtsamkeit für Kinder (Körperarbeit und innere Balance). Kinder werden durch Spielverse dazu angeregt, ihre Aufmerksamkeit auf ein bestimmtes Körperteil oder ganze Körperregionen zu lenken.

Beispiel: *„Die Hände liegen auf dem Bauch, sie wärmen ihn, das spür ich auch. Sie streicheln ihn ganz sanft und gut, das gibt mir wieder frischen Mut."*

Geisler, U. (2018). *Achtsamkeit und Imagination für Kinder und Jugendliche. 60 Bildkarten mit bewährten Übungen für die Praxis*. Junfermann.

Ein super Set für die Einzel- und Gruppentherapie mit Kindern und Jugendlichen. Folgende Themen decken die Übungen ab: Spüren und Bewegen, Sinne, Gedanken, Atem, Stressabbau, zur Ruhe kommen, Vorstellungen (hypnotherapeutische und imaginative Übungen).

6

Pallis, M., & Kerr, C. (2019). *Krabbe und Wal: Achtsamkeit für Kinder – eine sanfte und einfache Einführung*. Mindful Storytime.

Geeignet für das Alter von 2–8 Jahren. Eine sehr schöne und kindgerechte Geschichte wird hier so erzählt, dass Kinder sich ihrem eigenen Körper, dem Atmen, ihrer Gefühle und ihrer Umgebung bewusster werden.

Literatur

Ainsworth, M. D. S., et al. (1978). *Patterns of attachment. A psychological study of the Strange Situation*. Erlbaum.

American Psychological Association (APA). (2002). *Ethical Code* – aktuelle Fassung. https://www.apa.org/ethics/code. Zugegriffen am 22.11.2020.

Bastine, R. (1992). *Klinische Psychologie*. Kohlhammer.

Bohus M. (2002). Borderline-Störung. Fortschritte der Psychotherapie, Bd. 14. Hogrefe.

Bowlby, J. (1951). *Maternal care and mental health. A report prepared on behalf of the World Health Organization as a contribution to the United Nations programme for the welfare of homeless children* (WHO Series No. 2). WHO.

Ellis, A. (1962). Die rational-emotive Therapie. Das innere Selbstgespräch bei seelischen Problemen und seine Veränderung. Pfeiffer.

Ellis, A. (1997). *Grundlagen und Methoden der Rational-Emotiven Verhaltenstherapie*. Pfeiffer.

Fengler, J. (1998). *Helfen macht müde. Zur Analyse und Bewältigung von Burnout und beruflicher Deformation* (5. Aufl.). Klett-Cotta.

Graaf, P., & Loose, C. (2013). Kindbezogene Techniken und Vorgehensweisen. In G. Loose, P. Graaf, & G. Zarbock (Hrsg.), *Schematherapie mit Kindern und Jugendlichen* (S. 178–260). Beltz.

Kabat-Zinn, J. (2011). *Gesund durch Meditation. Das große Buch der Selbstheilung. Das grundlegende Übungsprogramm zur Entspannung, Stressreduktion und Aktivierung des Immunsystems*. Fischer.

Kabat-Zinn, J. (2013). *Achtsamkeit für Anfänger*. Arbor.

Krowatschek, D. (2019). *Marburger Konzentrationstraining (MKT) für Schulkinder*. Dortmund: vml. (Kapitel über „Kim-Spiele – Übungen zur Förderung der Wahrnehmung und der Merkfähigkeit". https://www.verlag-modernes-lernen.de/shop/pdf/8365/leseprobe2/8365.pdf. Zugegriffen am 22.11.2020.

Largo, R. H. (2017). *Babyjahre: Entwicklung und Erziehung in den ersten vier Jahren*. Piper.

Meichenbaum, D. (1977). Methoden der Selbstinstruktion. In A. P. Kanfer & F. H. Goldstein (Hrsg.), *Möglichkeiten der Verhaltensänderung* (S. 407–450). Urban & Schwarzenberg.

Michalak, J., Heidenreich, T., & Bohus, M. (2006). Achtsamkeit und Akzeptanz in der Psychotherapie: Gegenwärtiger Forschungsstand und Forschungsentwicklung. *Zeitschrift für Psychiatrie, Psychologie und Psychotherapie, 54*, 241–253.

Oerter, R., & Montada, L. (1998). *Entwicklungspsychologie – Ein Lehrbuch*. Beltz.

Prior, M. (2006). *MiniMax-Interventionen. 15 minimale Interventionen mit maximaler Wirkung*. Carl Auer.

Richter, H.-E. (1963). *Eltern, Kind und Neurose*. Rowohlt.

von Staabs, G. (2004). *Textband, Der Scenotest: Beispiele aus der klinischen Praxis*. Huber.

von Staabs, G. (1991). *Der Scenotest, Testkasten mit Testmaterial ohne Textband*. Huber.

Zarbock, G., Stürzel, P.-S., & Semmler, N. (2021). *Biografisch-Systemische Verhaltenstherapie*. Springer.

Zarbock, G. (2008). *Praxisbuch Verhaltenstherapie*. Pabst.

Zarbock, G. Ammann, A. & Ringer, S. (2012). *Achtsamkeit für Psychotherapeuten und Berater*. Beltz.

D'Zurilla, T. J., & Goldfried, M. R. (1971). Problem solving and behavior modification. *Journal of Abnormal Psychology, 78*, 107–126.

Störungsbilder: praxisnahe Betrachtungen aus dem therapeutischen Alltag

Inhaltsverzeichnis

Ergänzende Information Die elektronische Version dieses Kapitels enthält Zusatzmaterial, auf das über folgenden Link zugegriffen werden kann [https://doi.org/10.1007/978-3-662-63935-1_7]. Die Videos lassen sich durch Anklicken des DOI Links in der Legende einer entsprechenden Abbildung abspielen, oder indem Sie diesen Link mit der SN More Media App scannen.

L. von Düring-Ulmenstein, G. Zarbock, *Verhaltenstherapie bei Kindern und Jugendlichen*,
https://doi.org/10.1007/978-3-662-63935-1_7

7.1 Depressive Störungen des Kindes- und Jugendalters

L. v. Düring-Ulmenstein

Bei Kindern und Jugendlichen wird von einer Rate zwischen 5–10 % für alle Depressionsformen ausgegangen (Cytryn & McKnew, 1996). Bis zum Eintritt in die Pubertät ist bei Mädchen und Jungen die Auftretenshäufigkeit ausgeglichen; im Jugendalter sind Mädchen häufiger betroffen (2:1). Dabei können Symptomatik und Verlauf sehr unterschiedlich ausfallen. Bei Minderjährigen remittieren depressive Symptome oft innerhalb eines Jahres. Viele Jugendliche sind jedoch deutlich stärker betroffen und leiden bis ins Erwachsenenalter an depressiven Symptomen (Fegert & Kölch, 2013, S. 199).

Depressive Störungen haben bei Kindern und Jugendlichen oft ein anderes Erscheinungsbild als bei Erwachsenen und können sich z. B. hinter somatischen Beschwerden oder Reizbarkeit und Aggressionen verstecken. Aber auch Müdigkeit, sich „down" fühlen oder ein Leistungsabfall in der Schule können auf eine Erkrankung aus dem depressiven Formenkreis hinweisen. Jugendliche zeigen sich häufig beeinflussbar durch Gleichaltrige (Peers) und prominente Vorbilder (z. B. Influencer*innen). Auch kann sich hier eine Zugehörigkeit zu sogenannten Subkulturen mit einschlägigem Kleidungsstil und dazugehöriger Weltanschauung entwickeln. So kann auch eine gewisse „Todessehnsucht" als Teil der Gruppenzugehörigkeit und Identität entstehen. Aber es kommt ebenso vor, dass Jugendliche ihre depressiven Symptome eher verdeckt halten und ihre Traurigkeit verleugnen. Hier ist es besonders wichtig, gut hinzuschauen und ein vertrauensvolles Beziehungsangebot zu machen. Mitunter spielt selbstverletzendes Verhalten eine Rolle. Relevant ist in Kombination mit einer Depression *immer* die Abklärung von Suizidalität.

7.1.1 Symptomatologie der Depression und Klassifikation laut ICD-10 (nach Remschmidt et al., 2017)

Die allgemeinen diagnostischen Kriterien einer depressiven Episode (F32) sind:

- Die depressive Stimmung besteht mindestens zwei Wochen und anamnestisch liegen keine Manie/Hypomanie, Substanzmissbrauch oder organische Störungen vor, welche die Symptome erklären würden. An fünfter Stelle ist das **somatische Syndrom** zu kodieren (0: ohne/1: mit, z. B. F32.1), wenn vier der folgenden Symptome vorliegen:
  - deutlicher Interessenverlust oder Verlust an Freude an normalweise angenehmen Aktivitäten
  - mangelnde Fähigkeit, auf Ereignisse oder Aktivitäten emotional zu reagieren, die normalerweise eine Reaktion hervorrufen
  - Früherwachen (> 2h)
  - Morgentief
  - psychomotorische Hemmung/Agitiertheit
  - Appetitverlust
  - Gewichtsverlust (5 % in einem Monat)
  - Libidoverlust (relevant ab Jugendalter)

Kriterien für die leichte depressive Episode (F32.0): zwei Hauptsymptome (HS) + vier Gesamtzahl (GZ):

- Die allgemeinen Kriterien für eine depressive Episode sind erfüllt.
- Mind. zwei (HS) aus den drei folgenden Symptomen: depressive Stimmung (meiste Zeit des Tages mind. zwei Wochen), Interessen-/Freudverlust, Antriebsminderung, gesteigerte Ermüdbarkeit
  + ein oder mehr der folgenden Symptome (ZS):
  - wenig Selbstvertrauen und geringes Selbstwertgefühl
  - Selbstvorwürfe und Schulgefühle
  - Suizidgedanken und suizidales Verhalten
  - Konzentrationsschwierigkeiten und Unentschlossenheit
  - psychomotorische Unruhe oder Hemmung
  - Schlafstörungen
  - Appetitverlust oder gesteigerter Appetit

Kriterien für die mittelgradige depressive Episode (F32.1): zwei Hauptsymptome (HS) + sechs Gesamtzahl (GZ)

- Die allgemeinen Kriterien für eine depressive Episode sind erfüllt.
- Mind. zwei (HS) aus den drei folgenden Symptomen: depressive Stimmung (meiste Zeit des Tages mind. 2 Wo.), Interessen-/Freudverlust, Antriebsminderung, gesteigerte Ermüdbarkeit
  + vier oder mehr der folgenden Symptome (ZS):
  - wenig Selbstvertrauen und geringes Selbstwertgefühl
  - Selbstvorwürfe und Schulgefühle
  - Suizidgedanken und suizidales Verhalten
  - Konzentrationsschwierigkeiten und Unentschlossenheit
  - psychomotorische Unruhe oder Hemmungen
  - Schlafstörungen
  - Appetitverlust oder gesteigerter Appetit

Diese Patient*innen haben erhebliche Schwierigkeiten, ihren Tagesablauf aufrechtzuerhalten.

Zusätzliche mögliche Symptome bei Kindern und Jugendlichen:

- Reizbarkeit und übellaunige Stimmung
- Trennungsängste
- häufig somatische Beschwerden (z. B. Kopf- und Bauchschmerzen)
- Rückzug, Isolation, wenige Kontakte zu Gleichaltrigen und Schwierigkeiten in bestehenden Beziehungen
- Langeweile

▪ Ambulant vs. stationär

Die Frage nach einer stationären Behandlung stellt sich immer dann, wenn Patient*innen nicht ausreichend absprachefähig (suizidal) sind und nicht für ihre Sicherheit gewährleistet werden kann. Darüber hinaus ist eine stationäre Behandlung auch dann indiziert, wenn das Familiensystem stark gestört bzw. ein aufrechterhaltender Faktor der Störung ist. Mitunter sind die Eltern selbst betroffen oder schwach und können ihrem Kind keinen stabilen und verlässlichen Rahmen bieten. Es bleibt jedoch immer abzuwägen, inwiefern die psychosozialen Funktionen der/s Betroffenen eingeschränkt werden bzw. inwieweit sie/er geschützt werden muss.

In den aktuell gültigen **S3-Leitlinien zu Depressiven Störungen bei Kindern und Jugendlichen** werden auf Seite 12 Empfehlungen zu der Frage „ambulant oder stationär?" gegeben (AWMF, 2013).

Auf die **Kriterien der schweren depressiven Episode (F32.2)** gehe ich an dieser Stelle nicht ein, da sie in der ambulanten Praxis eher selten behandelt werden.

Mein Tipp zum Einbezug einer Kinder- und Jugendlichenpsychiaterin

Patient*innen, die suizidal sind oder an einer mittelgradigen depressiven Episode (F32.1) leiden, sollten immer auch begleitend von einer Kinder- und Jugendlichenpsychiaterin gesehen werden. Einerseits sorgt dies für ein engmaschiges Behandlungsnetz mit zusätzlichen Kontakten auf Seiten der Patient*innen, andererseits dient es zusätzlich auch der Entlastung der Psychotherapeutin, da vier Augen mehr sehen als zwei Augen. Die Verantwortung liegt nun nicht ausschließlich auf den Schultern einer behandelnden Person. Auch können medikamentöse Fragen geklärt werden.

7.1.2 Diagnostik/Testdiagnostik

Störungsspezifisch sollten auf Seiten der Patient*innen und deren Bezugspersonen neben der **Erhebung der lebensgeschichtlichen Krankheitsanamnese** und den aktuellen Auswirkungen auf den Alltag **anamnestisch alle für das Störungsbild relevanten Daten** in Anlehnung an Fegert und Kölch (2013, S. 203–204) exploriert werden:

- Tagesablauf
- Schlaf-Wach-Rhythmus
- Schlafhygiene
- soziale Kontakte
- Hobbys
- Rückzugsverhalten
- Grübeltendenzen
- Gedankenkreise
- Essverhalten (Appetit, hat sich etwas verändert? Gewichtsabnahme?)
- Einnahme von Medikamenten, insb. Kontrazeptivum = Antibabypille
- Alkohol- und Drogenkonsum
- Lehrer*innenrückmeldung
- aktuelle Stimmung (z. B. mithilfe von Skalierungstechniken)
- Suizidalität:
  - Absicht?
  - Wie konkret sind Ideen vorhanden?
  - Umsetzungsmöglichkeit?

Das ► **Abschn.** 7.7 **Suizidale Patient*innen in der ambulanten Praxis** geht explizit auf den Umgang mit dem Thema Suizidalität ein.

► Hilfreich: **AB (T) Notfall-Fahrplan für Therapeut*innen – Anhang 7.8.5**

Tab. 7.1 Alterstypische Symptome der Depression (Herpertz-Dahlmann et al. (2008, S. 776)

Kleinkind 1.–3. Lj.	**KiTa-Alter 4.–6. Lj.**	**Schulalter 6.–12. Lj.**	**Pubertät/Jugend 13.–18. Lj.**
Häufiges Weinen Erhöhte Irritabilität Spielunlust Schlafstörungen, insb. Einschlafen Verminderter Ausdruck Appetitlosigkeit	Wirken niedergeschlagen und traurig Ängstliche/phobische Symptome Schlafstörungen, insb. Einschlafen Appetitlosigkeit Introvertiertes Verhalten Aggressives Verhalten Gehemmte Psychomotorik	Berichten von und erleben Traurigkeit Reizbarkeit Gehemmte Psychomotorik Ängstlichkeit, v. a. Zukunftsangst Leistungsabfall Schlafstörungen, insb. Einschlafen Appetitlosigkeit Suizidale Gedanken(!)	Selbstzweifel, Minderung Selbstwertgefühl Konzentrationsstörungen Lustlosigkeit, Apathie Stimmungslabilität Psychosomatische Beschwerden, Gewichtsabnahme Schlafstörungen, insb. Einschlafen Appetitlosigkeit Zirkadiane Schwankungen des Befindens Suizidale Gedanken(!)

Im **psychopathologischen Befund** sollten insbesondere die Symptome Hoffnungslosigkeit, Traurigkeit, somatische Symptome (Schlafstörungen), Selbstvorwürfe, Schuldgefühle und suizidale Gedanken erfragt werden.

Alterstypische Erscheinungsformen depressiver Symptomatik findest du in Tab. 7.1. Zusätzlich sollten immer eine genaue **Verhaltensbeobachtung** und **Verhaltensanalyse** erfolgen.

7.1.2.1 Störungsspezifische Verfahren: Depressionsfragebögen

- **Diagnostik-System für psychische Störungen nach ICD-10 und DSM-5 für Kinder und Jugendliche-II von Döpfner et al.** (2008a): Neben einem **Selbstbeurteilungsbogen für Depressionen, DISYPS-KJ: SBB-DES** gibt es den Fremdbeurteilungsbogen für Depressionen für Eltern und Erzieher*innen, **DISYPS-KJ: FBB-DES.** Selbstbeurteilung von 11–18 Jahren; Fremdbeurteilung von 4–18 Jahren. Erschienen im Komplettpaket bei Hogrefe und zu beziehen über die Testzentrale. An deinem Ausbildungsinstitut gehören diese Fragebögen zur Standarddiagnostik.
- **Depressionsinventar für Kinder und Jugendliche – DIKJ** von Stiensmeyer-Pelster et al. (2014): Testet sensibel den Schweregrad einer depressiven Erkrankung bei Kindern von 8–16 Jahren und kann gut als Verlaufskontrollinstrument im Therapieverlauf eingesetzt werden. Zu beziehen über die Testzentrale (ebenfalls Hogrefe) und Teil der Standarddiagnostik an deinem Ausbildungsinstitut.
- **Depressionstest für Kinder II – DTK-II** von Rossmann (2014): Geeignet für Kinder von 9–14 Jahren, auch als Screening-Instrument einsetzbar. Zu beziehen über die Testzentrale.
- **Das Beck-Depressions-Inventar – BDI II**, in der deutschen Version von Hautziger et al. (2009) testet die Schwere einer Depression bei Jugendlichen ab 13 Jahren und Erwachsenen. Einfach und übersichtlich, schnell und praktisch in der Auswertung. Teil der Standarddiagnostik an deinem Ausbildungsinstitut. Zu beziehen über die Testzentrale.

7.1.2.2 Projektive Verfahren

Wiener-Satzergänzungstest (nach Rotter et al., 1992): Leider nur antiquarisch erhältlich, aber es gibt im Netz eine Vielfalt an unterschiedlichen Satzergänzungstests, die individuell nach Geschlecht und Altersgruppe gut einsetzbar sind. Diese Tests stellen das meistgenutzte Verfahren in der Kinderdiagnostik (Rauchfleisch, 2001).

Im Anhang stehen folgende Satzergänzungstests als Vorlage zur Verfügung:

▶ **AB (P) Satzergänzungstest Jugendliche – Anhang 7.1**

▶ **AB (P) Satzergänzungstest nach Rotter für Kinder – Anhang 7.1.1**

Weiterführende interessante Literatur: Brem-Gräser (2011), das über den Buchhandel erhältlich ist.

Achtung

Es kann vorkommen, dass Patient*innen sozial erwünschte Antworten im Fragebogen geben und die Ergebnisse so zunächst unauffällig erscheinen. Wenn dich ein komisches Gefühl „anspringt" und die Ergebnisse sich scheinbar nicht mit deinem Eindruck der Patient*innen decken oder Aussagen widersprüchlich erscheinen, dann bitte dieses *immer* mit den Patient*innen thematisieren!

▪ Zusätzlich notwendig ist eine gute somatische Abklärung durch die/den Hausärzt*in

In der Regel kann die/der behandelnde Kinderärzt*in durch ein sogenanntes großes Blutbild sehen, ob die Werte der Schilddrüse und andere wichtige Blutparameter in Ordnung sind. Es kommt vor, dass Patient*innen an Eisenmangel (Anämie) oder einer Schilddrüsenunterfunktion (Hypothyreose) leiden – die Symptome können denen einer Depression ähneln! Ebenso kann die Wirkung bestimmter Medikamente, wie der Antibabypille (Kontrazeptiva), Kortison oder auch Stimulanzien, depressive Symptome verursachen.

7.1.2.3 Standarddiagnostisch sollten immer einige Aspekte getestet werden

- Anhand einer Leistungsdiagnostik (**WIPPSI-IV/WISC-V/WAIS-IV, KABC-2**), je nach Verfügbarkeit im Ausbildungsinstitut und je nach Alter der Patient*innen, soll eine intellektuelle Über-/Unterforderung ausgeschlossen werden.
- Standardmäßig sollten die **Child Behavior Checklist von Achenbach** (2014) – **CBCL (1,5–18 J.)** sowie auch der **Elternfragebogen, die Version für Lehrer/Teacher Rating Form – TRF (6–18 J.)**, eingesetzt werden. Bei Jugendlichen erfasst der **Selbstauskunftsbogen Youth Self Report, Fragebogen für Jugendliche von Achenbach – YSR (11–18 J.)** die Symptome. An deinem Ausbildungsinstitut gehören diese Fragebögen zur Standarddiagnostik.

7.1.3 Psychoedukation – oder: Wie erkläre ich es der Familie mit einfachen Worten?

Was verbirgt sich hinter einer Depression? Was brauchen Betroffene? Depressionen gehören mit einer Lebenszeitprävalenz von bis zu 20 % zu den häufigsten psychischen Erkrankungen weltweit (siehe hierzu die S3-Leitlinie von 2013, die sich aktuell in Überarbeitung befindet: AWMF, 2013). Die Hauptsymptome bestehen aus Antriebslosigkeit, Niedergeschlagenheit und meist einer generellen Freudlosigkeit bzw. einem Interessenverlust von Aktivitäten oder Tätigkeiten, die zuvor Freude bereitet haben. So geben viele Kinder und Jugendliche beispielsweise ein geliebtes Hobby auf, weil sie nicht mehr die Kraft aufbringen, es zu pflegen.

Das Erscheinungsbild von depressiven Störungen ist individuell sehr unterschiedlich. Beispielsweise kann es sein, dass Patient*innen mit gereizter Stimmung statt Niedergeschlagenheit reagieren und teilweise aggressives Verhalten an den Tag legen. Bei anderen Betroffenen dominieren Grübeln und negatives Denken. Für Eltern kann es mitunter schwierig sein, die sogenannten internalisierenden Symptome, zu denen das Sich-Zurückziehen, Grübeln, die Selbstwertproblematik und Selbstvorwürfe zählen, zu erkennen: Denn diese Symptome fallen zunächst nicht auf und stören Bezugspersonen weniger als z. B. das aggressive Verhalten eines Kindes. Hier ist es wichtig, den Kindern Gesprächs- und Beziehungsangebote zu machen, die signalisieren: *„Ich bin da für dich und du kannst mir erzählen, was los ist."* Wieder andere leiden vor allem unter den somatischen Anteilen der Erkrankung, die man Somatisches Syndrom nennt. Hierzu zählen Schlafstörungen (Ein- und Durchschlafstörungen, Appetitminderung, oft einhergehend mit einem Gewichtsverlust, Morgentief etc.). Betroffene denken oft zunächst an organische Erkrankungen, denn die Depression ist bei ihnen körperlich spürbar.

Ich persönlich empfehle, Bezugspersonen Folgendes über die Erkrankung Depressionen zu berichten.

„Unabhängig davon, welche Symptome Ihr Kind aufweist und worunter auch Sie als Eltern leiden – Ihr Kind hat eine ernstzunehmende psychische Erkrankung, für die es nichts kann. Es möchte nicht faul sein, sondern es kann einfach nicht anders, weil es die Kraft hierzu nicht aufbringen kann. Dieses ist wichtig zu verstehen. Depressionen sollten psychotherapeutisch behandelt werden, denn es droht immer das Risiko einer Chronifizierung oder Verschlechterung. In vielen Studien wurde die höchste Wirksamkeit mit kognitiv-verhaltenstherapeutischen Verfahren belegt. Laut der Leitlinien aus 2013 zur Behandlung von depressiven Störungen bei Kindern und Jugendlichen stellt Psychotherapie die Methode der Wahl dar; Medikation sollte nur begleitend und in schweren Fällen in Betracht gezogen werden, wenn andere Methoden keine Wirksamkeit zeigen, da die Medikation unerwünschte Nebenwirkungen, wie die Verstärkung von Suizidgedanken, mit sich bringen kann. Jede Therapie sollte immer individuell auf die Bedürfnisse der Patient*innen und Familien ausgelegt sein.

Wichtig ist nun zunächst, die Erkrankung zu akzeptieren und sie gemeinsam mit dem Kind anzugehen. Dieses bedeutet viel Kraftaufwand, aber es zahlt sich am Ende aus. Die Aktivierung der Patient*innen, d. h. sukzessive Aktivitäten aufzubauen, ist ein wichtiger Bestandteil der Behandlung. Hierfür werden Sie als Eltern dringend gebraucht, denn meist schaffen die Patient*innen dieses zunächst nicht von sich aus, sondern benötigen Unterstützung von außen. Das Kind zu schonen, ist in der Regel nicht hilfreich, denn über das Aktivwerden gelingt es, wieder Erfolge und Glücksmomente zu erleben und so das Selbstwerterleben positiv zu beeinflussen."

▶ Siehe hierzu auch das **AB (P): Mein Teufelskreis der Depression – Anhang 7.1.7.5**

7.1.4 Störungsmodell und Teufelskreis der Depression

Depressive Erkrankungen sind ein multifaktoriell bedingtes Zusammenspiel aus biologischen, psychologischen und sozialen Faktoren.

7.1.5 Praxisbeispiel

Der Jugendliche Der 15-jährige Jugendliche erscheint mittlerweile regelmäßig zur Therapie. Er sitzt im Sessel, zusammengesunken und hoffnungslos wirkend. Er wisse nicht, ob das alles etwas bringe, und es falle ihm nach wie vor sehr schwer, sich aufzuraffen und zur Therapie zu kommen. *„Wie toll, dass du es dennoch geschafft hast, heute hier zu sein"*, lobt ihn die Therapeutin. Er blickt sie an, aber kann sich scheinbar nicht über das Lob freuen oder es annehmen. Doch die Erinnerungs-SMS, welche die Therapeutin ihm nun immer schickt, und das drohende Ausfallhonorar helfen ihm, sich auf den Weg zu machen, und auf dem Nachhauseweg fühlt er sich immer ein bisschen weniger schlecht, weil er nicht aufgibt.

Er schämt sich noch immer sehr für seine Depression und die Therapeutin sagt dann, dass ihm die Akzeptanz der Erkrankung schwerfalle. Welcher 15-Jährige hat schon eine Depression? Die anderen Jungs in seinem Alter trinken Alkohol, feiern, machen mit Mädchen rum und fordern das Leben heraus. Und er? Ihn fordert das Leben heraus, und zwar so sehr, dass er zeitweise lieber gar nicht mehr leben wollte. Doch diese Ideen und Gedanken sind weniger geworden und er kann sie mittlerweile gut einordnen und sich ablenken, bzw. seine neuen Strategien anwenden, wenn diese Stimmen wieder lauter werden. Außerdem hat er ja einen Vertrag mit der Therapeutin geschlossen.

In dieser Stunde soll es um Tages- und Wochenziele gehen. Was kann er sich in der kommenden Woche an positiven Aktivitäten vorstellen? *„Mmh, ich weiß nicht."* Er überlegt. *„Alles so anstrengend"*, denkt er. Er wird es eh wieder nicht schaffen. Weil er nichts auf die Reihe bekommt.

Der jugendliche Patient wirkt dysthym. Wenig schwingungsfähig im Kontakt, wie es auf Therapeutendeutsch so schön heißt. Als säße er hinter einer Glaswand. Sie kann ihn kaum greifen. Was ihn beschäftige, fragt sie. *„Nichts. Ein großes Nichts ist da. Sonst nichts."* Auch sein Blick wirkt leer, als er das sagt. Dann sitzt er da und schweigt. Er kann es gut aushalten, zu schweigen. Irgendwann nimmt er den

Gesprächsfaden wieder auf: *„Sicher können Sie sich Spannenderes vorstellen, als jemanden wie mich zu behandeln. Sie können das ruhig sagen, ich geh dann einfach und nehm's Ihnen nicht übel.“* Die Therapeutin versichert ihm, dass dieses nicht so sei und dass sie ihm wirklich gern bei der Bewältigung seiner Depression helfe. Sie sei für alle Patient*innen da, unabhängig davon, ob diese das Gefühl hätten, die Mühe „wert“ zu sein. Dann thematisiert sie das Wertlosigkeitserleben. Ja, Schuldgefühle habe er, und wie. Seiner alleinerziehenden Mutter gegenüber, die alles für ihn tue – er hingegen hänge nur rum und sei mies drauf, eben down.

Im weiteren Verlauf kommt die Therapeutin hartnäckig auf ihr Aktivierungsbestreben zurück: *„Lass uns doch noch mal schauen, wie du in der letzten Woche deine Tage verbracht hast.“* Der Jugendliche wendet den Blick ab und antwortet leise: *„Ja, wie immer eben. Mit nichts. Playstation, Sofa.“* Sie lässt nicht locker: *„Wäre nicht langfristig erfüllender für dich, wenn du am Ende des Tages ein positives Erlebnis für dich verbuchen könntest? Wie würde es dir gehen, wenn du beispielsweise eine Runde mit dem Rad um den See gefahren wärst und dir ein Eis gegönnt hättest?“* Nun blickt er sie doch an und gibt zu: *„Vielleicht würde ich mich etwas besser fühlen. Keine Ahnung. Aber ich packe das eh nicht.“*

„Ach wie schade“, antwortet die Therapeutin. *„Aber dann kann sich ja auch nichts ändern. Pass mal auf, ich mache dir einen Vorschlag. Wir entwickeln gemeinsam einen Plan und du versuchst es. Wenn es von fünf Tagen an drei Tagen klappt, ist es schon ein Erfolg. Dann schauen wir, wie du dich gefühlt hast und ob es einen Unterschied macht. Wir haben viel über den Zusammenhang von Stimmung und Aktivität gesprochen. Ich versichere dir, dass du dich am Ende der Woche mit großer Wahrscheinlichkeit besser fühlen wirst. Wenn es nicht klappt, schauen wir, was du brauchst, damit es klappt. Und ggf. schauen wir dann, was du an zusätzlicher Unterstützung benötigst.“* Sie macht eine Pause. *„Wie fühlt sich diese Idee an für dich?“*

Ja, wie fühlt es sich an? Es fühlt sich für ihn so unfassbar schwer an. So schwer, dass diese Schwere auch in dem kleinen Therapieraum zum Greifen spürbar ist. Die Chronifizierung und Hartnäckigkeit der Erkrankung zeigen sich insofern, als dass sie zäh und in Minischritten vorankommen. Immer wieder gibt es Rückfälle und der Jugendliche droht aufzugeben, weil er die Kraft nicht aufbringen kann, etwas zu ändern. Er wirkt dann für die Therapeutin so unerreichbar.

Doch dann beginnt der Jugendliche zu sprechen: *„Es ist so, als wäre die Welt hinter einer durchsichtigen Mauer. Ich nehme sie gedämpft und schwer wahr und bin kein Teil von ihr, da ich noch schwerer als der Rest bin.“*

„Es klingt so, als wären deine Gefühle gewissermaßen auch gedämpft oder wie würdest du dein emotionales Erleben beschreiben?“

„Ich würde schon sagen, dass es wie eine große dunkle innere Leere, wie ein Loch im Inneren von mir ist. Dieses Loch hat keinen Boden, kein Anfang und kein Ende. An manchen Tagen ist das Loch überschaubarer, aber an den meisten Tagen dehnt es sich schier unendlich aus und scheint allen Raum in mir auszufüllen. Dann geht nichts. Alles ist zu viel.“

Die Therapeutin blickt den Jugendlichen an: *„Ich bin gerade sehr beeindruckt davon, wie differenziert du dein inneres Erleben dargestellt hast. Ich kann mir bildhaft vorstellen, wie es dir mit dieser dunklen Leere gehen muss. Das fühlt sich bestimmt sehr unangenehm an, wenn alles in dir so dunkel und leer ist. Kräfteraubend. Könntest du dir vorstellen, dein inneres Erleben genauso, wie du es mir eben erzählt hast, aufzuschreiben? Quasi ein Seelentagebuch führen?“*

„Ich kann es ja mal versuchen", bietet der Jugendliche an. *„Schau mal, ich habe hier sogar noch ein Notizbuch. Könnte sich das dafür eignen?"* Der Jugendliche nimmt das Notizbuch an sich und nickt.

Die Therapeutin Die Therapeutin hat sich angewöhnt, sich vor Beginn der Stunde noch einmal deutlich die positive Entwicklung ihres jugendlichen Patienten vor Augen zu führen. Sie empfand diese kleine Übung als sehr hilfreich und beugte ein wenig dem Gefühl vor, auf der Stelle zu treten. Denn der psychotherapeutische Prozess an sich verlief äußerst kleinschrittig und in vielen Stunden auch mühselig. Dies brachte das Störungsbild einer endogenen und chronifizierten Depression mit sich.

„Gibt es etwas, worüber du heute mit mir sprechen möchtest?", möchte die Therapeutin wissen. Sie ahnt, dass die Antwort ähnlich wie sonst ausfallen wird. Der Jugendliche verneint, er habe nichts und er wisse auch nicht, worüber er sprechen wolle. *„Du hattest mir zu Beginn einmal am Rande erzählt, dass dein Verhältnis zu deinem Vater so mies sei, magst du mir vielleicht heute ein wenig mehr darüber erzählen?"* Da beginnt er mit einem Mal und erzählt, mit leiser Stimme, aber in schnellem Tempo, dass sein Vater die Familie verlassen habe, als er fünf gewesen sei. Vorher hatten die Eltern viel gestritten und der Vater habe dann seine Sachen gepackt mit den Worten, vorübergehend woanders zu wohnen. Doch er sei nie zurückgekommen, stattdessen hätte der Junge ihn einige Monate später mit einer fremden Frau und einem kleinen Kind beim Einkaufen getroffen. Seit einigen Jahren habe er wieder Kontakt zu seinem Vater, aber er könne ihm nicht verzeihen und er habe das Gefühl, dass mit dem Auszug alles angefangen habe. Das Down-sein, die finanziellen Sorgen seiner Mutter, das Hoffen, dass es irgendwann wieder besser werden würde.

„Ich kann verstehen, dass du sehr enttäuscht bist von deinem Vater. Habt ihr denn mal darüber gesprochen, wie es für dich als kleiner Junge war, als er euch verlassen hat?" – *„Nein, was soll das denn bringen?"*, entgegnet der Jugendliche. *„Es könnte vielleicht dazu führen, dass du Frieden schließen kannst mit dem, was geschehen ist, und dich auf dein Leben im Hier und Jetzt konzentrieren kannst. Ich würde gern in den nächsten Sitzungen mit dir weiter über die Beziehung zu deinem Vater sprechen, weil ich glaube, dass es ein wichtiger Aspekt deiner Depression ist."*

Viele Stunden hatte sie mit ihrem Jugendlichen verbracht und versucht, Veränderungsmotivation aufzubauen. Und immer wieder wurde diese Motivation zum Thema gemacht, wie auch jetzt, bei der Aktivierung. Nachdenklich blickte sie ihren Patienten an: *„Was brauchst du, damit es dir gelingt, die geplanten Aktivitäten zu Hause umzusetzen?"* Ihr ist klar, dass sie nur Anregungen und Impulse setzen kann – und dass die Umsetzung an ihrem Patienten liegt. Der Jugendliche zuckt mit den Schultern und entgegnet: *„Ich weiß es nicht. Wenn ich so down bin, schaffe ich einfach nichts."*

„Ich glaube dir, dass du dir in solchen Momenten kaum vorstellen kannst, wie es dir gelingen könnte, dich aufzuraffen. Aber ohne Aktivierung wirst du dich langfristig nicht besser fühlen, was ja das angestrebte Ziel der Therapie ist. Also werde ich nicht lockerlassen und würde gern nochmal ganz genau da hinschauen, was du brauchst. Dieses kann z. B. eine Erinnerung durch deine Mutter sein oder durch dein Handy." – *„Ich weiß ja, dass ich mich aufraffen sollte. Aber ich weiß einfach nicht, wie. Wenn mir jemand dabei helfen könnte, wäre das aber, glaube ich, einfacher für mich"*, antwortet er unsicher. *„Aber meine Mutter ist ja immer erst abends da, und dann ist der Tag schon wieder rum und ich habe wieder nur rumgehangen."*

Wieder sind sie an dem Punkt, an dem die Therapeutin merkt, dass sie ungeduldig wird. Sie atmet tief durch die Nase und versucht, sich zu entspannen. Kontakt zur Rückenlehne halten und ihm kurz Zeit lassen, zu merken, dass wir so nicht weiterkommen können. Dann versucht sie es trotzdem wieder und fragt ihn, ob es ihm helfen würde, wenn seine Mutter ihn anrufen würde und telefonische Unterstützung geben könnte. Sie bietet auch an, dass sie dieses vorab mit seiner Mutter besprechen könnte, um diese mit im Boot zu haben. Dies scheint ihrem jugendlichen Patienten zu gefallen und er wirkt ein wenig zuversichtlicher. Die Therapeutin denkt bei sich, dass sie ihm wieder etwas abgenommen hat, was er von sich aus gut hätte erledigen können. Aber es ist zu früh für zu viel Eigeninitiative und Eigenverantwortung und sie möchte ihn ja bestmöglich unterstützen, also wird sie seine Mutter kontaktieren, was sie sowieso vorhatte.

7.1.6 Behandlung von Depressionen: Multimodale Behandlung

Die **Behandlung von Depressionen** geschieht **multimodal** und beinhaltet die folgenden Komponenten (in Anlehnung an Fegert und Kölch 2013):
- **Psychoedukation von Kind und Bezugspersonen:** Aufklärung über die Symptomatologie der Störung, Entwicklung eines individuellen Störungsmodells, Kennenlernen des Teufelskreises der Depression. Identifikation aufrechterhaltender Faktoren, siehe hierzu (◘ Abb. 7.1 und 7.2).

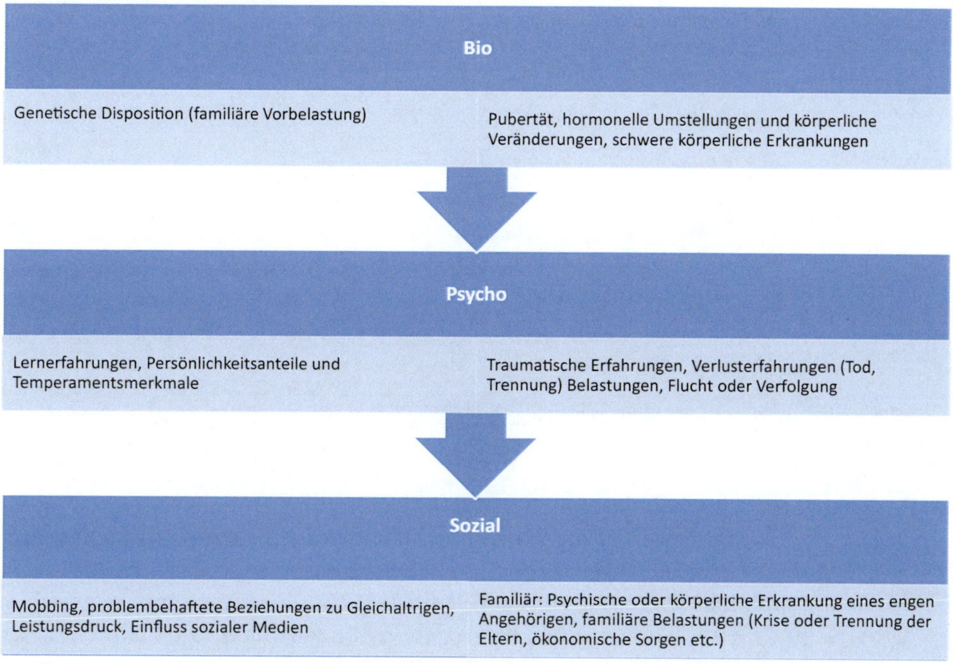

◘ **Abb. 7.1** Biopsychosoziales Störungsmodell der Depression

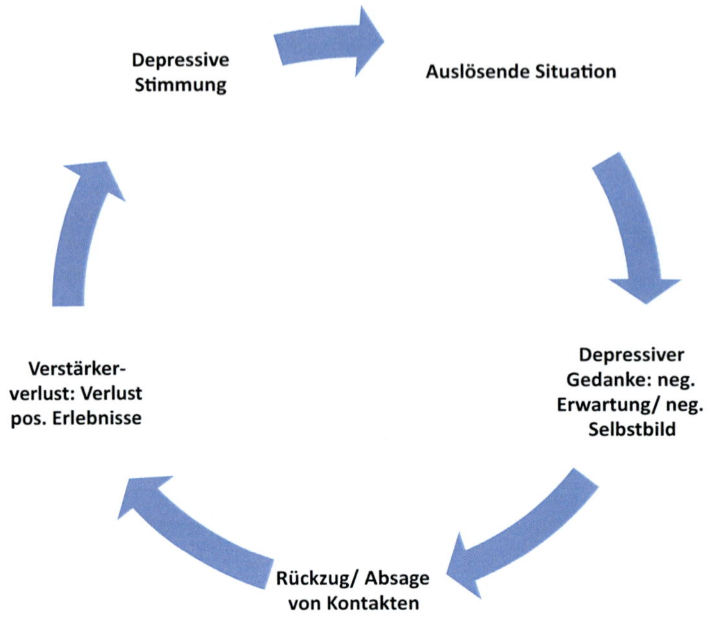

Abb. 7.2 Teufelskreis der Depression

Tab. 7.2 Übersicht über kindliche Ängste (unter Berücksichtigung von Schneider 2004)

Lebensjahr:	Physiologische, entwicklungstypische Angstinhalte:
0–6 Mon.	laute Geräusche, intensive sensorische Reize, Alleinsein und Verlust von Zuwendung
6–9 Mon.	fremde Personen, Trennung, Alleinsein
9–12 Mon.	Trennung, Alleinsein, Schmerzen
2.–4. Lj.	imaginäre Figuren (Fantasiegestalten, z. B. Gespenster), potenzielle Einbrecher, Dunkelheit
5.–7. Lj.	Tiere (z. B. Hunde), Naturkatastrophen (Feuer, Überschwemmungen), Verletzungen, medienbasierte Ängste
8.–11. Lj. .	schlechte schulische oder sportliche Leistungen, oft Angst vor Ausgrenzung und Mobbing
12.–18. Lj.	Ablehnung durch Gleichaltrige, soziale Situationen, Sexualität

- **Beziehungsaufbau**: Etablierung einer tragfähigen und vertrauensvollen therapeutischen Beziehung. Jenseits aller Therapieschulen wird der therapeutischen Beziehung der allergrößte Wirkfaktor zugeschrieben (Orlinsky et al., 2004, S. 307–389).
- **Stimmungsstabilisierung,** u. a. durch Vermittlung des Zusammenhangs zwischen Aktivität und Befindlichkeit unter Einbeziehung angenehmer und zielgerichteter Aktivitäten mit dem Ziel, positive Aktivitäten in den Tagesablauf zu etablieren, siehe auch AB (P): Tab. 7.2.

▶ **Beispiel**

Gedanke: *„Ich kann nichts: Ich bin ein Versager."* → Gefühl: Traurigkeit, Wertlosigkeit → Aktivität/Handlung: *„Ich habe eh keine Lust, mich zu verabreden, andere werden mich auch nicht mögen."* → Gefühl: *„Ich fühle mich noch viel schlechter und wertlos."* ◀

▶ Siehe hierzu auch das **AB (T): Aktivitätenaufbau – Anhang 7.1.7.1**
▶ **AB (P): Aktivitätenaufbau: Wochenplan mit Tageszielen – Anhang 7.1.7.2.**

- **Interventionen in der Familie:** Je jünger das Kind ist, desto wesentlicher ist die Elternarbeit, insbesondere dann, wenn die Symptome der Patient*innen als Reaktion auf die Umgebungsfaktoren angesehen werden können (Esser, 2011, S. 300).
  Zentrale Bestandteile sind die Problembewältigung innerhalb der Familie (psychische oder körperliche Erkrankungen, Partnerschaft, ökonomische oder strukturelle Schwierigkeiten) sowie das Erziehungsverhalten und die innerfamiliäre Kommunikation. Oft geht es um den Einbezug des Jugendamtes und die Etablierung einer sozialpädagogischen Familienhilfe.
- **Förderung sozialer Kompetenzen und sozialer Problemlösefertigkeiten:** Um sich in sozialen Situationen als selbstwirksam zu erleben, bedarf es sozialer Fertigkeiten und Strategien, die bei Patient*innen mit depressiven Erkrankungen oft noch ausgebaut werden können. Ggf. erfolgt hier die Zusammenarbeit mit Kindergarten oder Schule.
- **Therapeutische Interventionen:** Hierzu zählen zunächst das **Emotionstraining** anhand eines kindgerechten Gefühlssterns, welches die Basis vermitteln soll, das eigene emotionale Erleben wahrzunehmen und zu verbalisieren.
  - Aufbauend auf der Arbeit mit dem Gefühlsstern können **therapeutische Spiele** zum Einsatz kommen, wie z. B. der **Gedankendetektiv** (*„Ich mache mich auf die Suche, was ich gestern/Montag etc. alles gefühlt habe."*) oder **Gefühle-Raten** (In der Mitte liegen viele Zettel mit unterschiedlichen Gefühlen, die verdeckt verteilt werden. Jede*r Teilnehmer*in versucht, ein Gefühl darzustellen, jemand anderes rät.).
  - Die **Etablierung eines Stimmungstagebuchs** trainiert die Selbstbeobachtungsfähigkeiten der Patient*innen und gibt gleichzeitig der Therapeutin einen guten Überblick über die Woche. Ausgehend von dem Tagebuch können Aktivitäten und Selbstverstärkung besprochen werden.
  - **Kognitive Umstrukturierung** sollte altersgerecht kleinschrittig erfolgen, um langfristige Wirksamkeit zu erzielen. Insbesondere die **Arbeit an dysfunktionalen Kognitionen und Grundannahmen** kann hier bearbeitet und neu bewertet werden bzw. durch **hilfreiche alternative Gedanken** ersetzt werden.
  - **Negative automatische Gedanken** sollen sukzessive abgebaut werden, z. B. durch **Gedankenstopptechniken**. Auch hat sich in der Praxis ein **Problemlösetraining** nach D'Zurilla und Goldfried (1971) bewährt, das aus den Schritten *Allgemeine Problemorientierung, Beschreiben des Problems, Erstellen von Alternativen, Treffen einer Entscheidung, Anwendung und Überprüfung* besteht, siehe AB: ◘ Tab. 7.2.
- Zentral ist in der Behandlung von Depressionen die **Selbst- und Fremdverstärkung**, wobei hier stets das familiäre Umfeld und die Bezugspersonen miteinbezogen werden sollten.
- Eine **Rückfallprophylaxe** ist obligatorisch, denn vielfach kommt es zu Rückfällen.

Therapeutische Spiele, die sich bewährt haben:

- Vogt und Vogt-Sitzler (o. J.). *GefühlsMix-Spiel. Zum Umgang mit Emotionen und ambivalenten Gefühlen.* 2–6 Spieler, von 8–18 Jahren.
- Vogt und Vogt-Sitzler (o. J.). *Mimiktrio. Gefühle erkennen und ausdrücken.* Für 2–4 Spieler im Alter von 5–14 Jahren.
- Rossa und Rossa (2012). *Wenn du ein Bonbon wärst … 120 verrückte Fragekarten für den Einstieg in die Kinderpsychotherapie. Kartenset mit Anleitung und Onlinematerialien.* Eine tolle Alternative zu den gängigen Explorationstechniken und geeignet ab der 2. Klasse, wenn die Kinder lesen können. Uneingeschränkt empfehlenswert!

Bei Suizidalität zusätzlich

Suizideinschätzung anhand von Skalierungstechniken, siehe hierzu auch das Kapitel „Suizidale Patient*innen“, ▶ Abschn. 7.7.

▶ **AB (P) Ich schmiede einen Anti-Suizid-Plan – Anhang 7.8.4**
▶ **AB (P) Mein persönlicher Plan für das Leben – Anhang 7.8.5**

7

Hilfreiche und wirksame Therapiemanuale:

- Harrington, R. C. (2013). *Kognitive Verhaltenstherapie bei depressiven Kindern und Jugendlichen.* Göttingen: Hogrefe. Gut strukturiert, Emotionsarbeit und kognitive Umstrukturierung praxisnah aufbereitet. Zu beziehen über den Buchhandel.
- Groen und Petermann (2015). Super und kindgerecht! Über den Buchhandel zu beziehen.

7.1.7 Arbeitsblätter im Anhang zum Thema Depressionen

▶ **AB (T) Aktivitätenaufbau – Anhang 7.1.7.1**
▶ **AB (P) Mein Aktivitätenprotokoll – Anhang 7.1.7.2**
▶ **AB (P) Aktivitätenaufbau – Anhang 7.1.7.3**
▶ **AB (P) Meine Liste positiver Aktivitäten – Anhang 7.1.7.4**
▶ **AB (P) Tagesprotokoll negativer Gedanken – Anhang 7.1.7.5**
▶ **AB (P) Erstellen eines Teufelskreises zur Depression – Anhang 7.1.7.6**

7.2 Angststörungen und phobische Störungen des Kindes- und Jugendalters

Da Ängste und Angststörungen verhaltenstherapeutisch sehr gut zu behandeln sind, macht es meist Freude, diese Patient*innen in der therapeutischen Praxis zu behandeln. Einschlägige Metaanalysen und Katamnesedaten von Studien belegen, dass die Effekte der Verhaltenstherapie langfristig stabil und gut sind (Schneider, 2006, S. 99–106). Therapeutisch spürbar sind die Erfolge und Entlastung auf Seiten der kleinen Patient*innen und ihrer Bezugspersonen, was sich äußerst motivierend auf alle Beteiligten auswirkt. Als Therapeutin kann man sich an dieser Stelle überaus selbstwirksam erleben! Patient*innen mit Angststörungen pflegen einen eher defensiven Kommunikationsstil. Dadurch, dass sie in der Regel einen hohen Leidensdruck verspüren, arbeiten sie überwiegend motiviert mit.

Wichtig ist die Behandlung von Ängsten aber vor allem auch deshalb, weil Ängste zu den häufigsten Störungen im Kindes- und Jugendalter zählen, sie sich rasch generalisieren und unbehandelt ein hohes Risiko mit sich bringen, als Erwachsene komplexe Angststörungen, Depressionen oder Abhängigkeiten zu entwickeln.

7.2.1 Diagnostik/Testdiagnostik

Die diagnostische Herangehensweise bei Angsterkrankungen sollte immer berücksichtigen, dass Patient*innen zwar oft belastet sind und Krankheitseinsicht aufweisen, aber ihr Ängste und Vermeidungsverhalten nicht als besonders oder auffällig wahrnehmen. Hier sollten Bezugspersonen genau befragt werden. Gerade dann, wenn auch Bezugspersonen mit in das Vermeidungsverhalten integriert sind oder das Vermeidungsverhalten gut in den Alltag integriert ist, kann es sein, dass Patient*innen ein hohes Funktionsniveau aufweisen und kaum noch Angstsymptome verspüren. Für die Exploration von PatientInnen und Bezugspersonen sollte aus diesem Grund ausreichend Zeit eingeplant werden, denn oft zeigt sich das ganze Ausmaß einer Angsterkrankung erst im Verlauf einer begonnenen Therapie.

Störungsspezifisch sollten auf Seiten der Patient*innen und deren Bezugspersonen folgende Aspekte in Anlehnung an Fegert und Kölch (2013, S. 52–53) exploriert werden:

- Symptome und Ausprägungsgrad
- Dauer der Symptomatik
- Alters- und Entwicklungsangemessenheit
- vegetative Symptome
- Kontext: auslösende und aufrechterhaltene Faktoren
- Panikattacken (Häufigkeit und Intervalldauer)
- Erwartungsangst
- Vermeidungsverhalten
- komorbide Störungen (Depression, Zwang etc.)
- Ausmaß der psychosozialen Beeinträchtigung

Standarddiagnostisch sollten immer getestet werden:

- **Leistungsdiagnostik (WIPPSI-IV/WISC-V/WAIS-IV, KABC-2),** je nach Verfügbarkeit im Ausbildungsinstitut und je nach Alter des Patienten.
- Standardmäßig sollten die **Child Behavior Checklist von Achenbach** (2014) – **CBCL (1,5–18 J.)** sowie auch der **Elternfragebogen, die Version für Lehrer/Teacher Rating Form – TRF (6–18 J.)**, eingesetzt werden. Bei Jugendlichen erfasst der **Selbstauskunftsbogen/Youth Self Report, Fragebogen für Jugendliche von Achenbach – YSR (11–18 J.)** die Symptome. An deinem Ausbildungsinstitut gehören diese Fragebögen zur Standarddiagnostik.

Störungsspezifische Verfahren: Angstfragebögen

- **Diagnostik-System für psychische Störungen nach ICD-10 und DSM-5 für Kinder und Jugendliche-II** von Döpfner et al. (2008b). Neben einem **Selbstbeurteilungsbogen für Angst, DISYPS-KJ: SBB-ANG** gibt es den **Fremdbeurteilungsbogen für Angst für Eltern und Erzieher, DISYPS-KJ: FBB-ANG.** Selbstbeurteilung von

11–18 Jahren; Fremdbeurteilung von 4–18 Jahren. Erschienen bei Hogrefe und im Komplettpacket zu beziehen über die Testzentrale. An deinem Ausbildungsinstitut gehören diese Fragebögen zur Standarddiagnostik.

- **Kinder-Angst-Test KAT-III für Kinder und Jugendliche** von 6–18 Jahren von Tewes und Naumann (2016): Drei Fragebögen, die relativ breit Leistungs- und Verhaltensängste abbilden. Erschienen bei Hogrefe, zu beziehen über die Testzentrale.
- Der **Angstfragebogen für Schüler AFS** von Wieczerkowski et al. (2016) ist seit vielen Jahren gut bewährt und erfasst bei Schüler*innn zwischen 9 und 18 Jahren mehrfaktoriell die Bereiche Prüfungsangst (PA), manifeste Angst (MA), Schulunlust (SU) sowie sozial erwünschtes Verhalten (SE). Ebenfalls erschienen bei Hogrefe und über die Testzentrale zu beziehen; in Ausbildungsinstituten Bestandteil des Standardrepertoires.
- **Sozialphobie- und Angstinventar für Kinder – SPAIK** von Melfsen et al. (2001), geeignet für Kinder zwischen 8–16 und 11 Jahren, erfasst spezifische somatische, kognitive und Verhaltensaspekte der Sozialphobie. Ebenfalls therapeutischer Standard, erschienen bei Hogrefe und über die Testzentrale zu beziehen.
- **Phobiefragebogen für Kinder und Jugendliche – PHOKI** von Döpfner et al. (2006) für Kinder von 8–18 Jahre, testet breit phobische Ängste und gibt einen ersten Überblick über die spezifischen Angstbereiche betroffenen Bereiche: Angst vor Gefahren und Tod, Trennungsängste, soziale Ängste, Angst vor Bedrohlichem und Unheimlichem, Tierphobien, Angst vor medizinischen Eingriffen und Schul- und Leistungsängste sowie eine Gesamtskala. Erschienen bei Hogrefe und über die Testzentrale zu beziehen.

7.2.2 Psychoedukation – oder: Wie erkläre ich es der Familie mit einfachen Worten?

Was verbirgt sich hinter dem Symptom Angst? Die typische Auslösesituation der Angst ist eine Bedrohung meiner Person, nahstehender Personen oder Sachen, die mir viel bedeuten. Hierzu gehören auch Liebe und Zuwendung, Bindung, Aufmerksamkeit, Vertrauen, persönliche Ziele und Werte. Dies gilt insbesondere dann, wenn die Bedrohung als größer eingeschätzt wird als die eigenen Fähigkeiten, sie zu bewältigen. Der typische Handlungsimpuls in solch einer Situation ist Flucht oder Vermeidung zum Schutz vor der Bedrohung. Physiologisch zeigt sich die Angstreaktion durch einen erhöhten Herzschlag, schnellen und flachen Atem, Muskelanspannung (v. a. große Muskelgruppen) und Schwitzen. Evolutionsbiologisch gesehen hat Angst eine wichtige Signalfunktion, da sie dem Organismus Gefahr anzeigt und ihn auf Flucht oder Vermeidung vorbereitet (Handlungsimpuls und körperliche Aktivierung). Im Alltag schützt sie uns vor riskantem Verhalten, riskanten Situationen, Orten mit hoher Schädigungsmöglichkeit (Überlebens- und Unversehrtheitsabsicherung). So ist es evolutionspsychologisch sinnvoll, das Babys und Kleinkinder Angst haben, wenn ihre Eltern nicht da sind oder es dunkel ist. Oft ergeben Ängste Sinn, wie z. B. die Angst vor Feuer oder dem Fliegen, denn wenn man sich verbrennt, hat man Schmerzen, und wenn man mit dem Flugzeug abstürzt, ist man tot, siehe hierzu: (◘ Tab. 7.2).

▶ Siehe hierzu auch das **AB (P) Erstellen eines Teufelskreises zur Agoraphobie – Anhang 7.2.1**
▶ Siehe hierzu auch das **AB (P) Erstellen eines Teufelskreises – Anhang 7.2.1**

7.2.3 Angst in der Psychopathologie

In der klinischen Praxis bei Kindern und Jugendlichen kommt laut Görlitz (2019) am häufigsten die Generalisierte Angststörung (3,7 %) vor. Auch Trennungsängste treten häufig auf (2,4–4,7 %), phobische Ängste, wie spezifische Phobien (Hunde-, Zahnarzt-, Blut-/Spritzenphobie) treten ähnlich häufig auf (2,4 %) sowie die Störung mit sozialer Ängstlichkeit des Kindesalters und soziale Phobien (0,9–1,1 %). Darüber hinaus existieren Agoraphobien, generalisierte Ängste oder Ängste im Rahmen einer Zwangserkrankung. Hier unterscheiden sich die auftretenden Ängste von der gesunden Angstreaktion in der Intensität bzw. Häufigkeit, sodass die Angst ihre hilfreiche Schutzfunktion verliert und Leidensdruck hervorruft. Auch bei der posttraumatischen Belastungsstörung kommt es immer wieder zum Angsterleben. Panikstörungen weisen ein Maximum an Angst und Kontrollverlusterleben auf. Das Auftreten einer Angststörung ist multifaktoriell bedingt und hängt u. a. von genetischen Faktoren (familiäre Disposition), Temperamentsmerkmalen, Erziehungsstil, Modelllernen und psychophysiologischen Faktoren (Reizverarbeitung, Stressregulation) ab.

Nicht direkt zu den Angststörungen gehören (obwohl Angst ein wesentliches Symptom des Störungsbildes ist): emotionale Störung mit Trennungsangst (Kategorie Emotionale Störungen des Kindesalters (F93)) oder Schulangst (hier können Ängste in Form von Leistungs-, sozialen Ängsten oder Trennungsängste vorliegen). Die phobische Störung des Kindesalters zählt ebenfalls zu der Kategorie Emotionale Störungen des Kindesalters (F93).

7.2.4 Fehlen von Angst

In der therapeutischen Praxis sehen wir manchmal Kinder und Jugendliche, die in typischen angstauslösenden Situationen (zu) wenig Angst haben. Hier scheint es so, als stünde die Signalfunktion der Angst zum Schutz des Organismus nicht hinreichend zur Verfügung. Oft kommt es bei Kindern, die eine erhöhte Impulsivität aufweisen, zu einem scheinbar fehlenden Angsterleben. Sie bringen sich leicht in Gefahr und klettern beispielsweise besonders hoch auf einen Baum/Klettergerüst. Auch bei Kindern und Jugendlichen mit einer Störung des Sozialverhaltens lässt sich gut beobachten, dass sie ein stark risikobehaftetes und vor allem auch norm- und regelverletzendes, antisoziales Verhalten an den Tag legen. Dabei empfinden sie bei Grenzüberschreitungen keine Angst und führen deshalb solche Verhaltensweisen auch angstfrei durch. Auf der anderen Seite gibt es Patient*innen mit generalisierter Gefühlsvermeidung, die aufgrund langanhaltender Traumatisierungen einen Bewältigungsstil einer inneren Betäubung (*numbing*) gewählt haben oder aber auch der aggressiven Überkompensation, denen daher ihr eigenes Angsterleben schwer zugänglich ist.

7.2.5 Biografisch bedingte Ängstlichkeit

Ein Übermaß an Angst oder auch eine sehr geringe Selbstwirksamkeitserwartung (die Person erlebt sich generalisierend als inkompetent und unfähig, mit Anforderungen umzugehen) kann auch auf biografische Erfahrungen zurückgeführt werden. Dies kann sich in einer Angstanamnese der Patienten zeigen (durch Exploration oder diagnostische Imaginationsarbeit). Dabei lassen sich oft biografische Schlüsselepisoden finden, in denen die Patient*innen entweder durch die Beobachtung ängstlicher Modelle (z. B. einer katastrophisierenden Mutter) oder aber überfordernde und ängstigende Situationen mit Unvorhersagbarkeits- und Unkontrollierbarkeitserfahrungen einem Übermaß an Ängsten ausgesetzt waren. In der Folge dieser Erlebnisse haben sich dann generalisierte und irrationale Angsterwartungen herausgebildet.

Typische Angstinduktionssituationen können Unkontrollierbarkeits- und Hilflosigkeitserfahrungen durch persönlichkeitsgestörte, suchtkranke oder psychotische Eltern sein. Diese begegnen den Kindern oft mit einem unvorhersehbaren Wechsel von Wut und Hass einerseits und übermäßigen Liebesbekundungen andererseits. Auch sind massive Körperstrafen, cholerische Ausbrüche und Beschuldigungen des Kindes häufig. Solche Sozialisationsbedingungen zeichnen im hohen Sinne die Seligman'schen Bedingungen der Unkontrollierbarkeit und Unvorhersagbarkeit nach, und können so zu einer äußerst geringen Selbstwirksamkeitserwartung und einer generalisierten Katastrophenerwartung führen und sich im Erwachsenenleben durch eine erhöhte Angstbereitschaft/Katastrophisierungsneigung äußern.

7.2.6 Symptomatologie der Ängste und Phobien nach ICD-10

7.2.6.1 Phobische Störungen

Zu den phobischen Ängsten zählen objektbezogene Phobien (z. B. Spinnenphobie) und situationsbezogene Phobien (z. B. Flug-, Höhenangst). Diese Ängste treten tatsächlich nur dann auf, wenn das angstbesetzte Objekt in der Nähe ist oder ein/e Kind oder Jugendliche*r sich in einer Situation befindet, die angstbesetzt ist. Durch Vermeidung kann die Angst vermieden werden – langfristig hält dieses jedoch die Symptomatik aufrecht. Hier lässt sich die Diagnose **Spezifische Phobie (F40.2)** diagnostizieren.

Für phobische Ängste gibt es häufig eine biologische Anfälligkeit (*Preparedness*; Seligman 1970): Es ist wahrscheinlicher, Höhenangst als eine Angst vor Autos zu entwickeln, obwohl Letztere in unserem Alltag eine viel größere objektive Gefahr darstellen, weil es sich im Zuge der Evolution als sinnvoll herausgestellt hat, Höhen als möglichen Gefahrenort zu vermeiden.

Klassifiziert werden die phobischen Ängste unter den **Emotionalen Störungen des Kindesalters (F93)**, wie z. B. die Phobische Störung des Kindesalters (F93.1).

7.2.6.2 Emotionale Störung mit Trennungsangst des Kindesalters

Die **Emotionale Störung mit Trennungsangst des Kindesalters (F93.0)** gehört zu der Kategorie Emotionale Störungen des Kindesalters (F93), da die Angst vor der Trennung von Bezugspersonen jedoch das zentrale Symptom ist, wird sie an dieser Stelle genannt. Diese Kinder leiden vor dem sechsten Lebensjahr außerordentlich schwer unter anstehenden Trennungen oder unter großer, unangemessener und das normale Maß überschreitender Sorge, ihren Eltern könne etwas zustoßen. Meist ist diese Sorge und Angst begleitet von erheblichen somatischen Symptomen wie Bauchschmerzen, Übelkeit und Kopfweh. Es kann sein, dass die somatischen Symptome im Vordergrund stehen. Oft führt es dazu, dass diese Kinder nicht in den Kindergarten wollen oder der Schule fernbleiben, um möglichst in der Nähe der Eltern zu bleiben. Schulvermeidung kann ein Symptom der Emotionalen Störung mit Trennungsangst sein.

7.2.6.3 Generalisierte Angststörung

Dilling und Freyberger schreiben zur **Generalisierten Angststörung des Kindesalters (F93.80)** im Taschenführer zur ICD-10-Klassifikation psychischer Störungen:

> „Bei Kindern und Jugendlichen ist die Bandbreite der Beschwerden, im Vergleich zu den typischen bei der generalisierten Angststörung der Erwachsenen, eingeschränkt, wie auch die spezifischen Symptome der vegetativen Stimulierung meist weniger im Vordergrund stehen. Für die Betroffenen werden unter F93.80 alternative Kriterien angegeben." (2015, S. 329–330)

Bei der **Generalisierten Angststörung (F41.1)** zeigen sich eine übermäßige Ängstlichkeit und Sorgenneigung. Situationen, Personen und Verhaltensweisen werden so bewertet, dass ihre Konsequenzen mit hoher Sicherheit für die Person selbst oder ihr nahestehende Angehörige gefährlich sind. Kennzeichen dieses Denkstils ist, dass Ereignisse mit sehr geringer Häufigkeit oder sehr geringer Auftrittswahrscheinlichkeit subjektiv als quasi sicher – also zu 100 % eintretend – erlebt werden (z. B. *„Das Atomkraftwerk wird explodieren und erhebliche Mengen Radioaktivität freisetzen."*). Weitere typische Denkfehler sind die Katastrophisierung (*„Meine Familie und ich werden sterben."*) und das emotionale Schlussfolgern (*„Ich spüre die Gefahr und deshalb ist sie da."*). Dieses für die Generalisierte Angststörung kennzeichnende Sich-Sorgen dient – etwas kontraintuitiv – der Angstreduktion. Da durch immer neue Sorgen keine Befürchtung bis zum Ende gedacht bzw. die emotionale Verarbeitung verhindert wird, wird die Angst letztlich vermieden, was das Sich-Sorgen wiederum positiv verstärkt.

Zu den körperlichen Symptomen, die auftreten, zählen u. a.: Anspannung, Unruhe, Rastlosigkeit, leichte Erregbarkeit oder Übererregung, Schlafstörungen, Reizbarkeit, leichte Ermüdbarkeit sowie Aufmerksamkeits- und Konzentrationsstörungen.

Differenzialdiagnose: Die GAS kann dieselben Symptome wie ein ADHS ausweisen. Beim ADHS haben die Patient*innen aber auch dann Symptome, wenn sie nicht ängstlich sind.

7.2.6.4 Störung mit sozialer Ängstlichkeit, Agoraphobie, Soziale Phobie und Panikstörung

Bei der **Panikstörung (F41.0)** steht die Angst vor starken und unkontrollierbaren Angstsymptomen im Vordergrund. Die Angstsymptome treten für die Betroffenen ohne erkennbaren Auslöser und sehr plötzlich auf (Höhepunkt der Angst meist innerhalb von 20 Sekunden) und dauern meist nur Minuten (max. 30) an (Panikattacke). Evolutionsbiologisch dienen die Körpersymptome einer Panikattacke der Energiebereitstellung für Flucht oder Kampf. Typische Symptome sind Herzrasen, Atemnot, Engegefühl in der Brust oder Kehle, Schweißausbrüche, aber auch Zittern, Schwindel, Übelkeit, Erbrechen. Sie gehen i. d. R. mit Angstgedanken („*Ich muss sterben!*" oder „*Ich werde verrückt!*") einher, manchmal treten auch Derealisations- oder Depersonalisationserfahrungen auf. Um diese sehr unangenehmen Panikattacken zu vermeiden, werden vermutete Auslöser (z. B. Energydrink, Sport, Aufregung/Stress) sowie teilweise Situationen, in denen Panikattacken zuvor aufgetreten sind, vermieden.

Oft entwickeln jugendliche Patient*innen Panikattacken in Prüfungssituationen. Hier sollte genau exploriert werden, ob es speziell die Situation ist, die Panik auslöst, oder zugrunde liegende Leistungs- oder soziale Ängste.

Bei Schulangst verbirgt sich meist eine Trennungsangst dahinter, siehe ▶ Abschn. 7.2.6.2. Durch diese Vermeidung angstauslösender Situationen wird die Angst aufrechterhalten und generalisiert. Daher ist eine häufige Folgeerkrankung die **Störung mit sozialer Ängstlichkeit im Kindesalter (F93.2)** bzw. bei älteren Kindern die **Agoraphobie (F. 40.0).** Diese kennzeichnet sich durch Angst vor und Vermeidung von meist öffentlichen oder weiter von zu Hause entfernten Orten, z. B. U-Bahnen, Einkaufszentren, Wälder. Diese Orte werden als gefährlich eingestuft („ *Wenn ich dort eine Panikattacke bekomme, ist das eine Katastrophe!*"). Im Extremfall wird das Haus/die eigene Wohnung nicht mehr verlassen. Auch hier greift der Angst-Vermeidung-Angst-Teufelskreis durch negative Verstärkung.

Im mittleren Jugendalter sehen wir in der therapeutischen Praxis sehr häufig die **Soziale Phobie (F.40.1)**, die sich durch soziale Ängste und Vermeidungsverhalten in seiner Höchstform auszeichnet. Dabei kann sich die Angst auf bestimmte Situationen beschränken (z. B. Essen in der Öffentlichkeit) oder unbestimmt und generalisiert alle Situationen im Kontakt mit Sozialpartner*innen betreffen. Zentral ist die Furcht vor Bewertung und prüfender Betrachtung und ein geringes Selbstwertgefühl. Folgen sind oft soziale Isolation, Schulvermeidung und auch Panikattacken. Angstsymptome sind u. a. Vermeidung von Blickkontakt, Erröten, Zittern, Übelkeit, Toilettendrang (Fegert & Kölch, 2013, S. 49).

7.2.6.5 Posttraumatische Belastungsstörung

Die **Posttraumatische Belastungsstörung (F43.1)** ist eine Reaktion auf eine traumatische Situation, wobei bei Weitem nicht alle Menschen nach einem Trauma eine PTBS entwickeln. Als traumatische Situation gelten solche Situationen, die bei fast allen Menschen große emotionale Not oder Todesangst auslösen würden. Bei der Frage, ob sich nach einem solchen Erlebnis eine PTBS entwickelt, spielt wiederum die Angst bzw. deren Handlungsimpuls (Vermeidung) eine tragende Rolle. Durch die Vermeidung (innerlich und/oder äußerlich) von traumaassoziierten Inhalten wird eine normale Verarbeitung des Erlebten blockiert und das Gehirn bleibt metaphorisch im Moment des Traumas stecken. Ehlers, A. (1999). Posttraumatische Belastungsstörung. Hogrefe.

Zu den häufigsten Symptomen zählen:

- sich aufdrängende Erinnerungen (Intrusionen, Dissoziationen, Flashbacks)
- Albträume
- emotionales Abstumpfen (*numbing*)
- Hypervigilanz

Bei jungen Kindern unter sechs Jahren ist es schwer herauszufinden, ob es Realität oder Fiktion (Traum) ist. Oft wiederholen kleine Kinder ein traumatisches Ereignis im Spiel oder malen etwas, was sie erlebt oder gesehen haben. Eine veränderte Reaktivität oder (Über-)Erregung mit Zittern, Schrecken, Anspannung, Konzentrations- und Schlafstörungen, Hypervigilanz bzw. Schreckhaftigkeit geht oft mit Trauma-spezifischen, individuellen Symptomen einher. Darüber hinaus lassen sich negative Auswirkungen auf die Wahrnehmung und Stimmung erkennen, wie Gleichgültigkeit/Teilnahmslosigkeit, Freudlosigkeit und Vermeidung von Triggern, die an das Trauma erinnern. Dies kann sehr vielfältig sein, von gewaltbeinhaltenden Computerspielen, Filmen über den Stadtteil, in dem ein Überfall/Unfall passierte, bis hin zu bestimmten Lebensmitteln (bspw. Joghurt, da die Konsistenz an Ejakulat im Rahmen einer Vergewaltigung erinnert). Bei Kindern und Jugendlichen ist die Vulnerabilität besonders hoch, da sie oft mehrere Traumata erlebt haben, d. h. komplex traumatisiert sind. Insbesondere Typ-II-Traumatisierungen, bei denen wiederholte interpersonelle Traumata vorliegen (körperliche/emotionale Misshandlung, sexueller Missbrauch, frühkindliche Vernachlässigung) haben vielfältige psychische Folgen und sind nur bedingt zu vergleichen mit einzelnen traumatischen Erlebnissen (Unfall, Überfall; Fegert und Kölch 2013, S. 239–277). Dies führt zu großen Belastungen für die Betroffenen und ihre Mitmenschen. Nicht selten treten komorbide Depressionen sowie Substanzkonsum in Form einer Selbstmedikation auf.

7.2.6.6 Zwangserkrankungen

Zwangserkrankungen (F42) stellen eine weitere Ausprägung der Angsterkrankungen dar, bei denen die Befürchtung im Vordergrund steht, es könne durch das Zutun der Betroffenen etwas Schlimmes passieren. Genaue Befürchtungen sind individuell unterschiedlich und kreisen neben Angst vor spezifischen Gefahren (z. B. Hände waschen, um sich nicht mit Bakterien/Viren zu infizieren; durch Unachtsamkeit das Haus abbrennen) auch um moralisch tabuisierte Themen wie Gewalt oder Sexualität (bei vorwiegenden Zwangsgedanken). Zwangsgedanken und Zwänge können logischer Art sein (Anstecken vor Krankheiten – Waschen), aber auch unlogisch, d. h. idiosynkratisch sein (immer bis 10 zählen müssen, damit der Freundin nichts zustößt). Um diese Gedanken zu neutralisieren, tun (Hände waschen, Gegenstände in einer Anordnung hinlegen) oder denken (positives Gegenbeispiel vorstellen, zählen) die Betroffenen Angst reduzierende Sachen. Dieses Vermeidungs- oder Neutralisierungsverhalten reduziert die Angst kurzfristig, verstärkt sie jedoch langfristig.

7.2.7 Wann tritt typischerweise welche Angststörung auf?

▪ Tab. 7.3 zeigt eine Übersicht.

Tab. 7.3 Altersbindung der Angststörungen (nach Herpertz-Dahlmann et al., 2008, S. 758–756)

Typ der Angststörung	Alter
Emotionale Störung mit Trennungsangst (F.93.0)	6–11 Jahren, nach Schuleintritt Häufigkeitsgipfel
Phobische Störung des Kindesalters (F.93.1)	Vorschulalter–Grundschulalter
Störung mit sozialer Ängstlichkeit (F93.2)	Vorschulalter–Grundschulalter
Spezifische Phobien (F40.2)	selten Vorschulalter, alle Altersstufen
Soziale Phobie (F40.1)	selten Kindesalter, mittleres Jugendalter
Agoraphobie (F40.0)	spätes Jugendalter
Generalisierte Angststörung (F41.1)	Jugendalter

7.2.8 Praxisbeispiel

Das Mädchen Am liebsten hätte sie sich unsichtbar gemacht. Aber sie hatte es sich so fest vorgenommen, heute nicht zu kneifen und zu ihrer ersten therapeutischen Einzelsitzung zu gehen. Sie bemerkte, dass ihr Hände zu zittern begonnen hatten, und wusste da bereits, dass sie nur mit großer Anstrengung und Mühe, die vor ihr liegenden 50 Minuten überstehen würde. Sie bemühte sich sehr, die für sie noch unbekannte Frau anzuschauen und sie anzulächeln, denn sie wollte ja einen guten Eindruck machen. Sie brauchte die Therapie, um wieder einen einigermaßen normalen Alltag zu leben – das war ihr klar und sie hatte es ja auch ihren Eltern versprochen! Die sagten ihr immer wieder, wie sehr sie sich sorgten um sie, und ausgehend von ihrer Mami hatten sie letzte Woche ein Erstgespräch bei der Therapeutin gehabt. Doch heute fand die Stunde allein für das Mädchen statt und es fiel ihr so schwer, den Blickkontakt zu halten. Immer wieder wanderte ihr Blick wie von selbst zu Boden, als sie vorsichtig beginnt zu erzählen.

Wann ihre Ängste begonnen hätten? Sie wusste es nicht. Sie konnte sich an keine Zeit erinnern, in der sie gern unter anderen Menschen war. Wenn irgend möglich vermied sie es, Aufmerksamkeit zu erregen. Sie war gern für sich und konnte sich gut allein beschäftigen.

Das Mädchen bemühte sich, die Fragen der Therapeutin klug und angemessen zu beantworten. *Ob sie sich trauen würde, eine fremde Person nach dem Weg zu fragen?* Niemals! Natürlich nicht. Aber das brauchte sie auch nicht, sie schaute sich immer vorher die Wege und Strecken genau an, prägte sie sich ein und hatte notfalls immer noch ihr Handy parat. Nein, sie kam schon sehr gut so zurecht. Nur in der Schule war es schwierig für sie. Seit dem Wechsel auf das Gymnasium war es für sie zunehmend schlimmer geworden. Die vielen neuen Schüler*innen und Lehrer*innen, die Anreise vom Land mit dem Bus in die Kreisstadt, einfach alles war ihr nicht geheuer und sie würde sich morgens am liebsten wieder unter ihrer Bettdecke verkriechen, wenn der Wecker klingelte.

Mist. Ihr Atem geht schnell und sie spürt ihr Herz in der Brust schlagen. Sicherlich bekommt die Therapeutin das auch mit und denkt, dass sie überempfindlich und hysterisch ist. *„Schnell weiterreden, nicht anmerken lassen, wie es in mir aussieht!“*, denkt das Mädchen. Sie möchte um jeden Preis vermeiden, dass die Therapeutin ihre körperliche Anspannung bemerkt. So sehr schämt sie sich für ihre Angst! Sie betete, dass sie nicht rot wird. Schon immer war sie ein eher schüchternes Kind gewesen, berichtet sie mit leiser Stimme. Ihre Mutter hatte sich oft gewünscht, dass sie mehr aus sich herausgehe und auf andere Kinder zugehe. Sie hatte sich das nie getraut und mit dem Schulwechsel war ihre Unsicherheit noch gewachsen. Sie fand keinen Anschluss an die anderen Schüler und wusste, dass diese sie ablehnten und merkwürdig finden würden. So verbrachte sie die Pausen allein, manchmal versteckt auf dem Klo. Doch auch der Unterricht war schrecklich für sie, denn sie musste die ganze Zeit befürchten, aufgerufen zu werden. Insbesondere im Französischunterricht plagte sie geradezu eine Furcht davor, denn dann lief sie knallrot im Gesicht an – wie ein roter Luftballon – und stammelte mit ihrer schlechten Aussprache einige wenige Worte, in der Hoffnung, dass der Lehrer wieder von ihr abließ. *„Un“* sollte sie sagen und wiederholen. Männlicher französischer Artikel, der Laut wird hinten im Rachenraum gebildet. Die anderen Schüler bogen sich vor Lachen, wenn sie sich abmühte, hochrot und aufgelöst.

Die Therapeutin schaute sie so freundlich an und redete sanft mit ihr. Ob es in Ordnung sei, wenn sie sich Notizen machte? Nein, dagegen hatte das Mädchen nichts. Vielleicht konnte sie ihr ja helfen. *„Das ist sicherlich eine ganz schreckliche Situation im Französischunterricht für dich, das kann ich gut nachempfinden.“* Das Mädchen wunderte sich ein bisschen, denn sie hätte eher Unverständnis erwartet als Mitgefühl. Wie gut es in dem Moment tat, dass sie verstanden wurde. *„Ich denke es wäre gut, wenn ich einmal mit deinem Französischlehrer sprechen könnte. Wenn er dich wirklich so vorführt und sich über dich vor und mit den anderen Schüler*innen lustig macht, dann fällt das unter Mobbing und ist absolut nicht in Ordnung. Wenn es für dich in Ordnung ist, würde ich gern Kontakt zu deiner Schule aufnehmen. Hierfür benötige ich allerdings eine Entbindung von der Schweigepflicht.“*

Das Mädchen schaut die Therapeutin an. Dankbar nimmt sie das Angebot an. Wie entlastend ist es für sie zu hören, dass der Lehrer ihr Unrecht antut. Wie gut fühlt es sich an zu spüren, dass ihr Unterstützung angeboten wird. Doch auf der anderen Seite muss sie auch vorsichtig sein, ob die Therapeutin wirklich hält, was sie verspricht, oder ob sie auch eine von denen ist, die ihr eine Falle stellen wollen. Nervös rutscht sie auf ihrem Stuhl hin und her, bis vorn an die Stuhlkante heran.

„Sicherlich fühlst du dich ganz schön alleingelassen, wenn du so vorgeführt wirst von dem Lehrer. Mir zumindest würde es so gehen und das würde mich auch traurig machen.“ Ja, es machte das Mädchen sehr traurig und sie merkte, wie ihre Augen sich mit Tränen füllten. *„Ja“*, schluchzte sie, *„denn ich habe ja keinen an meiner Seite, der mich unterstützt! Die anderen Schüler*innen machen sich auch alle lustig über mich. Ich kann da nicht mehr hingehen …!“ „Moment“*, erwiderte die Therapeutin, *„nimm dir erst einmal ein Taschentuch, hier habe ich welche. Weißt du was, ich unterstütze dich. Ich bin an deiner Seite und helfe dir, deine Ängste zu überwinden. Zusammen schaffen wir das bestimmt. Aber du musst dich der Situation stellen und du darfst nicht aufgeben. Wenn du nicht mehr zum Französischunterricht gehst und die für dich unerträgliche Situation vermeidest, dann bleiben deine Ängste unverändert doll oder dehnen sich sogar noch aus. Das nennt man Generalisierung.“*

Am Ende der Stunde ist das Mädchen unendlich erschöpft. So viele neue Informationen und auch Aufgaben. Sie hatte gehofft, die Therapeutin könnte schnell etwas tun, was ihr hilft. Nun weiß sie, dass sie ganz viel aktiv mitmachen muss und das ist natürlich nicht so angenehm. Aber sie hat gelernt, dass man Ängste sonst nicht überwinden kann. Man muss sich der Angst stellen, sonst dehnt sie sich aus. Mit ihrer Therapeutin hat sie vielleicht jemanden an ihrer Seite, der sie da unterstützen kann, auch wenn sie immer noch große Sorge davor hat, zu versagen oder verspottet zu werden. Exposition – wie schrecklich das schon klang! Auch, wenn die Therapeutin immer wieder betont hat, dass sie das Tempo bestimmt und hier nichts gegen ihren Willen oder überstürzt passiert. *„Wahrscheinlich denkst du, dass du ein wenig auf der Hut sein musst und erstmal schauen musst, ob du mir vertrauen kannst. Wir kennen uns auch erst seit letzter Woche und ich kann gut verstehen, wenn du vorsichtig bist und dir das Ganze erst einmal anschauen möchtest. Das ist vollkommen in Ordnung.“*

Dann erzählt die Therapeutin ihr noch, dass sie sich viel Zeit fürs Kennenlernen und den Aufbau einer vertrauensvollen Beziehung nehmen möchte. Das kommt den Bedürfnissen des Mädchens sehr entgegen und sie kann nun etwas ruhiger in ihrem Stuhl sitzen. Sie atmet tief ein und aus. Dann schnäuzt sie sich noch mal und blickt der Therapeutin tapfer ins Gesicht. *„Ja, ich würde es gern ausprobieren.“* Sie steckt den Zettel mit dem neuen Termin sorgfältig in das vordere Fach ihres Rucksackes. Sie ist froh, dass die Zeit um ist und sie gehen kann. Sie nimmt zaghaft die entgegengestreckte Hand der Therapeutin, die sich warm und weich anfühlt.

Die Therapeutin *„Dem Mädchen ist die Angst deutlich anzumerken“*, denkt die Therapeutin. Angespannt, ängstlich blickend und um ein Lächeln bemüht, was ihr nicht so recht gelingen wollte, saß die für ihr Alter deutlich jünger wirkende Jugendliche auf der vorderen Kante des Stuhls. Ablegen mochte sie nicht und behielt ihre Jacke an, den Rucksack umklammerte sie auf dem Schoß.

All das nimmt die Therapeutin wahr, aber würde es zu diesem Zeitpunkt nie ansprechen. Stattdessen entscheidet sie sich dafür, sich für ihre neue Patientin besonders viel Zeit zu nehmen und kleinschrittig und transparent vorzugehen. Denn in ihrer Rolle als Therapeutin wollte sie in erster Linie Berechenbarkeit und Sicherheit ausstrahlen. Sie wird keine unvorhersehbaren Sachen tun, sondern immer ankündigen, was als Nächstes stattfinden würde. Überforderung würde zu diesem Zeitpunkt sofort zu Rückzug von Seiten des Mädchens führen. Die Therapeutin möchte dem Mädchen das Gefühl geben, dass sie hier gut aufgehoben und sicher ist. Doch das Misstrauen und die Unsicherheit ihrer Patientin sind so spürbar, dass der Therapeutin bewusst wird, dass sie hier zunächst in Vorleistung wird gehen müssen.

Sie versuchte zunächst zu explorieren, seit wann die sozialen Ängste bei dem Mädchen bestanden hat. Konnte sie sich daran erinnern, wie es gewesen war, (noch) keine Ängste zu haben oder kannte sie sich selbst gar nicht anders? Welche Rolle spielte der elterliche Erziehungsstil? Im Erstgespräch wiesen einige Äußerungen und Verhaltensweisen der Mutter darauf hin, dass der Erziehungsstil möglicherweise überprotektiv bis überbehütend war. Vermutlich hatten die Eltern aber dem Mädchen wenig Gelegenheit gegeben, selbstständige Erfahrungen zu sammeln. Das – so hielt sie in einer kurzen Notiz fest – sollte sie unbedingt in der biografischen Anamnese in Erfahrung bringen. Achse fünf MAS, Ausrufezeichen.

Wut kroch in ihr hoch, als das Mädchen über die Mobbingsituation berichtet. Was richtete dieser Lehrer nur an, wenn er sich auf Kosten dieses Mädchens, das keiner Fliege etwas zu leide tat, amüsierte und profilierte?! Dennoch achtete sie darauf, ihre Aufgebrachtheit ihrer jungen Patientin nicht allzu sehr zu zeigen, denn das wäre für heute wohl zu viel, und sie hatte Sorge, bei der Patientin zu viele Emotionen auszulösen. Sie äußerte ihre Meinung und Mitgefühl in ihren Augen angemessen und positionierte sich zu dem Verhalten des Lehrers, aber bemühte sich dann wieder um einen sachlichen Ton und wechselte das Thema, gab aber zu verstehen, dass sie es zukünftig wieder aufgreifen würden.

„Nächste Stunde würde ich gern mit dir deine persönliche Angstleiter erstellen", fährt die Therapeutin fort. *„Eine Angstleiter kannst du dir folgendermaßen vorstellen"*, erklärt sie, geht an die Flip Chart und beginnt eine Leiter anzuzeichnen. Sprosse rechts, Sprosse links. Als sie unten die erste Stufe einzeichnet, blickt sie das Mädchen an und erklärt: *„Hier auf der untersten Stufe wollen wir die Aktivität oder Situation eintragen, die für dich persönlich gering bis wenig angstauslösend ist."* Sie schaut in die ängstlich geweiteten Augen des Mädchens und hofft, sie damit wieder zu beruhigen: *„Wir schauen gemeinsam, was das sein könnte, das musst du jetzt noch nicht wissen. Hier auf der zweiten Sprosse wird dann die Furcht oder Angst eingetragen, die ein wenig schlimmer oder höher ist als die auf der untersten Stufe. Und so geht es weiter, von Sprosse zu Sprosse steigert sich die Angstintensität, bis wir oben bei deiner allerschlimmsten Angst sind, die einem Angstlevel von 100 % entspricht."* Das Mädchen blickt sie an. Nickt. Blickt zu Boden und sagt vorsichtig: *„Ok."*

Wie steht es um das Vermeidungsverhalten im Alltag ihrer Patientin? Auf diese Frage versucht sie zunächst indirekt an Antworten zu kommen, aber auch hier wird sie die Eltern befragen müssen. Sie notiert auch dieses auf ihrem Zettel.

„Ich weiß, dass es für dich sicherlich eine Menge neue Informationen heute war. Hast du bisher Fragen oder ist etwas unklar geblieben?!" Sie lächelt und blickt dem Mädchen offen und freundlich in die Augen. Sie lässt ihre Zeit für eine Antwort. *„Nein, eigentlich nicht."* Sie spürt die Unsicherheit des Mädchens und überlegt, ob sie sich überhaupt trauen würde, nachzufragen. Darum bietet sie ihr an: *„Wirklich nicht? Sonst merke dir deine Fragen gut und wir klären das beim nächsten Mal."*

Die Therapeutin denkt: *„Das Mädchen äußert derart manifest verankerte sozialphobische Kognitionen, dass hier viel Übung notwendig sein wird, um diese abzubauen und ein realistisches Selbstbild zu entwickeln. Auch wären korrigierende Erfahrungen hilfreich."* Im nächsten Moment stellt die Therapeutin fest, dass die Therapie so eine erste korrigierende Erfahrung sein könnte. An dieser Stelle ist die Therapeutin ein bisschen zufriedener als sonst, denn sie kann sich selbst als selbstwirksam erleben und hat das befriedigende Gefühl, das Richtige zu tun und etwas verändern zu können.

7.2.9 Zur Behandlung von Angststörungen

Zur Behandlung von Ängsten existieren 33 Studien mit Wirksamkeitsnachweisen für die kognitiv-behaviorale Therapie, wobei die Evidenz von Expositionsbehandlungen in 11 randomisierten Studien nachgewiesen wurde (Weisz et al., 2004).

Behandlung phobischer Ängste: Multimodale Behandlung

Die Behandlung phobischer Ängste geschieht multimodal und beinhaltet die Komponenten (in Anlehnung an Fegert und Kölch 2013):

a. **Psychoedukation** von Kind und Bezugspersonen
b. Aufklärung über physiologische Prozesse bei Angst und Panik (u. a. Hyperventilation)
c. Interventionen in der Familie, **Elternarbeit**
d. Zusammenarbeit mit Kindergarten/Schule
e. **Therapeutische Interventionen**, z. B.: das Erstellen einer Angsthierarchie oder Angstleiter, kognitive Umstrukturierung, Expositionen in vivo/in sensu, Rückfallprophylaxe

▶ Siehe hierzu auch das **AB (P) Erstellen einer Angsthierarchie – Anhang 7.2.9**

Folgende Videosequenzen (◘ Abb. 7.3, 7.4, 7.5 und 7.6) verdeutlicht anschaulich und beispielhaft das therapeutische Vorgehen in der Angstbehandlung/-bewältigung:

◘ **Abb. 7.3** Video 7.3 Symptom Angst, Psychoedukation mit Angstleiter (▶ https://doi.org/10.1007/000-7c7)

◘ **Abb. 7.4** Video 7.4 Symptom Angst, Erstellen einer individuellen Angsthierarchie (Angstleiter) (▶ https://doi.org/10.1007/000-7c3)

Abb. 7.5 Video 7.5 Symptom Angst, Psychoedukation mit Angstkurve (▶ https://doi.org/10.1007/000-7c4)

Abb. 7.6 Video 7.6 Symptom Angst, Psychoedukation Exposition in vivo (▶ https://doi.org/10.1007/000-7c5)

Bei sozialen Ängsten zusätzlich:

a. Soziales Kompetenztraining
   ▶ **AB (P) Erstellen eines Teufelskreises zur Agoraphobie – Anhang 7.2.1**
   ▶ **AB (T) Imaginationsübungen – Anhang 7.2.9.1**
b. **Hilfreiches Manual:** Ahrens-Eipper (2010). Eignet sich für Patient*innen zwischen 5 und 10 Jahren bei sozialer Unsicherheit, sozialer Phobie, Störung mit sozialer Ängstlichkeit und Trennungsängsten.

Phobischen Ängsten liegt meist eine erlernte (entweder tatsächlich initial selbst erlebte, am Modell beobachtete oder nur symbolisch konstruierte) Kopplung zwischen einer intensiven Angstreaktion und einem an sich ungefährlichen Reiz zugrunde. Bei phobischen Ängsten können wir in der Regel eine abgestufte, schrittweise Annäherung (in Anlehnung an die Angsthierarchie, siehe Anhang AB 7.2.9) an den gefürchteten Reiz in der Therapie unternehmen (Expositionstherapie). Schrittweise wird mit dem am wenigsten angstbesetzten Stimulus begonnen und von unten stufenweise die Leiter nach oben erklommen. Die gemiedenen Orte bzw. Reize werden übend wieder aufgesucht. Moderne Ansätze der Angsttherapie (Inhibitionslernen) gehen davon aus, dass die Neuerfahrung der Bewältigung der Angst und die Erwartungsenttäuschung (*expectation violation*) die wichtigsten Wirkfaktoren darstellen, nicht wie zuvor angenommen die Habituation: Patient*innen erfahren durch die Übung nachdrücklich, dass sie z. B. eben nicht gestorben sind, keinen Herzinfarkt gehabt haben (…) und dass die Angst eben doch aushaltbar war. Daher werden bei solchen Therapieansätzen die negativen Erwartungen vorab explizit formuliert und die Expositionsübung wird als Verhaltensexperiment dargestellt, das die Erwartungen der Patient*innen überprüfen soll. Wenn das Verhaltensexperiment positiv verläuft (was zu 9 9% der Fall ist), wird es dann im Sinne des geleiteten Entdeckens ausgewertet. Diese neuen Expositionsvarianten zeichnen sich dadurch aus, dass ein starker Angstabfall in der Expositionssituation nicht mehr als zentral erachtet wird. Notwendig ist nur ein *„Überleben“* der Situation und das Nichteintreffen der Katastrophenerwartung (z. B. *„ich werde es nicht aushalten“).*

7

Wichtig

Kläre im Vorfeld mit deiner/m Patient*ein und deren Bezugspersonen, welche Verstärkung (Belohnung) es beim Aushalten der Situation geben soll! Und dann: verstärken, verstärken, verstärken.

7.2.9.1 Behandlung der generalisierten Angststörung

Behandlungsbausteine sind nach Psychoedukation und Einführung der Angstkurve die Erstellung der Angsthierarchie. Auf kindgerechte Art und Weise sollen die Mechanismen der Generalisierung von Ängsten und Vermeidungsverhalten erklärt werden. Verhaltenstherapeutische Strategien bestehen hier in einer genauen Auflistung aller möglichen Befürchtungen/Sorgen. Hier ruhen die Therapeutinnen nicht eher, bis sie wirklich die kleinsten Details aller möglichen Befürchtungen erfahren haben. Patient*innen müssen z .B. über mehrere Wochen hinweg ein Sorgentagebuch schreiben und jede Sorge ausformulieren. Bei der Formulierung der Sorgen ist dann darauf zu achten, dass diese auch zu Ende gedacht werden und selbst die letzte Konsequenz (meist schwerste Erkrankungen, Behinderung oder Tod) wirklich ausformuliert wird. Im weiteren Schritt können dann diese Befürchtungen/Sorgen aus einer Mischung von Exposition und kognitiver Umstrukturierung (Ermittlung von Wahrscheinlichkeiten, Produktion von Gegenargumenten, Formulierung hilfreicher Risikoeinschätzungen) behandelt werden. Eine Rückfallprophylaxe sollte die Behandlung abrunden.

Darüber hinaus empfehle ich das in ◘ Abb. 7.7 gezeigte Video, in dem ich die individuelle **Exploration von Angstgedanken** beispielhaft und anschaulich erkläre:

Abb. 7.7 Video 7.7 Symptom Angst, individuelle Exploration von Angstgedanken (▶ https://doi.org/10.1007/000-7c6)

Abb. 7.8 Video 7.8 Symptom Angst, Drei Ebenen der Angst: Gedanken – Körper – Verhalten (▶ https://doi.org/10.1007/000-7c2)

7.2.9.2 Behandlung der Panikstörung

Behandlungsbausteine sind Psychoedukation, Angstkurve und die Erstellung der Angsthierarchie. Auf kindgerechte Art und Weise sollen die Mechanismen der Generalisierung von Ängsten und Vermeidungsverhalten erklärt werden. In Bezug auf die Panikstörung ist wichtig herauszustellen, dass den Panikattacken, welche quasi als ursachenlos und ohne Ankündigung erlebt werden, i. d. R. ein Aufschaukelungsprozess vorausgeht. Dabei interpretieren die Patient*innen diffuse körperliche Veränderungen als Gefahr und in Folge dieser Fehlinterpretation kommt es zu einer verstärkten physiologischen Aktivierung (Herzrasen, Schwindel, unschärferes Sehen, Muskelanspannung, Schwitzen etc.). Diese physiologischen Veränderungen werden dann als Bestätigung der erwarteten Befürchtung gesehen (*„Ich werde verrückt", „Ich bekomme einen Herzinfarkt", „Ich kippe gleich um"*) bzw. verstärken diese weiter (Teufelskreis der Angst).

▶ Hier bietet sich das **AB (P) Drei Ebenen der Angst: Anhang 7.2.11** an.

Darüber hinaus empfehle ich das in Abb. 7.8 gezeigte Video, in dem ich die **Drei Ebenen der Angst** beispielhaft und anschaulich erkläre:

Die Therapie der Panikstörung besteht dann oft aus einer Mischung aus Reattributionstraining (rückwirkende Zuschreibung und Normalisierung von Körperempfindungen) und Exposition innerer Reize. Dazu werden absichtlich vegetative Symptome provoziert (z. B. durch Treppensteigen, auf der Stelle joggen, Luft anhalten, durch Strohhalm atmen, schnell im Kreis drehen etc.) und ausgehalten. Auch hier steht die Erwartungsverletzung im Vordergrund. Ähnlich sieht es mit der Expositionstherapie bei Agoraphobie aus, wo vermiedene Orte aufgesucht werden. Die Expositionstherapie erfolgt entlang der Angsthierarchie und es wird immer auf der kleinsten Stufe begonnen.

7.2.9.3 Behandlung der Posttraumatischen Belastungsstörung

Einen vertieften Überblick über den aktuellen Stand bietet die S3-Richlinien der AWMF (AWMF online, 2022). Die Behandlung einer PTBS kann in der Regel erst erfolgen, wenn die Patient*innen stabil sind. Allerdings kann bei Kriegsflüchtlingen die Notwendigkeit bestehen, Intrusionen, Vermeidung und Schreckreaktionen schon zu behandeln, obwohl der Krieg noch lange nicht vorbei ist. Oft starten Therapien mit einer Stabilisierungsphase, in der die Patient*innen zunehmend stabiler und sicherer ihren Alltag gestalten können. Wichtig ist es auch, auszuschließen, dass z. B. Opfer von Gewalt oder Missbrauch noch Täterkontakt haben. Eine Konfrontation mit Traumainhalten sollte nur dann geschehen, wenn Patient*innen und ihre Bezugspersonen hinreichende Möglichkeiten der Tagesstrukturierung, der Spannungs- und Emotionsregulation und der sozialen Unterstützung haben.

Die Traumaarbeit muss immer altersgemäß angepasst werden. Bei jüngeren Kindern muss sie immer auch in einer Beratung der Eltern bestehen, wie sie mit den Ängsten, dem Vermeidungsverhalten, den Schlafstörungen, den Alpträumen und den Intrusionen der Kinder (ggf. auch ihrer eigenen!) umgehen können. Bei Kleinkindern ist die Bewältigung durch ein Spielangebot hilfreich (s. Kapitel Grundbedürfnisorientiertes Spiel). In dieses Spiel können dann Elemente der Angstbewältigung, der wiederzugewinnenden Sicherheit, der kognitiven Neubewertung und der gestuften Exposition und der spielerischen Umstrukturierung eingewoben werden. Bei Opfern von Krieg und Vertreibung ist zu berücksichtigen, dass immer die ganze Familie betroffen ist und Hilfe braucht. Die narrative Expositionstherapie kann ab Schulkindalter hier helfen. Während der Versprachlichung des Traumas erfolgt durch das ruhige und freundliche Zuhören der Therapeutin ein gegenkonditionierendes Beziehungsangebot. Methoden der Kognitionskorrektur und der Selbstinstruktion und der gestuften Exposition („kannst Du das nochmal erzählen“) können werden integriert.

Bei der PTBS lösen aktuelle Triggerreize die traumatische Intrusion aus, die sich auch sehr gut als klassisch konditionierte Reaktionen begreifen lassen. Eine sehr bewährte Strategie besteht ab dem Jugendalter in der prolongierten Exposition. Dabei setzten sich Patient*innen zunächst unter der absichernden Anwesenheit der Therapeutin den gefürchteten Reizen aus. Therapeutinnen leiten zur Wahrnehmung sowohl der äußeren Realität (*„Was siehst du, hörst oder riechst du?“*) als auch der inneren Realität (Körperreaktionen, Gedanken, Fantasien) an. Weiterhin fragen sie, wie hoch die Anspannung im Moment ist (Skalierungstechniken) und was genau jetzt passiert. Die letzte Frage impliziert, dass Patient*innen z. B. sagen: *„Ich stehe oder sitze hier“, „Ich bin sehr aufgeregt“, „Ich habe Befürchtungen, aber es passiert nichts Schlimmes, keine Katastrophe“.* Nach und nach wird dann die Erregung abklingen.

7.2.9.4 Skizzierung der Therapie von Zwangserkrankungen

Ebenfalls wie bei Ängsten wird hier eine individuelle Zwangshierarchie erstellt. Methode der Wahl bei Zwangserkrankungen ist die Konfrontation mit Reaktionsverhinderung. Bei Zwangshandlungen werden Patient*innen dazu angehalten, sich dem Stimulus auszusetzen (z. B. Türklinke anfassen) und das sonst folgende Zwangsritual (z. B. Händewaschen) zu unterlassen. Bei Zwangsgedanken können die Befürchtungen auf Tonband/Handy … aufgenommen werden. Patient*innen sollen diese Aufnahmen immer wieder anhören, ohne dass sie ihre Befürchtungen gedanklich oder auf Verhaltensebene neutralisieren. Da bei Zwangserkrankungen die Befürchtung meist in der Zukunft liegt („*Meine Großmutter wird stürzen und sich verletzen, wenn ich jetzt nicht* …“), müssen die Expositionen oft wiederholt werden, und die Reduktion der Angst setzt nicht so schnell ein wie bei anderen Expositionsverfahren.

Hilfreiche Manuale zum Zwang sind beispielsweise:

- Armour und Fricke (2016).
- Wewetzer und Wewetzer (2017).

- **Arbeitsblätter im Anhang zum Thema Angst**

  ► **AB (P) Erstellen einer Angsthierarchie: Angstleiter – Anhang 7.2.9**
  ► **AB (P) Erstellen eines Teufelskreises der Angst – Anhang 7.2.1**
  ► **AB (P) Erstellen eines Teufelskreises zur Agoraphobie – Anhang 7.2.1**
  ► **AB (P) Drei Ebenen der Angst – Anhang 7.2.11**

7.3 Aktivitäts- und Aufmerksamkeitsstörungen

7.3.1 Diagnostik/Testdiagnostik

Neben der klinischen Exploration und einer umfangreichen Verhaltensbeobachtung des Kindes oder der/s Jugendlichen, den Eltern und Bezugspersonen (Erzieher*innen, Lehrer*innen, Trainer*innen) gibt es eine Reihe von Fragebögen, Tests und Checklisten, anhand derer die Diagnose ADHS gestellt werden kann.

- **Fragebögen**

Fragebogenverfahren sollten die anamnestischen Daten ergänzen sowie Symptome quantitativ und qualitativ erfassen.

- Standardmäßig sollten die **Child Behavior Checklist von Achenbach** (2014) – **CBCL (1,5–18 J.)** sowie auch der **Elternfragebogen**, die Version für **Lehrer/Teacher Rating Form – TRF (6–18 J.)** als **Lehrer*innenfragebogen** eingesetzt werden.
- Bei Jugendlichen erfasst der **Selbstauskunftsbogen/Youth Self Report, Fragebogen für Jugendliche von Achenbach (1994) – YSR (11–18 J.)** die Symptome. Alle Fragebögen sind zu beziehen über die Testzentrale gegen Vorlage eines Bezugsberechtigungsnachweises oder Kopie der Abschlussurkunde. Fester Bestandteil der Standarddiagnostik an Ausbildungsinstituten.

Störungsspezifische Verfahren:

- Hierunter fallen Selbst- und Fremdeinschätzungen des Diagnostik-Systems für psychische Störungen nach ICD-10 und DSM-5 für Kinder und Jugendliche-III von Döpfner et al. (2008b).
- Neben einem Selbstbeurteilungsbogen für Aufmerksamkeitsdefizit-/Hyperaktivitätsstörungen (ADHS) DISYPS-III: SBB-ADHS gibt es den Fremdbeurteilungsbogen für Eltern, Lehrer und Erzieher, DISYPS-III: FBB-ADHS/ FBB-ADHS-V. Selbstbeurteilung von 11–18 Jahren; Fremdbeurteilung von 3–18 Jahren. Erschienen bei Hogrefe und im Komplettpacket zu beziehen über die Testzentrale.
- Bei der Hyperkinetischen Störung des Sozialverhaltens sollte ab 16 Jahren der **State-Trait-Ärgerausdrucks-Inventar-2 (STAXI-2)** von Rohrmann et al. (2013) eingesetzt werden, erschienen bei Huber und zu beziehen über die Testzentrale. Der STAXI-2 erfasst situationsbezogenen Ärger, Formen des Ärgerausdrucks, Ärgerkontrolle sowie dispositionelle Ärgerdimensionen.

▪ Computergestützte Verfahren

Zu den apparativen Methoden zählen beispielsweise

- das **Aktometer** (zur Aufzeichnung von motorischer Unruhe) oder
- die **Kinderversion der Testbatterie zur Aufmerksamkeitsprüfung (KiTAP)** kommen in sozialpsychiatrischen Praxen zum Einsatz. Die KiTAP testet in einem simulierten Computerspiel dabei u. a. die Items „Ablenkbarkeit", „Alertness", „Daueraufmerksamkeit", „Flexibilität", „geteilte Aufmerksamkeit" und „Vigilanz".

Optional:

- **Teilleistungsstörungen** testen: Hierunter fallen die Lese-Rechtschreib-Störung (Legasthenie) oder Rechenstörung (Dyskalkulie). Hinweise zu den Testverfahren hierbei: siehe Anhang 2.6, Übersicht Tests.
- **Conners Skalen zu Aufmerksamkeit und Verhalten-3 (Conners 3)** von Conners (2013) als Selbstbeurteilungsbogen 6–-18 J., Eltern- und Lehrer*innenbogen in Kurz-/Langversion.
- **Elterncheckliste zu Verhaltensproblemen bei den Hausaufgaben**, zum kostenlosen Download unter: ▸ https://www-de.scoyo.com/eltern/ratgeber/ratgeber-downloads/checkliste-hausaufgaben-eltern-kinder-download (14.03.2020).

  ▶ Siehe hierzu bitte auch **AB (T) Störungsspezifische Diagnostik im Kindes- und Jugendalter: Anhang 2.6.**

Wichtig

Es ist empfehlenswert, **grundsätzlich** eine **Leistungsdiagnostik** bei Patient*innen mit Verdacht auf AD(H)S oder HKS (Hyperkinetische Störung des Sozialverhaltens, siehe ▸ Abschn. 7.4) zu machen, denn anhand dieser lässt sich eine schulische Über- oder Unterforderung der Betroffenen ausschließen. Darüber hinaus zeigt das Werteprofil (homogen vs. heterogen) des Tests, inwiefern die Verarbeitungsgeschwindigkeit der Patient*innen beeinträchtigt ist. Dieses zeigt sich oft an einer sogenannten „Spitze nach unten".

Geeignet sind:
- Kaufman und Kaufman (2015)
- Wechsler (2011, 2014)
- Tellegen et al. (2018)

7.3.2 Psychoedukation – oder: Wie erkläre ich es der Familie mit einfachen Worten?

Was versteht man unter ADHS? Die Aufmerksamkeitsdefizit-(Hyperaktivitäts-)Störung ist eine der häufigsten Störungen im Kindes- und Jugendalter und betrifft zwischen 3 % und 5 % der Kinder und Jugendlichen in Deutschland. Dabei fallen Jungen eher als Mädchen durch störendes Verhalten auf. Bis heute sind die Entstehungsbedingungen teilweise unklar, eine genetische Komponente spielt eine Rolle, d. h., ein ADHS ist zum Teil vererbbar und oft sind mehrere Familienmitglieder betroffen.

Es gibt die Hypothese, dass im Hirnstoffwechsel die Botenstoffe im Dopaminstoffwechsel dysreguliert sind. Dopamin ist ein Neurotransmitter, ein Botenstoff, der bei der Reizübertragung im Gehirn eine wichtige Rolle spielt. Durch einen Mangel an Dopamin wird die Informationsverarbeitung gestört. Dies hat zur Folge, dass alle Reize nicht richtig gefiltert werden. Beim Denkablauf eines Kindes oder Jugendlichen führt es nun dazu, dass Gedanken nicht zu Ende gedacht werden können, weil immerzu neue Gedanken auftauchen. Eine Selbststeuerung und -regulation ist nur eingeschränkt möglich. Ebenso ist eine vorausschauende Handlungsplanung für betroffene Patient*innen schwierig, sodass ein betroffenes Kind Schwierigkeiten hat, sich selbstständig anzuziehen oder die Schultasche zu packen. Alle Tätigkeiten oder auch Denkabläufe, die mehr als drei Schritte Vorausschau erfordern, stellen für die Betroffenen und deren Eltern Herausforderungen dar. Einen Koffer selbstständig zu packen oder auch Hausaufgaben der Reihe nach systematisch abzuarbeiten, kann ein Kind mit dieser Diagnose nicht ohne Unterstützung oder intensivem Training leisten.

Die hohe Ablenkbarkeit und mangelnde Fähigkeit zur Konzentration sorgen bei Betroffenen und ihrem Umfeld für hohen Leidensdruck. Unbehandelt verwächst sich ein ADHS nicht, sondern es besteht die Gefahr, dass zusätzliche Erkrankungen entstehen.

> Typisch ist übrigens, das ADHS-Patient*innen sich sehr gut auf das fokussieren können, was ihnen Spaß und Freude bereitet, wie z. B. Lego bauen, Playmobil oder Playstation spielen. Schildern Eltern also, dass ihr Kind sich sehr ausdauernd und konzentriert mit dem Tablet beschäftigt, ist das kein Ausschlusskriterium für die Diagnose ADHS!

▶ Siehe hierzu **AB (KE) Informationen für Angehörige und Betroffene: Anhang 7.3.2**

7.3.3 Störungsmodell

Biopsychosoziales Modell: Laut Esser (2011, S. 210–211) ist von einer Interaktion biologischer und psychosozialer Faktoren auszugehen. Auf Grundlage genetischer Veranlagung und biologischer Faktoren wird demnach der Verlauf eines AD(H)S durch psychosoziale Faktoren erheblich beeinflusst, wobei der Eltern-Kind-Interaktion eine bedeutsame Rolle zukommt (◘ Abb. 7.9).

Genetische Faktoren: Biologisch bedingt haben Patient*innen mit AD(H)S Schwierigkeiten, Impulse zu steuern und Reize zu filtern. Sie können ihre eigene Reaktion und Aufmerksamkeit nicht gezielt einsetzen und steuern, sodass sie scheinbar überreagieren und reizüberflutet sind. Dem Dopaminstoffwechsel komme laut Esser dabei eine zentrale Rolle zu, zudem treten funktionelle Auffälligkeiten im Frontalhirn und den Basalganglien auf (2011, S. 210).

Schädigung des Zentralen Nervensystems: Es besteht ein Zusammenhang zwischen Schwangerschafts- und Geburtskomplikationen (sehr geringes Geburtsgewicht, Rauchen und Alkohol in der Schwangerschaft) und erhöhtem Risiko für ADHS (Herpertz-Dahlmann et al., 2008, S. 680).

7

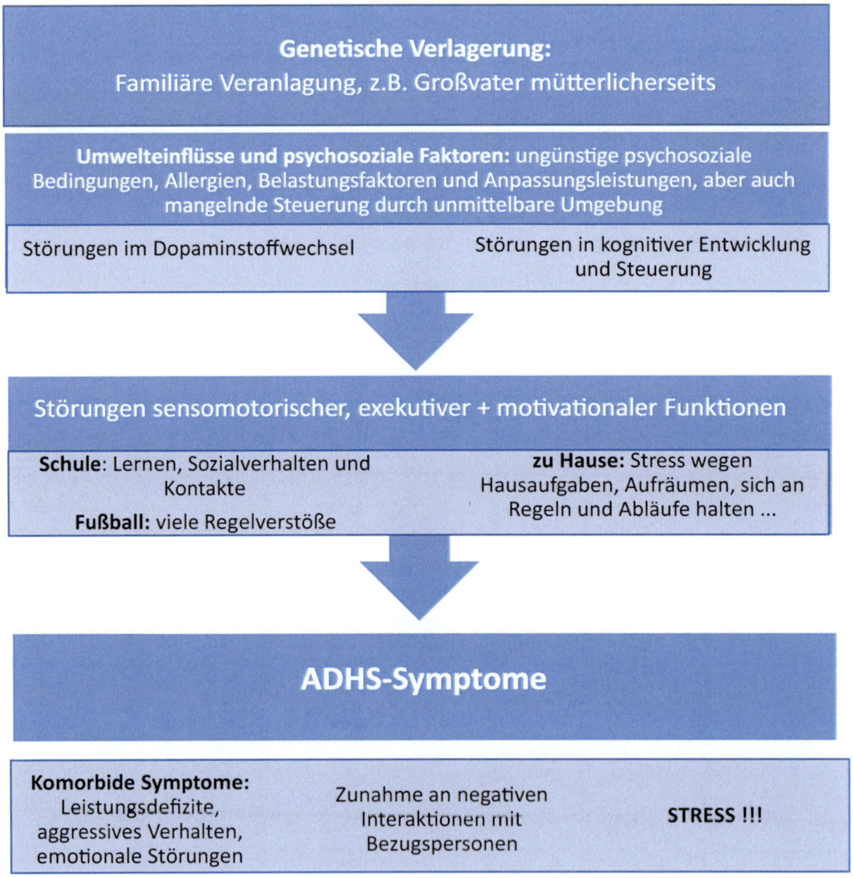

◘ **Abb. 7.9** Biopsychosoziales Störungsmodell der Angst

Psychosoziale Faktoren: Psychosoziale Faktoren sind keine primäre Ursachen, aber entscheidend für Schweregrad und Chronifizierung der Störung (Esser, 2011, S. 210)!

Neuropsychologische Modelle nach Barkley (1997)**:** Defizite bei der Reaktionshemmung auf Grundlage gestörter exekutiver Funktionen in vier Bereichen:

- Arbeitsgedächtnis
- Selbstregulation, Aufmerksamkeit und Motivation (Handlungssteuerung)
- Internalisierung und Automation von Sprache
- Entwicklung von Handlungssequenzen
  → Den exekutiven Funktionen kommt bei der Planung, Organisation, Umsetzung und Handlungssteuerung sowie bei der Selbstregulation eine zentrale Rolle zu.

7.3.4 Praxisbeispiel: Eine Mutter berichtet

Bei der telefonischen Anmeldung berichtet die Mutter, ihr Sohn sei der Chaot der Familie und besuche (noch) die 6. Klasse des Gymnasiums. Die Mutter beschreibt, dass sie Tag und Nacht damit beschäftigt sei, sein Chaos irgendwie in den Griff zu bekommen und vom Aufstehen bis zum Ins-Bett-Gehen sei es teilweise ein einziger Kampf mit ihm. Die starke Belastung der Mutter wird bereits im ersten Telefonat deutlich.

Die Therapeutin hatte den Jungen für zwei probatorische Sitzungen gesehen. Der Junge zeigte sich offen und fröhlich im Kontakt, explorierte neugierig den Behandlungsraum, überlegt, welches Spiel sie als Erstes spielen könnten, und zeigte, was den Vorstellungsgrund betraf wenig Leidensdruck. Zur dritten Sitzung war nun die Mutter zur Anamnese eingeladen, damit die Therapeutin Informationen über die pränatale Entwicklung, Geburt und der frühkindlichen Entwicklung sammeln konnte.

Die Mutter erscheint sichtlich abgehetzt und verspätet zu dem vereinbarten Termin, entschuldigt sich und sucht dabei etwas in ihrer Tasche. Schließlich setzt sie sich, blickt die Therapeutin an und beginnt zu erzählen. Es sprudelt förmlich aus ihr heraus und die Therapeutin hat kaum Gelegenheit, das Gespräch durch eigene Fragen zu steuern. Thema heute sollte eigentlich Schwangerschaft, Geburt und frühe Kindheit des Patienten sein, doch sie merkt rasch, dass die Mutter einen so großen Bedarf hat, über die aktuelle Situation zu sprechen. Insofern beschließt sie, dient diese Stunde zunächst der Entlastung der Mutter und dazu, einen Einblick in die Alltagssituation zu bekommen.

Wenn die Mutter ihren Sohn morgens versuche zu wecken, benötige sie mehrere Anläufe, berichtet sie, bevor er dann schließlich viel zu spät aufstehe. Wenn sie ihn nicht ständig ermahne und antreibe, würde er es nicht pünktlich zur Schule schaffen. Alltägliche Handlungsschritte, wie das Zähneputzen und Anziehen, setze er nur im Zeitlupentempo um. Die Mutter versuche, mit vielen strukturgebenden Ritualen ihrem Sohn den Alltag zu erleichtern. Die Zahnbürste und Anziehsachen lege sie ihm raus, doch selbst das Anziehen klappe nur bedingt und es komme vor, dass sie ihren Sohn vertieft in sein Legospiel in seinem Zimmer sitzend vorfinde. Bis er schließlich angezogen in der Küche lande, sei es bereits höchste Zeit, die Tasche zu schultern, Jacke und Schuhe anzuziehen und zum Bus zu gehen … Das Brot auf die Hand, die Mutter kontrolliere schnell nochmal ob Schlüssel, Pausenbrot und Trinken in der

Tasche seien, dann stürme er zur Tür hinaus, oft sei das Schnürband offen oder er habe nur einen Handschuh in den Händen. Oft kehre er nochmal um, da er seinen Sportbeutel oder die Busfahrkarte vergessen habe. Dann komme er zu spät zum Unterricht, was ihn selbst jedoch wenig zu stören schien. Überhaupt, so die Mutter, störten sich insbesondere die Eltern und Lehrer*innen an seinem Verhalten. Ihr Sohn hingegen habe ein fröhliches und eher unbedarftes Gemüt, sei schnell und mit viel Power bei der Sache, gerate leider oft in Streit, habe diesen jedoch genauso schnell wieder vergessen und sei nicht nachtragend.

Die Mutter fährt sich mit den Händen hektisch durch die Haare und das Gesicht und sagt: *„Er hat ja kein ADHS, oder? Tabletten wollen wir ihm auf keinen Fall geben – da sind wir total dagegen. Wir waren vor zwei Jahren schonmal bei einem Kindertherapeuten und der hatte das empfohlen und das werden wir nicht machen. Ich gebe meinem Kind keine Drogen!"*

Die Therapeutin bemüht sich sogleich, die Mutter zu beruhigen und ermuntert sie, weiter zu berichten. Sie bemerkt eine große Nervosität oder motorische Unruhe auf Seiten ihrer Gesprächspartnerin, was sich durch Nesteln an Anziehsachen, Fingern oder Schmuckstücken bemerkbar macht.

Seit dem Schulwechsel gebe es ernsthafte Probleme, denn zum einen könne sich ihr Sohn immer schlechter konzentrieren, was zur Folge habe, dass er Mist mache. Zum anderen nerve es auch die Mitschüler*innen, dass er sich nicht an die allgemeinen Regeln halten könne und oft den Unterricht durch Reinrufen störe. Sorgen bereite ihr, dass die Lehrer*innen immer weniger Verständnis zeigten, er Zusatzarbeiten aufbekomme und seine mündlichen Noten sehr unter dem Reinrufen und der mangelnden Regelakzeptanz leiden würden.

Zu Hause kämpfe sie mit ihm um die Hausaufgaben. Längst habe sie es aufgegeben, ihn zu ermahnen, diese genau zu notieren. Sie habe eine Abmachung mit einer bekannten Mutter getroffen, die ihr nun täglich per Kurznachricht die zu erledigenden Hausaufgaben mitteile. Sie schaffen jedoch aufgrund der schlechten Konzentration und hohen Ablenkbarkeit nur einen Bruchteil dessen, was auf war. Und es dauere oft mehr als eine halbe Stunde, ihren Sohn davon zu überzeugen, dass es nun an der Zeit für die Hausaufgaben sei. Durch dieses Rumtrödeln ginge viel wertvolle Zeit verloren, die er sonst tatsächlich spielen könnte. Weitere Termine, die es einzuhalten galt, seien die Fußballtrainingseinheiten. Er sei ein leidenschaftlicher Fußballspieler und aus der Verteidigung seiner Mannschaft nicht wegzudenken. Hier gelänge es ihm teilweise, sich an Regeln zu halten – wenn er sich oder die Mannschaft ungerecht behandelt fühlte, würde er allerdings austicken und verbaue sich dadurch vieles. Schon des Öfteren habe er gelbe und auch rote Karten für sein respektloses und impulsives Verhalten kassiert. Er sei dann todunglücklich und fühle sich ungerecht behandelt. Sein Team stehe zum Glück hinter ihm und er sei nach wie vor sehr beliebt bei den anderen Jungs.

Die Mutter wirkt sehr belastet und sagt gegen Ende des Gespräches, dass sie und ihr Mann mit ihrem Latein am Ende seien. Sie wüssten einfach nicht, wie sie ihren Sohn dazu bekommen könnten, strukturiert und systematisch die Dinge anzugehen und nicht immerzu nur Chaos zu verbreiten. Sie habe im letzten Jahr ihren Job aufgegeben, um mehr Zeit für ihren Sohn zu haben und ihn besser zu unterstützen. Was sie aber am meisten wundere, ist, dass ihn das alles überhaupt nicht störe!

Die Therapeutin blickt die Mutter an und nickt: *„Ihr Alltag klingt wirklich sehr anstrengend zurzeit. Ich kann mir nur annährend vorstellen, wie viel Kraft und Energie es Sie kosten muss, Ihrem Sohn Struktur und Regeln zu geben. Mich würde interessieren, ob das schon immer so war? Wie war ihr Sohn als Baby, wie war es in der frühen Kindheit und im Kindergarten?"*

„Ach, er war immer schon ein sehr lebendiges Kind und hat im Mutterleib schon ordentlich gestrampelt", lacht die Mutter. Als Baby sei er ein Schreibaby gewesen und habe sich nur schwer regulieren können. *„Das war eine sehr anstrengende Zeit für mich und besonders für die Beziehung zu meinem Mann"*, so die Mutter. Dann habe sich ihr Sohn aber sehr gut entwickelt, bereits mit elf Monaten sei er wie ein Wirbelwind gelaufen. *„Natürlich fiel er noch ständig hin, dass ist überhaupt so eine Sache, die er bis heute hat. Er verletzt sich immer wieder aus Leichtsinn, wie z. B. beim Skaten, das hat er zum Glück dann aber irgendwann gelassen, ich glaube, als er mit dem Fußball anfing. Drei Mal hat er sich den linken Arm gebrochen und zwei Mal das Schlüsselbein, zuletzt war er mit dem Skateboard eine Rutsche hinuntergefahren."*

Der Übergang in die KiTa sei problemlos verlaufen, ihr Sohn sei sehr offen und habe sich immer gut auf neue Situationen und Menschen eingestellt. *„Er hat sofort neue Freundschaften geschlossen und war bei allen Kindern beliebt, da er viele Spielideen hatte und dabei sehr erfinderisch und kreativ war. Doch irgendwann zeigte sich, dass es ihm sehr schwerfiel, sich an allgemeine Regeln und Rituale zu halten, und er fiel den Erziehern zunehmend auf. Ich bekam damals die ersten negativen Rückmeldungen über sein Verhalten, doch wir gingen immer davon aus, dass sich alles verwachsen würde."*

Sie schaut die Therapeutin hoffnungsvoll an: *„Oder was meinen Sie dazu?"*

„Nun ja, es zeigt sich ja durch ihre Schilderung, dass sich das Symptomverhalten, also das Quirlige und Unstrukturierte und manchmal auch Chaotische, von klein auf bei Ihrem Sohn wie ein roter Faden durch mehrere Lebensbereiche zieht. Es hat sich, so habe ich Sie verstanden, in den letzten Jahren durch die steigenden Anforderungen in der Schule sogar verschlimmert. Insofern würde ich zunächst einmal davon ausgehen, dass es eine Wesenseigenschaft ist, die Ihr Sohn mitbringt. Es wird nichts sein, was wir auf einmal wegbehandeln oder wegmachen können – da gibt es kein Rezept. Aber ich kann sowohl Sie als Eltern und auch Ihren Sohn als Betroffenen dabei unterstützen und mit gezielten Hilfestellungen aufzeigen, wie mit dem hibbeligen und unstrukturierten Verhalten der Alltag kontrollierbarer gelebt werden kann. Ich schätze Ihren enormen Einsatz als Mutter und wünsche mir für Sie, dass Sie langsam etwas Verantwortung für das Leben Ihres Sohnes abgeben können, um Ihr eigenes und das gemeinsame Familienleben wieder mehr zu genießen. Auf diesen Weg kann ich Sie therapeutisch begleiten."

„Ist es denn dann doch ein ADHS?", fragt die Mutter. Die Therapeutin erwidert: *„Für eine abschließende Diagnose ist es noch zu früh, denn wir sollten zunächst auf die Testergebnisse und Ergebnisse der Fragebögen warten. Sollte sich am Ende der Diagnostik herausstellen, dass Ihr Sohn unter ADHS leidet, werden wir in Ruhe besprechen, was das genau bedeutet. Dann werden wir auch genau und Schritt für Schritt besprechen, welche Behandlungsmöglichkeiten für Sie infrage kommen.*

Ich schließe es jedoch aufgrund Ihrer Beobachtungen und Berichte nicht aus, dass Ihr Sohn an einer Aufmerksamkeits- und Konzentrationsstörung leidet. Wenn es an der Zeit ist, kann ich eine Diagnose stellen. Ich würde Ihnen gern die Sorge vor einer ADHS-Diagnose nehmen, denn ich habe oftmals erlebt, dass es für Betroffene und Familien sehr entlastend sein kann, zu wissen, was los ist. Dafür hilft es sich, mit der

Psychoedukation des Krankheitsbildes ADHS auseinanderzusetzen. Bei Interesse Ihrerseits bin ich gern bereit, Sie verständlich über ADHS aufzuklären.

Die Frage einer Medikation stellt sich erstmal noch gar nicht, wir gehen alles Schritt für Schritt an. Oft hilft die Verhaltenstherapie und reicht aus und ich würde gemäß den Leitlinien zunächst versuchen, die verhaltenstherapeutischen Interventionen gemeinsam mit Ihnen und Ihrem Sohn umzusetzen. Falls es keine Besserung gibt, kann die Medikation eine weitere Option sein, aber das steht momentan noch nicht zur Debatte."

Erleichtert blickt die Mutter die Therapeutin an und springt auf: *„Das klingt ja wunderbar, ich bin sehr erleichtert!"*

7.3.5 Behandlung: Multimodale Behandlung

Gemäß den aktuellen Leitlinien zu ADHS bei Kindern, Jugendlichen und Erwachsenen (AWMF online, 2017–2022) sollte die **Behandlung adaptiv und multimodal** erfolgen. Dabei sollte eine Therapie direkt am Problembereich ansetzen, denn eine Generalisierung von Therapieeffekten vom einen auf den anderen Lebensbereich gelingt meist nicht.

7.3.5.1 Fünf Behandlungselemente

1. Die **Psychoedukation (Aufklärung und Beratung)** der Patient*innen und deren Bezugspersonen (einschließlich Lehrer*innen) beinhaltet Informationen über Symptomatik, Ätiologie, Möglichkeiten der Therapie und Behandlungsprognose. Hier können die Elterninformationen

   ▶ **AB (KE) Informationen für Angehörige und Betroffene – Anhang 7.3.2**

   ▶ **AB (KE) Was benötigen Kinder und Jugendliche mit ADHS am eisten? – Anhang 7.3.5**

   zum Einsatz kommen.
2. **Elterntraining** und **familienzentrierte Interventionen** dienen der Verminderung der Symptomatik in der Familie und der Verbesserung des Familienklimas. Studien belegen den höchsten Evidenzgrad für Elterntrainings, denn diese zielen auf eine Stärkung der Erziehungskompetenz (Fegert & Kölch, 2013, S. 10). Mithilfe von alltagsstrukturierenden Maßnahmen (Familienregeln, -rituale, feste Zeiten), viel positivem Feedback (unerwünschtes Verhalten ignorieren, erwünschtes Verhalten belohnen, Etablierung von Belohnungssystemen – siehe hier auch ▶ Abschn. 6.2 zu operanten Verfahren) und gemeinsamen positiven Aktivitäten soll die Eltern-Kind-Beziehung gestärkt werden.

   Ziel der **psychoedukativen Elternarbeit** ist es, dass die Eltern lernen, mit ihrem Kind so umzugehen, dass sie ihren eigenen Zielvorstellungen bzw. Wünschen und den Bedürfnissen ihres Kindes besser gerecht werden können. Anhand pädagogischer Interventionen sollen konkrete Problemsituationen bewältigt werden. Positive Zuwendung bzw. ein positiver Blick auf das Kind soll den Eltern vermittelt werden. Ebenso wird thematisiert, wie liebevolle Konsequenz durch angemessene Aufforderungen, Grenzsetzungen und auch ggf. negative Konsequenzen der Familie helfen können.

Folgende Ansätze eignen sich erfahrungsgemäß gut für die Arbeit mit Eltern:

- **Triple-P (Positives Erziehungsprogramm)** als praxisnahes und evidenzbasiertes System zur Unterstützung von Eltern und Familien, siehe: ▶ https://www.triplep.de/de-de/startseite/24.04.2020. Die Materialien sind hier ebenfalls zu beziehen.
- **Therapieprogramm für Kinder mit hyperkinetischem und oppositionellem Problemverhalten (THOP)** von Döpfner et al. (2019) geeignet für Eltern von Kindern von 3–12 Jahren, zu beziehen über die Testzentrale.

Beispielhaft für Familiengespräche innerhalb der therapeutischen Elternarbeit veranschaulicht diese Videosequenzen (◘ Abb. 7.10 und 7.11), wie die Therapeutin die einzelnen Beteiligten „mit ins Boot" holt und individuell auf die unterschiedlichen Bedürfnisse und Eigenheiten der einzelnen Gesprächsteilnehmer*innen eingeht:

◘ **Abb. 7.10** Video 7.10 Familie: Kommentar zu Familienregeln (▶ https://doi.org/10.1007/000-7c8)

◘ **Abb. 7.11** Video 7.11 Familie: Einführung und Erstellen von Familienregeln (▶ https://doi.org/10.1007/000-7c9)

Bewährt hat sich in der Praxis ein Kommunikationstraining mit Bezugspersonen

- Verwendung von „Ich-Botschaften“ (z. B. *„Ich fühle mich unwohl, wenn du so genervt von der Schule kommst, und ich weiß gar nicht, wie ich auf dich zugehen soll.“) statt „Du-Botschaften“ (z. B. „Du kommst immer genervt von der Schule, damit machst du mich wahnsinnig!“*)
- Nutzen des 4-Ohren-Modells (Schulz von Thun, 2014)
- Freundlichkeitsgesten (diese können individuell für eine Familie mithilfe eines Beobachtungsprotokolls gesammelt und dann in Form eines Rituals etabliert werden, z. B. jeden Tag fünf Komplimente verteilen; helfen, den Tisch zu decken; Süßigkeiten teilen).
- Hilfreiche Materialien und tolle Übungen zum Ausprobieren finden sich bei Görlitz (2014).
- Folgende einfühlsame Erziehersätze (nach Görlitz, 2014) haben sich bewährt:
  - *„Ich verstehe gut, dass es dir schwerfällt, vor neuen Situationen haben alle Menschen ein komisches Gefühl im Bauch …“*
  - *„Es ist wirklich ärgerlich und tut sehr weh, gehänselt zu werden.“*

7

3. **Interventionen in der Schule** zur Verminderung der Symptomatik und der Frustrationen der Schule: pädagogische Interventionen, bei denen die Gruppensituation berücksichtigt wird, stärker strukturiertes Lernen, die Kompetenzen nicht anzweifeln, geeignete Sitzposition, Verhaltensregeln festlegen, positive und negative Konsequenzen transparent machen, Steigerung positiver Aufmerksamkeit, Token-System, Response-Cost, Auszeit.

   Wichtig ist hierbei, dass im Vorfeld geklärt wird, ob der Austausch mit der Schule von Bezugspersonen- und Patient*innenseite gewünscht ist. Der Austausch mit Lehrer*innen und Schulleitung ist unbedingt empfehlenswert, um abzustimmen, wer die Interventionen in der Schule umsetzen kann (Schulbegleitung, Lehrer*innen, Förderlehrer*innen etc.)!
4. **Kognitive Verhaltenstherapie** des Kindes zur Verminderung von impulsiven und unorganisierten Aufgabenlösungen und zur Verbesserung der Konzentrationsfähigkeit (Selbstinstruktionstraining, Wahrnehmungsübungen, Aufmerksamkeitstraining, Neurofeedback) oder zur Anleitung der Betroffenen zur Modifikation des Problemverhaltens (Selbstmanagement, geeignet ab Schulalter). Zum Einsatz kommen: Stoppkarten, Verstärkerpläne (Token-Systeme).

Konzentrationstrainingsprogramme

- **Konzentrationstrainings-Programm für Kinder, Arbeitsheft II: 1. und 2. Schulkasse** von Ettrich (2010): Arbeitsheft mit Übungsaufgaben, zu beziehen über den Buchhandel.
- **Marburger Konzentrationstraining (MKT) für Schulkinder/Jugendliche (MKT-J)** von Krowatschek et al. (2019): Entspannungsübungen, Arbeitsphasen, systematisches Einüben von Suchstrategien, Selbstinstruktionstrainings, Reaktionsverzögerung, häusliches Übungsprogramm mit Übungsblättern zwischen den einzelnen Trainingssitzungen zu Hause bearbeiten, Psychoedukation in Form von Elternabenden. Zu beziehen über den Buchhandel.

Aufmerksamkeitsprogramme

- **Training mit aufmerksamkeitsgestörten Kindern** von Lauth und Schlottke (2019): Beherrschung der Basisfertigkeiten wie Zuhören, Informationen aufnehmen; Reaktionskontrolle (bedacht und planvoll handeln, innehalten); Handlungsregulation (Üben von Planungsfertigkeiten, Handlungszüge selbstständig organisieren, Handlungssteuerung); Planung und Reflexion. Zu beziehen über den Buchhandel.

Selbstinstruktionstraining

Selbstinstruktionstraining nach Meichenbaum: Methoden der Selbstinstruktion (Meichenbaum, 1977). Voraussetzung für das Selbstinstruktionstraining ist ein Entwicklungsalter/-stand von mind. 5 Jahren. Meichenbaum entwickelte Anfang der 1970er-Jahre ein Training, um die Problemlösekompetenz von hyperaktiven und impulsiven Kindern zu verbessern.

Vorgehen

Die Therapeutin bearbeitet vor den Augen des Kindes eine Aufgabe und leitet sich selbst dabei sprachlich an: *„Ich schaue mir erst einmal alles in Ruhe an und lese die Aufgabe von oben nach unten langsam und laut vor. Meinen Arbeitsplatz habe ich mir frei geräumt, sodass mich nichts ablenkt oder irritiert."*

Das Kind bearbeitet danach selbst eine Aufgabe und wird dabei von der Therapeutin fortlaufend sprachlich angeleitet. Daraus erfolgt die Ableitung der relevanten Lernstrategien und Formulierung entsprechender Selbstinstruktionen: *„Wenn ich ein Arbeitsblatt bearbeiten möchte, stelle ich zunächst sicher, dass mein Arbeitsplatz frei und übersichtlich ist. Ich setze mich auf meinen Stuhl an den Tisch und beginne zunächst damit, die Aufgaben durchzulesen. So verschaffe ich mir einen Überblick über das, was zu tun ist."*

Das Kind führt die Aufgabe aus und instruiert sich selbst zunächst in normaler Lautstärke, dann in geflüsterten Selbstanweisungen. Selbstverbalisationen sollen nicht einfach auswendig gelernt werden, sondern sie müssen für das Kind angemessen sein (daher Exploration der kindlichen Gedanken, zusätzlich auch Verwendung von Bildern). Selbstinstruktionen sollten gemeinsam mit Patient*innen erarbeitet werden.

5. Pharmakotherapie
   Eine medikamentöse Behandlung ist nur dann indiziert, wenn andere Maßnahmen erfolglos waren und eine massive Beeinträchtigung der Patient*innen vorliegt; darüber hinaus sollte sie immer in ein multimodales Behandlungskonzept eingebunden sein (siehe hierzu auch die Leitlinien von 2017). Alle Psychostimulantien haben eine dopaminerge Wirkung und erhöhen die Verfügbarkeit von synaptischem Dopamin (◘ Tab. 7.4).

Eine medikamentöse Behandlung sollte **immer eingebettet** sein **in eine multimodale Behandlung**, d. h. zusätzlich zu anderen Therapiemethoden und -formen stattfinden. Als einziges Mittel auf eine Medikation zu setzen, kann zwar zu einer vorübergehenden Symptomverbesserung führen, ist jedoch nicht zu verantworten, da beim Kind keine Verhaltensänderung erlernt wird. Leider gibt es immer noch Fälle, in denen Kinder über Jahre medikamentös ohne eine begleitende Therapie behandelt werden. Hier hilft Aufklärung aller Beteiligten.

7

Tab. 7.4 Übersicht gängiger Wirkstoffe bei der Behandlung von AD(H)S

Wirkstoff	Handelsname	Wirkung/Alter	Nebenwirkung
Methylphenidat	Ritalin, Medikinet	Methylpenidat = Dopamin-Wiederaufnahmehemmer sofortige Freisetzung/Retard. Ab 6 Jahren zugelassen	bei ca. 10–15 % NW Häufige NW: Appetitminderung, Einschlafstörungen, Bauch-Kopf-Schmerzen, Puls-Blutdruck-Steigerung, gelegentlich: dysphorische Verstimmungen, Tics, Gleichgewichtsverlust. NW im Vorschulalter häufiger und stärker.
Attentin	Dexamphetamin	Amphetamin-Präparat: in Deutschland ab 6 Jahren zugelassen; zusätzlich ausgeprägte präsynaptische Aktivität, führen auch zur Freisetzung Dopamin, Noradrenalin Wirksamkeit: 70–85 % Responder auf Stimulanzien, aber Langzeiteffekte unklar.	Die NW sind so zahlreich, dass es den Rahmen sprengen würde, sie im Einzelnen hier zu nennen! NW v. a. im kardiovaskulären Bereich, aber auch Tics, Zwang, Wahn, Ausschläge etc. Suchtpotenzial, da Amphetamin. Überdosiert kann ein Herz-Kreislauf-Zusammenbruch mit Todesfolge eintreten.
Atomoxetin	Straterra	Noradrenalin-Aufnahmehemmer selektive Blockade des Noradrenalintransports und indirekte Beeinflussung der Serotonin- und Dopamintransporter. Wirksamkeit: Effektstärke (0.7) liegt unter den Effekten von Methylphenidat oder Amphetamin	NW ähnlich wie bei Methylphenidat – v. a. Kopfschmerzen → generell erhöhtes kardiovaskuläres Risiko: Blutdruck und Puls kontrollieren

Grundsätzlich sollte die medikamentöse Behandlung in den Händen der behandelnden Kinder- und Jugendlichenpsychiater*innen liegen.

» Hierzu ein **Auszug** aus den aktuellen Leitlinien 2017, S. 77:

„Zu Beginn einer medikamentösen Behandlung mit Stimulanzien, Atomoxetin oder Guanfacin, soll bei jeder Veränderung der Dosierung (neben der Überprüfung der Wirksamkeit auf die ADHS-Symptomatik) eine engmaschige (z. B. wöchentliche) Überprüfung bezüglich des Auftretens unerwünschter Wirkungen durch eine Befragung des betroffenen Patienten und/oder einer Betreuungsperson erfasst und dokumentiert werden. (…) Auch im weiteren Verlauf sind regelmäßige Kontrollen der Wirksamkeit und Erfassung unerwünschter Wirkungen der Medikation notwendig. Mindestens alle sechs Monate soll überprüft werden, ob eine weitere Verabreichung indiziert ist."

Wir als **Psychotherapeutinnen** nehmen hier eine eher **beobachtende Rolle** ein, dürfen uns aber austauschen und einmischen, wenn wir das Gefühl haben, die Medikation sollte überprüft und ggf. neu eingestellt werden. Dieses sollte dann geschehen, wenn **keine Auslassversuche** (regelmäßige Auslassversuche in den Ferien oder in schulfreien Zeiten) vorgenommen werden. Laut Leitlinien sollte einmal im Jahr ein Auslassversuch stattfinden; es kann jedoch nicht schaden, dieses öfter zu probieren!

7.3.6 Prognose

Die Prognose eines ADHS oder HKS ist immer individuell und abhängig von zahlreichen Faktoren. Eher ungünstig wirken sich dissoziale und delinquente Verhaltensweisen auf den Verlauf aus. Günstig ist ein konsequenter und stringenter Erziehungsstil und ein hohes Maß an Strukturierung und Verständnis für das Störungsbild in Elternhaus und Schule. Weitere ungünstige prognostische Faktoren sind eine starke Ausprägung der Symptome, soziale Funktionseinschränkung, niedriger IQ, autoritärer und inkonsistenter Erziehungsstil oder psychische Störungen eines Elternteils (Steinhausen, 2010, S. 149.)

- Folgende Arbeitsblätter zum Thema AD(H)S stehen im Anhang zur Verfügung
  - ▶ **AB (KE) Informationen für Angehörige und Betroffene – Anhang 7.3.2**
  - ▶ **AB (KE) Was benötigen Kinder und Jugendliche mit ADHS am meisten? – Anhang 7.3.5**
  - ▶ **AB (T/KE) Aufbau von Verhalten mit Hilfe von Verstärkersystemen – Anhang 7.3.1**
  - ▶ **AB (T) Erarbeitung von Verstärkern – Anhang 7.3.3**
  - ▶ **AB (P) Erarbeitung von Verstärkern – Anhang 7.3.4**
  - ▶ **AB (T) Verstärken mit Hilfe von Verstärkern – Anhang 7.3.6**
  - ▶ **AB (P) Verstärkerplan für die Schule – Anhang 7.3.7**
  - ▶ **AB (P) Verstärkerplan für zu Hause – Anhang 7.3.8**

7.4 Störungen des Sozialverhaltens

7.4.1 Diagnostik/Testdiagnostik

Wichtig bei diesem Störungsbild ist es, bereits während des Erstkontakts den **Beziehungsaufbau** zu den Patient*innen anzubahnen. Neben der **klinischen Exploration** und einer **umfangreichen Verhaltensbeobachtung in vivo** des Kindes oder der/s Jugendlichen geht es darum, von den Eltern und Bezugspersonen (Erzieher*innen, Lehrer*innen, Trainer*innen) Näheres zum Symptomverhalten zu erfahren. Da es in der Praxis unmöglich ist, alle zu interviewen, haben sich **Fragebögen** bewährt. Es gibt eine Reihe von Fragebögen, Tests und Checklisten, anhand derer die Diagnose SSV (= Störung des Sozialverhaltens) gestellt werden kann.

In der **Exploration mit den Patient*innen** stehen zunächst die **Themen Familie und Schule** im Vordergrund, da hier auf Patient*innenseite meist zumindest der Hauch eines Leidensdruckes herrscht. Anhand der Frage *„Wo gibt's am meisten Stress?"* lassen sich Patient*innen erfahrungsgemäß auf ein Gespräch ein, denn in der Regel haben sie Ärger und Stress in den Bereichen Familie und Schule. Es lohnt sich, hier zu **validieren** und den Patient*innen zu zeigen, dass es schrecklich sein muss, so viel Ärger und Stress in seinem Umfeld zu haben!

Darüber hinaus ergibt es Sinn, das **Freizeitverhalten** genau unter die Lupe zu nehmen:
- Welche Computerspiele mag dein/e Patient*in?
- Wann und mit wem spielt sie/er?
- Hat sie/er soziale Kontakte und Freund*innen, ist sie/er eingebunden in eine Peergroup oder muss sich eher um Anerkennung bemühen?
- Existiert ein Risikoverhalten?
- Wie sind das Selbstbild und ggf. die sexuelle Entwicklung?

Darüber hinaus sollten Ressourcen im Zentrum stehen, um von Beginn an den Blick auch auf das Positive zu lenken.

Zum Thema **Ressourcenarbeit** empfehle ich das Video (◘ Abb. 7.12) (◘ Abb. 2.5):

Behutsam können bestrafte Delinquenz und Drogenkonsum angesprochen werden (nur, wenn notwendig!).

In der **Exploration mit den Eltern** stellt der sozioökonomische Status, die soziale Integration, der Umgang mit Problemen und Aggressionen der Patient*innen zentrale Themen dar. Wichtig ist es auch, Ressourcen und Erziehungsmethoden zu erfragen. Als **Bestandteil der biografischen Anamnese** sollten insbesondere mit der Mutter der Verlauf der Schwangerschaft und Geburt, der Verlauf der frühen Kindheit, das Temperament des Kindes, der Entwicklungsverlauf und die Sozialisation besprochen werden. Darüber hinaus sollten die Themen Missbrauch und Gewalterfahrungen – wenn angebracht – thematisiert werden.

◘ **Abb. 7.12** Video 7.12 Ressourcenarbeit: Erstellen eines Stärkenposters

Good to know

Wichtig zu wissen ist, dass bei einer SSV meist keine Krankheitseinsicht vorhanden ist. Im Gegensatz zu beispielsweise erwachsenen Patient*innen werden unsere jungen Patient*innen geschickt und erscheinen fremdmotiviert in der Therapie. Dies erschwert von Beginn an die Behandlung und sorgt dafür, dass die Therapeutin sich sehr um die Gunst ihrer Patient*innen bemühen muss, um Behandlungsmotivation aufzubauen und einen Therapieabbruch zu vermeiden.

Eigenmotivation lässt sich gut aufbauen über

- ein Bindungsangebot (sicherer Hafen)
- Entlastung und Verständnis
- Unterstützung durch die Therapeutin
- Das Kind oder die/der Jugendliche erfährt einen Vorteil durch die Behandlung.

Oft können sich Patient*innen nur schwer auf ein Beziehungsangebot einlassen. Dieses hängt damit zusammen, dass sie entsprechend vorbelastet sind durch Beziehungsabbrüche und Zurückweisungen. Es lohnt sich, Interesse an der kindlichen oder jugendlichen Erlebniswelt zu zeigen und den Patient*innen das Gefühl zu geben, dass ich mich für sie/ihn und ihr/sein Leben interessiere; dieses können Star Wars, Computerspiele oder auch Fußball sein. Lass dir von ihr/ihm erklären, was sie/ihn fasziniert und lass dir zeigen, was sie/er alles kann und weiß. Meist ist so ein erster Schritt in Richtung vertrauensvolle therapeutische Beziehung getan.

Störungsspezifische Verfahren: Fragebögen:

- Fragebogenverfahren sollten die anamnestischen Daten ergänzen und Symptome quantitativ und qualitativ erfassen. Standardmäßig sollten die **Child Behavior Checklist von Achenbach** (2014) – **CBCL (1,5–18 J.)** sowie auch der **Elternfragebogen**, die Version für **Lehrer*innen/Teacher Rating Form – TRF (6–18 J.) Lehrerfragebogen**, eingesetzt werden. Bei Jugendlichen erfasst der **Selbstauskunftsbogen/Youth Self Report, Fragebogen für Jugendliche von Achenbach – YSR (11–18 J.)** die Symptome. Alle Fragebögen sind zu beziehen über die Testzentrale gegen die Vorlage eines Bezugsberechtigungsnachweises oder Kopie der Abschlussurkunde. An deinem Ausbildungsinstitut gehören diese Fragebögen zur Standarddiagnostik.
- Selbst- und Fremdeinschätzungen, wie das **Diagnostik-System für psychische Störungen nach ICD-10 und DSM-5 für Kinder und Jugendliche-III** von Döpfner et al. (2008a). Neben einem **Selbstbeurteilungsbogen für Hyperkinetische Störungen, DISYPS-KJ: SBB-SSV** gibt es den **Fremdbeurteilungsbogen für Störungen des Sozialverhaltens für Eltern und Erzieher, DISYPS-KJ: FBB-SSV**. Selbstbeurteilung von 11–18 Jahren; Fremdbeurteilung von 4–18 Jahren. Erschienen bei Hogrefe und im Komplettpaket zu beziehen über die Testzentrale.
- Hilfreich ist auch: **Fragebogen zu Stärken und Schwierigkeiten/Strengths and Difficulties Questionnaire – SDQ** von Goodman (1997; als Download in verschiedenen Sprachen unter: Goodman et al., 2015). Hier gibt es eine Eltern- und Kinderversion. Lizenzfrei im Netz zu finden, oder beispielsweise auch online über telepsy für 30 Cent/Test zu beziehen.

- Bei der Hyperkinetischen Störung des Sozialverhaltens sollte ab 16 Jahren der **State-Trait-Ärgerausdrucks-Inventar-2 (STAXI-2)** von Rohrmann et al. (2013) eingesetzt werden, erschienen bei Huber und zu beziehen über die Testzentrale. Der STAXI-2 erfasst situationsbezogenen Ärger, Formen des Ärgerausdrucks, Ärgerkontrolle sowie dispositionelle Ärgerdimensionen.
- **Interviews: Strukturiertes Interview zur Erfassung der Kind-Eltern-Interaktion – SKEI** – ist ein Verfahren zur Diagnostik der emotionalen Beziehung im familienrechtlichen Kontext. Weiterentwicklung des Parent Attachment Structured Interview (PASI) von Roll et al. durch Skatsche et al. (2013). Ebenfalls zu beziehen über die Testzentrale.
- In der Reihe **KIDS Kinder-Diagnostik-System (Band 1)** von Döpfner et al. (2006) gibt es eine Reihe von Fragebögen, die gut und praktisch Auskunft geben über die familiäre Situation und in Bezug auf das Problemverhalten, wie das **Elterninterview über Problemsituationen in der Familie (EF-PF)** oder der **Fragebogen über Verhaltensprobleme bei den Hausaufgaben (FVH)**. Ebenfalls zu beziehen über die Testzentrale.

Standarddiagnostisch sollten immer getestet werden: Leistungsdiagnostik: Geeignet sind die **Kaufman Assessment Battery for Children (KABC-II)** von 2015, der **Hamburger Wechsler Intelligenztest für Kinder (WISC-V)** (Wechsler, 2011) oder der **Wechsler Preschool and Primary Scale of Intelligence (WPPSI-III)** (Wechsler, 2014). Für eine nonverbale Testung eignet sich der **SON-R 2–8** von Tellegen et al. (2018) zu beziehen über die Testzentrale.

Optional: Teilleistungsstörungen testen: Hierunter fallen die Lese-Rechtschreib-Störung (Legasthenie) oder Rechenstörung (Dyskalkulie). Hinweise zu den Testverfahren hierbei: siehe Anhang Übersicht Tests.

Siehe hierzu bitte auch:

► **AB (T) Störungsspezifische Diagnostik in der Kinder- und Jugendlichenpsychotherapie: Anhang 2.6.**

7.4.2 Psychoedukation – oder: Wie erkläre ich es der Familie mit einfachen Worten?

Was versteht man unter einer Störung des Sozialverhaltens? Die Störung des Sozialverhaltens ist eine der häufigsten Störungen im Kindes- und Jugendalter. Die Prävalenz wurde vom Robert Koch Institut in der großangelegten KIGGS-Studie in Deutschland mit 7,6 % angegeben (RKI, 2019). Steinhausen nimmt Bezug auf internationale Studien und nennt Zahlen, nach denen im Schulalter 2–4 % und im Jugendalter 6–12 % der Allgemeinbevölkerung die Kriterien der Störung des Sozialverhaltens erfüllen (2010, S. 318).

Mit etwa 50 % des psychiatrischen Klientel stellt es eine der häufigsten Störungen dar; bei Jungen wird die Störung 4–5-mal häufiger als bei Mädchen diagnostiziert (Esser, 2011, S. 230).

Kennzeichen einer Störung des Sozialverhaltens: ist ein anhaltendes Muster aus aggressivem, respektlosem und aufsässigem Verhalten:
- keine Regelakzeptanz,
- Wutausbrüche,
- sich ungerecht behandelt fühlen,
- Lügen,
- Gewalt (verbal/körperlich),
- mitunter auch Stehlen,
- schwänzen,
- weglaufen etc.

Das Verhalten ist deutlich altersunangemessen und tritt mind. sechs Monate lang auf; oft kommen emotionale Schwierigkeiten dazu, wie beispielsweise depressive Symptome oder auch Ängste.

Wie der Name „Störung des Sozialverhaltens" schon sagt, ist mehr oder weniger das gesamte soziale Verhalten eines Kindes oder Jugendlichen betroffen und dieses zeigt sich in einem gestörten Miteinander. Es kann vorkommen, dass alle Interaktionssituationen mit anderen Menschen von diesem gestörten und schwierigen Sozialverhalten betroffen sind. Dieses macht die Störung sehr komplex und sorgt für einen hohen Leidensdruck auf Seiten der Bezugspersonen.

Die Ausprägung einer Störung des Sozialverhaltens kann sehr unterschiedlich sein und weist mitunter unterschiedliche Schweregrade in verschiedenen Kontexten auf. Die betroffenen Kinder- und Jugendlichen haben meist keinen Leidensdruck bzw. keine Einsicht darin, dass sie verantwortlich sind für die gestörten Interaktionen. Häufig fühlen sie sich ungerecht behandelt, oft provoziert und geärgert oder gehänselt. Sie haben das Gefühl, alle seien gegen sie und dass sie sich verteidigen und behaupten müssten. So reagieren sie mit Abwehr und Aggressionen, obwohl objektiv gesehen kein Angriff oder Provokation vorliegt.

7.4.3 Symptomatologie der Störungen des Sozialverhaltens nach der ICD-10

Allgemeine Kriterien: Dauer mindestens sechs Monate (bezogen auf mind. ein Symptom). Wiederholtes, persistierendes Verhaltensmuster, bei dem
- die wichtigsten altersentsprechenden sozialen Normen oder Gesetze oder
- die Grundrechte anderer verletzt werden.

Beachte: Bei allen Subtypen sollte nach Schweregrad unterschieden werden (leicht, mittelgradig oder schwer). Weiterhin sollte nach der Anzahl der Symptome und dem Ausmaß des verursachten Schadens differenziert werden.

Entscheidend ist der Störungsbeginn (◘ Tab. 7.5):
- mit Beginn in der Kindheit (vor dem 10. Lebensjahr) sind sogenannte *early starter*, v. a. Jungs, die eher durch aggressives Verhalten auffallen. Beziehungen zu Peers sind schlechter, mit stabilem Verlauf und hoher Komorbidität.
  → **schlechte Prognose**, später oft dissoziale Persönlichkeitsstörungen

Tab. 7.5 A: Symptome 1–15 nach der ICD-10, F91. B: Symptome 16–22. Die dunkel unterlegten Symptome müssen nur einmal auftreten, um das Kriterium SVV zu erfüllen

1. Wutausbrüche: häufig und intensiv	5. Verantwortlichmachen anderer für eigene Fehler	10. Lügen, Versprechen brechen zum eigenen Vorteil	13. Stehlen
2. Streit mit Erwachsenen	6. Empfindlichkeit, sich belästigt fühlen	11. Tierquälerei	14. Schule schwänzen (vor 13. Lj.)
3. Ablehnung von Wünschen und Vorschriften Erwachsener	7. Ärgern anderer, häufig und wohl überlegt	12. tyrannisieren: quälen, belästigen	15. Mind. 2x weglaufen von zu Hause oder 1x länger als eine Nacht
4. Ärger und Groll	8. Gehässigkeit, Rachsucht	16. körperliche Grausamkeit gegenüber anderen Personen	20. kriminelle Handlungen, Angriff eines Opfers
	9. Draußen bleiben bei Dunkelheit (vor 13. Lj.)	17. Gebrauch gefährlicher Waffen	21. zwingen anderer zu sexuellen Aktivitäten
		18. absichtliche Destruktivität	22. Einbruch: Haus, Auto
		19. Feuerlegen	

- mit Beginn in der Adoleszenz (ab dem 10. Lebensjahr) *late starter*, welche durch dissozial-delinquentes Verhalten auffallen; auf Jugendalter begrenzt. Weniger offen aggressiv und meist gute Beziehungen zu Gleichaltrigen.
  → **gute Prognose**

SSV auf den familiären Rahmen beschränkt:
- drei oder mehr Symptome, mind. drei aus dem Bereich B (oben)
- auf familiären Rahmen, also die Interaktion mit Mitgliedern der Kernfamilie, beschränkt, (d. h. bisher keine SSV außerhalb der Familie, die sonstigen sozialen Beziehungen entsprechen der Norm)

SSV bei fehlenden sozialen Bindungen:
- drei oder mehr Symptome, davon mind. drei aus dem Bereich B (oben)
- Fehlen einer wirksamen Einbindung in eine Peer-Group d. h. wenig Beziehungen zu Gleichaltrigen mit Isolation, Zurückweisung und Unbeliebtheit, keine engeren oder längeren Freundschaften
- Übergriffe meist im Alleingang, oft im Bereich Schule, teilweise gegenüber Erwachsenen unauffällig

SSV bei vorhandenen sozialen Bindungen:
- drei oder mehr Symptome, davon mind. drei aus dem Bereich B (oben)
- Beziehungen zu Gleichaltrigen in normalem Ausmaß (oft gute Integration in eine delinquente Gruppe; oder auch nichtdelinquente Gruppe, dann vollzieht sich das dissoziale Verhalten außerhalb dieses Rahmens)
- Störung muss auch außerhalb des familiären Rahmens auftreten (z. B. Schule)

SSV mit oppositionellem, aufsässigem Verhalten:
- vier oder mehr Symptome, davon maximal zwei aus dem Bereich B (oben)
- Symptome müssen für das Entwicklungsalter deutlich unangemessen sein; oft bei Kindern unter neun Jahren
- Deutlich aufsässiges, ungehorsames und trotziges Verhalten ohne schwere dissoziale oder aggressive Handlungen
- Geringe Frustrationstoleranz, Externalisierungstendenzen
- Das Störverhalten tritt eher gegenüber gut bekannten Erwachsenen oder anderen Bezugspersonen auf. Diese Form gilt eher als eine „mildere" Form der SSV, kann aber ein Vorläufer für andere Subtypen sein.

7.4.4 Teufelskreis und Störungsmodell

Teufelskreis bei Störungen des Sozialverhaltens Die individuell verzerrte Wahrnehmung führt dazu, dass das Kind oder die/der Jugendliche mehrdeutige Situationen vorwiegend als feindlich einschätzt, d. h., sie bewerten auch neutrale Reize eher als bedrohlich und reagieren impulsiv und „vorsorglich" aggressiv. Damit lösen sie bei der Umwelt Ablehnung oder Vergeltung aus – dies bestätigt sie wiederum in ihrer Annahme und rechtfertigt weitere Aggressionen (Abb. 7.13).

Abb. 7.13 Individueller Teufelskreis bei der SVV

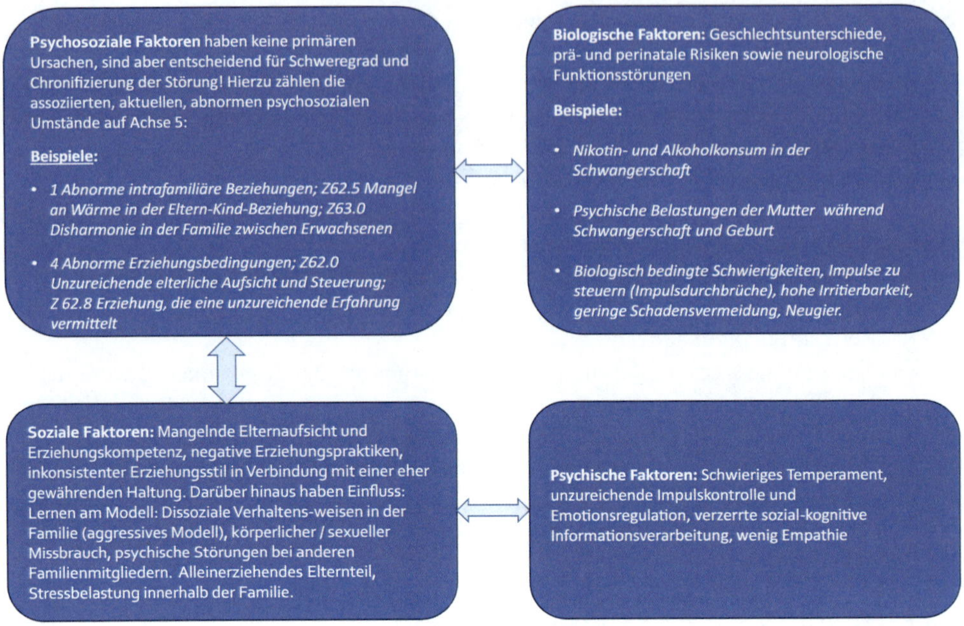

Abb. 7.14 Biopsychosoziales Erklärungsmodell der SSV

Biopsychosoziales Erklärungsmodell Es ist von einer Interaktion biologischer und psychosozialer Faktoren auszugehen. Genetische und biologische Faktoren sind hier eher zweitrangig. Eine Ausnahme stellt die Hyperkinetische Störung des Sozialverhaltens jedoch dar, denn bei der wird von einer genetischen Vorbelastung ausgegangen (Abb. 7.14).

7.4.5 Praxisbeispiel

Der Junge Der Junge sah die Therapeutin an, die mit seiner Mutter sprach. Sie lächelte und sagte immer wieder diese schrecklichen Wörter: *Regeln, gestörtes Sozialverhalten, Therapie*. Nicht schon wieder! Er verdrehte die Augen und dachte daran, wie oft er schon eine Therapie gehabt hatte. Seine Gedanken schweiften zurück und bereits im Kindergartenalter hatten sie festgestellt, dass irgendwas mit ihm falsch war und er eine Therapie bräuchte. Stundenlang hatte er sich mit lächelnden Therapeutinnen unterhalten, die irgendwann alle nicht mehr lächelten, von Mal zu Mal ungeduldiger wurden und irgendwann genervt aufgaben. Mit ihren Säuselstimmen hatten sie versucht ihn zu überreden, dieses zu tun oder jenes zu lassen. Zig Mal hatte er erlebt, dass sie letztlich alle das Handtuch geschmissen hatten. Wut kroch in ihm hoch. Schon wieder so eine von denen, die wollen, dass er sich ändert. Dabei hat er immer nur Ärger, weil die anderen ihn provozierten und so lange piesackten, bis er austickte! Nicht ER, nein alle ANDEREN sind brauchten die THERAPIE!

Es lief immer nach demselben Muster ab. Er verteidigt sich nur, wenn z. B. Leon ihn einmal wieder anrempelte auf dem Weg ins Klassenzimmer. Oder wenn Henri und Hugo hinter seinem Rücken über ihn lästerten, dann musste er sich verteidigen, sonst würden sie die ganze Klasse gegen ihn aufhetzen. Doch die Lehrer bekamen das natürlich nie so mit. In der Schule war er von Beginn an derjenige, der immer Schuld hatte. Egal was passierte – die Lehrer*innen stellten IHN unter Generalverdacht. Jemand weint? Der Blick geht sofort in SEINE Richtung … Ein Kind vermisst etwas? Sofort wird ER nach vorn gerufen. Im Sport wird gewählt? Der Lehrer entscheidet für ihn, in welche Mannschaft er geht. Es ist so unfair!

Die Therapeutin spricht mit seiner Mutter. Seine Mutter berichtet mit Tränen in den Augen, wie schwer ihr Leben sei. Sie sitzt kraftlos in dem Sessel und sagt, sie schaffe es nicht mehr mit ihm. Er setze sich über alles hinweg. Das stimmt doch gar nicht! Sein Bruder ist viel schlimmer! Der nimmt sich einfach ihr Handy, wenn sie nicht aufpasst und surft auf YouTube auf Erwachsenenseiten. Und der bekommt keinen Ärger, weil sie es gar nicht weiß! Der Junge springt auf: *„Und weißt du eigentlich, was Mike macht, wenn du nicht aufpasst? Nein, das weißt du nicht, weil du es eben nicht checkst! Der nimmt sich einfach dein Handy und surft auf YouTube und er kriegt keinen Ärger, weil er es einfach schlau anstellt! Aber er ist viel schlimmer. Und nun muss ich zur Therapie, das ist sowas von unfair!“*

Drei Monate später: Der Junge und die Therapeutin treffen sich immer mittwochs. Sie sprechen über Fußball: *„Hast du das letzte Spiel gesehen? Wie hättest du als Schiri entschieden? War das ein Foul?“*

Der Junge denkt sich, dass es gar nicht übel ist mit ihr über Fußball zu sprechen. Ok, sie ist St.-Pauli-Fan und eine Frau und hat weniger Ahnung von Fußball als er. Aber er kann ihr vieles erklären und es ist ein gutes Gefühl, sich auszukennen. Sie lobt ihn dann und er hofft jedes Mal, nicht rot zu werden, denn er ist schon lange nicht mehr für eine Sache gelobt worden.

Vertraut er ihr? Er ist sich nicht so sicher. Zu oft hat er die Erfahrung gemacht, dass er zurückgewiesen wird. Ab und an hat er das Gefühl, er muss testen, wie weit er bei ihr gehen kann. Um zu sehen, ob sie ihn nicht auch fallen lässt … Ein wenig erleichtert ist er dann, wenn sie ihm zwar klar die Grenzen aufzeigt, aber auch sagt: *„Ich steh an deiner Seite und wir ziehen das hier gemeinsam durch.“*

Sie möchte immer wieder über REGELN sprechen. Das nervt den Jungen richtig, denn mit Regeln steht er schon lange auf dem Kriegsfuß. Er will sich nichts vorschreiben lassen – von keinem! Einzig und allein beim Fußball gelingt es ihm, sich an Regeln zu halten, denn hier sieht er einen Sinn in Regeln und Vorschriften. Denn würde es im Fußball keine Regeln geben, dann wäre Chaos auf dem Spielfeld. Nichts mit Bundesliga und Champions League. In seiner Mannschaft achtet der Junge besonders gut darauf, dass sich alle an die Regeln halten und sich keiner unfair darüber hinwegsetzt.

Die Therapeutin hat mit ihm sogar Regeln für die Therapie vereinbart. Dagegen hat er sich zuerst sehr gesträubt, aber sie hat nicht lockergelassen. Sie wollte Regeln für die Stunde, wie im Fußball, nur anders. Fair und freundlich und so. Und: Sie begrüßen sich mit Handschlag und er legt sein Cap neben den Sessel. Er bemüht sich, sie anzuschauen, wenn sie reden. Er bemüht sich, nicht zu kippeln und er bemüht sich, nicht Sch---- zu sagen, denn das kann sie nicht leiden. Boah, so viele Punkte, an die er denken muss! Sicherheitshalber haben sie die Regeln auf ein Plakat geschrieben und jede Stunde werden sie wiederholt und angeschaut. Manchmal kommt noch eine neue Regel hinzu.

Um sich mit den Regeln anzufreunden – so die Therapeutin –, darf er neue Regeln einführen. Ihm ist gleich eine wichtige zusätzliche Regel eingefallen: Gegen Ende der Stunde soll die Spielzeit von 20 Minuten exakt eingehalten werden. Dass er hier mitbestimmen darf, gefällt dem Jungen. Nun achtet er genau darauf, dass sich seine Therapeutin auch an die Vereinbarung hält.

Die Therapeutin Der Junge sah die Therapeutin an und schaute dann, als sie ihn anlächelte, schnell wieder weg. Er hatte sein Baseball Cap tief ins Gesicht gezogen und die Hände in den Taschen seiner Jacke vergraben. Alles an ihm suggerierte, dass er gerade nicht hier sein wollte. Am besten ließ sie ihn erst mal ein wenig in Ruhe, damit er sich an die unangenehme Situation gewöhnen konnte.

Sie erzählte über den Ablauf der therapeutischen Einzelsitzungen, in der Hoffnung, dass Transparenz und die Aussicht, die Stunden auch mitzugestalten, das therapeutische Angebot ein wenig attraktiver für ihn erscheinen ließ. Die Spielzeit gegen Ende der Stunde hob sie besonders hervor. Die Mutter blickte sie fragend an. *„Ja, es ist ein fester Bestandteil jeder Sitzung gegen Ende eine Spielzeit zu haben. So ist die Therapie für meine Patient*innen mit etwas Positivem verbunden und es stärkt die Therapeut*in-Patient*in-Beziehung."*

Die Mutter sah müde aus. Während sie erzählte, was bereits alles an Vorbehandlungen bei ihrem Sohn stattgefunden hatte, zeigte sich eine erhebliche Frustration und auch Überforderung bei ihr. Sie hatten bereits das volle Programm hinter sich mit zahlreichen Therapieabbrüchen. Mehrfach betonte sie, dass nichts geholfen habe und sie auch nicht wisse, ob es diesmal klappe. Die Therapeutin validiert und bestätigt sie in dieser Annahme, denn die Familie habe ja bereits viele Anläufe gehabt und es sei nur natürlich, dass dann die Hoffnung auf Erfolg schwinde. Umso lobenswerter, dass die Mutter und der Junge trotz dieser Misserfolge erneut einen Therapieversuch wagten!

Bei der Frage nach dem Vater ist der Therapeutin vorher klar, dass sie nun äußerst flexibel und geschickt das Gespräch lenken sollte. Als die Mutter über den Vater spricht, wird erstmals eine große Wut spürbar. Die Therapeutin versucht, die negativen Emotionen auf Seiten der Mutter aufzufangen, um zu vermeiden, dass sie vor dem Jungen abwertend und ausfallend über seinen Vater herzieht. Leider gelingt dieses nur ansatzweise und so bemüht sich die Therapeutin, die Mutter darauf hin zu orientieren, dass sie in der biografischen Anamnese ausreichend Zeit und Gelegenheit haben, sich dem Thema Vater und Schwangerschaft zu widmen.

Der Junge sitzt noch immer reglos im Stuhl.

Es ist nun an der Zeit, den Behandlungsauftrag zu klären: *„Wer hatte denn die Idee für eine weitere Psychotherapie? Was wäre ein erstes therapeutisches Ziel? Wie sollte die Therapie sein, damit sie dieses Mal gelingen kann?"* Endlich schaut der Junge die Therapeutin an. Sie wartet ab. Stille. Dann beginnt die Mutter: *„Na ja, die Schule hat da Druck gemacht. Ich will da nicht noch mehr Ärger …"* Als sie zu den Zielen kommen, ist der Therapeutin klar, dass sie hier von der Mutter und ihrem Sohn nach so vielen Therapieabbrüchen nicht viel erwarten kann. Natürlich soll es „besser" werden, aber wie sieht das konkret im Alltag aus? Sie macht einige Angebote: weniger Stress und Konflikte zu Hause und in der Schule zu haben, angemessen mit Provokationen umgehen zu lernen, andere Wege finden mit Ärger umzugehen, als zu schlagen. Die Mutter nickt. Der Junge blickt aus dem Fenster.

Die Therapeutin denkt, dass es für heute reicht. *„Haben Sie oder hast du noch Fragen oder ist etwas unklar geblieben?"* Die Mutter entgegnet: *„Eigentlich nicht."* Der Junge schweigt und blickt aus dem Fenster.

Die Therapeutin ist sich nicht sicher, ob sie den Jungen wieder sehen wird.

Drei Monate später: Zahlreiche Interventionen gehen der Therapeutin durch den Kopf. Manuale, wie das THAV (Görtz-Dortens Therapieprogramm für Kinder mit aggressivem Verhalten), sollte sie in den nächsten Sitzungen Schritt für Schritt durchgehen. Sich mit der Handpuppe TILL TAFF von patientenzentrierten Interventionen zu den familienzentrierten und schulbezogenen Interventionen herantasten. Zurzeit erscheint ihr das unmöglich. Sie ist hin- und hergerissen zwischen ihrem Anspruch und dem, was sie vermitteln will, und der Realität hier in der Therapie. Ihr Frust spielgelt den Frust der Familie.

Moment mal – nein. Sie ist froh, dass der Junge wiederkommt. Wenn ihr junger Patient zur nächsten Sitzung erschient, dann ist bereits dieses als Therapieerfolg zu werten. Die Therapeutin fragt sich: *„Wohin zeigt mein Kompass? In welche Richtung soll es gehen?"* Die Antwort darauf lautet: Beziehungsaufbau, der Blick auf das Positive, Ressourcenaktivierung. Doch letztlich kann sie nur Angeboten machen, was der Junge und seine Mutter davon letztlich annehmen, liegt bei ihnen. Die Therapeutin beschließt für sich: *„Ich verschiebe Interventionen und Manuale auf später. Zunächst einmal begebe ich mich in seine kindliche Lebenswelt und versuche offen zu sein für das, was er mir anbietet und zeigt. Ich möchte den Jungen kennenlernen und sein Leben und Verhalten verstehen."*

Fußball: Die Therapeutin setzt zunächst an den Ressourcen des Jungen an. Sie merkt, dass es ihm guttut darüber zu sprechen, was er gut kann. Er entspannt sich, wirkt lockerer und fast offen, wenn er über seine Fußballmannschaft spricht und die letzten Spiele. Begeistert berichtet er davon, dass er demnächst ein Sichtungstraining beim HSV hat. Die Therapeutin atmet tief durch. Es funktioniert. Sie ist sehr erleichtert.

Sie bereitet sich nun so auf die Sitzungen vor, dass sie die Bundeligaergebnisse seines Lieblingsvereines parat hat und Spitzenspiele in der Zusammenfassung sieht. Sie hat eine Meinung zu Schiedsrichterentscheidungen und Spielerwechseln (sich angelesen). Der Junge diskutiert gern schwierige Spielsituationen, die er am Flipchart aufzeichnet. Die Therapeutin strengt sich sehr an, mitzuhalten, wenn es um die Abseitsregel geht.

Im Fußball sind Regeln unerlässlich – klar. Aber klappt der Transfer von Regeln im Fußball auf die Regeln im Alltag? Es ist jedes Mal eine Gratwanderung.

Der Junge zeigt ein hohes Bedürfnis nach Autonomie und Mitbestimmung in der Stunde. Er möchte mitbestimmen und aussuchen, was in der Stunde gemacht wird. Das gibt ihm das Gefühl der Kontrolle, und das braucht er. Wenn er wütend wird, bekommt er auch das Gefühl der Kontrolle über eine Situation, aber hier wird er nicht wütend. Es ist anders. Natürlich kann er nicht komplett bestimmen und es wird ein wenig verhandelt, denn die Therapeutin hat ja auch so ihre Ideen zur Sitzung.

In der Elternarbeit geht es zunächst darum, die Mutter in ihrer Erziehungskompetenz zu stärken. Hier war eine Entlastung durch eine SPFH (Sozialpädagogische Familienhilfe) angedacht. Auch sollte der Vater mehr in seine Pflicht genommen und dazu motiviert werden, mehr Alltagspräsenz zu zeigen. Leider gestaltet sich das alles als sehr zäh und mühsam, auch hier steht also die Beziehungsarbeit und der Blick auf das Positive zunächst im Vordergrund. Punktepläne müssen warten.

7.4.6 Behandlung: Multimodale Behandlung

Die Behandlung von Patient*innen und Bezugspersonen bei Störungen des Sozialverhaltens stellt hohe Anforderungen an die Toleranz und Leidensfähigkeit der Therapeutin. Aus diesem Grund ist es ratsam, auf eine ausgewogene Mischung der Patient*innen zu achten und nicht zu viele Anfragen dieser Störungskategorie aufzunehmen, um langfristig Freude an der psychotherapeutischen Arbeit zu behalten.

Bei der Behandlung einer Störung des Sozialverhaltens haben sich verhaltenstherapeutische Verfahren bewährt und sind empirisch gut evaluiert. Dabei stellt das primäre Behandlungsziel zunächst einmal die Vermeidung eines Abbruchs dar! Laut einer englischsprachigen Studie kommt es in bis zu 50 % aller Fälle zum Therapieabbruch (Eyberg et al., 2008, S. 215–237). Grundsätzlich gilt: je mehr Komorbidität, desto mehr Abbrüche. Da oft negative Erfahrungen mit Ämtern und Institutionen vorliegen, ist ein Hinweis auf Schweigepflicht und Vertraulichkeit wichtig. Kinder und Jugendliche mit einer Störung des Sozialverhaltens fühlen sich oft abgelehnt und zurückgewiesen, und machen immer wieder die Erfahrung, dass andere sie ablehnen und sie der Sündenbock sind (Familie, Klasse).

Besonderes Augenmerk sollte aus diesem Grund auf den Beziehungsaufbau mit den Patient*innen gelegt werden. Hauptziel der Behandlung stellt dann die Veränderung offener oder versteckt aggressiver Verhaltensweisen hin zu angemessenem und prosozialem Verhalten dar. Auf Seiten der Bezugspersonen sollen die eher negativen Einstellungen zum Kind verändert werden und die Eltern in ihrer Erziehungskompetenz gestärkt werden, um ausreichend und angemessen Grenzen setzen zu können (Steinhausen, 2010, S. 325.).

Als Therapeutin haben sich folgende Maxime in der Behandlung bewährt:

- Ich bemühe mich, meinen eigenen Anspruch gering zu halten.
- Weniger Manualarbeit, aber einen guten Fahrplan (Kompass) zu haben, der Beziehungsangebot und Beziehungsarbeit heißt.
- Offen und frei zu sein, wenn es um die Umsetzung therapeutischer Ideen und Interventionen geht.
- Ich begebe mich in die kindliche Lebenswelt der Patient*innen. Ich lasse mir ihre/seine Welt zeigen, wenn sie/er mich lässt.
- Rausgehen: auf den Spiel-, Fußballplatz oder in den Skate-Park. Nichts ist beziehungsfördernder als gemeinsame Erlebnisse.
- Auf Therapieregeln bestehen, die eingehalten werden.
- Es sind auch Regeln dabei, welche die Therapeutin einhalten soll und die die/der Patient*in kontrolliert – das erhöht die Compliance!
- Ich schütze mich vor dem Frust der Bezugspersonen und grenze mich gut ab.
- Ausfallhonorar: Zu Beginn der Probatorik thematisieren und bei Bedarf einfordern, ohne Ausnahmen zu machen!
- Wenn nötig: Den Patient*innen einen Tag vor der vereinbarten Therapiesitzung eine Erinnerungs-SMS schicken.

Laut den **aktuellen S-3-Leitlinien** aus AWMF Online. (2016). S-3-Leitlinien zu Störungen des Sozialverhaltens. https://www.awmf.org/leitlinien/detail/ll/028-020.html. Zugegriffen am 28.07.2020. werden u. a. folgende patient*innenzentrierte Interventionen im Einzelsetting empfohlen:

1. Psychoedukation
2. Modelldarbietung: Die Therapeutin zeigt Verhalten im Sinne des Modelllernen (*„Ich bleib ganz ruhig und das ist cool!"*), damit die Kinder verhaltenssteuernde und -organisierende Selbstanweisungen erwerben (bei impulsivem, unbedachtem Handeln und bei aggressivem Verhalten).
3. Interventionen zur Veränderung von aggressionsauslösenden Denkinhalten und von ineffizienten Problemlöseprozessen
4. Methoden der Affektregulation
5. Rollenspieltechniken, Verhaltensübungen inklusive Rückmeldung und Rollentausch
6. Verstärkungstechniken
7. Modifikation des Problemverhaltens (Selbstmanagement, geeignet ab Schulalter)
8. Zum Einsatz kommen: Stopp-Karten, Verstärkerpläne (Token-Systeme)

► **AB (T) Erarbeitung von Verstärkern – Anhang 7.3.3**
► **AB (P) Erarbeitung von Verstärkern – Anhang 7.3.4**

Folgende Videosequenzen (Abb. 7.15 und 7.16) veranschaulicht anhand des Anfertigens einer Wutpalme und eines Wutthermometers die therapeutische Arbeit mit der Emotion „Wut":

Abb. 7.15 Video 7.15 Symptom Wut, Kennenlernen der Emotion Wut und Anfertigen einer Wutpalme (► https://doi.org/10.1007/000-7ca)

Abb. 7.16 Video 7.16 Symptom Wut, Kennenlernen der Emotion Wut und Anfertigen eines Wutthermometers (► https://doi.org/10.1007/000-7cb)

■ **Elterntraining im Rahmen störungsspezifischer Intervention**

Die aktuellen S-3-Leitlinien aus 2016 empfehlen uneingeschränkt (*Empfehlungsgrad A*) ein Elterntraining bei Patient*innen zwischen 3 und 12 Jahren, die Evidenzstärke wird als *hoch* angegeben.

- **Therapieprogramm für Kinder mit hyperkinetischem und oppositionellem Problemverhalten (THOP)** von Döpfner et al. (2019) geeignet für Eltern von Kindern von 3–12 Jahren, Eltern- und Kindbausteine. Zu beziehen über die Testzentrale.

Soziales Kompetenztraining:

- Rollenspiele zu sozialen Situationen und ein soziales Kompetenztraining in der Gruppe (max. 4–6 Kinder) stellt einen weiteren zentralen Bestandteil des multimodalen Behandlungskonzeptes dar. Videofeedback ist hierbei wichtig!
- Gruppen nur mit Teilnehmern mit SSV sind kontrainduziert, da so kein hilfreiches therapeutisches Milieu hergestellt wird. Geeigneter sind Mischgruppen aus expansivem und internalisierenden Störungsbildern.

Pädagogische Maßnahmen (nach KHJG):

- Erziehungsberatung der Bezugspersonen über das Jugendamt und Etablierung einer sozialpädagogischen Familienhilfe (SPFH) inklusive Elternberatung, wenn die Eltern dies zulassen.
- In schwereren Fällen: Betreuungshelfer*innen, Erziehung in Tagesgruppen, Vollzeitpflege, Heimerziehung oder andere betreute Wohnformen, intensive sozialpädagogische Einzelbetreuung etc.
- Bei früh beginnenden Störungen auch nach § 35a SGB VIII: Teilstationäre Erziehungsmaßnahmen; bei schwachen Schulleistungen und mangelnder elterlicher Aufsicht und Steuerung, aber ausreichenden Familienbeziehungen.
- Vollstationäre Maßnahme zur Erziehungshilfe bei ausgeprägter Symptomatik und chronischem Versagen der Erziehungskompetenzen.

7.4.7 Prognose

Gemäß der aktuellen S-3-Leitlinien gehört aggressives Verhalten zu einer sehr stabilen Verhaltensweise (siehe S. 13, AWMF Online, Langfassung zu Störungen des Sozialverhaltens). Demnach belegen Längsschnittstudien, dass früh beginnende Störungen des Sozialverhaltens (*early onset*) im Gegensatz zu den spät beginnenden (*late onset*) mit einem ungünstigen Verlauf verbunden sind (u. a. Delinquenz, Entwicklung einer Persönlichkeitsstörung, Drogenmissbrauch). Demnach entwickeln ca. 5 % der *Late-onset*-Patient*innen einen persistierenden Verlauf und weisen als Erwachsene Kriterien einer dissozialen Persönlichkeitsstörung auf; bei den *Early-onset*-Patient*innen sind es immerhin 50 %! Siehe auch selbst in den Leitlinien nach und erfahre interessante Hinweise zum Verlauf.

- Folgende Arbeitsblätter stehen im Anhang zum Thema Störung des Sozialverhaltens und Verstärken von erwünschtem Verhalten zur Verfügung
  - ▶ **AB (T/KE) Aufbau von Verhalten mit Hilfe von Verstärkersystemen – Anhang 7.3.1**
  - ▶ **AB (T) Erarbeitung von Verstärkern – Anhang 7.3.3**
  - ▶ **AB (P) Erarbeitung von Verstärkern – Anhang 7.3.4**
  - ▶ **AB (T) Verstärken mithilfe von Verstärkern – Anhang 7.3.6**
  - ▶ **AB (P) Verstärkerplan für die Schule – Anhang 7.3.7**
  - ▶ **AB (P) Verstärkerplan für zu Hause – Anhang 7.3.8**
  - ▶ **AB (P) Emotionsarbeit: Wutthermometer – Anhang 7.3.9**
  - ▶ **AB (P) Emotionswahrnehmung und Training: junge Patient*innen. Gefühlstagebuch – Anhang 6.5.2**
  - ▶ **AB (P) Emotionswahrnehmung und Training: jugendliche Patient*innen. Gefühlstagebuch, – Anhang 6.5.3**
  - ▶ **AB (P) Emotionsarbeit: Gefühlsstern (nach Plutschick 1980) – Anhang 6.5.4**

7.5 Essstörungen im Kindes- und Jugendalter

Die Essstörungen, die umgangssprachlich Magersucht und Ess-Brech-Sucht bezeichnet werden, gehören zu den häufigsten jugendpsychiatrischen Erkrankungen (Herpertz-Dahlmann, 2011, S. 388). Dabei handelt es sich um eine lebensbedrohliche Erkrankung, die nicht selten einen sehr ernst zu nehmenden Verlauf nehmen kann, insb. bei Chronifizierung. Die Therapie einer Anorexie oder Bulimie kann für alle Beteiligten sehr herausfordernd und auch frustrierend sein, da die Patient*innen meist wenig oder gar keine Krankheitseinsicht haben. Meiner Erfahrung nach kommt ein Leidensdruck erst zustande, wenn erhebliche soziale Einschränkungen oder Konflikte im Elternhaus bezüglich der Essstörung auftreten. Dabei wirken die Patient*innen meist sehr bemüht, freundlich und verhalten sich sozial erwünscht. Sie sind vorbildlich fleißig, wenn es um das Anfertigen therapeutischer Hausaufgaben, Essprotokolle oder Gefühlstagebücher geht. In der Schule sind die häufig weiblichen Patient*innen in der Regel ehrgeizig und leistungsorientiert. Typische Grundannahmen einer anorektischen Patientin können dabei sein: *„Ich muss nicht nur gut sein, sondern besser (hübscher, schlanker, sportlicher, klüger etc.) als andere!" „Nur wenn ich schlank und erfolgreich bin, bin ich liebenswert."*

Kurz gesagt, die Patient*innen tun alles, außer zu essen! Hier ist auf Therapeutinnenseite von Beginn an die notwendige Klarheit angebracht: Einerseits sollte natürlich die therapeutische Beziehung aufgebaut werden, andererseits müssen die Bedingungen für die ambulante Psychotherapie ganz klar sein und sind nicht verhandelbar (siehe Stufenplan, Gewichtsgrenze etc.).

Siehe hierzu bitte auch:

▶ **AB (T) Informationen zu Essstörungen – Anhang 7.7**

Epidemiologie der Anorexia nervosa (AN) und Bulimia nervosa (BN): Das Geschlechterverhältnis hat sich in den letzten Jahren etwas verschoben und es begeben sich immer mehr männliche Patienten mit Formen von Essstörungen in die Therapie. Dennoch haben wir laut Fegert und Kölch (2013) eine deutliche Verteilung zugunsten der weiblichen Patienten: AN ♀ > ♂ (12:1), BN ♀ > ♂ (18:1), Krankheitseintritt zwischen dem 10. und 19. Lebensjahr. Die Lebenszeitprävalenz: AN 0,05–1 %, BN 0,3–1 %.

7.5.1 Symptomatologie der Anorexia nervosa und Klassifikation laut ICD-10

F50.00 Anorexia nervosa ohne aktive Maßnahmen zur Gewichtsabnahme
F50.01 Anorexia nervosa mit aktiven Maßnahmen zur Gewichtsabnahme

Die allgemeinen diagnostischen Kriterien einer Anorexia Nervosa (F50.00) sind:

a. Gewichtsverlust absichtlich selbst herbeigeführt, Gewicht 15 % unter dem für die Größe und Alter erwarteten Gewicht (d. h. bei Kindern ein Gewicht < 10. Altersperzentile bzw. ein BMI ab dem 18. Lj. < 17,5).
b. Körperschemastörung, d. h. Selbstwahrnehmung als „zu fett", Furcht vor Zunahme
c. umfassende endokrine Störung (Hypothalamus-Hypophysen-Gonaden), sek. Amenorrhoe (mind. 3 Mon. ausbleibende Regel bei vorher normalem Zyklus), Potenzverlust. Ausnahme bei Hormonsubstitution!
d. Kriterien der Bulimia nervosa (A, B) sind nicht erfüllt!

7

Siehe hierzu auch die S-3 Leitlinie Diagnostik und Behandlung von Essstörungen (2010) von Salbach- Andrae et. al.

Warum existiert bei Kindern der BMI < 10. Altersperzentile? Anders als bei Erwachsenen muss hier das Alter, das Geschlecht und indirekt der Entwicklungsstand eines Kindes einbezogen werden. Hintergrund ist dabei, dass Kinder keineswegs homogen wachsen, sondern Entwicklungsschübe auftreten. Um die Relation zu anderen Kindern ein- und derselben Altersgruppe herzustellen, wird mit sogenannten Perzentilen und ▶ Perzentilkurven gearbeitet. Der Body Mass Index für Kinder wird nach derselben ▶ BMI-Formel ermittelt wie für Erwachsene. Anders ist hier jedoch, dass keine Vorgaben seitens WHO bestehen und entsprechend keine strenge Unterteilung in Über-, Normal- und Untergewicht vorgenommen wird. Perzentilkurven dienen ebenso wenig wie der BMI normativen Zwecken. Es dient lediglich der Frage, wo sich ein Kind in Relation zu seinen Altersgenossen befindet.

Wie lese ich Perzentilkurven?

Die Perzentile 50 bezeichnet exakt den Durchschnitt, d. h., 50 % der Kinder erreichen ein höheres Gewicht und 50 % ein geringeres.

Alle Werte, die zwischen Perzentile 10 (Untergewicht, Perzentile 5: starkes UG) und 95 liegen (85: ÜG, 95 Adipositas), bedürfen erst einmal keiner weiteren Begutachtung durch einen Mediziner.

Für Kinder gelten folgende Referenzwerte:

- starkes Untergewicht: BMI liegt unterhalb der 3. Perzentile = Indikation für stationäre Therapie !
- Untergewicht: BMI liegt zwischen der 3. und der 10. Perzentile
- Normalgewicht: BMI liegt zwischen der 10. und der 90. Perzentile
- Die Formel lautet:
- BMI = Körpergewicht (in Kilogramm): (Körpergröße in m)^2

Für Erwachsene (Patient*innen ab dem 18. Lj.) gilt folgende Einordnung:

- Untergewicht: BMI weniger als 18,5
- Normalgewicht: BMI 18,5 bis 24

Körperliche Komplikationen: Die körperlichen Komplikationen sind komplex und schwerwiegend, insbesondere bei chronischen Verläufen und starker Unterernährung. Sichtbare körperliche Phänomene der Mangelernährung sind trockene Haut, schlechte Wundheilung, Haarausfall, Karies durch Rückgang des Zahnfleisches, Lanugo-Behaarung, Akrozyanose (blaue Färbung der Finger und Extremitäten), Cutis marmorata (Durchblutungsstörungen) und selten eine Schwellung der Speicheldrüsen (Herpertz-Dahlmann, 2011, S. 391–392).

Durch den Hausarzt sollten umfassende Laborbefunde erhoben werden. Hier zeigen sich oft Elektrolytstörungen (Kalium↓, Natrium↓, Chlorid↓), Anämien, Panzytopenie (Verringerung aller Zellreihen im peripheren Blut), Erhöhung von Transaminasen, Amylase und harnpflichtigen Substanzen, Erniedrigung des Blutzuckers und Leptin. Es kommt zu massiven hormonellen Veränderungen: Abnahme Sexualhormone (Amenorrhoe), niedrige Konzentration des Schilddrüsenhormons (der Körper versetzt sich in eine künstl. Hypothyreose → Verringerung von T3/T4, was zu Bradycardie, Hypothonie, Obstipation führt).

Erhöhte Wachstums- und Cortisolwerte treten auf sowie auch mitunter eine Hypercholesterinämie! Im fortgeschrittenen Stadium tritt die Bradycardie auf (verlangsamte Herzschlagfrequenz < 60 Schläge/Min.), die Hypotonie (niedr. Blutdruck) und es kommt im schlimmsten Fall zu Herzrhythmusstörungen (insb. bei Kaliumverlust, „Hypokaliämie") durch Erbrechen oder Abführmittel, was erhöhte Wasserausscheidungen mit Elektrolytveränderungen zur Folge hat.

Achtung

Hier besteht das Risiko des plötzlichen Herztods. Bei unzureichender Herzleistung sind klassische Symptome der Herzinsuffizienz bis hin zur Synkope (kurze Ohnmacht), einem kardiogenen Schock (Infarkt, Pumpenversagen) und plötzlicher Herztod möglich. Chronische Hypokaliämie kann zu Nierenversagen führen.

Kortikale (Pseudo-)Hirnatrophie ggf. mit Liquorraumerweiterung → Hirnorganisches Psychosyndrom möglich.

Insbesondere in der Realimentierungsphase besteht die Gefahr von Hypnophosphatämie (Elektrolytentgleisung) (Fegert & Kölch, 2013, S. 159).

Spätfolge: Osteoporose, insb. bei lang ausgeprägter Kachexie (Mangelernährung), langer Dauer der Amenorrhoe, Beginn vor der Pubertät oder starkem Hyperkortisolismus! Ein Drittel der anorektischen Patient*innen sind von Osteoporose betroffen (Herpertz-Dahlmann, 2011, S. 392).

7.5.2 Symptomatologie der Bulimia nervosa und Klassifikation laut ICD-10

F50.02 Bulimia nervosa: Die allgemeinen diagnostischen Kriterien einer Bulimia Nervosa (F50.02) sind:

a. Häufige Episoden von Essattacken (innerhalb von 3 Mon. mind. 2x wöchtl.), Konsum großer Mengen an Nahrung in kurzer Zeit.

a. Andauernde Beschäftigung mit dem Essen, craving.

b. Versuch, der Gewichtszunahme durch die Nahrung mit einer/mehrerer der folgenden Verhaltensweisen entgegenzusteuern: selbstinduziertes Erbrechen, Missbrauch von Abführmitteln, Diuretika, Appetitzüglern, Schilddrüsenpräparate, Hungerperioden.
c. Selbstwahrnehmung als „zu fett“, aufdrängende Furcht, dick zu werden.

Körperliche Komplikationen: Karies, Schrunden im Mund-Rachen-Raum, gastrointestinale Störungen (Magenerweiterungen, Rupturen, Gastritis, Ösophagitis, Pankreatitis), Störungen im Elektrolythaushalt (Kalium, Natrium, Calcium niedrig, infolgedessen Herzrhythmusstörungen und Nierenversagen), Hypotonie, Karies, Speicheldrüsenschwellung, Schwielen an Fingern, Läsionen am Handrücken.

Einbezug Hausärzt*innen und Kinder- und Jugendlichenpsychiater*innen

Der Einbezug der Hausärzt*innen ist in der Therapie von Patient*innen mit Essstörungen unabdingbar: Sie überwachen die somatischen Aspekte der Therapie und führen regelmäßige Gewichtskontrollen durch. Für die Therapeutin sind sie wichtige „Verbündete“ in der Behandlung der Patient*innen, denn so kann das Thema „Wiegen“ außerhalb der Therapie stattfinden. Für die therapeutische Beziehung zu den Patient*innen ist dieses sehr wichtig und entlastend, denn es gibt genug andere Themen, die besprochen werden müssen.

Darüber hinaus ist es sinnvoll, auch einen Kinder- und Jugendlichenpsychiater*innen mit im Boot zu haben, die ein zusätzliches Auge auf die Patient*innen haben. So lastet die Verantwortung für die oft schwerkranken Patient*innen auf mehreren Schultern, was sich wiederum entlastend auf die Psychotherapeutin auswirkt.

Ambulant vs. stationär: Die Frage nach einer stationären Behandlung stellt sich immer dann, wenn Patient*innen stark untergewichtig sind oder starke körperliche Komplikationen auftreten. Auch eine Chronifizierung oder Komorbidität mit anderen psychiatrischen Störungen oder Suizidalität sprechen für ein stationäres Behandlungssetting.

7.5.3 Diagnostik/Testdiagnostik

Zu Beginn der Behandlung ist es laut aktueller **S3-Leitlinien** ganz wesentlich, körperliche Ursachen für den Gewichtsverlust auszuschließen. Eine umfassende internistische und körperliche Untersuchung einschließlich großem Blutbild, Hormonstatus, insbesondere der Schilddrüsenhormone sollte durch die behandelnden Hausärzt*innen stattfinden, ggf. auch fachärztliche Abklärung einer möglichen Magen-/Darmentzündung (nur bei Verdacht) und bei massivem Untergewicht Anfertigung eines MRT zum Ausschluss von Hirntumoren.

In den Leitlinien befindet sich auf S. 25–26 und S. 50 ff. ein guter Überblick über die wesentlichen und empfohlenen Diagnostikinstrumente.T

Im **psychopathologischen Befund** imponieren bei der überwiegenden Zahl der Patient*innen die fehlende Krankheitseinsicht und die Körperschemastörung. Auf Nachfrage nach dem Essverhalten kommt es vor, dass Patient*innen behaupten, Wert auf einen gesunden, „fitten“ Lebensstil zu legen (sich gesund zu ernähren, viel Sport zu treiben, keinen Alkohol etc.) oder auch keinen Appetit zu haben (was im fortgeschrittenen Stadium der Erkrankung auch so ist). Oftmals wirken die rigiden Ansichten der Patient*innen grotesk und es ist für Therapeutinnen, die bislang noch keine Erfahrung mit Essgestörten haben, zunächst schwer auszuhalten, wenn eine halbverhungerte Person dasitzt und behauptet, keine Kohlenhydrate zu brauchen. Gerade dann, wenn Patient*innen sehr tief in der Anorexie verhaftet sind, wirken sie unnahbar, und es ist ein wenig so, als würde man durch eine unsichtbare Wand mit ihnen kommunizieren. Die Schwingungsfähigkeit ist durch die eingeschränkte Emotionalität kaum gegeben und dieses zeigt sich im Dialog und Kontakt durch besagtes „Wandgefühl". Meiner Erfahrung nach bessert sich dieses im Verlauf der Therapie und wenn die Patient*innen wieder essen können.

Je nach Krankheitsverlauf kommen Symptome wie Hoffnungslosigkeit, Traurigkeit oder **somatische Symptome** (bei AN: Schlafstörungen, Bauchschmerzen, Magenschmerzen, Obstipation; bei BN: Defekte der Speiseröhre/des Rachen, Gegenmaßnahmen, wie Laxantiengebrauch oder Diuretika, Krämpfe aufgrund von Elektrolytmangel) dazu. Einige Patient*innen haben einen gesteigerten Bewegungsdrang und dadurch **körperliche Symptome**, wie Knie- oder Hüftprobleme. Hinzu sollten insb. Bei bulimischen Patient*innen Selbstvorwürfe, Schuldgefühle und suizidale Gedanken erfragt werden. Zusätzlich sollte immer eine genaue **Verhaltensbeobachtung** und **Verhaltensanalyse** in Bezug auf den Umgang mit Essen und dem Thema „Nahrungsaufnahme" erfolgen.

Screeningverfahren/Fragebögen:

- Fragebogenverfahren sollten die anamnestischen Daten ergänzen und Symptome quantitativ und qualitativ erfassen. Standardmäßig sollten die **Child Behavior Checklist von Achenbach** (2014) – **CBCL (1,5–18 J.)** sowie auch der **Elternfragebogen**, die Version für **Lehrer/Teacher Rating Form – TRF (6–18 J.) Lehrerfragebogen**, eingesetzt werden. Bei Jugendlichen erfasst der **Selbstauskunftsbogen/ Youth Self Report, Fragebogen für Jugendliche von Achenbach – YSR (11–18 J.)** die Symptome. Alle Fragebögen sind zu beziehen über die Testzentrale gegen die Vorlage eines Bezugsberechtigungsnachweises oder einer Kopie der Abschlussurkunde. Fester Bestandteil der Standarddiagnostik an Ausbildungsinstituten.

Störungsspezifische Verfahren:

- **Eating Disorder Inventory – EDI-2:** Fragebogen zu essgestörtem Verhalten von Paul und Thiel (2004) geeignet für Jugendliche und Erwachsene. Der EDI-2 erfasst auf insg. 11 Skalen die Dimensionen Schlankheitsstreben, Bulimie, Unzufriedenheit mit dem Körper, Ineffektivität, Perfektionismus, Misstrauen, interozeptive Wahrnehmung, Angst vor dem Erwachsenwerden, Askese, Impulsregulation und soziale Unsicherheit. Das Standardinstrument in der Diagnostik von Essstörungen ist erschienen bei Hogrefe und zu beziehen über die Testzentrale.
- **Eating Disorder Examination-Questionnaire – EDE-Q:** Ein Interview von Hilbert und Tuschen-Caffier von 2016, erschienen bei der dgvt.
- **Fragebogen zum Essverhalten – FEV:** Geeignet für Jugendliche und Erwachsene, entwickelt von Pudel und Westenhofer (1989). Testet drei Subskalen: kognitive Kontrolle des Essverhaltens und gezügeltes Essen, Störbarkeit des Essverhaltens und erlebte Hungergefühle. Zu beziehen über die Testzentrale.
- **Fragebogen zum Essverhalten** im *Manual der kognitiven Verhaltenstherapie bei Anorexie und Bulimie* (Legenbauer & Vocks, 2014, S. 58).

- Ergänzend ist es ratsam, Depressionen abzuklären: **Depressionsinventar für Kinder und Jugendliche – DIKJ** von Stiensmeyer-Pelster et al. (2014): Testet sensibel den Schweregrad einer depressiven Erkrankung bei Kindern von 8–16 Jahren und kann gut als Verlaufskontrollinstrument im Verlauf der Therapie eingesetzt werden. Zu beziehen über die Testzentrale und Teil der Standarddiagnostik an deinem Ausbildungsinstitut.
- **Depressionstest für Kinder II – DTK-II** von Rossmann (2014): geeignet für Kinder von 9–14 Jahren, auch als Screening-Instrument einsetzbar. Zu beziehen über die Testzentrale.
- Das **Beck-Depressions-Inventar – BDI II**, in der deutschen Version von Hautzinger et al. (2009) testet die Schwere einer Depression bei Jugendlichen ab 13 Jahren und Erwachsenen. Einfach und übersichtlich, schnell und praktisch in der Auswertung. Teil der Standarddiagnostik an deinem Ausbildungsinstitut. Zu beziehen über die Testzentrale.

> Es kommt vor, dass Patient*innen sozial erwünschte Antworten im Fragebogen geben und die Ergebnisse so zunächst unauffällig erscheinen. Wenn dich ein komisches Gefühl „anspringt" und die Ergebnisse sich scheinbar nicht mit deinem Eindruck der Patient*innen decken oder Aussagen widersprüchlich erscheinen, dann sollte dieses immer mit den Patient*innen thematisiert werden!

Projektive Verfahren:
- **Selbstganzkörperporträt – sich selbst malen:** Hier zeigt sich die Einschätzung der eigenen Körperlichkeit im Körperbild. Anhand der Darstellung kann eine erste diagnostische Einschätzung erfolgen. Im weiteren Verlauf der Therapie lässt sich dieses nutzen, da die/der Patient*in ggf. ihre/seine Wahrnehmung ändert und sich auf eine andere Art und Weise darstellt. Auch geeignet sind **Zeichnungen zum Thema: So wäre ich gern.**
- **Brem-Gräser** (2011). Erhältlich über den Buchhandel.

Zusätzlich immer notwendig ist eine gute somatische Abklärung durch die Hausärzt*innen: In der Regel können die behandelnden Kinderärzt*innen durch ein sog. großes Blutbild sehen, ob die Werte der Schilddrüse und andere wichtige Blutparameter (z. B. Diabetes mellitus, Morbus Cushing, Epilepsie, Multiple Sklerose) in Ordnung sind. Es kommt vor, dass Patient*innen an Eisenmangel (Anämie) oder einer Schilddrüsenunterfunktion (Hypothyreose) leiden – die Symptome können denen einer Depression ähneln! Ebenso kann die Wirkung bestimmter Medikamente, wie der Antibabypille (Kontrazeptiva), Kortison oder auch Stimulanzien, depressive Symptome verursachen.

Sollte routinemäßig eine Leistungsdiagnostik durchgeführt werden?

Meiner Ansicht nach sollte dieses nur in begründeten Fällen getan werden, da die Patient*innen meist ohnehin einen hohen Leistungsanspruch verfolgen und es nur zusätzlichen Druck aufbauen würde. Wenn aus schulischer Sicht oder anderen Gründen eine Indikation vorliegt, sollte je nach Verfügbarkeit im Ausbildungsinstitut und je nach Alter der Patient*innen eine **Leistungsdiagnostik (WIPPSI-IV/WISC-V/WAIS-IV** oder **KABC-2)** durchgeführt werden, um eine intellektuelle Über- oder Unterforderung auszuschließen.

7.5.4 Psychoedukation – oder: Wie erkläre ich es meinen oft uneinsichtigen Patient*innen mit einfachen Worten?

Was verbirgt sich hinter einer Essstörung? Was brauchen Betroffene? Was brauchen Eltern? Zunächst ist es wichtig, sowohl Bezugspersonen als auch Patient*innen die grundsätzlichen Eigenheiten einer Erkrankung aus dem Formenkreis der Essstörungen zu vermitteln. Hierzu gehören die mangelnde Krankheitseinsicht und Motivation, aber auch das permanente Beschäftigen mit dem Essen, der soziale Rückzug, gesteigerter Bewegungsdrang usw. Hier bietet es sich an, anhand eines gemeinsam erarbeiteten individuellen Störungskreismodells sowie eines Teufelskreises der Essstörung die Dynamik der Erkrankung zu visualisieren. Legenbauer und Vocks empfehlen, sich bei der Erklärung der Erkrankung auf die Aspekte prädisponierende, aufrechterhaltene und auslösende Faktoren zu beziehen (2014, S. 34).

Meist treten infolge der Essstörung manifeste Konflikte innerhalb der Familie auf, zumindest wenn die Eltern Einblick und Überblick darüber haben, was konsumiert/nicht konsumiert wird. Infolgedessen baut sich an dieser Stelle meist ein Leidensdruck bei Betroffenen auf, an diesem Punkt kann man therapeutisch gut ansetzen.

Psychoedukativ lohnt es sich auch, über die zugrunde liegenden Aspekte einer Essstörung zu sprechen, denn die Essstörung an sich stellt meist „nur" das Symptom dar. Essstörungen bei jugendlichen Patient*innen sind meist auch Interaktionsstörungen und dienen der Stabilisierung eines fragilen Selbstwertgefühls und Autonomiebestrebens. Darüber hinaus ist das Essen- oder Nichtessen ein probates Mittel, Gefühle zu unterdrücken oder zu deckeln, um sich selbstwirksam und erfolgreich zu erleben. Insofern haben sich die Patient*innen unbewusst eine sehr kluge Strategie angeeignet, die prima funktioniert – langfristig aber sehr stark schädigt. Es ist infolgedessen dringend nötig, alternative Strategien zur Konflikt- und Emotionsbewältigung zu erlernen. Hier ist es ratsam, einen Ausblick zu geben, wie Patient*innen alternative Gefühlsbewältigungsstrategien einsetzen könnten. Ganz wesentlich ist es, den Betroffenen klarzumachen, dass eine Mitarbeit nach den vereinbarten Regeln (Gewichtszunahme im Stufenplan, Gewichtskontrolle durch Hausärzt*in etc.) obligatorisch ist, da eine Therapie sonst ineffizient ist und die Therapeutin nur einen Beitrag zur dauerhaften Chronifizierung leisten würde. Insofern ist es wichtig, die Notwendigkeit der Behandlung mit allen negativen Konsequenzen und Langzeitschäden der Mangelernährung schonungslos und eindrücklich – z. B. mit Fotos und Bildmaterial sehr kranker Patient*innen und Daten zu Letalität – aufzuzeigen (◘ Abb. 7.17, 7.18 und 7.19).

Siehe hierzu auch:

- ► **AB (P) Erstellen eines Teufelskreises zur Anorexie – Anhang 7.7.4**
- ► **AB (P) Erstellen eines Teufelskreises zur Bulimie – Anhang 7.7.4**

Multifaktorielles Störungsmodell der Anorexie/Bulimie (nach Legenbauer & Vocks, 2014), (◘ Abb. 7.17) ► **AB (P) Mein Störungsmodell zur Anorexie – Anhang 7.7.5**

Teufelskreis der Anorexia nervosa und Bulimia nervosa (◘ Abb. 7.18 und 7.19)

Abb. 7.17 Multifaktorielles Modell der Anorexie und Bulimie (nach Legenbauer & Vocks, 2014, S. 25)

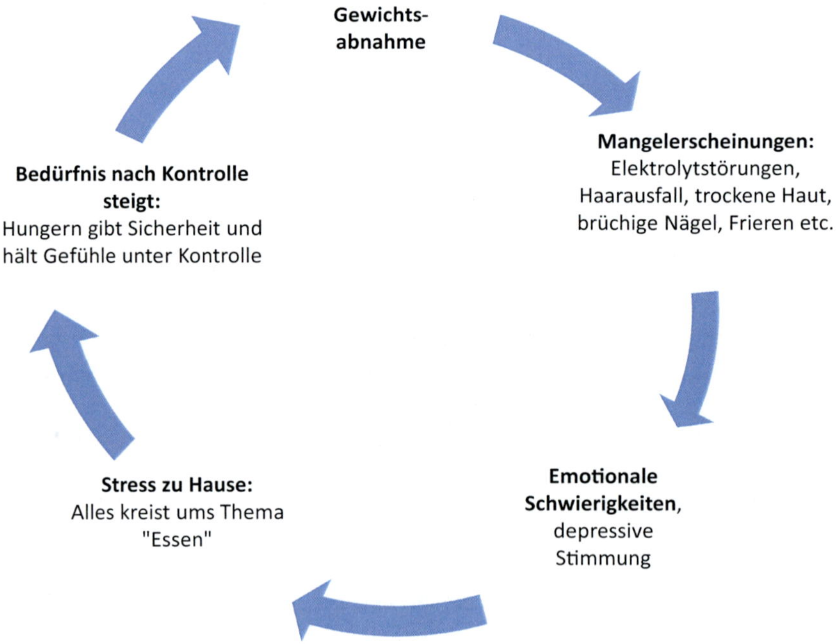

Abb. 7.18 Teufelskreis Anorexia Nervosa

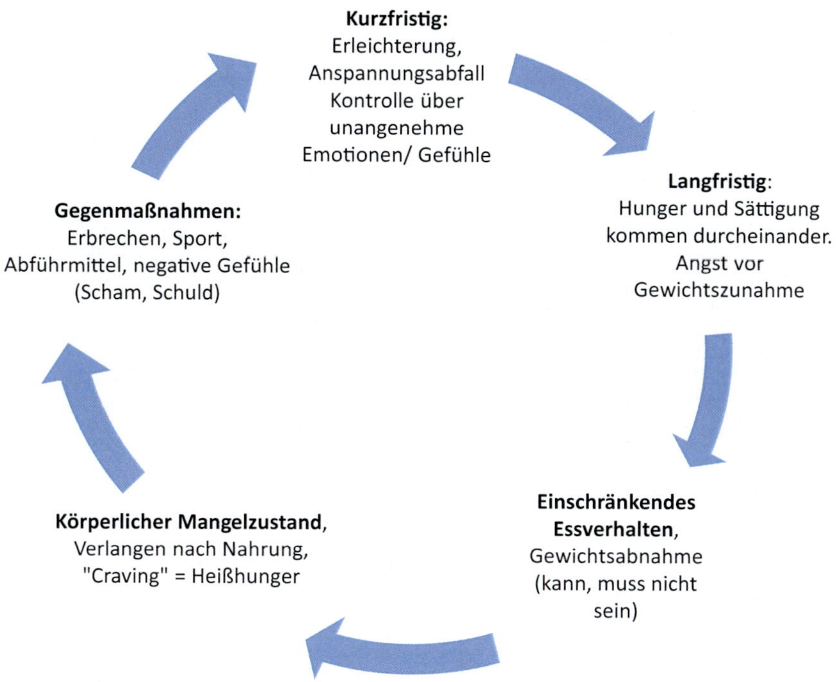

Abb. 7.19 Teufelskreis Bulimia Nervosa

7.5.5 Praxisbeispiel

Die 16-Jährige Wieder hatte sie es nicht geschafft. Sie war einfach nicht gut genug. Dabei hatte sie sich so sehr angestrengt! Nun saß sie hier, bei einer Psychotherapeutin, die ihr immer wieder einreden wollte, dass sie krank sei … Sie zeigte ihr Wiegeergebnis vom Hausarzt vor, was die Therapeutin zur Kenntnis nahm. Und wieder dachte die Jugendliche: *„Ich habe versagt, ich schaffe es einfach nicht. Und ich will auch nicht. Mir geht es gut! Ich fühle mich super. Ich fühle mich besser, wenn ich nicht esse. Leicht, unabhängig und stolz, denn ich brauche das alles nicht. Ich bin stark, so stark und so leicht – als ob ich fliegen würde.“* Die Therapeutin ist nett, aber sie lässt nicht locker und macht echt Druck. Das nervt die Patientin, denn sie möchte bestimmen, was sie isst und vor allem wie viel. Sie ist die letzten Monate wunderbar ohne Kohlenhydrate ausgekommen. Um keinen Preis wird sie jetzt anfangen, Nudeln zu essen! Sie möchte gesund zunehmen und dabei auf keinen Fall auf Bewegung verzichten. Letzte Nacht hat sie heimlich in ihrem Zimmer trainiert, da die üblichen Sporteinheiten, also eine Stunde laufen morgens und nachmittags eine Stunde auf dem Stepper sowie nach dem Abendessen Bauch-Beine-Po-Training in ihrem Zimmer wegfallen. Ihr Fitnessarmband zeigte ihr jedoch an, dass sie die aufgenommenen Kalorien gestern noch nicht vollständig wieder abtrainiert hatte. Das machte sie nervös. Sie hoffte, nach der Therapie zu Fuß nach Hause zu gehen, um zumindest heute noch zusätzlich auf ihre 10.000 Schritte zu kommen. Ihre Eltern waren mittlerweile sehr wachsam und kontrollierten sie genau.

„Lass uns doch gemeinsam einen Blick auf deinen Essensplan werfen. Wie ging es dir damit die letzten Tage?", fragte die Therapeutin. Das Mädchen zückt die sorgfältig geführte Mappe, in der sie säuberlich alle Getränke und Nahrungsmittel dokumentiert hat, die sie zu sich genommen hat. Sie weiß, dass sie ihre Hausaufgaben vorbildlich gemacht hat, hier kann man ihr nichts. Natürlich hat sie geschummelt, niemals würde sie all das essen, was sie hier notiert hat. Müsli am Morgen, nachmittags eine Banane und spätabends ein Glas Milch – all das hat sie heimlich im Klo entsorgt, als ihre Mutter nicht aufgepasst hat. *„Ok, du hast all das notiert, was du wirklich zu dir genommen hast?"*, hakt die Therapeutin nach und blickt ihr fest in die Augen. *„Selbstverständlich"*, entgegnet die 16-Jährige. *„Ich weiß auch nicht, warum ich nicht zunehme. Ich habe eben einen guten Stoffwechsel. Ich esse und esse und kann einfach nichts dafür, dass das Gewicht nicht nach oben geht."*

„Aber ich weiß es!", entgegnet die Therapeutin. *„Es liegt daran, dass du nicht ausreichend isst. Wir haben ja schon öfters darüber gesprochen: Um ein Kilo Körpergewicht zuzunehmen, muss man tatsächlich 10000 Kalorien zusätzlich aufnehmen – on top. Das ist viel, keine Frage. Wenn du all das, was du hier über die letzte Woche notiert hast, gegessen hättest, dann hättest du zumindest 200–250 Gramm zunehmen müssen. Wenn du also nicht zunimmst, dann hat es einen Grund. Und diesen Grund kennst nur du. Ich werde hier nicht auf Wahrheitssuche gehen. Aber ich stelle fest, dass du einen Teil unserer Abmachung nicht erfüllt hast."*

Die Patientin schlägt die Hände vors Gesicht. Sie weint. Sie schluchzt bitterlich. Die Therapeutin lässt sie. Nach einer Weile beruhigt sich das Mädchen. Sie schnäuzt sich gründlich. Dann packt sie ihre Unterlagen zusammen. Sie hält das einfach nicht aus. Sie schafft es nicht. Sie kann es nicht. Wieder versagt. Wie in der Schule, als es darum ging, vorn eine Präsentation zu halten. Sie hat gemerkt, wie die anderen über sie reden, tuscheln, ihr Aussehen kommentieren. Wenn sie wenigstens die tollen Markenklamotten tragen würde, wie die beliebten Mädchen ihres Jahrgangs; oder eine schöne Nase hätte wie ihre Freundin. Das, was sie an ihrem Aussehen ändern kann, das ist ihre Figur. So hat es angefangen und mit der Zeit hatte sie sehr viel abgenommen und dafür Anerkennung geerntet. Das erste Mal, dass sie Anerkennung für ihr Äußeres bekommen hatte. Auf einmal war es unwichtig, ob sie Marken trug oder nicht. Sie war schlank, superschlank. Und das schmeckte ihr besser als jede Süßigkeit. Doch irgendwann hatte sie es nicht mehr unter Kontrolle. Irgendwann blieb der Hunger weg. Irgendwann ließ ihre Konzentration nach. Dann kam der Winter und sie fror ununterbrochen, Weihnachten mit dem ganzen Essen zusammen mit der großen Familie war der pure Stress und zu Hause gab es nur noch ein Thema: *„Was hast du heute schon gegessen?"* Sie begann zu lügen, sie erfand Geschichten, dass sie zum Essen verabredet gewesen sei oder sich mit Freunden nach der Schule was geholt hätte.

Auf der anderen Seite waren ihre Eltern durch das Essensthema auch abgelenkt. Die Affären ihres Vaters, der ohnehin wenig zu Hause war, waren zwischen den Eltern kein Thema mehr. Und die Mutter hatte weniger Zeit sich mit der Frage zu beschäftigen, ob sie ihn endlich verlassen sollte, wie sie es seit Jahren vorhatte. Die Eltern waren in Sorge, dass machte die 16-Jährige einerseits betroffen und sie hegte große Schuldgefühle, dass sie ihnen solche Probleme machte. Andererseits hatte sie den Eindruck gewonnen, dass sich das elterliche Verhältnis gebessert hatte, seitdem sie so abgenommen hatte.

„Was hast du vor?“, fragt die Therapeutin. *„Ich weiß es nicht“*, flüstert die Patientin. Unschlüssig steht sie im Raum.

„Ich glaube, du brauchst deine Essstörung im Moment noch“, beginnt die Therapeutin. *„Könnte das sein?“*

Das Mädchen nickt.

„Ich schlage dir etwas vor“, sagt die Therapeutin. *„Ich möchte dich gern unterstützen und ich bin mir sicher, dass du es schaffen kannst, deine Essstörung zu überwinden. Aber momentan ist sie stärker als du. Dein BMI ist so niedrig, dass ich keine Zeit verlieren darf und mich strafbar machen würde, wenn ich dich weiterhin behandele und du nicht zunimmst. Insofern möchte ich dich bitten, darüber nachzudenken, ob nicht eine stationäre Behandlung für dich infrage kommt. In einer Klinik bekommst du eine viel intensivere Therapie als ein- bis zweimal wöchentlich eine Stunde in der ambulanten Praxis bei mir. Dort sind Therapeut*innen und Pfleger*innen rund um die Uhr für dich da. Du hast begleitetes Essen und Gruppentherapie. Du wirst sehen, dass es anderen Mädchen ebenso geht wie dir. Ich würde gern beim nächsten Termin mit dir über diese Option sprechen. Ich kenne sehr gute Kliniken, in denen sich Patient*innen im Laufe ihres Aufenthaltes gut stabilisiert haben. Im Anschluss biete ich dir gern weitere Termine an. Es wird dann aber nicht mehr alles nur ums Essen gehen, sondern auch um die zugrunde liegenden Faktoren deiner Essstörung. Bitte mache dir zum nächsten Termin Gedanken über die Möglichkeit einer stationären Therapie und sprich auch mit deinen Eltern darüber. Wenn du nicht anfängst, zuzunehmen, dann ist es die einzige Lösung, die ich momentan sehe.“*

Entsetzt blickt die Patientin sie an. *„Und die Schule? Ich würde so viel Stoff versäumen, den ich niemals wieder aufholen werde. Ich werde meine Noten nicht halten können. Wie stellen Sie sich das denn vor?“*

Die Therapeutin entgegnet freundlich: *„Die Schule steht meiner Meinung nach jetzt nicht an erster Stelle. An erster Stelle steht deine Gesundheit, körperlich wie seelisch. Die ist in ernsthafter Gefahr. Die Schule kann man immer nachholen. Das Leben nicht.“*

Die Therapeutin Viele essgestörte Patient*innen hatte die Therapeutin im Laufe ihrer therapeutischen Tätigkeit begleitet. So kannte sie die Tücken und Eigenheiten dieses sehr herausfordernden Krankheitsbildes. Sie hatte sich angewöhnt, klar und streng auf Regeln und Absprachen zu bestehen und dabei auch einen Abbruch in Kauf zu nehmen, denn sie wusste: Gerade, wenn die Patient*innen noch tief in der Essstörung verhaftet waren, funktionierte es nur so. Nicht ohne Grund sprach man auch von Magersucht und Ess-Brech-Sucht. Für ihre Patient*innen war deren Essstörung wie eine Droge, die sie brauchten, aber sich dabei sukzessive selbst zerstörten: Verhungern durch selbstauferlegte Askese. Anfänglich hatten die abgemagert aussehenden Patient*innen bei der Therapeutin dazu geführt, dass sie das vermehrte Bedürfnis hatte, selbst besonders gut zu essen, doch sie hatte in der Intervisionsgruppe von ihren Kolleginnen gehört, dass dieses ein natürlicher Reflex war, und dass es anderen Therapeutinnen ebenso erging. Mit der Zeit ließ das nach und sie wurde sicherer und konsequenter im Umgang mit ihren Patient*innen.

Mit der Zeit wurden es immer mehr Patient*innen mit Essstörungen, die sie behandelte. Ein großer Teil brach aber ab oder verbrachte eine gewisse Zeit in einer der Kliniken, die sich auf die Behandlung Essgestörter spezialisiert hatten. Hier nahmen ihre Patient*innen meist erstmal gut zu und es war ein Kunststück, dieses mühsam erreichte Gewicht im Anschluss an den Aufenthalt zu halten. Die erfolgreiche Therapie einer Anorexie dauerte ihrer Erfahrung nach meist Jahre.

Sie blickte hinüber zu ihrer 16-jährigen Patientin. Die schmale und für ihr Alter sehr viel jünger wirkende Silhouette der jungen Frau zeichnete sich scharf vor dem Fenster ab. Sie wirkte wie ein junges Mädchen, 13 oder 14 Jahre alt. Wenn sie sprach, versuchte sie ihre Worte sorgfältig zu wählen, bemüht darum, sich richtig auszudrücken; bemüht vor allem darum, perfekt zu sein – fehlerfrei. Das kostete sie fast das Leben, doch das sah die Patientin nicht. Das konnte sie nicht sehen, denn sie war so tief in ihrer Anorexie, dass sie körpereigene Endorphine produzierte. Diese wirkten berauschend und sie fühlte sich gut – besser als jemals zuvor, wie sie immer wieder betonte. Die Natur hatte das gut eingerichtet, um Menschen in Hungerzeiten überleben zu lassen.

Wenn die Patientin nicht beginnen würde zuzunehmen, dann musste sie in die Klinik. Seit vier Wochen schaute die Therapeutin sich das nun an, aber sie wusste bereits, dass eine Therapie momentan ambulant unmöglich war. Engelchen und Teufelchen kämpften in der Patientin, das war zu spüren. Aber das Teufelchen, die Anorexie, war stark – zu stark. Die Eigenmotivation war nicht ausreichend. Der Krankheitsgewinn zu groß. Der BMI der Jugendlichen war mit 16 Jahren so niedrig, dass die Therapeutin nicht bereit war, die Verantwortung für eine ambulante Behandlung zu übernehmen. Zumal es ihrer Patientin nicht gelungen war, in den vergangenen Wochen an Gewicht zuzulegen. Dieses sprach eindeutig für eine stationäre Behandlung.[1]

Der nächste Punkt war nun, mit der Patientin das Essensprotokoll zu besprechen. Die letzten Stunden hatten sie damit verbracht, über die Notwendigkeit des Essens von Kohlenhydraten zu diskutieren. Sie erinnerte sich daran, dass sie eine halbe Stunde darüber verhandelt hatten, was eine angemessene Portionsgröße von Nudeln als Beilage war. Ihre Patientin saß wie ein kleines Vögelchen in dem Sessel und behauptete, sie komme gut ohne Kohlenhydrate aus. Das kleine Vögelchen, das so schwach und zart und zerbrechlich wirkte, rechnete der Therapeutin genaustens vor, wie viele böse Kohlenhydrate eine Karotte, im schlimmsten Fall eine gekochte Karotte hatte. Wieder einmal dachte die Therapeutin an dieser Stelle daran, wie viel Macht die Patient*innen damit ausübten, wenn sie sich so verweigerten.

Diese Diskussionen über Kalorien fraßen so viel Zeit und hatten, als sie das Gewicht sah, dass der Hausarzt protokolliert hatte, offenbar nichts gebracht. 47 Kilogramm bei einer Größe von 170 Zentimetern.

Der Essensplan: *„Ok, du hast all das genau notiert, was du wirklich zu dir genommen hast?"*, fragte die Therapeutin und blickte ihrer Patientin fest in die Augen. *„Selbstverständlich"*, entgegnete die 16-Jährige. *„Ich weiß auch nicht, warum ich nicht zunehme. Ich habe eben einen guten Stoffwechsel. Ich esse und esse und kann einfach nichts dafür, dass das Gewicht nicht nach oben geht."*

Die Therapeutin lehnt sich zurück. Sie hatte es nicht anders erwartet und war dennoch enttäuscht, denn sie würde der Patientin gern helfen. Aber innerlich spürt

1 Als Kriterium für Untergewicht wird in den Leitlinien der Fachgesellschaft ein Unterschreiten der 10. BMI-Perzentile, als extremes Untergewicht und Indikation für eine stationäre Behandlung das Unterschreiten der 3. BMI-Perzentile bei Kindern und Jugendlichen definiert (Leitlinien DGKJPP 2007).

sie auch so etwas wie Wut, denn die Geschichte mit dem Stoffwechsel hat sie schon so oft gehört. Man nimmt nur durch Essen zu, denkt sie. Und wenn man nichts isst, dann kann man auch nicht zunehmen. Aber man muss es vor allem wollen, denn das ist harte Arbeit für die Patient*innen.

Dann ist es an der Zeit, mit der Patientin das Thema Klinik zu besprechen. Denn sie hat eine Fürsorgepflicht für ihre Patient*innen, ganz besonders für die essgestörten und stark gefährdeten.

7.5.6 Behandlung von Essstörungen: Multimodale Behandlung

Bei der Behandlung von Essstörungen verweise ich an dieser Stelle aus Gründen der Komplexität dieser Erkrankung auf das Buch von Legenbauer und Vocks (2014) *Manual der kognitiven Verhaltenstherapie bei Anorexie und Bulimie*. Hier werden sehr umfangreich die Störungsbilder beschrieben, die **Diagnostik** dargestellt (mit eigenem Diagnostikteil) und in dem Praxisteil **praktische Anleitungen zu den therapeutischen Einzelsitzungen** gegeben. Zentrale Themen sind:
- Motivationsaufbau
- Vermittlung eines individuellen Störungsbildes mit Ableitung der Therapieziele
- Intervention zur Normalisierung des essgestörten Verhaltens, insbesondere ein Gewichtszunahmevertrag mit Mindestzunahme (z. B. 500g) pro Woche
- kognitive Interventionen
- Interventionen zur Verbesserung der Emotionsregulation
- Techniken zur Verbesserung der sozialen Kompetenzen
- Interventionen zur Veränderung des Körperbildes
- Förderung von Ressourcen
- Rückfallprophylaxe
- Kindeswohlgefährdung

Kurz möchte ich an dieser Stelle auf den **Aufbau von Behandlungsmotivation** eingehen:
1. An erster Stelle stehen hier günstige Gesprächstechniken, wie etwa zunächst stabilisierende und stützende Gesprächstechniken und im weiteren Verlauf problemorientierte und lösungsorientierte psychotherapeutische Gespräche, zusätzlich sollte in Abhängigkeit vom Alter strukturierende oder beziehungsorientierte Familienarbeit stattfinden (Herpertz-Dahlmann, 2011, S. 396).
2. Das Aufzeigen körperlicher Folgen und Gefahren stellt einen weiteren wichtigen Aspekt des Motivationsaufbaus dar.
3. Zusätzlich können Interventionen wie „Briefe an die Essstörung" eingesetzt werden; dieses dient dazu, die stabilisierende Funktion der Störung herauszuarbeiten (Krankheitsgewinn).
   → Meiner Erfahrung nach ist eine erfolgreiche Behandlung von Essstörungen nur dann möglich, wenn ausreichend Behandlungsmotivation besteht! Es lohnt sich, hierin zu investieren.

Darüber hinaus sind die neuen und überarbeiteten **Leitlinien** (Gültigkeit bis 30.05.2023) detailliert und hilfreich, denn hier wird u. a. auf die somatischen Komplikationen oder die therapeutischen Beziehungsgestaltung eingegangen (AWMF,

2013). Darüber hinaus existiert auch eine Patientenleitlinie (AWMF, 2015), die im Sinne der Aufklärung und Psychoedukation sehr geeignet ist.

Hilfreiche Materialien und ausgesuchte Empfehlungen, die sich in der Praxis bewährt haben:

- Salbach und Jacobi et al. (2010). Tolle Onlinematerialien.
- Marrez und Oda (2015). Sehr schön und ansprechend gestaltet. Gut einsetzbar für therapeutische Hausaufgaben.
- **Für Eltern und Bezugspersonen:** Bei der Bundeszentrale für gesundheitliche Aufklärung stehen umfangreiche Materialien für Betroffene und Bezugspersonen zum Download bereit (BZGA o. J.).

Begleitende Elternarbeit

Einen wesentlichen Schwerpunkt sollte man meiner Erfahrung nach auf die **Elternarbeit** legen. Wenn das Zuhause und die häusliche Atmosphäre der Patient*innen weiterhin einen aufrechterhaltenden Faktor darstellen, sollte man auch eine Wohngruppe in Erwägung ziehen. Hier gibt es tolle Angebote, die jedoch oft lange Wartelisten haben. Oft gelingt im Anschluss an eine stationäre Behandlung der Einzug in eine spezielle Wohngruppe für Essgestörte oder psychisch Kranke, wie z. B. im Rauhen Haus in Hamburg.

7.5.7 Prognose und Letalität

Insgesamt ist die Prognose nicht gut, denn Untersuchungen bei magersüchtigen in der Adoleszenz belegen, dass 25 % der Patient*innen vier Jahre nach der Entlassung aus stationärer Therapie weiterhin die Symptomatik der AN/BN zeigen; zehn Jahre später < 10 % (Herpertz-Dahlmann, 2011, S. 399). Ungefähr die Hälfte der ehemaligen magersüchtigen Jugendlichen entwickelt im Laufe ihres Lebens eine andere behandlungsbedürftige Störung, wie beispielsweise eine Angst-, Zwangserkrankung, Affektive Störung und häufig soziale Phobien (Herpertz-Dahlmann, 2011). Letalität: AN ist die Essstörung mit dem höchsten Risiko, die **Mortalität** (Sterberate) liegt bei 5–6 % pro Jahrzehnt; 5,1 pro 1000/jährlich der Betroffenen sterben laut Arcelus et al. (2011) an ihrer Magersucht infolge von Infektionen (41 %), Herz-Kreislauf-Problemen (25 %), Suizid (17 %).

Arbeitsblätter im Anhang zum Thema Essstörungen

▶ **AB (T) Informationen zu Essstörungen – Anhang 7.7**
▶ **AB (P) Essensplan – Anhang 7.7.7**
▶ **AB (P) Mein persönliches Essprotokoll – Anhang 7.7.7**
▶ **AB (P) Meine schwarze Liste – Anhang 7.7.7**
▶ **AB (P) Mein Störungsmodell der Anorexie – Anhang 7.7.5**
▶ **AB (P) Mein Teufelskreis der Anorexie – Anhang 7.7.4**
▶ **AB (P) Mein Teufelskreis der Bulimie – Anhang 7.7.4**

7.6 Selbstverletzende Patient*innen

Selbstverletzendes Verhalten ist unter jugendlichen Patient*innen relativ weit verbreitet und kommt im therapeutischen Alltag immer wieder vor. Darum ist es wichtig, als Therapeutin gut über diese spezielle Symptomatik Bescheid zu wissen und sich nicht davon verunsichern oder gar verschrecken zu lassen. Ein souveräner Umgang mit selbstverletzendem Verhalten (SVV) ist für unsere Patient*innen wichtig, um die Symptomatik nicht funktional einzusetzen. Damit ist gemeint, sich nicht selbst zu verletzten, um darüber Aufmerksamkeit zu generieren.

Im Folgenden möchte ich die **wichtigsten Aspekte über nichtsuizidales selbstverletzendes Verhalten** (kurz: NSSV) darlegen: Das Phänomen der Selbstverletzungen hat in unserem Kulturkreis in den letzten 30 Jahren sichtbar zugenommen. Dieses liegt an soziokulturellen Faktoren und an einem gesellschaftlichen Wandel mit einer Jugendkultur, die teilweise SSV glorifiziert oder zu einem Trend erklärt. Pop- oder Internetstars haben zur Verbreitung beigetragen und insbesondere über die Musikkultur scheint es Teil einer Ideologie zu sein, der einige Jugendliche folgen (◘ Tab. 7.6).

In einer sehr interessanten Übersichtsarbeit über nichtsuizidales selbstverletzendes Verhalten schreiben Plener et al. (2018) folgendes:

> „Zumindest einmaliges nichtsuizidales selbstverletzendes Verhalten (NSSV) wird bei 25–35 % der Jugendlichen aus Schulstichproben in Deutschland beobachtet. In Stichproben kinder- und jugendpsychiatrischer Kliniken beträgt die Prävalenz etwa 50 %. NSSV kann als Symptom im Kontext verschiedener psychischer Erkrankungen auftreten. […] Deutschland gehört mit 25–35 % Lebenszeitprävalenz von zumindest einmaligem nichtsuizidalen selbstverletzenden Verhalten (NSSV) unter Jugendlichen innerhalb Europas zu den Ländern mit den höchsten Prävalenzraten (1,2)."

◘ Tab. 7.6 **Prozentuale Verteilung von Personen mit selbstverletzendem Verhalten über Selbstverletzungsmethoden und Lokalisation in Prozent** (nach Nitkowski 2009, zitiert nach Nitkowski & Petermann, 2011).

Methode	Prozent	Lokalisation	Prozent
Ritzen/Schneiden	61,8 %	Arm-/Handgelenke	64,3 %
Kratzen/Kneifen	42,7 %	Hand/Finger	45,0 %
Beißen	29,4 %	Beine	36,9 %
Stechen	27,6 %	Kopf/Hals/Gesicht	26,4 %
An-/Selbstschlagen	26,5 %	Bauch	25,5 %
Abheilungsstörung	25,6 %	Unterleib/Genitalien	15,6 %
Verbrennen/Verbrühen	22,0 %	Brust	15,2 %

7.6.1 Wie gehe ich vor, wenn mein/e Patient*in sich selbst verletzt?

Wenn ich als behandelnde Therapeutin den Verdacht hege, dass mein/e Patient*in sich selbst verletzt, sollte ich es offen ansprechen. Grundsätzlich ist es ein wesentlicher Bestandteil der Eingangsanamnese, aber es kommt vor, dass Patient*innen aus Scham zunächst keine Angaben zu SSV machen. Faktoren, die Hinweise aus SVV liefern, sind z. B. das Tragen langärmeliger Kleidung an heißen Sommertagen oder offenkundige Narben oder Verletzungen (Schnittwunden etc.). Auch können Bezugspersonen Hinweise geben, beispielsweise wenn Kinder oder Jugendliche Körperregionen „verhüllen“ oder im Urlaub keine Badekleidung tragen wollen.

Das offene Ansprechen sollte ein Angebot an die Betroffenen sein, sich anzuvertrauen. Wichtig ist, den Patient*innen das Gefühl zu geben, dass es sich bei SVV um nichts handelt, womit die Therapeutin nicht umgehen könne! Es ist ratsam, unerschrocken und fachlich, aber dennoch empathisch mit der Tatsache umzugehen, sich ggf. die SVV zeigen zu lassen, um abzuklären, ob eine medizinische Versorgung notwendig ist oder schon mal notwendig war.

7

Ratsam ist es, sich die Verletzungen einmalig zeigen zu lassen, um eine Einschätzung über den Schweregrad zu erhalten, langfristig das Verhalten so aber nicht zu verstärken. In diesem Kontext sollte unbedingt abgeklärt werden, ob die Selbstverletzungen in suizidaler Absicht geschahen oder nicht. Dieses ist ein wichtiger Punkt, denn das NSSV kommt wesentlich häufiger vor als das SVV in suizidaler Absicht. Bei Letzterem ist eine stationäre Einweisung indiziert. Suizidale Gedanken sollten auch bei NSSV exploriert werden; eine gewissenhafte Dokumentation ist unerlässlich.

Wie reagiere ich souverän und fachlich kompetent auf SVV?

1. Lass dir nicht anmerken, wie erschrocken oder sogar entsetzt du von den oft sehr eindrücklichen Verletzungen bist!
2. Schaue dir die Wunden ggf. gut an, damit du einschätzen kannst, ob eine medizinische oder sogar chirurgische Versorgung nötig ist.
3. Kleine Verletzungen sollte die/der Patient*in selbst gut desinfizieren und sich hierfür ein Desinfektionsmittel in der Apotheke besorgen.
4. Dein/e Patient*in sollte klären, ob sie/er einen ausreichenden Impfschutz gegen Tetanus hat.
5. Patient*innen sollten auf keinen Fall bei SVV öfter gesehen werden oder zusätzliche Therapieeinheiten bekommen.
6. Patient*innen sollten keinen Gewinn aus dem SVV ziehen, d. h. keinen Aufmerksamkeitsgewinn, vermehrte Zuwendung oder Mitleid.
7. Erarbeite Skills mit deinen Patient*innen und packe einen Notfallkoffer.

→ Die oben genannten Strategien sollten ebenso mit den Bezugspersonen besprochen werden! Bei jugendlichen Patient*innen ist an dieser Stelle die Schweigepflicht zu beachten.

7.6.2 Diagnostik

In der Diagnostik sollte genau geklärt werden, **welche psychische Erkrankung** dem SVV **zugrunde** liegt. Sich selbst zu verletzen, ist an sich keine psychische Erkrankung und wird in der **ICD-10 in Kapitel XX – Äußere Ursachen von Morbidität und Mortalität (V01-Y98)** unter **Vorsätzlicher Selbstschädigung (X60-x84)** kodiert.

► **Beispiele**

- **X76:** Vorsätzliche Selbstschädigung durch Rauch, Feuer und Flammen – hierzu zählen SVV mit Feuerzeugen, Zigaretten oder anderen brennenden Utensilien
- **X78:** Vorsätzliche Selbstschädigung durch scharfen Gegenstand – z. B. Rasierklingen, Nagelscheren oder Nadeln in weiches Körpergewebe (z. B. Unterarme, Oberschenkel, Bauch) stechen
- **X79:** Vorsätzliche Selbstschädigung durch stumpfen Gegenstand – hierzu zählt zum Beispiel das Schlagen mit der Faust oder dem Kopf gegen die Wand ◄

Diagnostische Fragen an deine Patient*innen:
- Beginn und Art des SVV, Frequenz des SVV
- Exploration der Funktion des SSV: Hier bietet sich der **Fragebogen zum selbstverletzenden Verhalten** von Reicherzer und Brandl (2011) an, der unter dem angegebenen Link in der Literaturangabe als Download frei erhältlich ist.
- **Beispielhaft kann den Patient*innen erläutert werden**, dass das SVV oft der Reduktion von Anspannung, intensiven Gefühlen, aber auch bei sogenannter „Gefühlsleere“ dienen kann; dies ist sehr individuell und sollte **im Rahmen einer funktionalen Analyse** genau beleuchtet werden.

Diagnostik der zugrunde liegenden psychischen Erkrankung Gemäß des *Leitfadens Kinder- und Jugendlichenpsychotherapie* von In-Albon et al. (2015) zum Selbstverletzenden Verhalten kommen folgende Störungsbilder bei Jugendlichen in Zusammenhang mit NSSV vor (modifiziert nach Nitkowski & Petermann, 2011):

a. Affektive Störungen (44 %)
b. Essstörungen (5 %)
c. Externalisierende Störungen (26 %)
d. Substanzmissbrauch/-abhängigkeit (23 %)
e. Persönlichkeitsstörungen (46 %)

Ich würde aufgrund meiner therapeutischen Erfahrung ergänzen wollen, dass ich persönlich NSSV auch bei Störungen der Impulskontrolle und Störungen des Sozialverhaltens bei Jugendlichen häufiger sehe, verursacht dadurch, dass sich die Aggression gegen den Patient*innen selbst richtet.

7.6.3 Praxisbeispiel 1

Die Eltern – ein Gespräch aus Sicht der Therapeutin Die Eltern meiner Patientin hatten es dringlich gemacht. Die Zeit dränge, es gehe quasi um Leben und Tod. Ich konnte mir denken, was geschehen war, und bot ihnen zeitnah nach Feierabend noch einen Termin an. Pünktlich und sorgenvoll dreinblickend erschienen beide zum vereinbarten Termin. *„Bitte, Sie müssen unserer Tochter helfen! Gestern habe ich, als ich ins Bad kam, etwas Schreckliches entdeckt: Sie stand über das Waschbecken gebeugt und versuchte, die Klingen aus einem ihrer Einmalrasierer zu entfernen. Auf Nachfrage, was sie da tue, explodierte sie und verließ fluchtartig das Bad – mit den Rasierklingen. Sie schloss sich in ihr Zimmer ein, ging nicht auf Gesprächsangebote ein und ist bis jetzt in ihrem Zimmer, hat nichts gegessen oder getrunken seitdem."* Die Mutter schlägt ihre Hände vors Gesicht und beginnt zu schluchzen. Der Vater legt schützend den Arm um seine Frau und wendet sich an mich: *„Bitte tun Sie etwas. Wir machen uns begründete Sorgen." – „Was genau ist denn Ihre Sorge?" – „Ja, dass sie sich umbringt. Wir wissen ja zum gegenwärtigen Zeitpunkt nicht einmal, ob sie noch lebt!"*

7

Meine 15-jährige Patientin ist seit etwa sechs Monaten bei mir in Behandlung, aufgrund emotionaler Probleme und einer Bulimia nervosa. Immer wieder hatte sie mir auch von dem Druck berichtet, dass sie sich selbst verletzen müsse, wenn sie besonders angespannt sei. Bei der Anspannung und auch bei der Essstörung spielen die Eltern und ihr Verhalten eine wichtige Rolle, insofern sollte ich als Therapeutin bedacht und überlegt vorgehen.

Ich fasse kurz zusammen, was ich zum Geschehen verstanden habe: *„Wenn ich es richtig verstanden habe, haben Sie zwar gesehen, dass sie Klingen mit in ihr Zimmer genommen hat, aber dass sie sich damit Schaden zugefügt hat, das ist bislang eher eine Befürchtung und Vermutung von Ihnen." – „Ja, aber es ist doch klar, dass sie sich damit ritzen will. Das hat sie doch immer wieder getan! Ihre Oberschenkel sind voll mit Narben!"*

„Sie haben recht, dass sich Ihre Tochter hin und wieder oberflächlich verletzt, um Druck abzubauen. Das tut sie in Phasen höchster Anspannung, wenn ihr Alternativen fehlen. In der Therapie haben wir in den letzten Wochen und Monaten intensiv daran gearbeitet, alternative Strategien auszuprobieren und anzuwenden. Ich hatte den Eindruck, dass es immer besser gelungen ist, auf andere Art und Weise den aufkommenden Druck abzubauen. Vielleicht ist es ihr auch dieses Mal gelungen, sich nicht zu verletzen."

Der Vater reagiert aufgebracht und ungehalten: *„Das kann man nur hoffen, ich frage mich, warum es nach der langen Zeit immer noch zu solchen Vorfällen kommen muss. Wie lange dauert es denn, bis sie gesund ist und einfach ein ganz normales junges Mädchen sein wird? Haben Sie gesehen, wie sie rumläuft? Neuerdings trägt sie ein Augenbrauenpiercing und sie plant ein weiteres Tattoo auf ihrer Brust!"* Seine Verzweiflung zeigt sich in Vorwürfen und ich kann als Therapeutin einerseits die Ohnmacht der Eltern nachvollziehen, andererseits sehe ich jedoch auch Aufklärungsbedarf.

„Nun, als Mutter einer Tochter kann ich Ihre Sorge nachvollziehen. Wie lange es dauert – das kann ich Ihnen nicht sagen. Sechs Monate sind für eine komplexe Störung – und bei einer Bulimie und starken emotionalen Problemen sowie dem selbstverletzenden Verhalten handelt es sich um eine komplexe Störung – kein langer Zeitraum. Ich gehe davon aus, dass es gelingen wird, die Symptomatik, also das Erbrechen und

Ritzen, schrittweise immer mehr abzubauen. Aber das braucht Zeit, zwei Jahre sind da keine Seltenheit.“

„Was, so lange? Dann geben wir sie in eine Klinik, da wird sie schnell wieder gesund werden. Können Sie uns eine Klinik empfehlen?“

Ich bemühe mich, die Eltern zu erreichen und mit ins Boot zu holen. Ich brauche sie bei der Behandlung meiner Patientin. Viel Elternarbeit wird hier noch nötig sein: *„Ich kann Ihren Wunsch nach Normalität und schneller Genesung absolut nachvollziehen. Aber ich muss Ihnen an dieser Stelle auch sagen, dass vielleicht genau das ein Problem für Ihre Tochter ist. Dass sie ganz normal sein soll. Sie will nicht normal sein und ist auch nicht normal. Ihre Symptomatik könnte quasi als Antwort auf die elterlichen Erwartungen zu sehen sein, um sich zur Wehr zu setzen gegen den Druck. Sie hat kaum Möglichkeiten, innerhalb der Familie ihre Wünsche und Bedürfnisse zu kommunizieren. Entweder frisst sie diese buchstäblich in sich hinein – oder sie lässt eben Druck ab. Essen oder nicht essen, hier geht es meistens um eine Störung der Interaktion, denn damit erreicht sie etwas bei Ihnen. Genauso verhält es sich auch mit dem Ritzen. Natürlich spielen viele Faktoren eine Rolle, aber ich sehe in Ihrer Tochter eine sehr starke Persönlichkeit, die ein großes Autonomiebestreben hat, was sie leider eher dysfunktional auslebt. Das Piercing, die Tattoos sind klare Indikatoren für das Bedürfnis, sich abzuheben, anders zu sein. Nehmen Sie Ihre Tochter ernst in ihren Bedürfnissen und Wünschen. Geben Sie ihr den Raum, den sie braucht. Privatsphäre und Rückzugsmöglichkeiten scheinen ihr sehr wichtig zu sein. Aber hat sie die?“*

Beide Eltern blicken mich an. Nach diesem Vortrag von mir sind sie erst einmal stumm. *„Puh, da habe ich wohl ganz schön ausgeholt!“*, beginne ich wieder und lache ein wenig. *„Ja, da haben Sie recht“*, entgegnet der Vater. Die Mutter schaut betreten zu Boden.

„Ich bin mir sicher, dass Sie Ihre Tochter bestmöglich unterstützen möchten. Nur weiß man mitunter als Eltern nicht so genau, was bestmöglich ist. Ich bin gern für Sie und Ihre Tochter da und denke, dass wir das alle nur gemeinsam schaffen.“

Die skeptischen und betretenden Blicke weichen hoffnungsvolleren Mienen.

„Ich denke, ein erster Schritt besteht darin, das Verhalten Ihrer Tochter zu verstehen und wirklich nachzuvollziehen. Verhalten hat immer einen Sinn, so auch die Selbstverletzungen und Ess-Brech-Anfälle, was letztlich auch als eine Art der Selbstverletzung verstanden werden kann.“

Und dann erkläre ich den Eltern sehr detailliert und genau die Funktion und die aufrechterhaltenden Faktoren bei NSSV. Ich bemühe mich, ihnen die große Angst ein wenig zu nehmen, dass sich ihre Tochter so sehr ritzt, dass sie sich versehentlich dabei umbringt. Ich möchte die Eltern ermuntern, Hoffnung zu schöpfen und ihrer Tochter einen eigenen Willen und eine eigene Identität jenseits von „normal“ zuzugestehen. -Zudem schule ich die Eltern behutsam darin, möglichst neutral und nüchtern mit Selbstverletzungen umzugehen, sollten sie auftreten. *„Rückfälle gehören dazu“*, erkläre ich den Eltern, *„keine Heilung erfolgt von Jetzt auf Gleich.“*

„Die Bulimie scheint Ihnen weniger Angst zu machen als das Ritzen?“, frage ich. Beide nicken. *„Eigentlich komisch, es ist ja auch etwas Schlimmes, sich den Finger so tief in den Hals zu stecken, bis man erbricht!“*, entgegnet der Vater. *„Aber da sieht man später nichts. Das macht keine Narben.“*

„Zumindest keine sichtbaren“, entgegne ich.

7.6.4 Praxisbeispiel 2: Die Patientin – Gedicht von B. A. (1991), kommentiert

Die Kunst des Adernaufschneidens ist eine Transformation des
inneren schreienden Schmerzes.
in einen äußeren stillen.
langsam fließt das rote Blut
langsam fließt der Schrei
in das Nichts
langsam löst sich sie
SELBST Verkrampfung
langsam schmilzt die
Angst
langsam verrinnt die
Panik
langsam fällt die Asche meiner
Seele aus mir
langsam blitzt der blanke
Wahn ins Außen
langsam kehrt die kühle
Leere in meinen Kopf zurück
Langsam bin ich wieder stumpf
Wie alles um mich
--- Bis zum nächsten INNEN SCHREI

Als Therapeutin stelle ich mir die Frage danach, was das Gedicht über das seelische Innenleben der Patientin aussagt. Es schreie in ihr, ein INNERER SCHREI, der scheinbar nur über die SVV ins Außen gelangen kann. Gefühle wie Angst, Panik, Verkrampfung (Anspannung) und ein schreiender Schmerz scheinen im Inneren der Patientin gefangen zu sein und alternative Bewältigungsstrategien scheinen nicht präsent zu sein, die helfen würden, ihre Gefühle mitzuteilen. Die Not wird deutlich und die Sehnsucht danach, diese Gefühle loszuwerden. Langsam weichen die lauten und schreienden Gefühle wieder einer *„kühlen Leere"*, Stumpfheit. Das Tragische an der Situation ist, dass der Patientin diese Leere und Stumpfheit scheinbar erträglicher ist, als die vorherigen Gefühle, doch wie angenehm ist es, sich innerlich leer oder stumpf zu fühlen?

Welche Themen werden hier sichtbar? Das Gedicht ist therapeutisch sehr wertvoll, denn es zeigen sich eine Vielzahl an Gefühlen und emotionalen Aspekten, die vermutlich im bloßen Gespräch über die SVV nicht deutlich geworden wären. Der Name „Transformation" ist ein Begriff lateinischen Ursprungs (transformare = Umwandlung) und macht eine große Distanz zu dem Akt der SVV an sich deutlich. Die Patientin wandelt innere Gefühle in einen äußerlich sichtbaren „SCHREI" um, es klingt aber so, als würde sie eine Maschine bedienen, die das für sie regelt. Verben wie *fließen, schmelzen, blitzen, verrinnen* verdeutlichen den Transformationsprozess auf anschauliche Art und Weise. Dabei verwendet sie Substantive, die sehr eindrücklich wirken und die Verzweiflung, aber auch Vergänglichkeit eines Lebewesens unterstreichen, also *Schrei, Blut, Schmerz, Wahn, Asche* und *Nichts.*

Was kann ich als Therapeutin daraus für das Verständnis der Patientin erkennen? Ich erkenne, dass der Akt der SVV für die Patientin eine riesengroße Entlastung im Sinne einer Anspannungsreduktion zu sein scheint. Sie hat nicht den Wunsch oder Drang, sich weh zu tun und zu schaden – nein, sie tut sich (übertrieben ausgedrückt!) etwas Gutes, denn sie sorgt dafür, dass die unaushaltbaren Gefühle (der INNERE SCHREI aus Wut, Angst, Panik) über das Ventil des Schneidens ins Außen geraten können. Da sie keine alternativen Strategien hat, ist es für sie ein probates Mittel, das funktioniert. So wird das Symptomverhalten SVV erklärbar. Was ganz klar und wichtig bei der Behandlung ist: Es ist trotz der sichtbaren und tiefen körperlichen Verletzungen psychisch eine Entlastung im Sinne einer Anspannungsreduktion.

Wie genau kann ich als Therapeutin darauf reagieren? Zunächst ist es wichtig, der Patientin meine Wertschätzung für das Gedicht zum Ausdruck zu bringen. Sie zeigt sehr viel von sich und ihrer verletzlichen Seite, öffnet sich innerlich und zeigt etwas, dass sehr persönlich ist. SVV sind oftmals schambesetzt und werden hier offen zum Thema gemacht. Das halte ich persönlich für stark und selbstbewusst. Und genau darum geht es: Selbstbestimmt mit seinen Emotionen und unangenehmen Gefühlen umgehen, sich nicht von ihnen überwältigen zu lassen, sondern funktionale, konstruktive Wege zu finden, mit diesen umzugehen. Es sollten in den therapeutischen Gesprächen zunächst die Emotionen erklärt und Motive benannt werden.

Das Validieren von gegenwärtigen Gefühlen und Umständen stellt einen wichtigen Aspekt der Therapie dar. Die dysfunktionale Bewältigung soll sukzessive aufgedeckt und erkannt werden, um langfristig alternative Lösungen statt Todessehnsucht und passive Verschlimmerungserwartung aufzuzeigen. Insofern wäre der nächste Schritt, nach alternativen Strategien und Skills zu suchen, die der Patientin an die Hand gegeben werden können (Notfallkoffer, Skill-Training, Elemente aus der DBT-A).

7.6.5 Psychoedukation – oder: Wie erkläre ich es meinen Patient*innen und deren Bezugspersonen?

Zunächst einmal ist es wichtig, den Betroffenen und Familien zu vermitteln, dass das NSVV eine Funktion hat, nämlich die der Anspannungsregulation. Meist fehlen den Patient*innen, die sich systematisch selbst verletzen, alternative Strategien, mit unangenehmen Gefühlen adäquat umzugehen. Durch die Selbstverletzung und den Schmerz, der meist nicht als solcher empfunden wird, sondern als Erleichterung (C-), haben die Betroffenen eine sehr wirksame Methode für sich gefunden, unerträgliche Anspannungszustände zu regulieren. Dieses funktioniert sehr gut und führt dazu, dass die Patient*innen es nicht mehr lassen können, es z. T. als „Sucht" beschreiben und einen enormen Druck empfinden, sich immer wieder selbst zu verletzten. Ziel ist es, in einer Therapie alternative Strategien gemeinsam mit Patient*innen zu entwickeln, mit unangenehmen Gefühlen funktional – also gut – umzugehen.

Wichtige Informationen für die Eltern und Bezugspersonen sind, dass sie das NSVV möglichst neutral behandeln und einen eher nüchternen Umgang damit pflegen. Wundversorgung etc. sollte die/der Patient*in selbstständig vornehmen. Aufklärung darüber, welche Art von SVV gefährlich ist und ab wann medizinische Hilfe nötig ist, sollte unbedingt erfolgen. Darüber hinaus sollte eine **Verhaltensanalyse**

etabliert werden, welche die/der Patient*in im Anschluss an die SVV ausfüllt – dieses dient NICHT der Bestrafung, sondern soll für Transparenz sorgen, damit ggf. Skills modifiziert oder Trigger eher erkannt werden können. Der Unterschied zwischen suizidalen Selbstverletzungen und NSSV sollte gut besprochen werden.

Siehe hierzu:

► **AB (P) Das ist passiert – Anhang 7.8.6**

7.6.6 Therapeutische Interventionen

Die Behandlung des SVV erfolgt idealerweise parallel mit der zugrunde liegenden Erkrankung. Die Elemente der **Dialektisch-Behavioralen Therapie** (DBT-A nach Linehan (1996a, b)) eignen sich sehr gut, um den Umgang mit Emotionen und Emotionsregulation zu schulen. Die Basis hierfür stellt das Anfertigen von **Gefühlstagebüchern oder -protokollen** dar.

Folgende Elemente der Therapie bei NSSV schlagen Fegert und Kölch (2013) vor:

- Training der Emotionsregulation
- Identifikation von Auslösern und Triggern des NSSV
- Identifikation von Funktionen des NSSV – welches sind aufrechterhaltende Faktoren?
- Vermittlung von Entspannungsverfahren
- **Notfallkoffer packen:** Dieser beinhaltet in Anpassung an das Stressniveau eine Anzahl an Skills, mithilfe derer aufkommende Emotionen und insbesondere Anspannungszustände reguliert bzw. abgemildert werden sollen.
- Psychoedukation von Patient*innen und Bezugspersonen, siehe ► **Abschn.** 7.5.3 **Psychoedukation**.

► Beispiel

Notfallkoffer packen: Gemeinsam mit den Patient*innen sollen alternative Handlungsmöglichkeiten (Skills) gefunden werden, die zum Einsatz kommen sollen, wenn der Selbstverletzungsdruck steigt. Skills sind sehr individuell und sollten alle mit den Patient*innen getestet und ausprobiert werden. Grundsätzlich kommen alle Tätigkeiten oder Verfahren infrage, die bei der Anspannungsregulation helfen!

Skills sollten, ähnlich wie ein Ampelsystem, für verschiedene Anspannungsbereiche eingesetzt werden:

Rot: Hochanspannung

Gelb: mittlere Anspannung

Grün: Aufrechterhaltung eines niedrigen Anspannungsniveaus

Mit den Patient*innen sollte geplant und ausprobiert werden, welche Skills für welches Anspannungsniveau passend sind.

Ideal ist der Einsatz von sogenannten Skills-Ketten bei hoher Anspannung: erst ein Hochanspannungs-Skill (z. B. Chili-Schote), dann (bei leicht gesunkener Anspannung) ein Skill für mittlere Anspannung (z. B. Spaziergang). Der Unterschied, dass viele Skills eben nicht für den Bereich, an dem sich die/der Patient*in sonst selbst verletzt, gedacht sind (und dass es auch in der Regel nicht so wirksam ist, wie SVV), sollte erklärt werden, damit keine falsche Erwartungshaltung entsteht.

Im Internet sind umfangreiche Listen zu finden, an denen man sich bei der Suche nach den geeigneten Skills orientieren kann. **Eine kleine Auswahl soll hier genannt sein:**
- ein Gummiband am Handgelenk schnipsen lassen
- mit Igelbällen über die Haut fahren, Druck verstärken
- scharfe Nahrungsmittel, wie z. B. Ingwer, Chili oder starke Pfefferminzpastillen lutschen
- Eiswürfel, Cool-Pack
- bedeutsame Musik hören, die gut tut; Entspannungsmusik (als App, z. B. Meeresrauschen, Waldspaziergang)
- Hörbücher, deren Stimmen beruhigen und die Geborgenheit vermitteln
- Jemanden anrufen (beste Freundin, die Bescheid weiß), und ein längeres Telefonat führen, dabei spazieren gehen
- Sport treiben
- Atemübungen
- in eine Konditorei gehen und einen Kakao trinken oder ein Stück Kuchen essen
- Riechen an Ammoniak-Ampullen (Apotheke) oder Düften, die reizen und stark sind (Lavendelöl) ◄

Wer mehr über das Phänomen des SVV und den **therapeutischen Umgang mit SVV** lesen möchte, der wird hier fündig:
- Zarbock (2015, S. 279–280).
- Edinger und Kaess (2019).
- In-Albon et al. (2015).
- Nitkowski und Petermann (2011).

7.7 Suizidale Patient*innen in der ambulanten Praxis

7.7.1 Wie gehe ich bei absprachefähigen und nicht-absprachefähigen Patient*innen in der ambulanten Praxis vor?

Innerhalb einer ambulanten psychotherapeutischen Behandlung kann es zu suizidalen Impulsen auf Seiten junger Patient*innen oder Jugendlicher kommen. Bei akuter Suizidalität ist die Therapeutin von ihrer Schweigepflicht entbunden („Gefahr für Leib und Leben“) und muss unverzüglich Kontakt zu den Bezugspersonen der Patient*innen aufnehmen. Sicherlich ist das Thema „Suizidalität“ für alle Therapeut*innen ein schwieriges Thema. Da es jedoch immer Teil unserer Arbeit sein wird, ist es wichtig, eine Art Fahrplan für den Umgang mit suizidalen Patient*innen zu haben, denn das gibt die nötige Sicherheit.

Informationen über Suizidalität bei Kindern und Jugendlichen (nach Schulze & Voit, 2013):
- Nach Unfällen stellt der Suizid in der Altersgruppe Kind/Jugendlicher die **zweithäufigste Todesursache** dar.
- **Erhöhtes Suizidrisiko** besteht bei Traumata, Anpassungsstörungen, depressiven Störungen, Angsterkrankungen, Anorexia nervosa, der Störung des Sozialver-

haltens, emotional-instabiler Persönlichkeitsstörung vom Borderline-Typus, schizophrenen Psychosen und bei multiplen komorbiden Störungen.

- Täglich versuchen sich in Deutschland nach Expert*innenschätzungen 20–40 Kinder/Jugendliche das Leben zu nehmen.
- Vor dem 10. Lebensjahr sind Suizide selten; das liegt vermutlich daran, dass Kinder **erst ab dem Alter von ca. 9 Jahren ein „richtiges Todeskonzept“** entwickeln.
- Jungen überwiegen bei vollendeten Suiziden.
- **Suizidalität ist immer im Zusammenhang zu sehen:** Im Rahmen psychischer Störungen, psychopharmakologischen Behandlung oder als Folge akuter Belastungen. **Allein ist Suizidalität kein Krankheitsbild!**
- Mit Anzahl versuchter Suizide erhöht sich das Risiko eines erfolgreichen Suizids!

Achtung: Suizidalität muss immer ernst genommen werden!

Bei der Behandlung suizidaler Patient*innen ist zwischen Therapie und Krisenmanagement zu unterscheiden Grundsätzlich erfolgt die Therapie nach den Leitlinien der zugrunde liegenden Erkrankung (Depression, Posttraumatische Belastungsstörung, Borderline-Persönlichkeitsstörung usw.). In dem Moment, in dem suizidale Gedanken und Impulse präsenter und drängender werden, schaltet die Therapeutin sozusagen in den Krisenmodus, d. h., nun geht es um akutes Krisenmanagement, Abklärung der Intensität suizidaler Gedanken, ob die/der Patient*in glaubhaft distanziert ist, ob sie/er sich an den Anti-Suizid-Plan halten kann. Der erarbeitete Notfallplan tritt so lange in Kraft, bis die/der Patient*in wieder Verantwortung für das eigene Leben tragen kann. Dann kann wieder in den Therapiemodus geschaltet werden. Es ist darauf zu achten, dass das Thema Suizidalität nicht als Nebenschauplatz „missbraucht“ wird, um sich nicht mit unangenehmen Therapieinhalten zu befassen (Vermeidung). Dieses sollte dann mit den Patient*innen thematisiert werden.

7.7.2 Wie frage ich Kinder und Jugendliche konkret nach suizidalen Gedanken und Impulsen?

Suizidalität kann mit folgenden Fragen näher abgeklärt werden:

- *„Hast du schon einmal daran gedacht, dass es besser wäre, nicht mehr am Leben zu sein?“*
- *„Hast du schon mal mit dem Gedanken gespielt, dir selbst etwas anzutun?“*
- *„Wenn ja, hast du eine Idee, wie du vorgehen würdest?“* → Wenn konkrete Ideen vorliegen, explorieren, ob Suizidmittel verfügbar sind (z. B. Medikamente im Badezimmerschrank etc.).
- *„Kannst du mir ungefähr sagen, wie stark diese Gedanken sind? Musst du ununterbrochen daran denken, oder kannst du sie zwischenzeitlich auch mal gut zur Seite schieben?“* → Skalierungstechniken anwenden: „Wie stark ist der Wunsch aktuell auf einer Skala von 1–10?“
- *„Was hält dich davon ab, dir etwas anzutun? Gibt es wichtige Menschen, Tiere oder angenehme Tätigkeiten für dich? Versuche bitte, mir drei Gründe zu nennen, am Leben zu bleiben und dir nichts anzutun.“*

→ Wenn die/der Patient*in diese drei Gründe auch nach Nachfragen nicht benennen kann, besteht Indikation für eine stationäre Einweisung.

Wenn **suizidale Gedanken drängend** und sehr **präsent** im Alltag der jungen Patient*innen sind, konkrete Ideen zur Umsetzung vorliegen und auch die Möglichkeiten zur Umsetzung vorhanden sind: **umgehende stationäre Einweisung!**

Wenn Patient*innen glaubhaft distanziert, zwar Ideen vorhanden, aber konkrete Umsetzungsvorstellungen nicht allzu präsent sind und sich gute Gründe finden, am Leben zu bleiben: gut beobachten, immer wieder abklären und schauen, ob sich die Lage verändert.

Skalierungstechnik Erfahrungsgemäß können Kinder sich eher den Zahlenraum 0–10, als 0–100 vorstellen. Daher empfehle ich eine Skalierung von 0–10.

Wie frage ich am besten?

▶ Beispiel

„Wenn du deinen Wunsch, nicht mehr am Leben zu sein, von 0 (überhaupt nicht) bis 10 (größte Todessehnsucht mit fester Absicht, sich umzubringen) einschätzen würdest, welche Zahl zwischen 0 und 10 würdest du im Moment angeben?“ ◀

Beobachtungskriterien zur Beurteilung von Suizidalität Wenn die/der Patient*in entweder einsilbig schweigsam wirkt oder aber nach langer Zeit der gedrückten Stimmung und Leiden klar gefasst und entlastet wirkt, kann dies auf einen gefassten und vor der Realisierung stehenden Suizidentschluss hinweisen. Löchel (1983) beschreibt ein **Präsuizidales Syndrom** bei Kindern und Jugendlichen, welches durch eine zunehmende **Einengung im Denken, Fühlen, Handeln, Aggressionsstau** und **Aggressionsumkehr** gegen die eigene Person und **Suizidfantasien** sowie psychosomatische Beschwerden gekennzeichnet ist. Als eindeutig **sicherer Prädikator für eine Suizidhandlung** gilt kulturübergreifend eine oder mehrere **suizidalen Handlung(en) in der Vergangenheit** (Colucci & Martin, 2007).

■ Empfehlung der S2-Leilinien zu Suizidalität im Kindes- und Jugendalter (05/2016)

» „Die ambulante Behandlung kommt daher in der Regel nur bei leichten Formen der Suizidalität in Frage und bei Patienten, die bekannt sind und bezüglich ihrer Absprachefähigkeit entsprechend gut eingeschätzt werden können. Es ist wichtig, dass ein individuell mit dem Patienten und seinen Bezugspersonen besprochener Notfallplan erstellt wird, in dem Informationen über Ansprechpartner und Zugangswege für den Krisenfall festgehalten sind.“

7.7.3 Praxisbeispiel

Suizidale Patient*innen – aus Therapeutinnensicht Reglos saß der Jugendliche in dem Sessel. Seine Körperhaltung und Mimik drückte pure Hoffnungslosigkeit aus. *„Was ist passiert?“*, frage ich ihn. *„Magst du es mir erzählen?“* Nicken.

Gestern Nacht habe er den Entschluss gefasst, es nun endlich zu tun. Seinem sinnlosen Leben ein Ende zu setzen. Heute früh hatte der Jugendliche mir dieses per SMS mitgeteilt: *Die Gedanken sind so stark, dass ich es nicht mehr aushalte. Bitte geben Sie mir einen Termin. Ich schaffe es sonst nicht, mich zu distanzieren.*

Ein Lob auf den Notfallplan! Nun saßen wir hier, es war 8 Uhr, ich hatte ihm telefonisch einen Termin vor Beginn meiner regulären Sprechstunde gegeben und war direkt in die Praxis gefahren.

„Wie willst du es tun? Hast du konkrete Ideen dazu?" Ich war mir relativ sicher, dass er gut vorbereitet war, er wirkte so ruhig und entschlossen. Merkwürdig friedlich, sich im Klaren darüber, was zu tun sei. *„Ich habe ja meine Tabletten."* Klar, das Mirtazapin. Seine Tagesdosis betrug aktuell 45 mg. Bereits die fünffache Dosis reichte aus, um sich erfolgreich zu suizidieren. Sie hatte die ganze Zeit schon ein schlechtes Gefühl in Bezug auf die Medikamentenumstellung gehabt – sogleich nach der Sitzung musste sie seinen Psychiater anrufen. Und seine Eltern, sie sollten die Medikamente an sich nehmen und ihm nur die Tagesdosis aushändigen. Falls er nicht kurzfristig stationär behandelt werden musste.

„Gab es in den letzten Tagen besondere Vorkommnisse oder etwas Belastendes?"

Kopfschütteln. Stille.

„Was hat deinen Entschluss ausgelöst?"

Stille.

„Ich weiß es nicht. Ich will einfach nicht mehr. Ich ertrage das alles nicht mehr."

„Ok. Ich verstehe. Dir ist es scheinbar sehr ernst. Du wirkst entschlossen." – *„Ja"*, flüstert er. *„Das bin ich."*

„Was ist mit deinem Notfallplan – besteht eine Chance darauf, dass sich diese Gedanken mindern lassen? Wie hoch ist der Wunsch nach dem Tod momentan?", frage ich weiter und zeichne eine Skala auf ein Blatt Papier – Ziffern von 1–10 – und reiche den Stift an meinen Patienten weiter. Er nimmt ihn und zeichnet ein dickes Kreuz bei der 9. Alles klar, das bedeutet Klinik. Die Schritte habe ich theoretisch schon hundertfach in meinem Kopf durchgespielt, wenn es dann aber so weit ist, brauche ich meinen Spickzettel: Eltern benachrichtigen und diese den Patienten in die Klinik bringen lassen. Wenn Eltern nicht erreichbar: RTW rufen unter 112. Diensthabenden Arzt anrufen und den Patienten ankündigen. Ambulanzleitung und Supervisor informieren.

Mein Patient sitzt reglos im Sessel. Er blickt aus dem Fenster. Ich schaue ihn an. Blick zur Uhr. Ich habe noch 20 Minuten, bevor der nächste Patient da ist. Mist. Menschen und ihre Bedürfnisse kollidieren mit Zeitfenstern. Ich atme tief ein: *„Sicherlich kannst du dir denken, was wir nun tun müssen. Wir haben ja schon oft darüber gesprochen. Wenn wir für deine Sicherheit und Unversehrtheit nicht sorgen können – und das können wir gerade im ambulanten Setting nicht mehr, da dein Wunsch nach dem Tod so groß ist, dass du dich nicht mehr davon distanzieren kannst, dann ist der nächste Schritt die Klinik. Dort bist du sicher und kannst so lange dort bleiben, bis die lebensbejahenden Gedanken wieder stärker sind. Erinnere dich, die gab es auch und an vielen Tagen der letzten Wochen waren sie laut und präsent und du hast weniger an deinen Tod gedacht."*

„Das kann ich mir gerade überhaupt nicht mehr vorstellen."

„Nein, ich weiß. Wenn man so tief in der Depression drin ist, dann kann man sich einfach überhaupt nicht vorstellen, dass Licht am Ende des Tunnels ist. Aber ich versichere dir, dass es anders war und auch wieder besser werden kann. Vertrau mir bitte. In der Klinik bist du momentan am besten aufgehoben."

„Ich weiß nicht. Krankenhaus …"

„Ja, Krankenhaus. Du hast eine behandlungsbedürftige psychische Erkrankung und da ist man im Krankenhaus gut aufgehoben. So lange, bis es zu Hause wieder geht. Und dann bekommst du natürlich wieder Termine bei mir. Ich werde über den Verlauf deines Aufenthaltes informiert und stehe mit Ärzten und Psychologen in Kontakt."

„Ach so. Gut. Wie komme ich denn dahin?"

„Wir rufen jetzt als Erstes deine Eltern zusammen an und informieren sie, dann sehen wir weiter."

Das Telefon klingelt, jemand hebt ab. Erleichtert atme ich durch, dann beginne ich zu erzählen …

7.7.3.1 Suizidalität mit Absprachefähigkeit

Nach Abklärung der Absprachefähigkeit gilt es, folgende Punkte zu beachten:

1. Drei Gründe für das Leben
2. Anti-Suizid-Vertrag schließen
3. Einzug von Suizidmitteln
4. Erarbeitung von Frühwarnsymptomen
5. Entschärfen von Suizidverstärkern/-auslösern
6. Notfallplan erarbeiten

▶ Die vorgestellten Schritte können mit Patient*innen im **AB (P) Ich schmiede einen Anti-Suizid-Plan** – **Anhang 7.6.4** gemeinsam festgehalten werden.

7.7.3.2 Drei Gründe für das Leben erfragen und schriftlich fixieren

Zur **Stärkung der intrinsischen Motivation** sind mit den Patient*innen **mindestens drei** Gründe für das Weiterleben zu erarbeiten. Hierbei können Tätigkeiten oder Hobbys gefunden werden, die noch ausgeübt oder erlernt werden wollen. Auch können Reiseziele, Konzerte oder Events genannt werden, die es noch zu erleben gilt, ebenso wie der Appell an die Verantwortlichkeit gegenüber Freund*innen, Familie (Eltern, Geschwister) und Mitmenschen.

7.7.3.3 Einen Anti-Suizid-Vertrag schließen

Zur Erhöhung der formellen Verbindlichkeit (extrinsische Motivation) sollte mit den Patient*innen **mündlich oder schriftlich ein Anti-Suizid-Vertrag** geschlossen werden. Sollte der Vertrag nur mündlich geschlossen und per Handschlag besiegelt werden, ist dieser auf jeden Fall in der **Akte schriftlich zu dokumentieren**. Für die Therapeutin ist es wichtig, genau darzulegen, dass sich die Patient*innen glaubhaft distanziert und zur Einhaltung verpflichtet haben.

Folgende Aspekte sollten im Anti-Suizid-Vertrag beachtet werden:

a. Bis wann kann die/der Patient*in zusichern, sich nichts anzutun? Datum eintragen mit Unterschrift der/s Patient*in.
b. Sollte sich etwas ändern und die/der Patient*in nicht in der Lage sein, die Zusicherung zu machen, greift Punkt c (Notfallprozedere).
c. Notfallprozedere entwickeln und verschriftlichen; ebenfalls von der/m Patient*in zu unterschreiben.
d. Die schriftliche Selbstverpflichtung kann zusätzlich an ein bis drei Bezugspersonen gerichtet werden. Ein Handschlag erhöht das Commitment.

▶ Siehe hierzu das **AB (P) Mein persönlicher Plan für das Leben – Anhang 7.6.5.**

7.7.3.4 Einzug von Suizidmitteln: Wie gehe ich vor?

Bei akuter Suizidalität ist mit den Patient*innen unter Einbezug der Bezugspersonen die Vereinbarung zu treffen, dass diese Mittel noch am gleichen Tag bei der Apotheke oder der Therapeutin abgegeben und entsorgt werden. Patient*innen werden darauf hingewiesen, dass Therapeutinnen sich zur Benachrichtigung der Polizei gezwungen sehen, falls der Vereinbarung zur Abgabe der Suizidmittel nicht nachgekommen wird.

> Als behandelnde Therapeutin ist es ratsam, den Patient*innen zu verdeutlichen, dass es deine Pflicht ist, **alles** zu tun, um ihr Leben zu retten. Im Gegensatz zur Normalbevölkerung machst du dich strafbar, wenn du Rettungsmaßnahmen unterlässt!

7.7.3.5 Was zählt zu akuten Suizidmitteln?

Hierzu zählt grundsätzlich alles, was potenziell so selbstschädigend eingesetzt werden kann, dass ein/e Patient*in sich damit das Leben nehmen kann. Es sollte jedoch bei der Exploration suizidaler Gedanken herausgefunden werden, was in das Spektrum der Patient*innen fällt. Scharfe Gegenstände (Messer, Rasierklingen, Scherben) oder Strangulationsmittel (Schal, Seil, Gürtel) gehören ebenso dazu wie giftige Substanzen, Medikamente, Drogen und nicht zuletzt Waffen.

SSRI (Selektive Serotoninwiederaufnahmehemmer) können zu einer Antriebssteigerung führen, sodass das Risiko für Selbstschädigungen und suizidale Impulse steigt. Die Stimmungsaufhellung setzt ca. erst drei Wochen nach Antriebssteigerung ein, sodass hier immer ein erhöhtes Suizidrisiko zu bedenken ist. Im stationären Setting lässt sich dieses besser beobachten, als in der ambulanten Praxis.

Tri- und Tetrazyklische Antidepressiva, die gemeinsam mit Alkohol eingenommen zum Atemstillstand führen, werden bei Kindern und Jugendlichen nicht verordnet. Dennoch haben Kinder und Jugendliche oft uneingeschränkt Zugang zum Medikamentenschrank von Eltern, Oma usw. **Die tödliche Dosis für Kinder beträgt 100 mg und entspricht vier Dragees!**

▪ Erarbeitung von Frühwarnsymptomen

Gedanken, Stimmungen oder Verhaltensweisen, an denen Patient*innen erkennen können, dass die Suizidalität steigt und sie sich von der Absprachefähigkeit entfernen, werden gemeinsam besprochen. So erhalten Patient*innen ihre Handlungsfähigkeit und können frühzeitig Maßnahmen ergreifen.

▪ Entschärfung von Suizidverstärkern und Suizidauslösern

Mit den Patient*innen wird besprochen, bis zur nächsten Sitzung keine suizidfördernde Musik zu hören oder entsprechende Fotos anzuschauen. Auch ist die Entschärfung suizidfördernder Konflikte und emotionaler Krisen zu planen. Dabei ist auch an aktive Vermeidung von Bezugspersonen, Informationen oder suizidgefährdenden Orten zu denken.

■ Erarbeitung eines Notfallplanes

Im Notfallplan soll festgelegt werden, wen die Patient*innen erreichen können, falls die Suizidgedanken und -impulse drängend werden. Im Vorfeld sollte gemeinsam mit den Patient*innen besprochen werden, an welche Bezugspersonen sie sich wenden können und wem sie unbedingt vertrauen. Wichtig ist, dieses auch mit den betroffenen Personen zu besprechen und auf Eignung (im Sinn der Verantwortungsübernahme für die Patient*innen in dieser speziellen Ausnahmesituation) zu prüfen.

Patient*innen sollten ihr Sektorenkrankenhaus kennen und im günstigsten Fall sogar schon einmal in der Aufnahme gewesen sein, um sich so versichert zu haben, dass sie dort jederzeit Hilfe bekommen. In den Notfallplan gehören außerdem die Telefonnummern der behandelnden Psychiater*innen, Hausärzt*innen, im Falle deines Ausbildungsinstitutes die Telefonnummer der Suizidambulanz der Sektorenklinik für Kinder und Jugendliche, der Telefonseelsorge und die Telefonnummer der behandelnden Therapeutin. Weiterhin sind die Nummern von Bezugspersonen (meist Eltern) aufzunehmen, die im Vorfeld darüber informiert wurden und nach Absprache hilfreich zur Seite stehen können.

■ Weitere hilfreiche therapeutische Interventionen bei suizidalen Patient*innen finden Sie bei

Schmidtke und Schaller (2011). Hier wird genau beschrieben, was im Einzelnen zu tun ist, sehr praxisnah und detailliert.

7.7.4 Suizidalität ohne Absprachefähigkeit

Wenn Patient*innen nicht glaubhaft versichern können, sich nichts anzutun, ist es **unsere gesetzliche und moralische Pflicht, sie zu schützen**. Hier gilt es, sowohl das Leiden der Patient*innen zu validieren, gleichzeitig aber mit großer Klarheit zu agieren. Um das Leben der Patient*innen zu schützen, kann es nötig sein, sie in die Klinik einzuweisen. Sollten Patienten sich aus den Therapieräumen entfernen, werden die Notfallkontakte der Patient*innen angerufen und die Polizei informiert. **Therapeutinnen dürfen Patient*innen nicht gegen ihren Willen in den Räumlichkeiten festhalten!**

Achtung

In den folgenden Fällen lieber genau hinschauen und gut abklären!

Besonders abklärungsbedürftig in Bezug auf Suizidalität sind alle Patient*innen, die

- akut unter Suizidgedanken, -fantasien oder -impulsen leiden;
- bereits konkrete Vorbereitungen für einen Suizid getroffen haben (z. B. Suizidorte erkundet oder Tabletten gehortet bzw. andere Suizidwerkzeuge beschafft haben);
- in der eigenen Vorgeschichte einen Suizidversuch aufweisen;
- in der Familienanamnese Suizidalität haben;
- im Peerumfeld Suizidversuche oder Suizide erlebt haben und
- eine entsprechende Suizidkultur mit dem Besuch von einschlägigen Internetforen und der Lektüre von einschlägigem Material pflegen.

Suizidalität sollte auch bei den Diagnosen einer Borderlinestörung und bei jeglicher Form einer Depression abgeklärt werden.

Darüber hinaus sollte man prinzipiell in der Eingangsanamnese ab etwa 12 Jahren die Frage nach Suizidalität bei allen Patient*innen ansprechen. Es ist sicher bekannt, dass eine ausführliche Suizidanamnese und die Frage nach Suizidalität immer entlastend und nie suizidinduzierend wirkt.

Grundsätzlich möchte ich allen Therapeutinnen und Ausbildungskandidatinnen folgendes Vorgehen ans Herz legen **Trage die Last einer möglichen Suizidalität – auch wenn die/der Patient*in absprachefähig erscheint – nicht allein!**
1. Informiere die Eltern/Bezugspersonen des Kindes oder der/des Jugendlichen.
2. Nimm Kontakt mit der/m behandelnden Hausärzt*in und Psychiater*in auf.
3. Sobald die Suizidalität bekannt ist, kann eine weitere Therapie nur erfolgen, wenn ein/e Kinder- und Jugendpsychiater*in begleitend mit hinzugezogen wird. Ist dies aufgrund größerer Wartezeiten erst mit Zeitverzögerung möglich, ist unbedingt ein/e behandelnde/r Hausärzt*in zu etablieren und entsprechend zu informieren.
4. Bei absprachefähigen Patient*innen sollte immer die aufnahmeverpflichtete kinder- und jugendpsychiatrische Klinik genannt werden. Es kann von Vorteil sein, wenn sich die Patient*innen dort in der Notaufnahme schon einmal vorstellen, sodass sie den genauen Weg zur Notaufnahme in Krisensituationen kennen.
5. Die/der Patient*in muss sich schriftlich verpflichten, in Zeiten von Suizidalität freiwillig, aus eigenem Antrieb und mit Unterstützung der Eltern/Bezugspersonen diese kinder- und jugendpsychiatrische Station aufzusuchen.
6. Schafft sie/er dieses nicht, hält sie/er sich an die weiteren Schritte seines Notfallplanes

▶ AB(T): Notfallfahrplan für Therapeuten – Anhang 7.8.5
▶ AB(P): Mein persönlicher Plan für das Leben – Anhang 7.8.5

- **Arbeitsblätter zum Thema Suizidalität**

▶ AB (T) Notfallfahrplan für Therapeut*innen – Anhang 7.8.5
▶ AB (P) Ich schmiede einen Anti-Suizid-Plan – Anhang 7.8.4
▶ AB (P) Mein persönlicher Plan für das Leben – Anhang 7.8.5
▶ AB (P) Das ist passiert – Verhaltensanalyse Suizidversuch – Anhang 7.8.7
▶ AB (P) – Erstellen eines Teufelskreises zur Depression – Anhang 7.1.7.6
▶ AB (T)/AB (P) – Stimmung stabilisieren – Tipps und Tricks – Anhang 7.8.8
▶ AB (T)/AB (P) – Stimmungsabfall managen – für jugendliche Patient*innen – Anhang 7.8.9

7.8 Kindeswohlgefährdung

Im Folgenden werde ich zwei Themen näher beleuchten, die in der therapeutischen Berufspraxis besonders herausfordernd sind und bei denen eine gute Abgrenzung unabdingbar, wenn auch nicht einfach ist: die Themen **Kindeswohlgefährdung und sexueller bzw. emotionaler Missbrauch.**

Sehr hilfreich ist die an die aktuellste Gesetzeslage angepasste Kinderschutzrichtlinie der AWMF (AWMF-online, 2022). Auch erfahrene Therapeuten befinden sich oft in dem Dilemma, dass sie Angst haben, zu viel zu schnell zu schnell oder zu wenig zu spät zu tun. Bei diesem Dilemma hilft immer frühzeitige Beratung durch erfahrene Kollegen und anonymisiert auch durch das Jugendamt!

Diese Phänomene zeigen sich nicht im Erstgespräch oder in der Probatorik, sondern entstehen auf Seiten der Therapeutin zunächst als **vage Vermutung** (*„ein komisches Gefühl haben", „irgendwas ist da"*) und manifestieren sich letztlich nach **umfassender Prüfung** in einem **manifesten Verdacht**.

Zunächst möchte ich an dieser Stelle einige **Fakten und Zahlen** nennen. Rassenhofer et al. (2019) schreiben im Leitfaden für Kinder- und Jugendpsychotherapie zu Misshandlung und Vernachlässigung, dass die Fallzahlen, die als Anzeigen in der Kriminalstatistik erfasst werden, wenig aussagekräftig sind in Bezug auf die reale Häufigkeit von Fällen von Kindesmisshandlung und Vernachlässigung; zumal es in Deutschland keine Anzeigepflicht für Misshandlung und sexuellen Missbrauch gebe. Rassenhofer et al. beziehen sich aus diesem Grund auf die Anzahl der Verfahren zur Einschätzung einer vorliegen Kindeswohlgefährdung. **Diese zeigen, dass Kinder in Deutschland häufig von Gewalt betroffen sind und die Verdachtsfälle auf Kindeswohlgefährdung in den letzten Jahren stetig anstiegen:** Im Jahr 2017 lagen ca. 143.000 Verfahren zur Einschätzung einer Kindeswohlgefährdung vor; zum Vergleich das Jahr 2012: 106.000 Verfahren. In diesen Verfahren waren über 60 % der Kinder (2017) von Vernachlässigung, 30 % von emotionaler Misshandlung, 26 % von körperlicher Misshandlung und gut 4 % von sexuellem Missbrauch betroffen (Rassenhofer et al., 2019, S. 4).

Es existiert eine **hohe Dunkelziffer**, da Kinder meist die Täter (also ihre Eltern und Bezugspersonen) schützen und insbesondere jüngere Kinder sich kaum Gehör verschaffen können. Dass Kinder ihre Eltern schützen, hängt damit zusammen, dass sie die elterliche Perspektive der Abwertung, Herabsetzung und Sündenbockzuweisung verinnerlicht und übernommen haben und somit für gerechtfertigt und „normal" halten. Mehr zu dieser Entwicklung eines negativen Selbstbildes findest du unter Frank (2002, S. 102–115).

Im Folgenden möchte ich die **wichtigsten Aspekte über Kindeswohlgefährdung (kurz: KWG)** darlegen:

Anhaltspunkte für eine KWG in der Psychotherapie können sein:

- konkreter Bericht der Kinder/Jugendlichen über Gewalterfahrung oder Misshandlungen in z. B. Familie, Freundeskreis, Schule, Kindertagesstätte, Institution, Ferienfreizeit, Verein;
- nicht plausibel erklärbare, sichtbare Verletzungen, Verletzungszeichen;
  Symptome mit klar definiertem Erstauftrittszeitpunkt, Folge eines traumatischen Erlebnisses, unzureichende Gesundheitsfürsorge und deutliche Hygienemängel (Körperpflege, Kleidung), fortgesetzte unentschuldigte Schulversäumnisse/Therapieversäumnisse;
  schädigendes Erziehungsverhalten und mangelnde Entwicklungsförderung durch Eltern;
- in der Elternarbeit: fehlende Problemeinsicht, unzureichende Kooperationsbereitschaft, unklarer Kontaktabbruch, sog. „Verstecken" der Kinder.

7.8.1 Wie gehe ich bei einem Verdacht auf eine Kindeswohlgefährdung vor?

Im Anhang des vorliegenden Werkes befindet sich bei den AB zum Thema Kindeswohlgefährdung das **AB (T) Vorgehensweise im Verdachtsfall**, siehe Anhang 9. Hier wird in folgende Phasen unterschieden:
- Phase 1: Orientierung
- Phase 2: Einbezug der Bezugspersonen/Eltern
- Phase 3: Einschätzung einer akuten Gefährdung

Es folgen Hinweise zum Umgang mit latenter und akuter Gefährdung, sowie Informationen darüber, wann eine Meldung an das Jugendamt erfolgen muss. Eine gute praktische Anleitung, herausgegeben vom **Deutschen Kinderschutzbund** Landesverband NRW e. V., findest du darüber hinaus zum Download beim MKFFI (Deutscher Kinderschutzbund et al., 2012). Unter ▶ Kap. 5: **Was können Sie tun?** (S. 59 ff.) findest du eine konkrete, praktische Anleitung zum Vorgehen.

Wichtig

Vermeide unbedingt:
- Kinder, die Opfer von Misshandlungen sind, sollten von Therapeutinnen vor ihren Eltern niemals in einen Loyalitätskonflikt gebracht werden. Fragen, ob es zu Hause streng zugehe, ob sie von Bezugspersonen geschlagen oder gar missbraucht würden, sollten im Beisein der Eltern und Bezugspersonen vermieden werden.
- Mit Einverständnis des Kindes kann dieses im weiteren Verlauf der Therapie geschehen, vorausgesetzt es stellt keine Gefahr für die Sicherheit des Kindes dar!

Achte hierauf
- Körpersignale: Sind sie stimmig zur Mimik? Wirkt das Kind verängstigt, in Sorge, verstört?
- Versteckte Botschaften: Kinder berichten oft verdeckt, in Form von Zeichnungen oder Fragen, wie beispielsweise: *„Kann ich mit zu dir kommen und bei dir wohnen?"*

Unabdingbar
- Eine engmaschige und gute Supervision oder Intervision, die zur Entlastung der Therapeutin dient und Sicherheit im Umgang mit diesen meist sehr belastenden Fällen gibt.
- Interdisziplinärer Austausch mit Kinderärzt*in und ggf. im weiteren Verlauf dem Jugendamt.

Eine genaue Dokumentation (Wahrnehmung, Einschätzung, Handlungsschritte) ist unabdingbar

Wichtig ist es, mit Kindern und Eltern zu sprechen sowie Fragen zu stellen, um Sachverhalte zu klären – allerdings nur, soweit hierdurch der Schutz der Kinder nicht gefährdet wird! Bei widersprüchlichen Angaben muss die Plausibilität geprüft werden. Wenn sich dennoch ein Verdacht verdichtet, sollte zur besseren Einschätzung des Gefährdungsrisikos eine **Beratung** durch eine erfahrene Fachkraft in Anspruch genommen werden: Ansprechpartner*innen wären für dich als Angehörige medizinischer Berufe:

- **Medizinische Kinderschutzhotline.** 24 Std. erreichbar unter Tel. 0800 – 1921000, durchweg geschulte Ansprechpartner*innen, ein vom Bundesministerium für Familie, Senioren, Frauen und Jugend (BMFSFJ) gefördertes, bundesweit erreichbares, telefonisches Beratungsangebot für Angehörige der Heilberufe bei Verdachtsfällen von Kindesmisshandlung, Vernachlässigung und sexuellem Kindesmissbrauch. Die Projektleitung hat Jörg M. Fegert von der Klinik für Kinder- und Jugendpsychiatrie/Psychotherapie Ulm inne. Hier findest du mehr über diese Initiative: ▶ https://www.kinderschutzhotline.de/.
- **Kinderschutzzentrum Hamburg:** Tel. 040 4910007 oder Kinderschutzkoordinator*innen der zuständigen Bezirke, z. B. HH-Nord: Herr Schmitz Tel. 040 42804-2132. Unbedingt alle Daten anonymisieren!
- Oder die jeweiligen **Kinderschutzzentren der Bundesländer.**

▪ Wenn du dich noch in der Weiterbildung zur Psychotherapeutin befindest, gehe folgendermaßen vor

Bei einem Bericht von aktueller Gewalt und dem Vorliegen sichtbarer Verletzungen (Hämatome, Striemen, Brandverletzungen etc.) mit Zustimmung der/s Patient*in zeigen lassen (nach Möglichkeit mit Dokumentation per Foto).

▪ Dann

→ Information an Ambulanzleitung und Supervisor

a. **Hilfe anbieten – Gefahren abwenden** (bei akuter Gefahr sofortige Einschaltung des Jugendamtes zur Planung weiterer Hilfsmaßnahmen)
b. **Aufklärung von Jugendlichen und Eltern** über Beratungsstellen, sofern der Schutz des Kindes hierdurch nicht gefährdet wird:

Beratungsstellen:

- Kinderschutzzentrum Hamburg: Tel. 040 4910007
- Dunkelziffer: Tel. 040 421070010
- Mädchenhaus: Tel. 040 428490
- Notruf für vergewaltigte Frauen: Tel. 040 255566,
- Hotline „sei stark-hol Dir Rat“: Tel. 040 428490
- Bundesweit: Die **medizinische Kinderschutzhotline** (kostenfrei): 0800 1921000 (**◻** Abb. 7.20).

Kinder und Eltern sollten über die **Möglichkeit einer rechtsmedizinischen Untersuchung zur Beweismittelsicherung und -dokumentation** bei Kindern – KOMPT am Institut für Rechtsmedizin UKE – aufgeklärt werden: Tel. Dr. Seifert 040 7410-53132 oder -52127); mobil 0172 4268090 (auch nachts und am Wochenende). **Außerhalb von Hamburg erkundigen Sie sich bitte über die Angebote der Rechtsmedizin zur Beweismittelsicherung bei sexueller und anderer Gewalt.**

Hier ist die Zustimmung der Eltern erforderlich! Es hilft oft, eine mögliche Strafverfolgung therapeutisch zu thematisieren!

Abb. 7.20 Ausschnitt des Flyers der Medizinischen Kinderschutzhotline

Falls das Kindeswohl in Gefahr ist, müssen unverzüglich **Schutzmaßnahmen nach § 42 SGB VIII – Inobhutnahme** oder nach **§ BGB 1666 und 1666a – Familiengericht** eingeleitet werden.

Zu beachten gilt: Die Therapeutin ist nicht als „Ermittlerin" (auch nicht im Auftrag der Eltern oder des Jugendamtes, ob der Bericht des Kindes Wahrheitsgehalt hat) oder „Verfolger" tätig. Dies schließt im Einzelfall einen besonders engen Informationsaustausch mit Kenntnis der Kinder und Eltern nicht aus. Diese müssen von einer Mitteilung an das Jugendamt in Kenntnis gesetzt werden, soweit der Schutz der Kinder dadurch nicht gefährdet ist. Auch diese Kenntnisnahme ist schriftlich zu dokumentieren.

7.8.2 Diagnostik

Laut Fegert und Kölch (2013) gibt es wenige Symptome oder Verhaltensauffälligkeiten, die eindeutig auf Misshandlung hinweisen. Oft findet Misshandlung gezielt so statt, dass keine auffälligen Merkmale vorliegen. Wichtig ist eine gründliche ärztliche, körperliche Untersuchung des Kindes, auch mit Hilfe bildgebender Verfahren.

Schrittweise sollte nun der Diagnoseprozess erfolgen, wobei bei sehr kleinen Kindern die körperlichen Symptome und die ärztliche Vorstellung im Vordergrund stehen. Frank schreibt hierzu (2011, S. 481–482):

> „Die sorgfältige Untersuchung des Entwicklungsstandes und die Beurteilung der psychischen Situation des Kindes bilden eine Basis auf der Kind, Eltern und Untersucher zusammenfinden können, selbst wenn die Beurteilung der Entstehung der körperlichen Symptome auseinandergehen. Für Kinder stellt eine solche Untersuchungsstation oft die einzige Möglichkeit dar, bei einem neutral-wohlwollenden Erwachsenen Gehör zu finden."

Oft sind die Folgen von Vernachlässigung und Missbrauch eher „unsichtbar" und zeigen sich verdeckt in emotionalen Problemen, Interaktionsstörungen und Verhaltensauffälligkeiten, die nicht unmittelbar auf eine Vernachlässigung oder einen Missbrauch hindeuten. Die Folgen für die Entwicklung eines betroffenen Kindes sind jedoch kaum abzuschätzen. Insofern ist es essenziell, als Therapeutin hinzusehen – und zwar genau!

Folgen einer längerfristigen Vernachlässigung und Misshandlung können sich in Form einer **Reaktiven Bindungsstörung des Kindesalters (F94.1)** zeigen und in der **Bindungsstörung des Kindesalters mit Enthemmung (F94.2)**. In vielen Fällen zeigt sich auch eine **Posttraumatische Belastungsstörung (F43.1)**.

Folgender Beitrag ist zu diesem Thema zu empfehlen: Jacobi et al. (2010). Hier werden detailliert Verletzungen beschrieben sowie auch Fotos davon gezeigt. Darüber hinaus werden Handlungsanweisen beschrieben.

- **Verhaltensbeobachtung:** Die Verhaltensbeobachtung stellt vermutlich ein wesentliches diagnostisches Instrument dar, dessen wir uns als Therapeutinnen bewusst sein sollten. Hier lassen sich im spielerischen Tun bei kleinen Kindern, aber auch bei älteren Kindern Anhaltspunkte entdecken, die Hinweise auf körperliche, emotionale oder sexuelle Misshandlung/Missbrauch liefern. In der Interaktion mit den Bezugspersonen können direkt Beziehungsmuster erkannt und ggf. diagnostisch eingeordnet werden, wie z. B. eine Rollenumkehr oder Mangel an Wärme in der Eltern-Kind-Beziehung.

- **Berichte und Erzählungen, auch zeichnerische**: Kinder stellen immer ihre eigene Welt dar, so wie sie ihre Lebensumwelt empfinden. Zeichnungen und Bilder können Erzählanlässe bieten, zu denen Geschichten oder Erlebtes berichtet werden. Auch, wenn sich Fantasie und Wirklichkeit hier mischen können, geben Dokumente dieser Art Hinweise auf die kindliche Erlebniswelt. Wenn in den Geschichten viel Gewalt und Aggressionen vorkommen, belegt dieses beispielsweise, dass Gewalt und Aggression wichtige und bedeutsame Themen für das Kind sind. Sie können als Puzzleteile in einem großen Gesamtpuzzle gewertet werden.
- **Projektive Verfahren:** Hier eignen sich der Familien-Identifikations-Test (FiT) von Remschmidt und Mattejat (1999) gut für Kinder ab 7 Jahren. Erschienen bei Hogrefe, zu beziehen über die Testzentrale. Altersspezifische Satzergänzungstests (SET) sind ebenfalls als projektive Verfahren sehr hilfreich.
- **Stellvertretendes Spiel**: Im altersangemessenen Spiel – z. B. mit Playmobil oder Puppen – kann gemeinsam mit den Patient*innen eine Situation nachgespielt werden.

▶ Beispiel

Ein kleines Kind (5 J.) soll nicht an den Suppentopf gehen. Dann geht die Mami kurz weg und das Kind verbrennt sich am Herd und Suppentopf. Das Kind weint, ruft nach seiner Mami, hat fürchterliche Schmerzen an der Hand. Die Mami kommt wieder und das Kind weint immer noch wegen des Schmerzes und des Schreckens.

→ Was passiert jetzt?

→ Nun den Patienten die Mutter spielen lassen.

→ Genau die Reaktion und Verhaltensweise aller Beteiligten dokumentieren, ggf. per Video aufzeichnen (wenn Einverständnis für Videoaufzeichnung vorliegt). ◀

Kindesmisshandlung und Vernachlässigung nach dem ICD-10 – eine Auswahl – zu finden unter Kapitel XIX – Verletzungen, Vergiftungen und bestimmte andere Folgen äußerer Ursachen (S00-T98).

Achtung: die somatischen Verletzungen des Kopfes finden sich unter So6 – Intrakranielle Verletzungen (S. 393 ff.). Dieses ist für uns als Therapeutinnen nicht zu kodieren, dennoch halte ich es für wichtig zu wissen, wo es steht.

T74 – Missbrauch von Personen, S. 394 im Taschenführer ICD-10

X85-Y09 – Tätlicher Angriff, S. 395 im Taschenführer ICD-10

Z61 – Kontaktanlässe mit Bezug auf Kindheitserlebnisse, S. 398 im Taschenführer ICD-10 (◘ Tab. 7.7)

Darüber hinaus deckt die **Achse 5** des **Multiaxialen Klassifikationsschemas** weitere relevante Aspekte ab (**Assoziierte aktuelle abnorme psychosoziale Umstände).**

Abnorme intrafamiliäre Beziehungen:

- 1.0 Mangel an Wärme in der Eltern-Kind-Beziehung (Z62.5)
- 1.1 Disharmonie in der Familie zwischen Erwachsenen (Z63.0)
- 1.2 Feindliche Ablehnung oder Sündenbockzuweisung gegenüber dem Kind (Z62.3)
- 1.3 Körperliche Kindesmisshandlung (Z61.6)

Tab. 7.7 Codierung von Vernachlässigung. Missbrauch und Misshandlung nach der ICD-10

T74.0	Vernachlässigung oder im Stich lassen
T74.1	Körperlicher Missbrauch Kindesmisshandlung o. n. a.
T74.2	Sexueller Missbrauch
T74.3	Psychischer Missbrauch
T74.8	Sonstige Formen des Missbrauchs von Personen, Mischformen
Y05	Sexueller Missbrauch mittels körperlicher Gewalt
Y07.x	Sonstige Misshandlungssyndrome, einschl. seelischer Grausamkeit, körperliche Misshandlung, sexueller Missbrauch, Folterung
Z61.4	Probleme bei sexuellem Missbrauch in der Kindheit durch eine Person innerhalb der engeren Familie
Z61.5	Probleme bei sexuellem Missbrauch in der Kindheit durch eine Person außerhalb der engeren Familie

- 1.4 Sexueller Missbrauch (innerhalb der Familie) (Z61.4)
- 4 Abnorme Erziehungsbedingungen
- 4.0 Elterliche Überfürsorge (Z62.1)
- 4.1 Unzureichende elterliche Aufsicht und Steuerung (Z62.0)
- 4.2 Erziehung, die eine unzureichende Erfahrung vermittelt (Z62.8)
- 4.3 Unangemessene Anforderungen und Nötigungen durch die Eltern (Z62.6)
- 6 Akute, belastende Lebensereignisse
- 6.0 Verlust einer liebevollen Beziehung (Z61.0)
- 6.1 Bedrohliche Umstände infolge von Fremdunterbringung (Z61.1)
- 6.2 Negativ veränderte familiäre Beziehungen durch neue Familienmitglieder (Z61.2)
- 6.3 Ereignisse, die zur Herabsetzung der Selbstachtung führen (Z61.3)
- 6.4 Sexueller Missbrauch (außerhalb der Familie) (Z61.5)
- 6.5 Unmittelbare, beängstigende Erlebnisse (Z61.7)

7.8.3 Fallbeispiel

Der Junge und die Therapeutin Die Therapeutin fragt immer so viel, er muss aufpassen. Immer muss er aufpassen, dass keiner merkt, was bei ihm daheim los ist. Dass Papa manchmal zu viel trinkt und er sich dann verstecken muss. Dass Mama weint und er Angst um sie hat. Und dass er sie neulich gehauen hat. Sie hat gesagt, es sei nichts, er müsse sich keine Sorgen machen, auch nicht um seine kleine Schwester, die ja noch ein Baby ist. Aber er hat bemerkt, dass Mama geweint hat und ganz blau am Hals war und sie versucht hat, mit einem Halstuch die Stellen zu verdecken. Er merkt, wie Mama aufatmet, wenn abends die Tür geht und Papa nach Hause kommt und gute Laune hat. Und er selbst atmet auch auf, denn an solchen Tagen ist die Angst ein bisschen weniger.

Der Junge schaut die Frau an, die nun neuerdings seine Therapeutin ist. Nett sieht sie aus, freundlich und sanft. Trotzdem ist er vorsichtig, denn das hat er gelernt. Erst einmal abwarten und schauen, wie die Stimmung ist. Wenn er einen Raum betritt, bemerkt er schon nach kurzer Zeit, wie die Menschen sind: genervt, aggressiv, gut gelaunt und freundlich oder auch gestresst. Feine Antennen für die Schwingungen hat er entwickelt und sie schützen ihn davor, nicht ins Schussfeld zu geraten, wenn die Stimmung wieder einmal kippt.

„Möchtest du was mit mir spielen?", fragt ihn die Therapeutin. Spielen, ja, warum nicht. Er hat lange schon nicht mehr gespielt. Aber was? Die Therapeutin zeigt ihm eine Auswahl an Spielen, er kann sich kaum entscheiden, so viele sind es! Lange überlegt er, und sie lässt ihm Zeit. Gefühlemix heißt ein Spiel, das interessant aussieht. Sie bauen die Spielfiguren auf dem Tisch auf.

In dem Spiel gibt es Fragen, ab und an kommt er auf ein Feld und dann stellt die Therapeutin Fragen. Er soll Sätze fortführen. *„Wenn ich später einmal Kinder habe …"* Er überlegt. Dann sagt er leise: *„Wenn ich später einmal Kinder habe, dann sollen die keine Angst haben müssen."* Die Therapeutin schaut ihn ernst an. Sie nickt. Und sagt: *„Wie wirst du dafür sorgen, dass sie keine Angst haben müssen?"* Der Junge überlegt, er würde gern eine ehrliche Antwort geben, aber er weiß nicht, ob er dann zu viel verrät. Und dann bekommt er Angst. Nein, lieber lenkt er ab. *„Ach, ich weiß auch nicht. Das habe ich nur so gesagt eben."* Die Therapeutin blickt ihn wieder an und sagt: *„Ich glaube, ich weiß was du meinst. Ich verstehe dich."* Dann geht sie zum nächsten Zug über. Die Sprache kommt in dieser Stunde nicht noch einmal auf das Thema Angst. Der Junge kann sich trotzdem nicht richtig auf das Spiel einlassen und wirkt angespannt. Als sie mit dem Arm eine ausladende Bewegung macht, schrickt er so sehr zusammen und fährt zurück, dass er sich entschuldigt.

„Kein Kind muss sich bei mir für seine Gefühle entschuldigen", sagt die Therapeutin freundlich. *„Ich möchte für dich da sein. Hier ist ein sicherer und geschützter Ort für dich, an dem du genau so sein darfst, wie du bist. Mit allem, was du erlebt hast und wovor du dich sorgst. Ich möchte, dass du das weißt."*

Eine Woche später: Der Junge erscheint zur Therapie. Er trägt eine Mütze, tief ins Gesicht gezogen. Die Therapeutin beginnt die Sitzung wie gewohnt, im Verlauf fragt sie: *„Möchtest du nicht deine Mütze ablegen? Ich könnte mir vorstellen, dass es warm darunter wird auf Dauer."* Der Junge lehnt ab und schüttelt vehement den Kopf. *„Nein, ich setze sie nicht ab."*

„Was meinst du, was würde dann passieren, wenn du die Mütze absetzten würdest?"

„Nichts! Die Mütze bleibt auf", entgegnet der Patient.

„In Ordnung, du entscheidest", antwortet die Therapeutin.

Zwei Wochen danach: Der Vater des Patienten hat zwei Wochen in Folge die Sitzungen abgesagt. Der Junge sei krank. Nachrichten auf der Mailbox. Keine Reaktionen auf die Rückrufe der Therapeutin. Ihr sind die Hände gebunden und sie macht sich Sorgen. Bislang hat sie auch keine Schweigepflichtentbindung, sodass sie keinen Kontakt zur Schule des Jungen aufnehmen kann.

In der Supervision sprechen sie lange über den Fall. Ihr Supervisor bemüht sich, ihr Hoffnung darauf zu machen, dass die Familie sich auf lange Sicht vielleicht doch noch auf das Beziehungs- und Therapieangebot der Therapeutin einlassen wird. Er rät ihr dazu, das Beziehungsangebot aufrechtzuerhalten und die Familie einzuladen, gemeinsam zu schauen, wie es weitergehen kann.

Die Therapeutin denkt an den Jungen, die Mütze tief ins Gesicht gezogen. Sie fühlt sich so hilflos. Sie ist sich sicher, dass er gefährdet ist, und trotzdem hat sie kein Recht, einzugreifen. Es bleibt ihr nur, zu hoffen, dass sich die Familie meldet und sie irgendwie den Fuß in die Tür bekommt. Sie beschließt, sich beraten zu lassen, und ruft die Medizinische Kinderschutzhotline an. Lange spricht sie mit kompetenten und geschulten Mitarbeiter*innen, die sie auf ihrem Weg bestärken und ihr Mut machen, nicht aufzugeben und weiter zu hoffen.

Monate ziehen ins Land. Oft hat die Therapeutin an den Fall mit dem kleinen Jungen denken müssen. Wie es ihm wohl geht? Dann hat sie eine Nachricht auf ihrer Mailbox. Der Vater möchte einen Termin vereinbaren, der Junge pinkele nachts ins Bett und man müsse was tun.

Es geht also weiter. Die Therapeutin weiß, dass ein langer, steiniger Weg vor ihr liegt in der Arbeit mit dieser Familie. Sie weiß auch, dass sie ihn gehen wird, denn dem kleinen Jungen soll es besser gehen. Sie möchte ihn unbeschwert lachen sehen, spielen und sorglos sein. Das ist ihr Ziel und dafür wird sie kämpfen.

7.8.4 Therapeutische Interventionen

Da die Umstände von Misshandlung, Vernachlässigung und Kindeswohlgefährdung mannigfaltige Erscheinungsformen haben, sehe ich an dieser Stelle davon ab, umfangreiche therapeutische Interventionen aufzulisten. Ich habe mich dafür entschieden, Links und Literaturangaben zu empfehlen, in denen du passend für die jeweilige Familie und das betroffene Kind Informationen finden kannst.

Therapeutische Gesprächsführung: Der therapeutischen Gesprächsführung kommt bei diesem sensiblen Thema eine besondere Rolle und große Bedeutsamkeit zu. Als Therapeutin sollte ich die Interessen des Kindes besonders in den Mittelpunkt stellen und Wert auf Unparteilichkeit legen (Frank, 2011, S. 479–480). Es ist wichtig, die Eltern im Kontakt zu halten, um einen Abbruch der Behandlung zu vermeiden. Diese Herausforderung stellt eine Gratwanderung dar und erfordert Fingerspitzengefühl auf Seiten der Therapeutin.

Therapieziele: Die Ziele sollten transparent und mit der Familie besprochen werden; beginnend bei der akuten Krisenintervention folgt die mittel- und langfristige Therapie. Eine sehr gute Orientierung und Übersicht bietet hier Frank (2011, S. 480–481). Oberstes Ziel stellt der Schutz des Kindes vor weiteren Misshandlungen dar.

Therapie: Ein wesentlicher Bestandteil stellt die Elternarbeit dar. Hier findest du eine gute Übersicht über relevante Aspekte der Elternarbeit sowie auch über die längerfristige Therapie von Kindern, die Misshandlungen erfahren haben:

- Hilfreiche Informationen zur Therapie und zum Vorgehen sowie zur interdisziplinären Zusammenarbeit mit Ärzten und der Jugendhilfe sind auch bei Fegert und Kölch (2013, Kapitel 27, S. 384–385) zu finden.
- Wer mehr über die Therapeutische Gesprächsführung, Therapie und Therapieziele lesen möchte, dem empfehle ich Frank (2011, S. 474 ff.). Hier findest du eine gute Anleitung und die wichtigsten Informationen für die Therapie.
- Ebenso wertvoll ist das Kapitel Kindesmisshandlung und -vernachlässigung von Steinhausen (2010, S. 372–373, 367 ff.).

- **Arbeitsblätter im Anhang zum Thema Kindeswohlgefährdung**

▶ **AB (T) Erscheinungsformen und Verletzungsbereiche – Anhang 7.9.5**
▶ **AB (T) KWG: Vorgehensweise im Verdachtsfall – Anhang 7.10.5**
▶ **AB (T) Aufklärung KWG – Anhang 7.10.5**
▶ **AB (T) Dokumentationsschema KWG – Anhang 7.10.5**

Hilfreiche Downloads und Links:

- **S3-Leitlinie AWMF Kinderschutz:** Kindesmisshandlung, -missbrauch, -vernachlässigung unter Einbindung der Jugendhilfe und Pädagogik (Kinderschutzleitlinie). ▶ https://www.awmf.org/uploads/tx_szleitlinien/KF_027-069k_Kinderschutz_2018-10.pdf. Zugegriffen: 11. August 2020.
- Im Notfall 24 Std. kostenfrei erreichbar – **Die Medizinische Kinderschutzhotline:** ▶ https://www.kinderschutzhotline.de/. Zugegriffen: 19. Mai 2020. Umfassende und kompetente Beratung!
- Gute Broschüre zum kostenlosen Download des **Kinderschutzzentrums** Berlin: ▶ https://www.kinderschutz-zentrum-berlin.de/download/Kindeswohlgefaehrdung_Aufl11b.pdf. Zugegriffen: 05. Mai 2020.
- Sehr informative und gut gemachte Broschüre zum kostenfreien Download: **Deutscher Kinderschutzbund**, Landesverband NRW e. V. und Institut für Soziale Arbeit e. V. (2012). *Kindesvernachlässigung – Erkennen – Beurteilen – Handeln.* ▶ https://www.mkffi.nrw/sites/default/files/documents/kindesvernachlaessigung.pdf. Zugegriffen: 30. Juli 2020.
- Gewalt gegen Kinder, ein **Leitfaden für Früherkennung, Handlungsmöglichkeiten und Kooperationen;** Techniker Krankenkasse in Kooperation mit dem Berufsverband der Kinder- und Jugendärzte. Kostenfreier Download unter: ▶ https://www.tk.de/resource/blob/2079296/a95c29c8723e808412a3e5434d8c09eb/keine-gewalt-gegen-kinder-3%2D%2Dauflage%2D%2D-nw-data.pdf. Zugegriffen: 08. Mai 2020.
- **Verdacht auf Kindeswohlgefährdung in einer Einrichtung – Was ist zu tun?** Bundesministerium der Justiz und für Verbraucherschutz. Kostenfreier Download unter: ▶ https://www.bmjv.de/SharedDocs/Publikationen/DE/Verdacht_Kindesmissbrauch_Einrichtung.html. Zugegriffen: 08. Mai 2020.
- Fallmanagement in Kooperation mit anderen psychosozialen Berufsgruppen: Hamburger Leitfaden für Arztpraxen. Gewalt gegen Kinder und Jugendliche. Grundlagen für das Fallmanagement in der Arztpraxis.Kostenfreier Download unter: ▶ https://www.hamburg.de/contentblob/116922/bf3ae1bb40b5db2f51acdceff049e2f7/data/gewalt-gegen-kinder.pdf. Zugegriffen 18.10.2022

7.9 Sexueller Missbrauch in der ambulanten Praxis

Alle Formen von sexualisierten Übergriffen gegenüber Kindern und Jugendlichen fallen unter sexuellen Missbrauch. Sexueller Missbrauch ist immer ein traumatisches Erlebnis, wobei die psychischen und körperlichen Folgen je nach Dauer und Stärke des Missbrauches variieren können. Ein einmaliger Missbrauch oder Übergriff wirkt sich anders auf die weitere Entwicklung eines Kindes oder Jugendlichen aus als ein systematisch oder über Jahre hinweg stattfindender Missbrauch, bei dem u. U. mehrere Täter beteiligt sind.

In den letzten Jahren kam durch die fortschreitende Entwicklung des Internets zum geplanten Missbrauch in vielen Fällen das Anfertigen kinderpornografischen Materials, mit dem die/der Täter*in sich schmückt oder auch andere Täter*innen „rekrutiert" und einlädt. Die Folgen für die Entwicklung eines jungen Menschen sind massiv und kaum zu beschreiben.

▶ Beispiel

Eine 12-jährige Patientin, die aufgrund eines ADHS bei dir in Behandlung ist, berichtet dir von ihrem neuen Freund. Zunächst hast du den Eindruck, es handele sich um einen Klassenkameraden. Du merkst, wie sie rot wird, wenn sie von ihm berichtet und ganz aufgeregt ist, wenn sie von ihm erzählt. Irgendwann im Laufe der Zeit spürst du, dass sie bedrückt zu sein scheint und du fragst nach, wie es ihr gehe und ob mit ihrem Freund alles in Ordnung sei.

Sie wird unsicher und wirkt traurig, bevor sie sagt: *„Er ist im Moment böse mit mir, weil ich ihm keine Bilder mehr schicke."*

„Warum sollst du ihm denn Bilder schicken? Meint er Fotos? Von dir?"

Es stellt sich nun heraus, dass das Mädchen in einer offenen WhatsApp-Gruppe Kontakt zu einem Mann hatte, der sich als Junge ausgegeben und ihr vorgespielt hatte, verliebt zu sein. Er habe sie dann mehrfach aufgefordert, ihr Nacktfotos zu senden. Sie habe auch Fotos zusammen mit ihrem jüngeren Bruder aufnehmen sollen, der sich jedoch dagegen gewehrt habe.

Dieses Beispiel zeigt, wie schnell Kinder zu Opfern werden können. Auch hierbei handelt es sich um Missbrauch, der zur Anzeige gebracht werden sollte.

Wie gehe ich als Therapeutin damit um?

- Klar und deutlich machen, dass sich dieser Mann – kein Junge – falsch verhalten hat.
- Dem Mädchen erklären, dass sie nichts falsch gemacht hat, aber in Zukunft vorsichtiger sein sollte.
- Eltern einladen, mit Einverständnis der Patientin über die Vorkommnisse berichten.
- Überlegen, wie man weiter vorgehen will (polizeiliche Anzeige, Verfolgung der Telefonnummer usw.).
- Aufklären und kommunizieren, dass das Internet nicht vergisst. Die Bilder sind gespeichert und werden u. U. weiterverbreitet.
- Medienkompetenztraining empfehlen!
- Mit dem Mädchen intensiv das Thema „Grenzen" besprechen. ◀

Psychische Folgen lassen sich in Sofort-, Früh- und Spätfolgen unterscheiden (siehe hierzu auch Fegert et al., 2014, S. 387 ff.). Aufgrund der hohen Dunkelziffer und Verschleierungstendenzen in Familien ist es schwer, genaue epidemiologische Daten über sexuellen Missbrauch bei Kindern und Jugendlichen zu finden. In einer stichprobenartigen Studie zur Epidemiologie physischer und sexueller Gewalterfahrungen in der Kindheit wurden folgende Zahlen veröffentlicht: 10,7 % der Frauen und 3,4 % der Männer wurden vor dem 14. Lebensjahr Opfer von Missbrauch. 94,7 % der Täter*innen waren männlich (bei Opfern unter 16 Jahren); hiervon waren 41,9 %

Bekannte aus dem Umfeld der Betroffenen, 27,1 % Familienangehörige und 25,7 % Unbekannte (Wetzels, 1997).

Eine weitere Studie, die 2013 von Fegert veröffentlicht wurde, nennt Zahlen von 20,3 % (weibl. Opfer) und 6 % (männl. Opfer). Sie belegt eine Überrepräsentation von sexuellen Missbrauchserfahrungen bei Kindern mit Verhaltensauffälligkeiten!

Schaut man sich die polizeilich registrierten Fälle an, so findet man vom Bundeskriminalamt folgende Daten zu polizeilich erfassten Taten von 2010–2021 (BKA, 2022):

> » „Die Statistik zeigt die Anzahl der polizeilich erfassten Kinder, die Opfer von sexuellem Missbrauch wurden, in den Jahren von 2001 bis 2019 (vollendete und versuchte Straftaten). Im Jahr 2019 wurden in Deutschland 15.701 Kinder polizeilich erfasst, die Opfer von sexuellem Missbrauch wurden. Es ist zu beachten, dass diese Anzahl lediglich die polizeilich erfassten Missbrauchs-Straftaten abbildet, es ist davon auszugehen, dass die Dunkelziffer deutlich höher liegt."

Sexueller Missbrauch betrifft Mädchen etwa 3:1 häufiger als Jungen (Fegert, 2011, S. 491). Dabei ist es in der Realität so, dass die Täter bei der überwiegenden Anzahl der Übergriffe zum Bekanntenkreis des Kindes gehören. Lediglich etwa 10 % der Übergriffe wird durch Unbekannte verübt (Steinhausen, 2010, S. 375)!

7.9.1 Wie gehe ich bei einem sexuellen Missbrauchsverdacht in der ambulanten Praxis vor?

Innerhalb einer ambulanten psychotherapeutischen Behandlung können Verdachtsmomente auf sexuellen Missbrauch durch den oder die Betroffene selbst oder durch Personen aus dem Umfeld, wie beispielsweise Erzieher*innen oder Lehrer*innen, gegeben werden. Es gibt eine Vielzahl unterschiedlicher Verhaltensweisen, die auf einen sexuellen Missbrauch hinweisen *können*. Es existieren spezifische körperliche Symptome, die *explizit* auf sexuellen Missbrauch hindeuten und ihn *belegen*. Bei chronischem Missbrauch, der über eine längere Zeit hin stattfindet, liegen diese jedoch **nicht** mehr vor!

Eine genaue Übersicht über die körperlichen Symptome und Hinweise im Verhalten bei sexuellem Missbrauch von Kindern und Jugendlichen liefert Steinhausen (2010, S. 376):

- Angststörungen
- depressive Störungen
- Schlafstörungen
- dissoziative Störungen
- Beziehungs- und Kontaktstörungen
- dissoziales und aggressives Verhalten
- regressives Verhalten
- ausgeprägte sexuelle Neugier, exzessive Masturbation, Prostitution bei jugendlichen Patienten, Exhibitionismus oder altersunangemessene sexuelle Aktivitäten bei Kindern
- pseudoreifes Verhalten oder unangemessenes Verhalten gg. Männern (bei weibl. Betroffenen)

- übermäßig angepasstes Verhalten
- Leistungsabfall in der Schule, Fernbleiben des Unterrichts

Hilfetelefon Sexueller Missbrauch

Bei Verdachtsfällen von sexuellem Missbrauch berät das Hilfetelefon unter der Nummer 0800 22 55 530 montags, mittwochs und freitags von 9 bis 14 Uhr sowie dienstags und donnerstags von 15 bis 20 Uhr – kostenfrei und anonym. Hier kannst du dich beraten lassen!

Hilfreiche Information und Beratung findest du beim BMFSFJ (o. J.).

Zur **Diagnostik im Rahmen des Verdachts auf sexuellen Missbrauch** empfehle ich die **aktuellen S3-Leitlinie des AWMF** (2018). Hier findest du unter Punkt 4.4.7 Diagnostik bei Verdacht auf sexuellen Missbrauch eine detaillierte Übersicht über mögliche Untersuchungen und deren Indikation, bzw. evidenzbasierte Handlungsempfehlungen (Grad B*, siehe S. 122.).

7.9.2 Therapie

Bei der Behandlung von Opfern sexuellen Missbrauchs ist zwischen Therapie und Krisenmanagement zu unterscheiden: Grundsätzlich erfolgt die Therapie erst **dann,** wenn das Kind oder der Jugendliche **sicher** ist. Solange Kontakt zum Täter besteht oder ein Gerichtsverfahren ansteht oder läuft, sollte die Therapie nicht in Bezug auf das Missbrauchserleben stattfinden. Hier geht es um die Beeinflussung der Opfer und darum, diese nicht durch Suggestivfragen oder -hinweise (unbewusst) zu beeinflussen. Ein Gutachten hat vor Gericht keinerlei Wert mehr, wenn eine meist ungewollte Einflussnahme auf das Opfer erfolgt ist. Die Verurteilung des Täters kann durchaus daran scheitern. Letztlich muss hier individuell genau abgewogen werden, was für das Kind oder die/den Jugendlichen wichtig ist. Lass dich unter der oben genannten Telefonnummer gut beraten!

Ich verweise an dieser Stelle auch auf das Buch von Fegert et al., die dies in Kapitel 28 gut erklären:

> „Wird z. B. von einer Staatsanwaltschaft gefordert, auf eine Therapie zu verzichten, um Zeugenaussagen nicht zu entwerten, obwohl diese indiziert ist, so ist dieses bei einer klaren Therapieindikation ethisch nicht vertretbar; das öffentliche Interesse an Strafverfolgung muss hier notfalls vor dem individuellen Hilfsbedarf zurückstehen. Behandelnde Ärzte und Psychologen sollten sich allerdings bemühen, durch ihr Vorgehen die Arbeit von Ermittlungsbehörden nicht zu behindern […]." (2014, S. 395)

Krisenintervention Während der Phase der Krisenintervention steht die **Stabilisierung** der Patient*innen im Vordergrund. Eine Krisenintervention kann ein Vorstellungsgrund sein und das Ziel ist dann, die Betroffenen in ihrem Jetzt-Zustand zu stabilisieren. Hier empfehle ich Materialien aus der Traumatherapie, wie beispielsweise den „sicheren Ort" oder die „Tresorübung". **Die Arbeit mit deinen jungen Patient*innen sollte nicht aufdeckender Art und Weise sein.**

Psychotherapie Da sexueller Missbrauch für die Opfer, die sich meist in psychischer und körperlicher Abhängigkeit zur/m Täter*in befinden, einen maximalen Kontrollverlust darstellt, ist es zunächst ganz wesentlich, den Betroffenen zu signalisieren, dass die Therapiesituation ein Ort ist, an dem **Grenzen und Rechte** gewahrt werden. Zentral sind zunächst die Mitbestimmung der Patient*innen, um ihnen das Gefühl von Kontrolle und Selbstwirksamkeit zu ermöglichen. **Mitbestimmung** bezieht sich sowohl auf das **Tempo** der Therapie als auch auf die **Themen**, die angeschnitten und besprochen werden. Es ist wichtig, den Betroffenen **Zeit** zu lassen, in der Therapiesituation anzukommen und diese als **geschützten und vertrauensvollen Raum** zu erleben. Das Kind oder die/der Jugendliche entscheiden für sich, was zu welchem Zeitpunkt erzählt wird. Auch wenn klar ist, warum sie zur Therapie kommen, brauchen Betroffene oft ihre Zeit, bis sie sich dem Thema zuwenden. Auf Seiten der Therapeutin erfordert dies vor allem Geduld, denn die Betroffenen signalisieren in der Regel, wenn es an der Zeit ist, darüber zu sprechen. Insofern sollte bei sexuellem Missbrauch **nie direktiv** vorgegangen werden.

Achtung: Sexueller Missbrauch ist stets auch eine Kindeswohlgefährdung!
Falls das Kindeswohl in Gefahr ist, müssen unverzüglich **Schutzmaßnahmen nach § 42 SGB VIII – Inobhutnahme** oder nach **§ 1666 und 1666a BGB – Familiengericht** eingeleitet werden.

Therapeutinnen sollten unbedingt drauf achten, dass sich bestimmte Gegenstände, die traumatische Erinnerungen triggern könnten, wie beispielsweise Kameras, flüssiger Klebstoff oder auch Decken, nicht im Therapieraum befinden!

Oft haben sich bei Kindern, die schon früh und lange Missbrauch erlebt haben, die **Grenzen** verwischt und sie wirken distanzgemindert und sehr offen. Hier geht es darum, herauszuarbeiten, wo ihre individuellen Grenzen sind. Dieses kann Zeit in Anspruch nehmen, da sie oftmals nie erfahren konnten, dass sie eigene Grenzen setzen dürfen. Über das Medium Gestaltung (Zeichnung, plastisches Gestalten) oder mit Abgrenzungen visueller Art anhand von Seilen, Schnüren etc. auf dem Boden kann man sich den Grenzen nähern. Ich und mein eigener Raum – das soll die Therapie für diese Kinder und Jugendlichen sein.

Auffallend und oft für Therapeutinnen zunächst unverständlich ist das Phänomen **der Identifikation mit den Täter*innen**. Dieses tritt oftmals dann auf, wenn Täter*innen Familienmitglieder sind. Die Kinder schützen diese lange und es kommt vor, dass sie sich nicht von ihnen lösen können. Es handelt sich um eine natürliche Reaktion, die biologisch und genetisch bedingt ist – vor dem Hintergrund des Missbrauches erscheint es uns als Therapeutinnen jedoch oft absolut unverständlich. In vielen Fällen reden die Täter*innen den Kindern ein, sie hätten sie verführt und das führt dazu, dass die Kinder der Überzeugung sind, es sei ihre Schuld. Im fortgeschrittenen Therapiestadium sollte aus diesem Grund das Thema **Schuld und Scham** intensiver beleuchtet werden.

Ein weiterer Inhalt im fortgeschrittenen Stadium der Therapie ist das **Thema „Opfer“**. Das Kind oder die/der Jugendliche sollte dahingehend unterstützt werden, die Opferrolle durch gezieltes Selbstwirksamkeitserleben abzulegen, um Unabhängigkeit und ein möglichst stabiles Selbstwerterleben zu erreichen.

Medien Bei der Arbeit mit Patient*innen, die Missbrauchserfahrungen haben, hat sich in der ambulanten Psychotherapie insbesondere das Darstellen (Malen, Zeichnen, Plastizieren) bewährt. Vieles, was erlebt wurde, lässt sich nicht in Worte fassen, aber auf dem Blatt darstellen und so in einer Form begreifbar machen, die Aufarbeitung und Verarbeitung zulässt. Über das Medium können Gesprächsanlässe indiziert werden und die Patient*innen treten in Kontakt mit ihrem Inneren, das insbesondere bei Traumatisierungen oft nur schwer zugänglich ist. Wichtig ist es hier, nur so tief in das Erlebte einzutauchen, wie es erträglich ist und immer wieder ins Hier und Jetzt („Sicherer-Ort-Übung") zurückzukehren. Materialien aus der Traumatherapie sind hier sehr geeignet!

Mehr lesen über therapeutische Interventionen, Elternarbeit, Verlauf und Prognose bei Missbrauch: Steinhausen (2010, S. 377 ff.).

7.9.3 Fallbeispiel aus Sicht eines Patienten

Anonym Ich schreibe hier über Erlebnisse in meiner Kindheit rückblickend im Alter von Ende 30. Wobei das Beschreiben von Erlebtem vermutlich nicht die richtige Bezeichnung ist, auch wenn ich es erlebt habe. Ich schreibe über Erinnerungen an Erfahrungen, die sich aufgrund von Verzerrungen, Verfärbungen, Reflexionen über die Jahre verändert haben.

Es gibt den Zeitraum, in dem mir der sexuelle Missbrauch widerfahren ist, einen Augenblick, in welchem ich das Geschehene erstmals annähernd begriff und begann darüber zu sprechen, und dann gibt es einen weiteren Zeitpunkt, an dem ich begann, die Erfahrungen therapeutisch aufzuarbeiten.

Der Missbrauch erstreckte sich über ungefähr fünf Jahre und begann als ich fünf Jahre alt gewesen bin. Die Person, der Täter, der junge Mann, nennen wir ihn X, war mein Nachbar in einem kleinen Ort. Dass er trotz seiner zu Beginn unserer Beziehung fast erreichten Volljährigkeit viel Zeit mit Kindern meines Alters verbrachte, schien die Nachbarschaft nicht zu irritieren. Selbstverständlich beschäftigte er sich seiner Entwicklung entsprechend mit Aktivitäten und Dingen, die mir verboten und nicht altersgerecht waren. Das empfand ich als spannend und reizvoll. Dadurch, dass er mir gestattete Filme für Erwachsene zu gucken, Fische zu angeln, Boote zu steuern, mir neue, fremde Musik zeigte und so vieles mehr, gewann er stetig, aber nachhaltig mein Vertrauen. Er gab mir das Gefühl, zu Dingen in der Lage zu sein, traute mir viel zu. Ich war in gewisser Weise bestimmt ein williges Opfer, weil bedauerlicherweise ein großes Vakuum an Selbstvertrauen und -sicherheit in mir vorherrschte, ich mich oft unverstanden fühlte und allein. Diese Leerstellen füllte er, seine eigene Agenda mutmaßlich nicht aus den Augen verlierend, geschickt aus.

Die genaue zeitliche Abfolge kann ich nicht mehr rekonstruieren, aber irgendwann, nachdem X mein Zutrauen zu ihm als ausreichend erachtet haben musste, begann er nach geheimer Absprache – ich musste ihm Verschwiegenheit zusichern –, mich zu ersten sexuellen Handlungen zu zwingen. Diese eingeforderte Verschwiegenheit wertete die Beziehung für mich anfänglich mit Sicherheit auf. Die Bedeutung der Verbindung zu X begann sukzessive die Wertigkeit anderer Bindungen zu übersteigen, was mich weiter von anderen Kindern isolierte. Die sexuellen Übergriffe kamen mir nicht unbedingt unnatürlich vor. Vermutlich habe ich sie zunächst als weiteres Erfahren der Welt wahrgenommen. Was sie eventuell ungewöhnlich erscheinen ließ, war die eingeforderte Geheimhaltung, aber das ist eine Betrachtung aus der heutigen Perspektive. Unangenehm waren die körperlichen Schmerzen. Dass sich irgendetwas fremd und falsch anfühlte, kann ich heute daran festmachen, dass ich meinen Eltern entgegen der Absprachen davon erzählte. Sie konfrontierten X mit den Anschuldigungen, dieser stritt sie ab und meine Eltern glaubten mir nicht. Auch wenn ich heute verstehe, dass sie das bestimmt auch aus Selbstschutz nicht taten, war dieses fehlende Zutrauen in meine Schilderungen das eigentliche Grauen. Mit zehn begann ich, mich von X abzuwenden. Er versuchte noch einige Zeit, den Kontakt zu forcieren, aber das hörte mit den Monaten auf.

Als ich 14 Jahre alt war, realisierte ich erstmals, was mir in der Kindheit widerfahren war. Ich konnte es zunächst nicht einordnen, auch wenn ich Freund*innen davon berichtete. Wut über das Geschehene und die Reaktion meiner Mutter und meines Vaters vermischten sich mit der unsteten Gefühlswelt meiner Pubertät. Ich konfrontierte meine Eltern ein weiteres Mal. Zusätzliche 14 Jahre trug ich die Erlebnisse unverarbeitet mit mir herum. Sie beeinflussten meinen Werdegang und mein Leben mal massiver und beizeiten etwas weniger. Mit 28 entschloss ich mich zu einer, wie sich herausstellen sollte, jahrelangen therapeutischen Aufarbeitung. Nun, weitere zehn Jahre später kann ich sagen, dass der Einfluss der sexuellen Übergriffe und der toxischen Beziehung zu X auf mein Selbstbild und meine Selbstwirksamkeit geringer als je zuvor ist.

7.9.4 Fallbeispiel aus Sicht der Therapeutin

Die Jugendliche Die Jugendliche wird durch ihre Bezugsbetreuerin der Wohngruppe, in der die Jugendliche seit kurzer Zeit wohnt, zum Erstgespräch bei mir in der Psychotherapie angemeldet. Die Jugendliche habe es nach Angaben der Betreuerin aus eigener Kraft geschafft, sich aus ihrem Familiensystem – in dem sie und ihre ältere Schwester vom Lebensgefährten der Mutter über einen Zeitraum von mehreren Jahren sexuell missbraucht worden waren – zu lösen. In der Wohngruppe befindet sie sich zunächst an einem sicheren und geschützten Ort. Es besteht kein Täterkontakt mehr. Dennoch läuft der Prozess gegen den Lebensgefährten der Mutter und die Jugendliche muss sich, um das Verfahren anlaufen zu lassen, vielen Fragen stellen. In der Zeit während des laufenden Prozesses ist eine Therapie nach dem Gesetz unmöglich. Die Betreuerin ist sich sicher, dass die Jugendliche zur Stabilisierung der eigenen Persönlichkeit professionelle Begleitung benötigt. Ich wäge ab und entscheide mich als Therapeutin dafür, dieser jungen Frau ein therapeutisches Angebot zu ermöglichen, das sie zunächst stärken soll. Krisenintervention. Aus den geschilderten Gründen wird der erlebte sexuelle Missbrauch zunächst nicht im Vordergrund der Therapie stehen, sondern viel mehr die Stabilisierung der Jugendlichen.

Zur ersten therapeutischen Sitzung erscheint die Jugendliche zunächst etwas zurückhaltend. Sie wirkt viel älter auf mich, als ihr aktuelles Alter ist. Die Jugendliche ist stark übergewichtig. Im Erstkontakt erzählt sie, dass sie gern malt. Ich stelle ihr Bleistifte und Papier zu Verfügung. Als Anregung stelle ich ihr die Frage, wie sie ihre aktuellen Gefühle gestalterisch darstellen würde. Sofort legt sie los und beginnt

Abb. 7.21 Zeichnung einer Patientin (15 Jahre). Titel: „Nah und doch so fern!"

zu zeichnen. Ich lasse ihr Zeit und stelle keinen Fragen, unterbreche nicht. Es gibt kein Richtig oder Falsch (Abb. 7.21).

Hier passt die Metapher „ein Bild sagt mehr als tausend Worte": Die Jugendliche kann künstlerisch in ihren Bildern ihr Gefühlserleben ausdrücken und so für die Therapeutin sichtbar machen. Das Bild kann als Gesprächsanlass aufgegriffen werden. Durch das erlebte Trauma des sexuellen Missbrauchs zeigt sich das Erleben oft in Extremen. Durch ein Zu-viel-Fühlen (Intrusion) oder durch ein Zu-wenig-Fühlen (Dissoziationen). Bezogen auf das Bild zeigt sich in dem schweren Herzen, welches auf der rechten Seite „schwer wie Blei" sei, die Belastung der Patientin. Die zwei Vögel (Mutter und Tochter) sind getrennt dargestellt, auch wenn sich zwischen ihnen das Herz (Symbol der Liebe) befindet. Widersprüche und innere Extreme werden durch extreme Wettersituationen (Sonne – Gewitter) gestalterisch dargestellt.

Aus diesen erlebten Extremen kristallisiert sich das vorläufige Ziel heraus. Als Therapeutin begleite und bestärke ich die Jugendliche, ihre eigenen Gefühle und ihren Körper selbst wahrnehmen zu können. Natürlich ist das Vorgehen in einer Therapie individuell. Die Therapeutin sollte offen sein für das, was ihr die/der Patient*in an Bedürfnissen mitbringt. Gerade im Fall eines sexuellen Missbrauchs ist es wichtig, der/dem Patient*in das Gefühl der eigenen Kontrolle zurückzugeben. Sie entscheidet zunächst das Tempo, mit dem ein Thema behandelt wird, sie entscheidet, worüber und was sie erzählen möchte. Die Therapeutin begleitet und stärkt die Jugendliche, ihre eigenen Gefühle und ihren Körper selbst wahrnehmen zu können. Diese erste Phase fördert den Beziehungsaufbau.

Im weiteren Verlauf kann die therapeutische Aufarbeitung beginnen, da nach etwa acht Monaten das Verfahren beendet wurde. In diesem Fallbeispiel fasst die Jugendliche Vertrauen zur Therapeutin und kann stückweise vom Vergangenen sprechen. Die Therapeutin hört aufmerksam zu, ohne einzelne Personen zu verurteilen. Vielmehr geht es um das Gefühlserleben der Jugendlichen. Ein zentraler Schwerpunkt bei einem Fall des sexuellen Missbrauchs ist die Komplexität und die Struktur von Beziehungen. In diesem Fall ist es das erweiterte Familiensystem.

Doch wie empfindet die Therapeutin diesen Prozess? Die Therapeutin verspürt immer wieder Wut gegenüber den Personen aus der Familie, die scheinbar so nah an der Jugendlichen leben und sie dennoch nicht vor den wiederholten Übergriffen geschützt haben. Nur so konnte ein Missbrauch über Jahre hinweg stattfinden. Sie weiß, dass dieses typisch ist und gerade Mütter oft die Täter decken, aber in ihr schreit es manchmal, vor Unverständnis und Wut. Doch hier in der Therapie geht es um die Jugendliche, ihre Patientin, die gestärkt ihr eigenes Leben führen soll und dabei die Unterstützung der Therapeutin sucht.

In den Therapieeinheiten verbalisiert die Jugendliche wiederholt die Sehnsucht zur Familie. Die Jugendliche hat ein sehr stark ausgeprägtes Verantwortungsbewusstsein. Bei Wind und Wetter kommt sie selbstständig mit ihrem Fahrrad zur Therapiesitzung. Besonders stark ausgeprägt ist das Verantwortungsgefühl zu ihrer Familie. Die Jugendliche fühlt sich nach wie vor für ihre Mutter verantwortlich. Nach einer Kontaktsperre darf die Jugendliche ihre Familie wiedersehen. Der Kontakt zur Familie löst extreme Gefühle durch wiederkehrende Situationen von einerseits Idealisierung und dann erlebte Enttäuschung aus. Die Frage der Schuld und Mitverantwortung an dem Erlebten beschäftigen sie und führen dazu, dass sie phasenweise denkt, sie habe die Übergriffe selbst provoziert. Immer wieder steht das Schuldthema im Raum und immer wieder betont die Therapeutin, dass kein Mensch das Recht hat, andere für seine Bedürfnisse zu missbrauchen.

Als Therapeutin versuche ich, die Perspektive meiner Patientin einzunehmen, jede Verhaltensweise der Jugendlichen darf als individueller Lösungsweg verstanden werden. Somit sollte ihr Verhalten nicht vorschnell von der Therapeutin bewertet werden. Im vorliegenden Fallbeispiel ist der Wunsch nach der Nähe zur Mutter so stark, dass sie im Verlauf der Therapie für bestimmte Themen mit eingeladen wird. So ist es möglich, im geschützten Rahmen der Mutter die Fragen zu stellen, die so wichtig für die Patientin sind. Hier ist es möglich, die zentralen Themen zu besprechen. Im therapeutischen Rahmen können verschiedene Perspektiven eingenommen werden. In der Therapie geht es nicht um die Frage der Schuldzuweisung, sondern vielmehr darum, den betroffenen Personen ein Leben nach den schrecklichen Ereignissen und dem Kontrollverlust zu ermöglichen.

Die Therapeutin sieht sich als Begleiter auf einem neuen Weg ohne Gewalt und Übergriffe.

Achtung: Melden von sexuellem Missbrauch

Bei Kenntnisnahme von sexuellem Missbrauch kommt es häufig zu Konflikten mit der Schweigepflicht. Wenn Gefahr für Leib und Leben besteht, dann ist das Brechen der ärztlichen Schweigepflicht eine unabdingbare Notwendigkeit, sollte jedoch vorab mit der/dem Patient*in besprochen werden. Hier ist eine engmaschige Supervision oder Intervision unerlässlich, um dir als Therapeutin Sicherheit für die vor dir liegenden Schritte zu geben.

Immer wieder gibt es Falschinformationen bzgl. der Verjährungsfristen. Diese gibt es heute so nicht mehr (früher gab es diese – bis in die 1990er-Jahre sind Taten heute leider alle verjährt!) und die Verjährung beginnt heute erst ab dem 30. Lebensjahr. Kinder und Jugendliche, die jetzt oder in den letzten Jahren Opfer sexuellen Missbrauches wurden, können noch 50 Jahre lang eine Anzeige erstatten!

▪ Kooperation mit dem Jugendamt

Informationen zu Kooperationen mit dem Jugendamt zum Kindeswohl: Bundesarbeitsgemeinschaft Landesjugendämter (2013).

- Arbeitsblätter im Anhang zum Thema Kindeswohlgefährdung (auch im Rahmen von sexuellem Missbrauch)

► **A B (T) KWG: Vorgehensweise im Verdachtsfall, – Anhang 7.10.5**
► **AB (T) Aufklärung KWG: Hamburger Leitfaden – Anhang 7.10.5**
► **AB (T) Dokumentationsschema KWG – Anhang 7.10.**

7.9.5 Links und kostenfreie Downloads:

Hier ist vom **Bundesministerium für Bildung und Forschung** eine sehr gute Broschüre zum kostenfreien Download zu finden: BMFSFJ (o. J.).

Informationen für Mütter und Väter: BMFSFJ 2020.

Verjährungsfristen: Stevens 2018.

Kooperation mit dem Jugendamt zum Kindeswohl: Bundesarbeitsgemeinschaft Landesjugendämter (2013).

Literatur

Achenbach, T. M. (2014). *CBCL 6-18R, TRF 6-18R, YSR 6-18R, Deutsche Schulalter-Formen der Child Behavior Checklist*. Hogrefe.

Ahrens-Eipper, S., et al. (2010). *Mutig werden mit Til Tiger – Ein Trainingsprogramm für sozial unsichere Kinder*. Hogrefe.

Arbeitsgemeinschaft der Wissenschaftlichen Medizinischen Fachgesellschaften e. V. [AWMF]. (2013). *Leitlinien-Detailansicht: Depressive Störungen bei Kindern und Jugendlichen*. 01.07.2013. https://www.awmf.org/leitlinien/detail/anmeldung/1/ll/028-043.html. Zugegriffen am 01.09.2020.

Arcelus, J., et al. (2011). Mortality rates in patients with anorexia nervosa and other eating disorders: A meta-analysis of 36 studies. *Archives of General Psychiatry, 68*, 724–731. https://doi.org/10.1001/archgenpsychiatry.2011.74v

Armour, K., & Fricke, S. (2016). *Dem Zwang die rote Karte zeigen: Ein Ratgeber für Kinder und Jugendliche und ihre Eltern*. Psychiatrie.

AWMF. (2015). *Diagnostik und Behandlung von Essstörungen* (1. Aufl.). https://www.awmf.org/uploads/tx_szleitlinien/051-026p_Essstoerungen_2015-06_01.pdf. Zugegriffen am 30.04.2020.

AWMF. (2018). *S3-Leitlinie Kinderschutz, Kindesmisshandlung, -missbrauch, -vernachlässigung unter Einbindung der Jugendhilfe und Pädagogik (Kinderschutzleitlinie)*. https://www.awmf.org/uploads/tx_szleitlinien/KF_027-069k_Kinderschutz_2018-10.pdf. Zugegriffen am 11.08.2020.

AWMF Online. (2016). *S-3-Leitlinien zu Störungen des Sozialverhaltens*. https://www.awmf.org/leitlinien/detail/ll/028-020.html. Zugegriffen am 28.07.2020.

Barkley, R. A. (1997). Behavioral inhibition, sustained attention and executive function: Constructing a unifying theory of ADHD. *Psychol. Bull., 121*, 65–94.

Brem-Gräser, L. (2011). *Die Familiensituation im Spiegel der Kinderzeichnung*. Ernst Reinhardt.

Bundesarbeitsgemeinschaft Landesjugendämter. (2013). *Kinderschutz. Was Jugendämter leisten*. https://www.unterstuetzung-die-ankommt.de/de/leistungen/kinderschutz/. Zugegriffen am 12.05.2020.

Bundeskriminalamt [BKA]. (2022). *Daten zu polizeilich erfassten Taten von 2010–2021*. Statista. https://de.statista.com/statistik/daten/studie/38415/umfrage/sexueller-missbrauch-von-kindern-seit-1999/. Zugegriffen am 11.05.2020.

Bundesministerium für Familie, Senioren, Frauen und Jugend [BMFSFJ]. (2020). Mutig fragen – besonnen handeln. Informationen für Mütter und Väter zur Thematik des sexuellen Missbrauchs an Kindern und Jugendlichen. In Zusammenarbeit mit Elisabeth Raffauf. https://www.bmfsfj.de/resource/blob/94394/d8f1d74060cebbedffa12fa39890d268/mutig-fragen-besonnen-handeln-data.pdf. Zugegriffen am 12.05.2022.

Bundesministerium für Familie, Senioren, Frauen und Jugend [BMFSFJ]. (o. J.). *Schutz von Kindern und Jugendlichen vor sexualisierter Gewalt.* https://www.bmfsfj.de/bmfsfj/themen/kinder-und-jugend/kinder-und-jugendschutz/schutz-vor-sexualisierter-gewalt. Zugegriffen am 05.05.2020.

BZGA. (o. J.). *Essstörungen – Zum Weiterlesen.* https://www.bzga-essstoerungen.de/was-sind-essstoerungen/materialien/. Zugegriffen am 02.05.2020.

Colucci, E., & Martin, G. (2007). Ethnocultural aspects of suicide in young people: A systematic literature review, part 2: risc factors, precipating agents and attitudes toward suicide. *Suicide and Self-Treating Behavior, 37*(2), 222–237.

Conners, C. (2013). *Conners 3. Conners Skalen zu Aufmerksamkeit und Verhalten-3.* Dt. Version: K. Lidzba, H. Christiansen, R. Drechsler. Hogrefe.

Cytryn, L., & McKnew, D. H. (1996). *Growing up sad: Childhood depression and its treatment.* WW Norton.

Deutscher Kinderschutzbund Landesverband NRW e. V. et al. (2012). *Kindesvernachlässigung – Erkennen – Beurteilen – Handeln.* https://www.mkffi.nrw/sites/default/files/documents/kindesvernachlaessigung.pdf. Zugegriffen am 30.07.2020.

Dilling, H., & Freyberger, H. (2015). *Taschenführer zur ICD-10-Klassifikation psychischer Störungen.* Hogrefe.

7

Döpfner, M., Lehmkuhl, G., & Steinhausen, H.-C. (2006). *KIDS Kinder-Diagnostik-System, Aufmerksamkeitsdefizit- und Hyperaktivitätsstörung (ADHS).* Hogrefe.

Döpfner, M., Görtz-Dorten, A., & Lehmkuhl, G. (2008a). *Diagnostik-System für psychische Störungen nach ICD-10 und DSM-V für Kinder und Jugendliche-II.* Hogrefe.

Döpfner, M., Görtz-Dorten, A., & Lehmkuhl, G. (2008b). *Diagnostik-System für psychische Störungen nach ICD-10 und DSM-5 für Kinder und Jugendliche-III.* Huber.

Döpfner, M., Schürmann, S., & Fröhlich, J. (2019). *Therapieprogramm für Kinder mit hyperkinetischem und oppositionellem Problemverhalten (THOP).* Beltz.

Edinger, A., & Kaess, M. (2019). *Selbstverletzendes Verhalten. Entwicklungsrisiken erkennen und behandeln.* Beltz.

Ehlers, A. (1999). *Posttraumatische Belastungsstörungen. Fortschritte der Psychotherapie.* Hogrefe. (*Manuale für die Praxis. Band 8*).

Esser, G. (2011). *Lehrbuch der Klinischen Psychologie und Psychotherapie bei Kindern und Jugendlichen.* Thieme.

Ettrich, C. (2010). *Konzentrationstrainings-Programm für Kinder. Arbeitsheft II: 1. Und 2. Schulklasse.* Vandenhoeck & Ruprecht.

Eyberg, S. M., Nelson, M. M., & Boggs, S. R. (2008). Evicence-based psychosocial treatments for children and adolescents with disruptive behaviour. *Journal of Clinical Child and Adolescent Psychology, 37*(1): 215–237.

Fegert, J. M. (2011). Sexueller Missbrauch. In G. Esser (Hrsg.), *Lehrbuch der Klinischen Psychologie und Psychotherapie bei Kindern und Jugendlichen* (S. 484–493). Thieme.

Fegert, J. M., & Kölch, M. (2013). *Klinikmanual Kinder- und Jugendpsychiatrie und -psychotherapie.* Springer.

Fegert, J. M., et al. (2014). *Sexueller Missbrauch von Kindern und Jugendlichen: Ein Handbuch zur Prävention und Intervention für Fachkräfte.* Springer.

Frank, R. (2002). *Ethische Fragen in der Kinder- und Jugendpsychiatrie, Pharmakotherapie, Psychotherapie.* Kohlhammer.

Frank, R. (2011). Misshandlung, Ablehnung und Vernachlässigung. In G. Esser (Hrsg.), *Lehrbuch der Klinischen Psychologie und Psychotherapie bei Kindern und Jugendlichen* (S. 474–483). Thieme.

Goodman, R. (1997). The strengths and difficulties questionnaire: A research note. *Journal of Child Psychology and Psychiatry, 38*(*5*), 581–586. https://doi.org/10.1111/j.1469-7610.1997.tb01545.x

Goodman, R. et al. (2015). Downloadable SDQs and related items. *Youth in Mind.* https://www.sdqinfo.org/py/sdqinfo/b0.py. Zugegriffen am 09.05.2022.

Görlitz, G. (2014). *Psychotherapie für Kinder und Familien. Übungen und Materialien für die Arbeit mit Eltern und Bezugspersonen.* Klett Cotta.

Görlitz, G. (2019). *Psychotherapie für Kinder und Jugendliche. Erlebnisorientierte Übungen und Materialien.* Klett Cotta.

Groen, G., & Petermann, F. (2015). *Therapie-Tools Depression im Kindes- und Jugendalter.* Beltz.

Hamburger Leitfaden für Arztpraxen: Häusliche Gewalt. Kostenlos über die Ärztekammer Hamburg zu beziehen. Gewalt gegen Kinder und Jugendliche. Grundlagen für das Fallmanagement in der Arzt-

praxis. (2006). Behörde für Soziales, Familie und Verbraucherschutz. BSG. Freie und Hansestadt Hamburg. Kostenfreier Download unter: https://www.hamburg.de/contentblob/116922/bf3ae1bb40b5db2f51acdceff049e2f7/data/gewalt-gegen-kinder.pdf. Zugegriffen 18.10.2022
Harrington, R. (2013). *Kognitive Verhaltenstherapie bei depressiven Kindern und Jugendlichen*. Hogrefe.
Hautziger, M., Keller, F., & Kühner, C. (2009). *Das Beck-Depressions-Inventar – BDI II, in der deutschen Version*. Pearson.
Herpertz-Dahlmann, B. (2011). Anorexia und Bulimia Nervosa. In G. Esser (Hrsg.), *Lehrbuch der Klinischen Psychologie und Psychotherapie bei Kindern und Jugendlichen* (S. 387–400). Thieme.
Herpertz-Dahlmann, B., et al. (2008). *Entwicklungspsychiatrie. Biopsychologische Grundlagen und die Entwicklung psychischer Störungen*. Schattauer.
Hilbert, A., & Tuschen-Caffier, B. (2016). *Eating Disorder Examination-Questionnaire. Deutschsprachige Übersetzung*. 2. Aufl. http://www.dgvt-verlag.de/e-books/2_Hilbert_Tuschen-Caffier_EDE-Q_2016.pdf. Zugegriffen am 24.04.2020.
In-Albon, T., et al. (2015). *Selbstverletzendes Verhalten, Leitfaden Kinder- und Jugendpsychotherapie*. Hogrefe.
Jacobi, R., et al. (2010). Misshandlung und Vernachlässigung von Kindern – Diagnose und Vorgehen. *Deutsches Ärzteblatt International, 107*(13), 231–240. https://cdn.aerzteblatt.de/pdf/107/13/m231.pdf. Zugegriffen am 05.05.2020.
Kaufman, A. S., & Kaufman, N. L. (2015). *Kaufman assessment battery for children – KABC II*. Dt. Version: M. Melchers, M. Melchers. AGS.
Krowatschek, D., Krowatschek, G., & Reid, C. (2019). *Marburger Konzentrationstraining (MKT) für Schulkinder/Jugendliche (MKT-J)*. vml.
Lauth, G. W., & Schlottke, P. F. (2019). *Training mit aufmerksamkeitsgestörten Kindern*. Beltz.
Legenbauer, T., & Vocks, S. (2014). *Manual der kognitiven Verhaltenstherapie bei Anorexie und Bulimie*. Springer.
Linehan, M. (1996a). *Dialektisch-Behaviorale Therapie der Borderline-Persönlichkeitsstörung*. CIP-Medien.
Linehan, M. (1996b). *Trainingsmanual zur Dialektisch-Behavioralen Therapie der Borderline-Persönlichkeitsstörung*. CIP-Medien.
Löchel, M. (1983). Die präsuizidale Symptomatik bei Kindern und Jugendlichen – ein Beitrag zur Früherkennung der Selbstmordgefährdung. In I. Jochmus & E. Förster (Hrsg.), *Suizid bei Kindern und Jugendlichen* (S. 61–65). Enke.
Marrez, A., & Oda, M. (2015). *Das kleine Übungsheft – Frieden schließen mit dem eigenen Körper*. Trinity.
Meichenbaum, D. (1977). Methoden der Selbstinstruktion. In A. P. Kanfer & F. H. Goldstein (Hrsg.), *Möglichkeiten der Verhaltensänderung* (S. 407–450). Urban & Schwarzenberg.
Melfsen, S., Florin, I., & Warnke, A. (2001). *Sozialphobie und -angstinventar für Kinder*. SPAIK.
Nitkowski, D., & Petermann, F. (2011). Selbstverletzendes Verhalten: Merkmale, Diagnostik und Risikofaktoren. *PPmP, 61*(1), 6–15. https://www.researchgate.net/profile/Dennis_Nitkowski/publication/45276365_Nonsuicidal-self-injury_characteristics_assessment_and_risk_factors/links/0deec53ce1f4ad591d000000.pdf. Zugegriffen am 16.09.2020.
Orlinsky, D., Rønnestad, E., & Willutzki, M. H. (2004). Fifty years of psychotherapy process-outcome research: Continuity and change. In M. J. Lambert (Hrsg.), *Bergin and Garfield's handbook of psychotherapy and behavior change* (S. 307–308). Wiley.
Paul, T., & Thiel, A. (2004). Eating disorder Inventory-2. Hogrefe.
Plener, P. L., Kaess, M., Schmahl, C., Pollak, S., Fegert, J. M., & Brown, R. C. (2018). Non-suicidal self-injury in adolescents. *Deutsches Ärzteblatt Int, 115*, 23–30. https://doi.org/10.3238/arztebl.2018.0023
Pudel, V., & Westenhofer, J. (1989). *Fragebogen zum Essverhalten – FEV*. Hogrefe.
Rassenhofer, M., et al. (2019). *Misshandlung und Vernachlässigung*. Hogrefe. (*Leitfaden Kinder- und Jugendpsychotherapie, 28*).
Rauchfleisch, U. (2001). *Kinderpsychologische Tests*. Thieme.
Reicherzer, M., & Brandl, T. (2011). Der Fragebogen zum selbstverletzenden Verhalten (FSVV) – ein neues Erhebungsinstrument für die klinische Praxis. *Psychotherapie, 16*(2), 199–205. http://www.awp-muenchen.de/resources/FSSV-Fragebogen/FSSV-Kopie.pdf. Zugegriffen am 09.04.2020.
Remschmidt, H., & Mattejat, F. (1999). *Familien-Identifikationstest*. FIT.

Remschmidt, H., Schmidt, M., & Poustka, F. (2017). *Multiaxiales Klassifikationsschema für psychische Störungen des Kindes- und Jugendalters nach ICD-10*. Hogrefe.

Robert Koch Institut [RKI]. (2019). *KiGGS: Studie zur Gesundheit von Kindern und Jugendlichen in Deutschland*. https://www.rki.de/DE/Content/Gesundheitsmonitoring/Studien/Kiggs/kiggs_node.html. Zugegriffen am 02.05.2020.

Rohrmann, S., et al. (2013). *State-Trait-Ärgerausdrucks-Inventar-2 (STAXI-2)*. Huber.

Rossa, R., & Rossa, J. (2012). *Wenn du ein Bonbon wärst … 120 verrückte Fragekarten für den Einstieg in die Kinderpsychotherapie*. Beltz.

Rossmann, P. (2014). *Depressionstest für Kinder II – DTK-II*. Hogrefe.

Rotter, J. E., et al. (1992). *Incomplete sentences blank. Second Edition Manual*. Harcourt.

Salbach-Andrae et al. (2010). *Diagnostik und Behandlung von Essstörungen*. Springer

Schmidtke, A., & Schaller, S. (2011). Suizidalität. In G. Esser (Hrsg.), *Lehrbuch der Klinischen Psychologie und Psychotherapie bei Kindern und Jugendlichen* (S. 304–310). Thieme.

Schneider, S. (2004). *Angststörungen bei Kindern und Jugendlichen, Grundlagen und Behandlung*. Springer.

Schneider, S. (2006). Verhaltenstherapie bei Kindern und Jugendlichen mit Angststörungen, Behandlungsbedarf und Behandlungsmöglichkeiten. *Psychotherapeut, 52*, 99–106.

Schulz von Thun, F. (2014). *Miteinander reden*. Rowohlt.

Schulze, M. E., & Voit, A. K. (2013). Der suizidale Patient. In J. M. Fegert & M. Kölch (Hrsg.), *Klinikmanual Kinder- und Jugendpsychiatrie und -psychotherapie* (S. 338–349). Springer.

Seifert, D. (2016). Geschlagen, gewürgt, gebissen. *KVH Journal 5*. https://www.kvhh.net/media/public/db/media/1/2009/10/71/05_16_web_kvh_journal.pdf. Zugegriffen am 08.05.2020.

Seligman, M. E. P. (1970). On the generality of the laws of learning. *Psychological review, 77*, 406–418.

Skatsche, R., Buchegger, M., Schulter, G., & Papousek, I. (2013). *Strukturiertes Interview zur Erfassung der Kind-Eltern-Interaktion – SKEI*. Hogrefe.

Steinhausen, H.-C. (2010). *Psychische Störungen bei Kindern und Jugendlichen. Lehrbuch der Kinder- und Jugendpsychiatrie und -psychotherapie*. Urban & Fischer.

Stevens, A. (2018). *Verjährung bei Vergewaltigung und sexuellen Missbrauch*. https://verteidigung-strafrecht.de/2018/01/25/verjaehrung-bei-vergewaltigung-und-schwerem-sexuellen-missbrauch-von-kindern/. Zugegriffen am 11.05.2020.

Stiensmeyer-Pelster, J., et al. (2014). *Depressionsinventar für Kinder und Jugendliche – DIKJ*. Hogrefe.

Tellegen, P., Laros, J. A., & Petermann, F. (2018). *Snijders Oomen non-verbaler Intelligenztest (SON-R 2-8)*. Hogrefe.

Tewes, A., & Naumann, A. (2016). *Kinder-Angst-Test III, Drei Fragebögen zur Erfassung der Ängstlichkeit und von Zustandsängsten bei Kindern und Jugendlichen*. Kat III.

Vogt, M., & Vogt-Sitzler, F. (o. J.). *GefühlsMix-Spiel. Zum Umgang mit Emotionen und ambivalenten Gefühlen*. 2–6 Spieler, von 8–18 Jahren. Manfred Vogt Spiele.

Wechsler, D. (2011). *Wechsler intelligence scale for children (WISC-V)*. Dt. Version: F. Petermann. Pearson.

Wechsler, D. (2014). *Wechsler preschool and primary scale of intelligence (WPPSI-III)*. Dt. Version: F. Petermann, M. Daseking. Pearson.

Weisz, J. R., et al. (2004). Empirically tested psychotherapies for youth internalizing and externalising problems and disorders. *Child and adolescent Psychiatric Clinics of North America, 13*, 729–815.

Wetzels, P. (1997). *Zur Epidemiologie physischer und sexueller Gewalterfahrungen in der Kindheit, Ergebnisse einer repräsentativen retrospektiven Prävalenzstudie für die BRD*. Forschungsbericht Nr. 59 des Kriminologischen Forschungsinstitut Niedersachsen, Hannover.

Wewetzer, G., & Wewetzer, C. (2017). *Therapie-Tools Zwangsstörungen im Kindes- und Jugendalter*. Beltz.

Wieczerkowski, W., Nickel, H., Janowski, A., Fittkau, B., Rauer, W., & Peterman, F. (2016). *Angstfragebogen für Schüler*. AFS.

Zurilla, T. J. D., & Goldfried, M. R. (1971). Problem-solving and behavior modification. *Journal Of Abnormal Psychology, 78*, 107–126.

Kolibri 360 GmbH
Ferdinand-Jühlke-Straße 7
99095 Erfurt, Deutschland
produktsicherheit@kolibri360.de

Serviceteil

L. von Düring-Ulmenstein, G. Zarbock, *Verhaltenstherapie bei Kindern und Jugendlichen*, https://doi.org/10.1007/978-3-662-63935-1

Anhang Praxisratgeber KJP

INHALTSVERZEICHNIS ÜBER ARBEITSBLÄTTER IM ANHANG

Die im Folgenden genannten Arbeitsblätter finden Sie alle zum Herunterladen auf der Webseite www.lehrbuch-psychologie.springer.com auf der entsprechenden Unterseite für unser Buch.

Arbeitsblätter zur Depression:
- 7.1.7.1AB (T) Aktivitätenaufbau
- 7.1.7.2 AB (P) Mein Aktivitätenprotokoll
- 7.1.7.3 AB (P) Aktivitätenaufbau: Wochenplan mit Tageszielen
- 7.1.7.4 AB (P) Meine Liste positiver Aktivitäten
- 7.1.7.5 AB (P) Kognitive Umstrukturierung: Tagesprotokoll negativer automatischer Gedanken
- 7.1.7.6 AB (P) Erstellen eines Teufelskreises zur Depression

Arbeitsblätter zu Angst:
- 7.2.1 AB (P) Erstellen eines Teufelskreises: Mein Teufelskreis der Angst
- 7.2.1 AB (P) Erstellen eines Teufelskreises: Mein Teufelskreis der Agoraphobie
- 7.2.9 AB (P) Erstellen einer Angsthierarchie: Meine Angstleiter
- 7.2.11 AB (P) Drei Ebenen der Angst

Emotionsarbeit:
- 6.5.2 AB (P) Gefühlstagebuch
- 6.5.3 AB (P) Gefühlstagebuch Jugendlicher
- 6.5.4 AB (P) Gefühlsstern
- 6.5.5 AB (P) Emotionstabelle
- 6.5.6 AB (T) Emotionen
- 7.3.9 AB (P) Wutthermometer

Entspannung und Achtsamkeit:
- 6.7 AB (T) Entspannungsverfahren
- 6.7.1 AB (T) Entspannung für Kinder (in Anlehnung an Weizmann)
- 6.7.2 AB (T) Autogenes Training für Kinder und Jugendliche
- 6.7.3 AB (P) Atemübungen für Kinder und Jugendliche
- 6.7.6 AB (P) Selbstfürsorge Wochenprotokoll
- 6.10 AB (T) Atemachtsamkeitsübung
- 6.10.1 AB (T) Achtsamkeitsübungen für Therapeut*innen – Body-Scan (Kurzversion)
- 6.10.2 AB (P) Entspannung durch Anspannung: Progressive Muskelentspannung – PME (Kurzversion)
- 6.10.3 AB (T) Sitzachtsamkeitsübung
- 6.10.4 AB (T) Achtsamkeit – Selbstfürsorgestrategien
- 6.10.5 AB (T) Selbstfürsorge für Therapeut*innen – Reflexion

Imaginationsübungen:
- 6.7.4 AB (T) Fantasiereise – Entspannungsübungen für Kinder
- 6.7.5 AB (T) Angeleitete Entspannung zum Mitmachen
- 7.2.9.1 AB (T) Imaginationsübung für Therapeut*innen – Lichtstromübung
- 6.10.5 AB (P) Imaginationsübungen – Positives Selbstbild

Ressourcenarbeit:
- 2.3.1 AB (T) Ressourcenaktivierung – Was genau sind Ressourcen?
- 2.3.2 AB (P) Das kann ich richtig gut!
- 2.3.3 AB (P) Stärken
- 2.3.4 AB (P) Lobrede auf mich selbst
- 2.3.5 AB (P) Urkunde

Verstärkersysteme:
- 7.3.1 AB (T) Aufbau von Verhalten mithilfe von Verstärkersystemen – Punktepläne
- 7.3.3 AB (T) Erarbeitung von Verstärkern – Elternversion
- 7.3.4 AB (P) Erarbeitung von Verstärkern – Kinderversion
- 7.3.6 AB (T/KE) Verstärken mithilfe von Verstärkern
- 7.3.7 AB (P) Verstärkerplan Schule
- 7.3.8 AB (P) Verstärkerplan zu Hause

Suizidale Patient*innen:
- 7.8.4 AB (P) Ich schmiede einen Anti-Suizid-Plan
- 7.8.5 AB (P) Mein persönlicher Plan für das Leben – Notfallplan
- 7.8.5 AB (T) Notfall-Fahrplan für Therapeutinnen
- 7.8.6 AB (P) Das ist passiert: Verhaltensanalyse nach Suizidversuch

Selbstverletzende Patient*innen:
- 7.8. AB (P) Das ist passiert: Verhaltensanalyse nach Selbstverletzung

ADHS:
- 7.3.2 AB (KE) Informationen für Angehörige und Betroffene
- 7.3.5 AB (KE) Was benötigen Kinder mit AD(H)S am meisten?

Essstörungen:
- 7.7 AB (T) Therapeuteninfo Essstörungen
- 7.7.4 AB (P) Erstellen eines Teufelskreises: Mein Teufelskreis der Anorexie
- 7.7.4 AB (P) Erstellen eines Teufelskreises: Mein Teufelskreis der Bulimie
- 7.7.5 AB (P) Mein Störungsmodell
- 7.7.7 AB (P) Mein persönliches Essprotokoll
- 7.7.7 AB (P) Essensplan – Ich möchte meine Essstörung überwinden!
- 7.7.7 AB (P) Schwarze Liste – Ich möchte meine Essstörung überwinden!

Kindeswohlgefährdung:
- 7.10.5 AB (T) Aufklärung
- 7.10.5 AB (T) Dokumentationsschema: Beobachtungen/Anhaltspunkte
- 7.9.5 AB (T) Erscheinungsformen und Verletzungsbereiche
- 7.10.5 AB (T) Vorgehensweise im Verdachtsfall

Sonstige:
- 2.5 AB (T) Eigenanamnese
- 2.5.1 AB (T) Anamnese
- 2.5.2 AB (T) Familienanalyse
- 2.6 AB (T) Störungsspezifische Diagnostik in der Kinder- und Jugendpsychotherapie – Übersicht Standardfragebögen/Verlaufsmonitoring
- 2.7 AB (T) Therapieziele in Bezug auf das Störungsmodell – Ableitung der Ziele aus therapeutischer Sicht
- 3.1.1 AB (P) Schwierige Therapiesituationen – Problemquadrat
- 3.1.2 AB (P) Bewältigungsreaktionen
- 3.1.3 AB (T) Die Rolle der Psychoedukation
- 3.1.4 AB (T) Tipps zum Ende einer Stunde
- 3.3.1 AB (T) Behandlungsmotivation: Therapiemotivation unter der Lupe
- 4.3.2 AB (T) Und nun? Therapeutische Zielfindung – Zieldefinition: Therapieziele finden und konkretisieren
- 6.4.1 AB (P) Stärkende Sätze, Anhang
- 6.4.2 AB (P) Identifikations negativer Glaubenssätze
- 6.4.3 AB (P) ABC-Schema – Das ABC-Modell in der Kinder- und Jugendlichenpsychotherapie
- 6.4.4 AB (P) Kognitive Umstrukturierung – Gedanken ersetzen
- 6.4.5 AB (P) Kognitive Umstrukturierung – Hilfreiche Gedanken
- 6.4.6 AB (P) Liste negativer Lebensbotschaften
- 6.4.7 AB (T) Liste negativer Lebensbotschaften
- 6.4.8 AB (P) Fehler
- 6.4.9 AB (P) Abgrenzen
- 6.4.10 AB (P) Prokrastination
- 6.4.11 AB (P) Konzentration
- 6.4.12 AB (T) Arbeit mit dem inneren Kind
- 6.4.13 AB (T) Liste wichtiger Bezugspersonen
- 6.5.1 AB (T) Anregung zur Reflexion
- 6.6.1 AB (P) Prüfungsangst
- 6.8.2 AB (P) Balance
- 6.8.3 AB (P) Schlaf
- 6.8.4 AB (P) Selbstführsorge
- 6.8.5 AB (P_T) Wie du deine psychische Gesundheit förderst
- 6.10.6 AB (T) Selbstführsorge für Therapeutinnen – Lichtstromübung
- 7.1 AB (P) Satzergänzungstest für Jugendliche
- 7.1.1 AB (P) Satzergänzungstest für Kinder (nach Rotter)
- 7.2.1 AB (P) Erstellen eines Teufelskreises Mein Teufelskreis der Agoraphobie
- 7.2.1 AB (P) Erstellen eines Teufelskreises Mein Teufelskreis der Angst
- 7.8.8 AB (T)/AB (P) – Stimmung stabilisieren – Tipps und Tricks
- 7.8.9 AB (T) AB (P) – Stimmungsabfall managen – für jugendliche Patientinnen

Ausgewählte Literaturempfehlungen und Tools zum Störungsbild Depressionen

Backhaus, A. S., & Linke, R. (2018). *Molly und das große Nichts: Ein Bilderbuch über Leben- und Nichtleben-Wollen*. Balance Buch und Medien. – Geeignet für Kinder ab 8 Jahren. Sehr empfehlenswert!

Essau, C. A. (2007). *Depression bei Kindern und Jugendlichen: Psychologisches Grundlagenwissen*. Reinhardt. – Für alle, die ihr Hintergrundwissen über depressive Erkrankungen und deren Entstehung vertiefen möchten.

Groen, G., & Petermann, F. (2015). *Therapie-Tools Depression im Kindes- und Jugendalter*. Beltz.

Ihle, W., & Groen, G. (2015). *Depression: Leitfaden Kinder- und Jugendpsychotherapie*. Hogrefe. – *Das* Standartwerk, das einen guten Überblick in die Behandlungskomponenten gibt.

Johnstone, A., & Johnstone, M. (2009). *Mit dem schwarzen Hund leben: Wie Angehörige und Freunde depressiver Menschen helfen können, ohne dabei sich selbst zu verlieren*. Antje Kunstmann. – Für Angehörige von depressiven Patient*innen unentbehrlich.

Johnstone, M. (2008). *Wie ich meine Depressionen an die Leine legte*. Antje Kunstmann. – Für Betroffene wird mittels der Metapher des schwarzen Hundes auf berührende Art und Weise geschildert, wie es ist an Depressionen erkrankt zu sein. Je nach Entwicklungsstand geeignet für Kinder ab Grundschulalter.

van den Hout, M. (2012). *Heute bin ich*. Aracari. – Ein tolles Bilderbuch, in dem unterschiedliche Fische farbig unterschiedliche Gefühle darstellen. Für jüngere Kinder ab 4 Jahren gut geeignet.

Wenn Eltern an Depressionen erkrankt sind:

Möbest, A., & Korthues, B. (2017). *Als Mama nur noch traurig war. Wenn ein Elternteil an Depression erkrankt*. Coppenrath. – Geeignet für sehr junge Patient*innen und Kinder ab 4 Jahre.

Homeier, S. (2006). *Sonnige Traurigtage. Ein Kinderfachbuch für Kinder psychisch kranker Eltern*. Mabuse. – Für Kinder ab 7 Jahren geeignet.

Ausgewählte Literaturempfehlungen und Tools zum Störungsbild Angst

Ahrens-Eipper, S., et al. (2010). *Mutig werden mit Til Tiger – Ein Trainingsprogramm für sozial unsichere Kinder*. Hogrefe. – Eignet sich gut für Patient*innen zwischen 5 und 10 Jahren bei Sozialer Unsicherheit, Sozialer Phobie, Störung mit sozialer Ängstlichkeit und Trennungsängsten. Praxisnah und mit kindgerechter Identifikationsfigur.

Schneider, S. (2004). *Angststörungen bei Kindern und Jugendlichen, Grundlagen und Behandlung*. Springer. – Ein guter theoretischer Überblick.

Steinhausen, H. C. (2016). *Psychische Störungen bei Kindern und Jugendlichen* (S. 181–207). Elsevier. – Sehr geeignet insbesondere zur Differenzierung der Trennungsangst die Kapitel 12 und 13.

Traub, J., & In-Albon, J. (2017). *Therapie-Tools Angststörungen im Kindes- und Jugendalter*. Mit E-Book inside und Arbeitsmaterial. Beltz. – Neu und anschaulich.

Ausgesuchte Literaturempfehlungen zum Thema AD(H)S

Döpfner, M., Schürmann, S., & Fröhlich, J. (2019). *Therapieprogramm für Kinder mit hyperkinetischem und oppositionellem Problemverhalten (THOP)*. Beltz.

Ettrich, C. (2010). *Konzentrationstrainings-Programm für Kinder. Arbeitsheft II: 1. und 2. Schulklasse*. Vandenhoeck & Ruprecht.

Görlitz, G. (2014). *Psychotherapie für Kinder und Familien. Übungen und Materialien für die Arbeit mit Eltern und Bezugspersonen*. Klett Cotta.

Krowatschek, D., Krowatschek, G., & Reid, C. (2019). *Marburger Konzentrationstraining (MKT) für Schulkinder/Jugendliche (MKT-J)*. modernes lernen.

Lauth, G. W., & Schlottke, P. F. (2019). *Training mit aufmerksamkeitsgestörten Kindern*. Beltz.

Meichenbaum, D. (1977). Methoden der Selbstinstruktion. In A. P. Kanfer & F. H. Goldstein (Hrsg.), *Möglichkeiten der Verhaltensänderung* (S. 407–450). Urban & Schwarzenberg.

Ausgewählte Literaturempfehlungen und Tools zum Störungsbild SSV

AWMF. (2016). *Die S3-Leitlinien – Störungen des Sozialverhaltens: Empfehlungen zu Versorgung und Behandlung*. https://www.awmf.org/leitlinien/detail/ll/028-020.html. Zugegriffen am 18.03.2020. – Sind aktuell, gut recherchiert und praxisnah, daher empfehle ich sie ausdrücklich an dieser Stelle.

Baving, L. (2006). *Störungen des Sozialverhaltens. Manuale psychischer Störungen bei Kindern und Jugendlichen*. Springer. – Dieses Manual zeichnet sich aus durch gute Praxistipps, die den Therapiealltag erleichtern und leicht umzusetzen sind. Sehr handlungsorientiert und gut geeignet für Einsteiger*innen.

Döpfner, M., Görtz-Dorten, A., & Lehmkuhl, G. (2008). *Diagnostik-System für psychische Störungen nach ICD-10 und DSM-5 für Kinder und Jugendliche-III*. Huber.

Grasmann, D., & Euler, F. (2019). *Aggressives und Expansives Verhalten im Kindes- und Jugendalter. Therapie-Tools*. Beltz. – In dieser Sammlung von Tools findet sich immer etwas Passendes, die Arbeitsblätter sind ansprechend und gut gemacht, vom „Wutvulkan" bis zu „Aggression als Eisberg" ist alles dabei!

Petermann, F., Döpfner, M., & Görtz-Dorten, A. (2016). *Ratgeber aggressives und oppositionelles Verhalten bei Kindern: Informationen für Betroffene, Eltern, Lehrer und Erzieher. Ratgeber Kinder- und Jugendpsychotherapie*. Hogrefe. – Vermittelt Hintergrundinformationen sowie den aktuellen Forschungsstand, nimmt Bezug auf Leitlinien und beinhaltet zwei Fallbeispiele. Insgesamt eher theoretisch, aber für jede Therapeutin, die sich für das Störungsbild interessiert und mehr erfahren möchte empfehlenswert.

Döpfner, M., Schürmann, S., & Fröhlich, J. (2019). *Therapieprogramm für Kinder mit hyperkinetischem und oppositionellem Problemverhalten (THOP)*. Beltz. – Standardmanual in der Verhaltenstherapie, welches alle Bezugspersonen und die Patient*innen miteinbezieht. Für das Alter von 3–12 Jahren. Die einzelnen Bestandteile sind flexibel einzusetzen und haben Schwerpunkte auf unterschiedlichen Lebensbereichen. Ressourcen- und Emotionsarbeit runden dieses multimodale Programm ab, um das man nicht herum kommt in der Therapie der Störung des Sozialverhaltens.

Ausgewählte Literaturempfehlungen und Tools zum Störungsbild Anorexia und Bulimia Nervosa

Legenbauer, T., & Vocks, S. (2014). *Manual der kognitiven Verhaltenstherapie bei Anorexie und Bulimie*. Springer. – *Das* Buch, was man haben sollte, wenn man essgestörte Patient*innen behandelt!

Marrez, A., & Oda, M. (2015). *Das kleine Übungsheft – Frieden schließen mit dem eigenen Körper*. Trinity. – Sehr schön und ansprechend gestaltet und gute einsetzbar für therapeutische Hausaufgaben.

Salbach, H., Jacobi, C., et al. (2010). *Anorexia und Bulimia nervosa im Jugendalter: Kognitiv-verhaltenstherapeutisches Behandlungsmanual*. Beltz.

Steinhausen, H. C. (2005). *Anorexia nervosa. Leitfaden Kinder- und Jugendpsychotherapie*. Hogrefe. – Kompakt und übersichtlich.

Ja, H. (2014). *Wenn Essen zum Problem wird. Essstörungen in der Jugend*. Grin. – Eine aktuelle Studie zum Thema, liefert interessante gesellschaftliche Hintergrundinformationen auf wissenschaftlicher Basis.

Links:

Informationen von Prof. S. Zipfel der Uni Heidelberg. (2000). Von der Sucht, mager zu sein. https://www.uni-heidelberg.de/presse/ruca/ruca3_2000/zipfel-herzog.html. Zugegriffen am 20.04.2020.– Sehr gut und anschaulich erklärt, interessant geschrieben.

Für Eltern und Bezugspersonen:

BZGA. (o.J.). *Essstörungen – Zum Weiterlesen*. https://www.bzga-essstoerungen.de/was-sind-essstoerungen/materialien/broschuere-essstoerungen-ein-ueberblick/?L=0. Zugegriffen am 20.10.2022. – Hier stehen umfangreiche Materialien für Betroffene und Bezugspersonen zum Download bereit.

Ausgewählte Literaturempfehlungen zum Thema Selbstverletzendes Verhalten

Edinger, A., & Kaess, M. (2019). *Selbstverletzendes Verhalten. Entwicklungsrisiken erkennen und behandeln*. Beltz. – Umfangreich und vor dem Hintergrund psychischer Begleiterkrankungen.

In-Albon, T., et al. (2015). *Selbstverletzendes Verhalten. Leitfaden Kinder- und Jugendpsychotherapie*. Hogrefe. – Bietet eine gute Handlungsübersicht.

Ausgewählte Literaturempfehlungen zum Thema Suizidalität

Leutgeb, V., Steiner, E., & Waibel-Krammer, E. (2019). *Kinder und Jugendliche in suizidalen Krisen. Wie Eltern helfen können – ein Ratgeber*. Hogrefe. – Sehr empfehlenswert für Eltern, die ihre Kinder verstehen und unterstützen möchten. Gut geeignet und verständlich auf aktuellen wissenschaftlichen Grundlagen basierend.

Schmidtke, A., & Schaller, S. (2011). Suizidalität. In G. Esser (Hrsg.), *Lehrbuch der Klinischen Psychologie und Psychotherapie bei Kindern und Jugendlichen* (S. 304–310). Thieme. – Hier wird gut und kompakt Symptomatik, Diagnostik und Therapie dargestellt.

Hilfreiche Links:

AWMF. (2016). *Die S3-Leitlinien – Störungen des Sozialverhaltens: Empfehlungen zu Versorgung und Behandlung*. https://www.awmf.org/leitlinien/detail/ll/028-020.html. Zugegriffen am 18.03.2020. – Sind aktuell (Gültigkeit vom 31. Mai 2016–30. Mai 2020), gut recherchiert und praxisnah, daher empfehle ich sie ausdrücklich an dieser Stelle.

Ausgewählte Literaturempfehlungen und Downloads zum Thema KWG

Esser, G. (2011). *Lehrbuch der Klinischen Psychologie und Psychotherapie bei Kindern und Jugendlichen*. Thieme.

Esser, G., & Weinel, W. (1990). Vernachlässigende und ablehnende Mütter in Interaktion mit ihren Kindern. In J. Martinius & R. Frank (Hrsg.), *Vernachlässigung, Missbrauch und Misshandlung von Kindern. Erkennen, Bewusstmachen, Helfen* (S. 22–30). Huber.

Fegert, J. M., & Kölch, M. (2013). *Klinikmanual Kinder- und Jugendpsychiatrie und -psychotherapie*. Springer.

Fegert, J. M., et al. (2014). *Sexueller Missbrauch von Kindern und Jugendlichen: Ein Handbuch zur Prävention und Intervention für Fachkräfte*. Springer.

Fegert, J. M., & Fegert, U. (2015). *Empfehlungen zum Umgang mit Kindeswohlgefährdung in den Erziehungshilfen*. Diakonie.

Hamburger Leitfaden für Arztpraxen. (2022). *Häusliche Gewalt*. https://www.aerztekammer-hamburg.org/haeusliche_gewalt.html. Zugegriffen am 12.05.2022. – Kostenlos über die Ärztekammer Hamburg zu beziehen.

Jacobi, R., et al. (2010). Misshandlung und Vernachlässigung von Kindern – Diagnose und Vorgehen. *Deutsches Ärzteblatt International, 107*(13), 231–240. https://cdn.aerzteblatt.de/pdf/107/13/m231.pdf. Zugegriffen am 05.05.2020.

Kairys, J. S. W., Johnson, C. F., & The Committee on Child Abuse and Neglect. (2002). The psychological maltreatment of children – Technical Report. *Pediatrics, 109*, 68.

Rassenhofer, M., et al. (2019). *Misshandlung und Vernachlässigung*. Hogrefe (Leitfaden Kinder- und Jugendpsychotherapie, 28).

Hilfreiche Downloads und Links:

Im Notfall 24 Std. kostenfrei erreichbar: Die Medizinische Kinderschutzhotline: https://www.kinderschutzhotline.de/. Zugegriffen am 19.05.2020. – Umfassende und kompetente Beratung!

Gute Broschüre zum kostenlosen Download des Kinderschutzzentrums Berlin:

https://www.kinderschutz-zentrum-berlin.de/download/Kindeswohlgefaehrdung_Aufl11b.pdf. Zugegriffen am 05.05.2020.

Sehr informative und gut gemachte Broschüre zum kostenfreien Download:

Deutscher Kinderschutzbund, Landesverband NRW e. V. & Institut für Soziale Arbeit e. V. (2012). *Kindervernachlässigung. Erkennen, Beurteilen, Handeln* (6. Aufl). Münster/Wuppertal. https://www.mkffi.nrw/sites/default/files/asset/document/kindesvernachlaessigung.pdf. Zugegriffen am 05.05.2020.

Techniker Krankenkasse in Kooperation mit dem Berufsverband der Kinder- und Jugendärzte. (2011). *Gewalt gegen Kinder – ein Leitfaden für Früherkennung, Handlungsmöglichkeiten und Kooperationen.* https://www.tk.de/resource/blob/2079296/a95c29c8723e808412a3e5434d8c09eb/keine-gewalt-gegen-kinder-3%2D%2Dauflage%2D%2D-nw-data.pdf. Zugegriffen am 08.05.2020.

Bundesministerium der Justiz und für Verbraucherschutz. (2021). *Verdacht auf Kindeswohlgefährdung in einer Einrichtung – Was ist zu tun?* https://www.bmjv.de/SharedDocs/Publikationen/DE/Verdacht_Kindesmissbrauch_Einrichtung.html. Zugegriffen am 08.05.2020. – Kostenfreier Download.

Dr. Seifert, D. (2016). Geschlagen, gewürgt, gebissen. *KVH Journal 5*. https://www.kvhh.net/media/public/db/media/1/2009/10/71/05_16_web_kvh_journal.pdf. Zugegriffen am 08.05.2020.

Ausgewählte Literaturempfehlungen und Downloads zum Thema Sexuelle Gewalt

AWMF. (2018). S3-Leitlinie Kinderschutz, Kindesmisshandlung, -missbrauch, -vernachlässigung unter Einbindung der Jugendhilfe und Pädagogik (Kinderschutzleitlinie). https://www.awmf.org/uploads/tx_szleitlinien/KF_027-069k_Kinderschutz_2018-10.pdf. Zugegriffen am 11.08.2020.

Bundesministerium für Familie, Senioren, Frauen und Jugend (BMFSFJ). (2020). Mutig fragen - besonnen handeln. Informationen für Mütter und Väter zur Thematik des sexuellen Missbrauch s an Kindern und Jugendlichen. https://www.bmfsfj.de/bmfsfj/service/publikationen/mutig-fragen-besonnen-handeln-95882. Zugegriffen am 20.10.2022.

Fegert, J. M. (2003). Consequences of sexual abuse of children and adolescents by priests and other persons in clerical functions. In R. K. Hanson et al. (Hrsg.), *Sexual abuse in the Catholic church. Scientific and legal perspectives* (S. 161–171). Libreria Editrice Vaticana. (Zitiert nach: Fegert, J. M., & Kölch, M. (2013), *Klinikmanual Kinder- und Jugendpsychiatrie und -psychotherapie* (S. 388)). Springer.

Fegert, J. M. (2011). Sexueller Missbrauch. In G. Esser (Hrsg.), *Lehrbuch der Klinischen Psychologie und Psychotherapie bei Kindern und Jugendlichen* (S. 484–493). Thieme.

Fegert, J. M., & Kölch, M. (2013). *Klinikmanual Kinder- und Jugendpsychiatrie und -psychotherapie*. Springer.

Fegert, J. M., et al. (2014). *Sexueller Missbrauch von Kindern und Jugendlichen: Ein Handbuch zur Prävention und Intervention für Fachkräfte*. Springer.